El Libro de los Hechos

Stanley M. Horton

Vida®

La misión de Editorial Vida es ser la compañía líder en comunicación cristiana que satisfaga las necesidades de las personas, con recursos cuyo contenido glorifique a Jesucristo y promueva principios bíblicos.

EL LIBRO DE LOS HECHOS
Edición en español publicada por
Editorial Vida – 1983
Miami, Florida

Originally published in the USA under the title:
The Book of Acts por Gospel Publishing House

Traducción: *Ángel Carrodeguas*
Diseño interior: *Base creativa*
Diseño cubierta: *Sarah Wenger*

ISBN: 978-0-8297-1305-3

CATEGORÍA: Estudios bíblicos/Hechos

IMPRESO EN ESTADOS UNIDOS DE AMÉRICA
PRINTED IN THE UNITED STATES OF AMERICA

HB 01.18.2024

CONTENIDO

Esquema general 7
Introducción 9

1. Las cosas que Jesús comenzó a hacer y a enseñar (1). Las instrucciones finales (2-3). La promesa del Padre (4-5). Los tiempos y las sazones (6-7). Poder para ser testigos (8). Este mismo Jesús (9-11). El aposento alto (12-14). La elección de Matías (15-26). 15

2. Cuando llegó el día (1). Viento y fuego (2-3). Llenos del Espíritu Santo (4). Atónitos y maravillados (5-13). La explicación de Pedro (14-21). La exaltación de Jesús (22-36). Se añadieron tres mil a la iglesia (37-42). La iglesia crece (43-47). 29

3. Un regalo de sanidad (1-10). El Autor de la vida (11-21). Un profeta como Moisés (22-26). 49

4. El arresto de Pedro y Juan (1-4). Ante el tribunal (5-12). Pedro y Juan hablan valientemente (13- 22). Un denuedo renovado (23-31). Abundante gracia (32-37). 57

5. Un rápido juicio (1-10). Purificada y creciente (11-16). El arresto de los doce apóstoles (17-26). El veredicto: ¡Matarlos! (27-33). El consejo de Gamaliel (34-42). 69

6. Los siete escogidos (1-7). Esteban es acusado (8-15). 81

7. El rechazo de José (1-16). El rechazo de Moisés (17-37). El rechazo de Dios (38-43). El templo no es suficiente (44-50). El rechazo al Espíritu Santo (51-60). 87

8. La persecución hace esparcir el evangelio (1-4). Felipe va a Samaria (5-13). Pedro y Juan en Samaria (14-25). El eunuco etíope (26-40). 97

9. La conversión de Saulo (Pablo) (1-9). Ananías es enviado a Saulo (10-19). Saulo predica en Damasco (20-25). Bernabé recibe amistosamente a Saulo (26-31). Pedro en Lida (32-35). Llevan a Pedro a Jope (36-43). 111

10. Cornelio manda a buscar a Pedro (1-8). Las visiones de Pedro (9-22). El encuentro entre Pedro y Cornelio (23-33). Buenas nuevas para los gentiles (34-43). El derramamiento del Espíritu Santo (44-48). 123

11. La aceptación de la explicación de Pedro (1-18). Los gentiles creen en Antioquía (19-21). Bernabé es enviado a Antioquía (22-26). Agabo profetiza una gran hambre (27-30). 133

12. Herodes mata a Jacobo (Santiago) (1-2). Herodes arresta a Pedro (3-6). Un ángel rescata a Pedro (7-19). La muerte de Herodes (20-24). Bernabé y Saulo regresan a Antioquía (25). 141

13. El envío de Bernabé y Saulo (1-3). La evangelización de Chipre (4-13). La predicación en Antioquía de Pisidia (14-41). Se vuelven a los gentiles (42-49). La expulsión de Pablo y Bernabé (50-52). 151

14. Iconio, Listra y Derbe (1-7). La sanidad de un hombre imposibilitado de los pies (8-18). Pablo apedreado (19-20). Confirmando los ánimos de los creyentes (21-25). El informe en Antioquía de Siria (26-28). 165

15. Pablo y Bernabé son enviados a Jerusalén (1-5). El estudio del asunto (6-12). Una palabra de sabiduría (13-29). El regocijo en Antioquía (30-35). La separación de Pablo y Bernabé (36-41). 173

16. La elección de Timoteo (1-5). El llamado a Macedonia (6-10). Una puerta abierta en Filipos (11-15). La expulsión de un demonio (16-18). Pablo y Silas en la prisión (19-26). La conversión del carcelero (27-34). La liberación de Pablo y Silas (35-40). 185

17. A los judíos primero (1-9). Los nobles hermanos de Berea (10-15). La espera en Atenas (16-21). El mensaje dirigido al concilio de la colina de Marte (22-34). 197

18. Priscila y Aquila (1-4). Pablo se va a los gentiles (5-11). Llevado ante Galión (12-17). De regreso a Antioquía (18-22). Comienza el tercer viaje misionero de Pablo (23). Apolos de Alejandría (24-28). 207

19. Los doce discípulos de Éfeso (1-7). Dos años en Éfeso (8-10). Milagros extraordinarios (11-20). Pablo desea visitar Roma (21-22). Los plateros provocan un disturbio (23-29). Una confusión total (30-34). Se apacigua la multitud (35-41). 215

20. El regreso a Macedonia y Grecia (1-6). Eutico vuelve a la vida (7-12). Para Pentecostés, en Jerusalén (13-16). El ministerio fiel de Pablo (17-21). Dispuesto a morir (22-24). El reto del ejemplo de Pablo (25-35). Una triste despedida (36-38). 229

21. Una profecía en Tiro (1-6). La profecía de Cesarea (7-14). La bienvenida en Jerusalén (15-19). Ánimo para los creyentes judíos (20-26). Los judíos de Asia provocan un tumulto (27-30). Los romanos rescatan a Pablo (31-40). 239

22. Testigo de Cristo (1-21). Romano por nacimiento (22-30). 249

23. La esperanza y la resurrección (1-10). El Señor le da ánimos a Pablo (11). Se descubre un complot judío (12-22). Pablo es enviado a Cesarea (23-35). 255

24. Tértulo acusa a Pablo (1-9). La respuesta de Pablo (10-21). Félix pospone su decisión (22-27). 261

25. El juicio ante Festo (1-8). Pablo apela al César (9-12). Festo le presenta el caso de Pablo a Agripa (13-22). Festo presenta su caso (23-27). 267

26. Pablo, el fariseo (1-11). La conversión y la misión de Pablo (12-18). El testimonio fiel de Pablo (19-23). Festo y Agripa rechazan el evangelio (24-29). Agripa reconoce la inocencia de Pablo (30-32). 271

27. Vientos contrarios (1-8). Atrapados en una tormenta (9-20). La visión de Pablo les da ánimos (21-37). El naufragio (38-44). 277

28. Milagros en Malta (1-10). La llegada a Roma (11-16). Pablo se reúne con los líderes judíos (17-22). Pablo les predica a los judíos de Roma (23-28). Dos años de oportunidades (29-31). 285

Índice temático 291
Bibliografía 298
Mapas 301

Esquema general

I. La fundación de la iglesia 1:1—2:47
   A. La promesa del Padre 1:1-11
   B. El testimonio de los apóstoles 1:12-26
   C. La iglesia es reconocida y recibe poder 2:1-42
   D. Todas las cosas en común 2:43-47

II. El ministerio en Jerusalén 3:1—8:3
   A. La curación del cojo 3:1—4:31
   B. La prueba y el triunfo 4:32—5:42
   C. Los siete escogidos para servir 6:1-7
   D. El martirio de Esteban 6:8—8:3

III. El ministerio en Samaria y Judea 8:4—11:18
   A. La predicación de Felipe 8:4—8:40
   B. La conversión de Saulo 9:1-31
   C. El ministerio de Pedro fuera de la ciudad 9:32—11:18

IV. Antioquía se convierte en un nuevo centro 11:19—18:22
   A. El evangelio llega a Antioquía 11:19-30
   B. La liberación de Pedro 12:1-24
   C. El primer viaje misionero de Pablo 12:25—14:28
   D. La reunión de Jerusalén 15:1-35
   E. El segundo viaje misionero de Pablo 15:36—18:22

V. Éfeso, otro nuevo centro 18:23—20:38
   A. Un bautismo mejor 18:23—19:7
   B. Avivamiento y motín 19:8—20:1
   C. La salida de Éfeso 20:2-38

VI. El camino hacia Roma 21:1—28:31
   A. El arresto de Pablo 21:1—23:35
   B. La apelación al César 24:1—26:32
   C. El viaje a Roma 27:1—28:15
   D. Prisionero, pero libre 28:16-31

Introducción

El libro de los Hechos es especial. No hay ningún otro libro semejante en toda la Biblia. Ciertamente, tenemos otros libros históricos en el Antiguo Testamento. Sin embargo, estos ponen de relieve los fracasos, los pecados y la idolatría que impedían que el pueblo de Dios recibiera la plenitud de sus bendiciones.

En el libro de los Hechos, esos fallos se hallan en el pasado. Israel ha aprendido la lección, y la idolatría ya no es problema. Más importante aun es que Jesús ya ha venido. Su muerte en el Calvario ha puesto en vigencia el nuevo pacto (Hebreos 9:15). Con su resurrección, les ha traído bendición y gran gozo a sus seguidores (Lucas 24:51-52). Hay una sensación de plenitud y al mismo tiempo de entusiasmo provocado por una jubilosa esperanza que invade todo el libro.

Originalmente, el libro carecía de título. Sin embargo, desde mediados del siglo segundo d.C., ha sido conocido como *Los Hechos de los Apóstoles*[1]. Es probable que este título surgiera porque en el primer capítulo se dan los nombres de los apóstoles (1:13). A pesar de esto, a medida que recorremos el libro, vemos que no se vuelve a nombrar a la mayoría de ellos, y algunos solo son mencionados de paso. El único que sobresale en la primera parte del libro es Pedro, y el único que sobresale en la segunda es Pablo.

En realidad, el Espíritu Santo se destaca más que los apóstoles. El libro presenta la forma en que el mismo Jesús enfocó la atención sobre él (1:4-5). Después, es el derramamiento del Espíritu (2:4) el que pone en movimiento la acción del libro. Se menciona al Espíritu, o se hace referencia a él un total de cincuenta y una veces. Por este motivo, muchos han sugerido que estaría más acertado un título como *Los Hechos del Espíritu Santo*.

No obstante, Hechos 1:1 sugiere que podríamos agrandar ese título un poco. Observe la palabra «comenzó». El tratado anterior (el Evangelio según Lucas) recogía lo que Jesús había comenzado a hacer y a enseñar. Por tanto, el libro de los Hechos recoge a su vez lo que Jesús continuó haciendo y enseñando a través del Espíritu Santo en una iglesia que crecía y se esparcía. Aunque Jesús se halla ahora en la gloria, a la derecha del trono del Padre, todavía está realizando su obra en el mundo actual. Así, muy bien podríamos ponerle al libro de los Hechos un título un poco alargado que diría: *Los Hechos del Señor resucitado por el Espíritu Santo en la iglesia y a través de ella.*

Sin embargo, debemos reconocer que así como el libro de los Hechos no nos da detalles sobre todos los apóstoles, tampoco nos relata toda la historia del crecimiento de la iglesia. En muchos casos solo nos da breves resúmenes de lo acontecido[2]. A las iglesias de Galilea y Samaria les presta muy poca atención (9:31). Hay sucesos importantes, como el crecimiento de una vigorosa iglesia en Egipto durante el siglo primero, que no son mencionados en absoluto. Por otra parte, hay algunos sucesos que son presentados en forma muy detallada. (Vea los capítulos 8, 10, 11 y 28).

Es probable que los discursos y sermones que se destacan tanto en el libro sean también resúmenes. Por ejemplo, Pablo predicaba algunas veces hasta la medianoche (20:7). También hay otras ocasiones que evidentemente requerían todo un culto en la sinagoga, y sin embargo lo que está escrito se puede leer en pocos minutos. No obstante, se ve con claridad que estos discursos reflejan el estilo y los puntos claves de la predicación de los apóstoles, y también sus propias palabras[3]. Los relatos condensados fueron necesarios, debido a la cantidad limitada de espacio disponible en los antiguos libros o rollos de papiro. Si se hubiera contado toda la historia del crecimiento y el desarrollo de la iglesia primitiva, con todos los milagros y señales relatados en sus pormenores, hubiera llenado varias series de libros del tamaño de la Enciclopedia Británica. (Compare con Juan 20:30-31; 21:25).

También hay otro factor más que no tiene que ver con las limitaciones de espacio. Hoy día, nadie podría escribir una narración reuniendo simplemente todo lo que aparece impreso en los diarios. El historiador debe seleccionar los sucesos que le parecen significativos, los que señalan tendencias, cambios y relaciones. Por esto, Lucas sigue un tema sugerido por las palabras de Jesús: «Me seréis testigos en Jerusalén, en toda Judea, en Samaria, y hasta lo último de la tierra» (1:8). Los siete primeros capítulos se centran en los sucesos de Jerusalén, y describen el crecimiento y las pruebas iniciales de la iglesia. Entre el capítulo 8 y el 12 se revela cómo el Espíritu rompió barreras en Judea y Samaria. Finalmente, los capítulos del 13 al 28 presentan la forma en que el evangelio comenzó a moverse hasta lo último de la tierra. En ellos se destaca la existencia de nuevos centros para el esparcimiento del evangelio en Antioquía, Éfeso y Roma. La claridad y la progresión lógica de Lucas hacen que la mayoría de los eruditos que creen en la Biblia estén de acuerdo en que Lucas es un historiador de primera clase, no solo por lo que incluyó en los Hechos, sino también por lo que no incluyó. (Por supuesto, los eruditos que creen en la Biblia están de acuerdo en que el Espíritu Santo dirigió la redacción de sus libros).

Los sucesos que Lucas sí incluye fueron a la vez significativos y típicos. En el momento en que él escribió, las iglesias de los distintos lugares estaban en comunicación las unas con las otras y estaban familiarizadas con muchos de los sucesos descritos en el libro. De esta manera, las personas que leyeron primero los Hechos, no tendrían dificultad alguna en ver la relación de su propia iglesia local con la sucesión de los hechos descritos en el libro.

Aunque el libro de los Hechos no menciona el nombre de su autor, es evidente que Hechos 1:1 se refiere al mismo Teófilo que aparece en Lucas 1:1-4. Lo que encontramos en los Hechos es la continuación del Evangelio según Lucas, aunque este Evangelio tampoco nombre a su autor. Sin embargo, hay suficientes evidencias para poder relacionar tanto el Evangelio como los Hechos, con la persona a la que Pablo llama «el médico amado» (Colosenses 4:14).

Una evidencia importante sobre la paternidad literaria de Lucas son los pasajes en «nosotros» de Hechos 16:10-17; 20:5 a 21:18 y 27:1 a 28:16. En estos pasajes el autor indica que se hallaba con Pablo en algunos momentos del segundo y el tercer viaje misionero, y también en el viaje a Roma[4]. Por tanto, hay partes del libro de los Hechos de las cuales Lucas fue testigo ocular.

El hecho de que Lucas estuviera con Pablo en su última visita a Jerusalén y también lo acompañara en el viaje a Roma, quiere decir que Lucas se hallaba en Palestina durante los dos años que Pablo estuvo en prisión en Cesarea. Es evidente que Lucas comprobó los datos de manera muy cuidadosa. Aunque los títulos y la clasificación de los funcionarios romanos cambiaron con frecuencia durante el siglo primero, Lucas nunca cometió un error. La arqueología ha ayudado grandemente a confirmar lo que él dice con respecto a geografía e historia. Por tanto, no sería errado suponer que Lucas pasó esos dos años comprobando datos y hablando con los testigos oculares de los sucesos del evangelio y de la primera parte de los Hechos.

Por ejemplo, vemos que en su Evangelio, Lucas narra la historia del nacimiento de Jesús desde el punto de vista de María, mientras que Mateo presenta el punto de vista de José. Lo más probable es que José hubiera muerto antes de llegar Lucas a Jerusalén, pero María vivía aún. Lucas dice que María guardaba los sucesos que rodearon al nacimiento de Cristo en su corazón (Lucas 2:51). Esto quiere decir que los recordaba con cuidado. También dice que María se hallaba presente en el aposento alto en el día de Pentecostés. Pablo confirmó que muchos de los que habían visto al Cristo resucitado todavía vivían cuando él escribió (1 Corintios 15:6). De esta manera, Lucas pudo confirmar los sucesos que incluyó en los Hechos, bajo la orientación y la inspiración del Espíritu[5].

El hecho de que Pablo lo llame «el médico amado» también concuerda con lo que hallamos en su Evangelio y en los Hechos. Lucas presta una atención especial a las sanidades, y con frecuencia da detalles adicionales o hace un diagnóstico más específico. Cuando Jesús dijo que era más fácil que un camello pasara por el ojo de una aguja, que un rico entrara al reino de los cielos, los otros Evangelios usan la palabra corriente que identifica a una aguja de coser, pero Lucas usa una palabra griega más clásica que se utilizaba para designar a la aguja del cirujano. Algunos han tratado de ir más allá encontrando términos médicos en el Evangelio de Lucas y en los Hechos. Sin embargo, ha sido demostrado que los médicos de los tiempos neotestamentarios usaban el lenguaje corriente. No existía ningún «lenguaje médico»[6]. No obstante, prácticamente todos los eruditos bíblicos de hoy reconocen a Lucas como el autor de su Evangelio y de los Hechos.

Puesto que los Hechos nos llevan hasta la primera prisión de Pablo en Roma, en los años 60 y 61 d.C., esta es la fecha más temprana en que el libro pudo ser escrito. En el año 64 d.C. tuvo lugar el incendio de Roma y Nerón comenzó a perseguir a los cristianos. Esto obró un cambio completo en las relaciones entre los cristianos y el Imperio. Por este motivo, la fecha más tardía en que pueden haber sido escritos los Hechos, es alrededor del 63 d.C. Tenemos en este libro un relato sobre la primera generación de creyentes, los primeros treinta años de crecimiento de la iglesia que comenzó en Pentecostés.

A partir de Pentecostés, se le da gran importancia al crecimiento de la iglesia. Los ciento veinte se convierten de inmediato en tres mil; poco después leemos que son cinco mil. A continuación se habla de grupos de sacerdotes y hasta de fariseos, a medida que el Señor seguía añadiendo creyentes a la iglesia. A medida que la iglesia se esparce, surgen nuevos centros y nuevas multitudes. En todo esto hay una clara evidencia de la orientación del Espíritu y de un crecimiento que es tanto espiritual como numérico. Aunque surgieron problemas, el Espíritu Santo supo resolver todas las situaciones.

Lucas le presta atención también a la forma en que el Espíritu promovía la unidad del cuerpo a medida que iba creciendo. Observe con cuánta frecuencia los creyentes permanecían unánimes. Más de una vez, la iglesia estuvo en peligro de dividirse, pero el Espíritu la mantuvo unida. El mundo tiende a romper, dividir y construir barreras. El Espíritu Santo derrumbaba esas barreras a medida que la iglesia oraba unánime, trabajaba unida y sufría también unida. La naturaleza tiende a dispersar, separar y destrozar. Se necesita más energía para unir, más sabiduría y poder para construir que para derrumbar. Por esto, uno de los temas importantes de *Los Hechos del Señor resucitado a través del Espíritu Santo* es la edificación de la iglesia.

Con toda claridad vemos que el libro de los Hechos es un libro de la iglesia, que nos da importantes enseñanzas sobre su naturaleza, crecimiento, vida y razón de ser. Hoy en día algunos niegan que los Hechos tengan nada que enseñarnos. Afirman que debemos ir a las epístolas en busca de doctrina, porque los Hechos solo son historia y no enseñanza doctrinal. No obstante, pasan por alto el hecho de que la Biblia no nos presenta la historia para satisfacer nuestra curiosidad histórica sino más bien para enseñarnos verdades. Hasta las mismas epístolas hacen referencia a la historia del Antiguo y del Nuevo Testamento para enseñarnos su doctrina. Cuando Pablo quiso explicar la justificación por la fe en el capítulo 4 de Romanos, regresó a la historia de Abraham, en el Génesis. Cuando quiso mostrarnos lo que puede hacer la gracia de Dios, regresó a la historia de David. Los Hechos hacen más que darnos una simple transición o «cambio de velocidades» entre los Evangelios y las Epístolas. Nos proporcionan el ambiente de las epístolas, y son necesarios para comprender mejor cada una de las verdades que ellas enseñan.

Jesús es la figura central del libro de los Hechos, como lo es también en los Evangelios y las Epístolas. Los libros se complementan unos a otros y lo exaltan a él. Hechos muestra que toda la vida de la iglesia continuaba girando en torno al Cristo viviente, el que había resucitado, ascendido y se había sentado a la derecha del Padre para interceder. Pablo, en los capítulos 12 al 14 de Primera de Corintios, dice algo importante sobre el Espíritu Santo, pero en el capítulo 15 vuelve a centrar la atención en el Cristo resucitado. Igualmente, aunque Hechos da enseñanza sobre la obra del Espíritu, y nos enseña buena parte de ella, en primer lugar centra su atención en Jesús. Él es el Príncipe de la Vida, el que vino, el que se halla presente por medio del Espíritu, y el que ha de regresar. La vida y el poder de su resurrección fluyen por todo el libro. Los Evangelios, los Hechos, las Epístolas y el Apocalipsis son todos la misma revelación de la Palabra de Dios. ¡Qué trágico sería darle poca importancia a alguna de sus partes!

Algo más que debemos tener en cuenta. A diferencia de muchos otros libros del Nuevo Testamento, el libro de los Hechos no tiene una conclusión formal. Simplemente se termina sin más. Algunos suponen que esto sucedió porque Lucas fue martirizado poco después que el apóstol Pablo. Sin embargo, hay varias tradiciones antiguas que afirman que vivió más tiempo. Más bien parece que el abrupto final es algo intencional. El libro tenía que llegar a su fin, como también aquella primera generación había llegado al suyo. Pero los Hechos del Señor resucitado a través del Espíritu Santo no terminarían entonces. Continuarían en el siglo segundo y en el tercero con los mismos dones y las mismas manifestaciones sobrenaturales. Más aun: continúan hoy mismo dondequiera que el pueblo de Dios se reúna unánime con el ardiente anhelo de escudriñar su Palabra, buscar sus dones y realizar su obra.

---

[1] Debido a que Marción, alrededor del año 144 d.C., declaró que Pablo había sido el único apóstol fiel, el canon Muratori del Nuevo Testamento lo llama *Los Hechos de todos los Apóstoles.*

[2] Vea ejemplos en 2:47; 5:42; 6:7; 8:4,40; 9:31; 12:24; 13:49; 16:5; 18:23; 19:20; 28:30-31.

[3] Por ejemplo, la tradición primitiva dice que Marcos sacó su Evangelio de la predicación de Pedro. Ciertamente se nota el énfasis en las mismas cosas en el Evangelio de Marcos y en la predicación de Pedro en los Hechos. Sin embargo, al comparar los sermones de Pablo en los Hechos con sus epístolas, recuerde siempre que en los Hechos le estaba hablando a gente que nunca había oído el evangelio. En las epístolas se dirigía a cristianos y trataba problemas que habían surgido entre personas conocedoras del evangelio.

[4] Eusebio (alrededor del 300 d.C.) y Jerónimo (alrededor del 400 d C.) creían que Lucas era natural de Antioquía. Un manuscrito antiguo (el Códice Beza o D) añade estas palabras a Hechos 11:2: «Cuando nos reunimos». Esto sería una indicación de que Lucas estaba en Antioquía alrededor del año 42 d.C.

[5] Entre ellos se incluyen los milagros. Hasta los que no han sido educados para creer en milagros admiten que los milagros no están simplemente añadidos al libro. Son parte de su estructura misma. Si se sacan del texto, todo el libro queda deshecho. Puesto que Lucas fue tan meticuloso en comprobar todo lo demás, podemos estar seguros de que no dejó de verificar estos milagros también.

[6] El doctor Hobart, en *The Medical Language of St. Luke* [El lenguaje médico de San Lucas], 1882, fue demasiado lejos. Alrededor del noventa por ciento de sus «términos médicos» se han encontrado también en las obras de escritores que no eran médicos, como Josefo, y hasta en la versión de los Setenta del Antiguo Testamento.

HECHOS

CAPÍTULO I

¿Tendría Lucas pensado escribir un tercer volumen? Algunos afirman que la forma abrupta en que termina el libro de los Hechos así lo exige. Es posible que Lucas haya pensado en esto. Sin embargo, también puede ser que su ministerio haya sido detenido por el martirio, como afirma Gregorio Nacianceno. Al menos, permaneció junto a Pablo durante su segunda prisión mientras que otros lo abandonaron para salvar su propia vida. Pero la palabra «primero» no implica necesariamente que sea otro volumen. Lo que tenemos en el Evangelio de Lucas y el contenido del libro de los Hechos se complementa de manera perfecta. El Evangelio de Lucas nos da las buenas nuevas de la vida, muerte y resurrección de Jesús. Los Hechos nos muestran la continuación de la obra del evangelio en la primera generación de la iglesia. Esta obra del Espíritu Santo nunca llegaría a término durante esta época.

Teófilo («amante de Dios; amado por Dios») fue el primero que recibió este libro, como lo fue también con el Evangelio de Lucas. La Biblia no nos dice casi nada sobre él, por lo que ha estado sujeto a mucha especulación. ¿Era el abogado que debía atender el caso de Pablo en Roma? No parece que sea así. En todos sus juicios anteriores, Pablo se había levantado para hacer su propia defensa. ¿Era un noble griego convertido bajo el ministerio de Lucas? ¿Era un filósofo en busca de la verdad? ¿Era Teófilo un título, o un nombre de persona? No sabemos nada con seguridad, aunque este nombre era muy corriente. Lo más probable es que fuera un amigo personal en quien Lucas podía confiar, porque leería el libro, haría copias y las haría circular.

Las cosas que Jesús comenzó a hacer y a enseñar (1:1)

1 En el primer tratado, oh Teófilo, hablé acerca de todas las cosas que Jesús comenzó a hacer y a enseñar...

El hecho de que el Evangelio de Lucas tratara sobre lo que Jesús «comenzó a hacer y a enseñar» nos muestra dos cosas. La primera, que la iglesia tuvo sus comienzos en el evangelio. El Evangelio de Lucas termina con un grupo de creyentes convencidos. Jesús «les abrió el entendimiento, para que comprendiesen las Escrituras» (Lucas 24:45). Ya no era un grupo de discípulos fácil de dispersar, sino un cuerpo unido de adoradores que habían recibido un mandato y se hallaban esperando a ser investidos con poder de lo alto (Lucas 24:46-53). En otras palabras, ya eran la iglesia. Como afirma con claridad Hebreos 9:15-17, la muerte y el derramamiento de la sangre de Cristo fueron los que hicieron efectivo el nuevo pacto. De esta manera, los creyentes que se hallaban a diario en el templo, en especial en las horas de oración (Hechos 3:1), bendiciendo (dándole gracias) a Dios, ya eran el cuerpo del nuevo pacto.

Lo segundo que nos muestra es que la obra de Jesús no terminó cuando él ascendió[1]. Como ya se ha hecho notar, el libro de los Hechos nos presenta las cosas que Jesús comenzó a hacer y a enseñar por el Espíritu Santo a través de la iglesia.

Las instrucciones finales (1:2-3)

[2] Hasta el día en que fue recibido arriba, después de haber dado mandamientos por el Espíritu Santo a los apóstoles que había escogido; [3] a quienes también, después de haber padecido, se presentó vivo con muchas pruebas indubitables, apareciéndoseles durante cuarenta días y hablándoles acerca del reino de Dios.

Se ve con claridad también que Jesús no ascendió hasta haberles dado mandamientos (mandatos, instrucciones) por el Espíritu Santo a los apóstoles que había escogido (los escogidos para él, para que siguieran adelante con su obra)[2]. Aquí la palabra «apóstoles» podría no estar limitada a los Doce, sino incluir también a otros «enviados», comisionados por Jesús (como lo fueron los setenta en Lucas 10:1). Es evidente que incluye a aquellos a quienes Jesús se mostró (se presentó) a sí mismo (en formas definidas y en momentos determinados) después de sus sufrimientos, dándoles muchas pruebas infalibles (pruebas positivas, señales seguras, evidencia inequívoca y convincente) de que estaba vivo.

En estas apariciones demostró con claridad que no era un espíritu ni un fantasma. Ellos lo tocaron. Les enseñó sus manos y sus pies diciéndoles: «Yo mismo soy» (Lucas 24:28-43). Durante un período de cuarenta días, estuvo con ellos una y otra vez. No fueron visiones. Fueron apariciones personales, reales y objetivas de Jesús. Ellos lo reconocieron y aprendieron de él con una comprensión real las verdades relacionadas con el reino (gobierno, poder real y autoridad) de Dios. Ahora entendían por qué tanto la cruz como la resurrección eran necesarias para nuestra salvación. Ambas eran revelaciones del grandioso poder y el amor de Dios.

Algunos eruditos bíblicos ven un paralelo entre estos cuarenta días y los cuarenta días durante los cuales Dios estuvo con Moisés en el monte Sinaí, entregándole la Ley. Ciertamente que la enseñanza de Jesús era una «ley» mejor (*torah*, instrucción). Sin embargo, ahora la enseñanza era para todos, no en un lugar restringido como el monte Sinaí, sino en muchos lugares, y hasta a quinientos a la vez (1 Corintios 15:6). Hasta en el día de la resurrección, había otras personas con los apóstoles en el aposento alto (Lucas 24:33) y recibieron su instrucción. Poco después vemos que había ciento veinte presentes (Hechos 1:15). Por tanto, las instrucciones definitivas de Jesús nunca estuvieron limitadas a los once apóstoles.

La promesa del Padre (1:4-5)

4 Y estando juntos, les mandó que no se fueran de Jerusalén, sino que esperasen la promesa del Padre, la cual, les dijo, oísteis de mí. 5 Porque Juan ciertamente bautizó con agua, mas vosotros seréis bautizados con el Espíritu Santo dentro de no muchos días.

El Evangelio de Lucas condensa los cuarenta días posteriores a la resurrección y salta hasta la exhortación final a los ciento veinte para que se quedaran (esperaran, se sentaran) en Jerusalén hasta recibir la promesa del Padre, que Jesús mismo les había hecho (Lucas 24:49; Juan 14:16; 15:26; 16:7,13).

En Hechos 1:4, Lucas va de nuevo al tiempo inmediatamente anterior a la ascensión. Jesús los había reunido. El griego indica que estaba compartiendo una comida con ellos[3]. En aquel momento, repitió el mandato, insistiéndoles en que no debían salir de Jerusalén. Esto era muy importante. El día de Pentecostés hubiera tenido poco efecto si solo dos o tres de ellos se hubieran quedado en la ciudad.

No existe conflicto aquí entre este mandato y el dado el día de la resurrección de marcharse a Galilea (Mateo 28:10; Marcos 16:7). Al comparar los Evangelios podemos ver que al inicio, Jesús les ordenó a las mujeres que les dijeran a los discípulos que se fueran a Galilea. Debido a que no habían creído en realidad, Pedro y Juan fueron a la tumba. Dos de los otros discípulos (no de los Doce) decidieron irse a su casa en Emaús, mientras que los demás se quedaron donde estaban. Jesús se les apareció por la noche aquel mismo día y les echó en cara su incredulidad. Sin embargo, Tomás no estaba presente cuando Jesús se les apareció, y se negó a creer el relato de su aparición. Jesús se les apareció de nuevo a la semana siguiente y llamó a Tomás para que creyera en él. Después los discípulos, junto con Pedro, se encontraron con Jesús en

Galilea. Hubo una demora, pero Jesús necesitaba tratar con Pedro. Todavía cargaba con la culpa de haber negado a Jesús y le hacían falta una humillación especial y una nueva comisión también especial (Juan 21). Es probable que hubiera otras apariciones en Galilea (entre las cuales se hallaría la de los quinientos), ya que Jesús había pasado mucho tiempo allí durante su ministerio. Entonces, casi al final de los cuarenta días, los apóstoles y los demás regresaron a Jerusalén, donde Jesús les dio su enseñanza final. (Lucas no menciona la visita a Galilea, tal vez porque ya estaba descrita en otro lugar y su propósito era centrar la atención en el día de Pentecostés que se acercaba).

Es especialmente significativo sobre la promesa del Padre que Jesús les diera sus instrucciones por el Espíritu Santo (Hechos 1:2). El Jesús resucitado estaba lleno del Espíritu todavía, como lo había estado durante todo su ministerio anterior. Así como el Padre dio testimonio de su Hijo cuando el Espíritu descendió sobre él (y entró en él) de una manera especial, también el Padre dio testimonio de la fe de los creyentes derramando el Espíritu Santo prometido que les dio poder para servir.

El que se le llame «la promesa del Padre» al don del Espíritu, lo relaciona también a las promesas del Antiguo Testamento. La idea de la promesa es uno de los lazos que unen al Antiguo con el Nuevo Testamento. La promesa hecha a Abraham no era solo una bendición personal y nacional, sino que en él y en su simiente todas las familias de la tierra serían bendecidas (Génesis 12:3). Cuando Abraham creyó (confió) en la promesa de Dios, su fe quedó asentada como crédito a favor suyo en la cuenta de su justicia (Génesis 15:6).

La historia de las relaciones de Dios con su pueblo es una revelación gradual, hecha paso a paso. Primero promete la derrota de la serpiente antigua, el diablo, por medio de la simiente de la mujer (Génesis 3:15). Después les hace su promesa a los descendientes de Abraham, de Isaac, de Jacob, de Judá y de David. Por último, Jesús aparece como el Hijo más insigne de David, el David o Amado de Dios. (David significa «amado»).

Jesús les había prometido ya este poderoso derramamiento del Espíritu a sus seguidores (Juan 7:38-39; y en especial desde el capítulo 14 hasta el 16). También lo había hecho Juan el Bautista, cuyo bautismo se limitaba a bautizar en agua[4]. Ahora Jesús, el prometido por Juan, los bautizaría en el Espíritu Santo (Marcos 1:8)[5]. Además, Jesús prometería también que «ocurriría pocos días después» (después de no muchos días)[6].

Los tiempos y las sazones (1:6-7)

[6] Entonces los que se habían reunido le preguntaron, diciendo: Señor, ¿restaurarás el reino a Israel en este tiempo? [7] Y les dijo: No os toca a vosotros saber los tiempos o las sazones, que el Padre puso en su sola potestad.

En los Hechos y en las epístolas encontramos mucho más acerca del Espíritu Santo y de la iglesia, que acerca del reino. Pero el reino fue parte importante de la enseñanza de Jesús. En Marcos 10:32-35 se habla de los sufrimientos de Jesús, y de la solicitud de Jacobo y Juan de sentarse a su mano derecha y a su izquierda en el reino. Esto nos muestra que la cruz lleva consigo la promesa del reino.

En Lucas 12:32 también les aseguró a los discípulos que al Padre le había placido darles el reino. En el Nuevo Testamento, la palabra «reino» hace referencia en primer lugar al poder y el gobierno del Rey. La justicia, la paz y el gozo en el Espíritu Santo son evidencias de que Dios es quien gobierna en nuestra vida, y de que estamos en su reino (Romanos 14:17). Pero esto no elimina la existencia de un reino futuro.

Los discípulos estaban pensando en el gobierno futuro cuando interrogaron a Jesús sobre la restauración del reino a Israel. Conocían la profecía de Ezequiel 36:24-27. También sabían que la promesa de Dios a Abraham no incluía solamente a su simiente y la bendición sobre todas las naciones, sino además la tierra. A través de todo el Antiguo Testamento, la esperanza de la promesa de Dios a Israel está relacionada con la tierra prometida. Ezequiel, en los capítulos 36 y 37, vio que Dios restauraría a Israel en la tierra, no porque lo mereciera, sino para revelar su propio nombre santo y su personalidad. Puesto que Ezequiel vio también al Espíritu de Dios derramado sobre un Israel restaurado y renovado, la promesa del Espíritu les haría recordar esto también.

Por tanto, no era una simple curiosidad la que había causado que los discípulos le hicieran preguntas a Jesús sobre aquella parte de la promesa divina.

Jesús no negó que seguía formando parte del plan de Dios la restauración del reino (el gobierno de Dios, la teocracia) a Israel. Pero aquí en la tierra, ellos nunca conocerían los tiempos (momentos específicos) y las estaciones (ocasiones propicias) de esa restauración. El Padre los había puesto bajo su propia autoridad. Él es el único que sabe todas las cosas y tiene la sabiduría necesaria para tenerlas todas en cuenta. Por tanto, los tiempos y las estaciones son un asunto de él, y no nuestro.

En los tiempos del Antiguo Testamento, Dios no reveló el tiempo que transcurriría entre la primera venida de Cristo y la segunda. Algunas veces, hasta los profetas saltan de una a la otra y regresan de nuevo casi en la misma declaración. Note cómo Jesús se detuvo en medio de Isaías 61:2 cuando lo estaba leyendo en Nazaret (Lucas 4:19). Juan el Bautista no reconoció esta diferencia de tiempos tampoco. Como Jesús no trajo consigo los juicios que él había previsto, se preguntaba si Jesús sería el Mesías, o si sería otro predecesor como él mismo (Mateo 11:3). Pero Jesús hizo las obras del Mesías y sus discípulos aceptaron la revelación de que él es el Cristo (el Mesías), el Hijo del Dios viviente (Mateo 16:16-20).

De vez en cuando, Jesús les advertía a los discípulos que nadie conoce el día ni la hora de su regreso (Marcos 13:32-35, por ejemplo). Después, cuando sus propios discípulos, durante aquella última ida a Jerusalén, suponían que el reino de Dios aparecería de inmediato, Jesús les relató una parábola para señalarles que pasaría largo tiempo antes de que él regresara con poderes reales a gobernar (Lucas 19:11-12). En ella, Jesús habla de un noble que se marcha a un país *lejano*, con lo que está hablando de un largo tiempo. Aun así, es evidente que a los discípulos les costó mucho entender esto, no querían aceptar la realidad de que los momentos y las fechas no eran asunto de ellos.

Poder para ser testigos (1:8)

8 Pero recibiréis poder, cuando haya venido sobre vosotros el Espíritu Santo, y me seréis testigos en Jerusalén, en toda Judea, en Samaria, y hasta lo último de la tierra.

Entonces, ¿qué tendrían que hacer ellos? El versículo 8 tiene la respuesta. Recibirían poder después de que el Espíritu Santo descendiera sobre ellos (habiendo descendido el Espíritu Santo sobre ellos), y deberían ser sus testigos, diciendo lo que habían visto, oído y experimentado (1 Juan 1:1). A partir de Jerusalén, llevarían su testimonio a través de Judea y de Samaria, y hasta los confines de la tierra. Este programa de testimonio nos da también una verdadera tabla de contenido del libro de los Hechos[7].

Dios siempre quiso que los suyos fueran testigos. En Isaías 44:8 exhorta a Israel a dejar de sentirse temeroso. Aunque había una encomienda de ser testigos suyos, el terror lo impedía. De esta forma, la nación de Israel en su totalidad fracasó en cuanto al testimonio que Dios en verdad quería que diera.

Los cristianos no tenemos por qué fallarle. El bautismo en el Espíritu está a nuestra disposición como experiencia que llena de poder. «Recibiréis poder» (en griego, *dynamis*, gran poder). Aquí de nuevo se relaciona el poder con la promesa hecha a Abraham de que todas las familias de la tierra serían bendecidas. Jesús, en Mateo 24, insiste en que no podían esperar a que hubiera condiciones ideales antes de esparcir el evangelio entre las naciones. Esta época estaría caracterizada por guerras, rumores de guerras, hambres y terremotos. Los seguidores de Jesús deben salir a esparcir el evangelio a todas las naciones en medio de todas estas calamidades naturales y todos los trastornos políticos. ¿Cómo sería esto posible? Recibirían poder como consecuencia de haber sido llenos del Espíritu. Este sería el secreto de su éxito en la época de la iglesia, hasta su consumación final, cuando Jesús regrese. Por supuesto, esto pone la gran responsabilidad de ser testigos de Cristo sobre todos los que están llenos del Espíritu.

Este mismo Jesús (1:9-11)

9 Y habiendo dicho estas cosas, viéndolo ellos, fue alzado, y le recibió una
nube que le ocultó de sus ojos.10 Y estando ellos con los ojos puestos en el cielo,
entre tanto que él se iba, he aquí se pusieron junto a ellos dos varones con vesti-
duras blancas, 11 los cuales también les dijeron: Varones galileos, ¿por qué estáis
mirando al cielo? Este mismo Jesús, que ha sido tomado de vosotros al cielo, así
vendrá como le habéis visto ir al cielo.

El momento cumbre del Evangelio de Lucas es la ascensión de Cristo. Lucas 24:50 señala que Jesús llevó a sus seguidores hasta el monte de los Olivos, frente a Betania. Mientras los bendecía, fue levantado al cielo (esto es, tomado gradualmente, no arrebatado). Hechos añade que esto sucedió «viéndolo ellos». No estaban soñando; lo vieron irse en realidad. Entonces, una nube —no una nube ordinaria, sino sin duda una nube de gloria como la *shekínah* del Antiguo Testamento— le recibió[8]. El texto griego podría significar que la nube fue a colocarse debajo de él, y él subió sobre ella hasta que quedó fuera de vista. Pero no solo dejó la superficie de la tierra, sino que ascendió a la mano derecha del Padre, y aún está presente en el cielo en forma corporal. Esteban lo vio allí (Hechos 7:55).

Después de desaparecer Jesús, los discípulos seguían de pie en aquel lugar llenos de asombro, con la vista fija en el lugar de los cielos al cual se había ido. De pronto, dos hombres aparecieron junto a ellos con ropas blancas. El blanco es símbolo de pureza. Aunque aquí no se les llama ángeles, la suposición general es que lo eran. Los ángeles son espíritus, pero por lo general aparecen en la Biblia como hombres. Las ropas blancas nos recuerdan también a los ángeles que aparecieron en la tumba en el día de la resurrección. Lucas los llama hombres (Lucas 24:4), mientras que Juan se refiere a ellos llamándolos ángeles (Juan 20:12).

Los ángeles preguntaron por qué estos discípulos, hombres de Galilea (solo Judas era de Judea), estaban allí mirando al cielo. Esto quiere decir que estaban aguzando la vista, como si esperaran ver en el cielo dónde había ido Jesús. La primera venida de Cristo se había consumado; su obra de redención estaba completa. Pasaría largo tiempo antes de que volviera, pero estaría con ellos de una manera tan real como lo había estado antes (Mateo 28:20). Ahora, les había dejado un encargo; una labor que realizar. Les había dado órdenes de esperar en Jerusalén la promesa del Padre y el poder para ser testigos. Deberían obedecer con la seguridad de que él regresaría.

La promesa de su regreso no podía ser más enfática. Este *mismo* Jesús… *así* vendrá (de la misma manera) como le habéis visto ir. Él ya les había dicho que regresaría en las nubes (Marcos 13:26). Durante su juicio, se identificó a sí mismo con el Hijo de hombre de Daniel 7:13-14, de quien Daniel dice que viene con las nubes. No es de extrañar que su segunda venida siga siendo una de las motivaciones más importantes de la vida cristiana. (Vea 1 Juan 3:2-3).

El aposento alto (1:12-14)

12 Entonces volvieron a Jerusalén desde el monte que se llama del Olivar, el cual está cerca de Jerusalén, camino de un día de reposo. 13 Y entrados, subieron al aposento alto, donde moraban Pedro y Jacobo, Juan, Andrés, Felipe, Tomás, Bartolomé, Mateo, Jacobo hijo de Alfeo, Simón el Zelote y Judas hermano de Jacobo. 14 Todos éstos perseveraban unánimes en oración y ruego, con las mujeres, y con María la madre de Jesús, y con sus hermanos.

El Evangelio de Lucas describe que el regreso de los seguidores de Jesús a Jerusalén se realizó «con gran gozo» (Lucas 24:52). Solo había el camino de un *sabbath* (unos novecientos metros) desde el monte de los Olivos hasta la ciudad. (Compare con Éxodo 16:29 y Números 35:5.) Allí, en un espacioso aposento alto, estaban parando los doce apóstoles. Este puede haber sido el mismo aposento alto de la Última Cena, y de las apariciones del resucitado. Algunos creen que era el hogar de María, la madre de Juan Marcos, que es mencionado en Hechos 12:12, pero no hay prueba alguna de ello.

Aquí Lucas nos llama la atención sobre cinco cosas.

1. *Los once estaban unánimes*[9]. Se nota un gran contraste con el celo exhibido antes de la crucifixión, cuando cada uno quería ser el mayor (Mateo 20:24).

Como se mencionó anteriormente, Jesús trató con todos ellos después de la resurrección, y en especial con Pedro (Juan 21). Ahora, todos habían sido restaurados, y habían recibido un nuevo cometido: ya no albergaban conflictos ni celos. Todos tenían una sola mente y estaban unánimes. La expresión «unánimes» traduce la palabra griega *homothumadón*, una de las palabras favoritas de Lucas. La unanimidad es sin duda aun hoy una clave importante para lograr la realización de la obra de Dios.

2. *Todos perseveraban en oración y ruego.* Dentro de esto quedaba incluida la fidelidad a la asistencia al templo por la mañana y por la tarde en las horas de oración, y también la perseverancia en el aposento alto, que era su lugar central. Se mantenían en una atmósfera de oración, y, tal como lo muestra Lucas 24:53, durante aquellos días, la oración y la alabanza fueron su ocupación principal.

3. *Las mujeres se les unieron en oración con la misma perseverancia.* En realidad, aquellas mujeres estuvieron presentes todo el tiempo. En aquellos días, si había un solo hombre presente, se usaba el pronombre masculino para hablarle a todo el grupo. Aun cuando Pedro los llama hermanos (versículo 16), está incluyendo a las mujeres. Todos los judíos comprendían esto. No obstante, Lucas quiere que los gentiles sepan que las mujeres estaban presentes y orando, por lo que las menciona de forma específica. Entre ellas estaban María Magdalena, Salomé, Juana, María y Marta de Betania, la madre de Juan Marcos, y otras.

4. *Se hace mención especial de María, la madre de Jesús.* Ella se hallaba presente porque Juan estaba cumpliendo con la petición de Jesús de que la tomara a su cargo. No estaba como dirigente, sino que simplemente se había unido a los demás para orar y esperar la promesa del Padre. Podemos estar seguros de que recibió el Espíritu, aunque sea esta la última vez que es mencionada en los Hechos. Algunas tradiciones afirman que murió en Jerusalén. Otras dicen que fue con Juan a Éfeso y murió allí.

5. *Los hermanos de Jesús se hallaban presentes, aunque antes de la crucifixión no habían creído en él* (Juan 7:5). A pesar de esto, Jesús se apareció en especial a Jacobo, el mayor de sus hermanos (1 Corintios 15:7). Posteriormente, tanto Jacobo como Judas se convertirían en dirigentes de la iglesia de Jerusalén. (Vea Hechos 12:17; 15:13; 21:18; Gálatas 2:9; Santiago 1:1; Judas 1). Ahora estos hermanos se hallaban unánimes con los demás y esperando como ellos[10].

La elección de Matías (1:15-26)

[15] En aquellos días Pedro se levantó en medio de los hermanos (y los reunidos eran como ciento veinte en número), y dijo: [16] Varones hermanos, era

necesario que se cumpliese la Escritura en que el Espíritu Santo habló antes por
boca de David acerca de Judas, que fue guía de los que prendieron a Jesús, 17 y
era contado con nosotros, y tenía parte en este ministerio. 18 Este, pues, con el
salario de su iniquidad adquirió un campo, y cayendo de cabeza, se reventó por
la mitad, y todas sus entrañas se derramaron. 19 Y fue notorio a todos los habitantes de Jerusalén, de tal manera que aquel campo se llama en su propia lengua,
Acéldama, que quiere decir, Campo de sangre. 20 Porque está escrito en el libro
de los Salmos: Sea hecha desierta su habitación, y no haya quien more en ella; y:
tome otro su oficio.

21 Es necesario, pues, que de estos hombres que han estado juntos con nosotros todo el tiempo que el Señor Jesús entraba y salía entre nosotros, 22 comenzando desde el bautismo de Juan hasta el día en que de entre nosotros fue recibido
arriba, uno sea hecho testigo con nosotros, de su resurrección. 23 Y señalaron a
dos: a José, llamado Barsabás, que tenía por sobrenombre Justo, y a Matías. 24 Y
orando, dijeron: Tú, Señor, que conoces los corazones de todos, muestra cuál de
estos dos has escogido, 25 para que tome la parte de este ministerio y apostolado,
de que cayó Judas por trasgresión, para irse a su propio lugar. 26 Y les echaron
suertes, y la suerte cayó sobre Matías; y fue contado con los once apóstoles.

Es evidente que no todos los quinientos o más que vieron a Jesús en Galilea lo siguieron de vuelta a Jerusalén. De manera que unos ciento veinte entre hombres y mujeres regresaron después de la ascensión y estaban unidos en esta atmósfera de oración. Pero hacían algo más que orar. También les prestaban atención a las Escrituras.

Lo que Pedro vio en las Escrituras hizo que se pusiera en pie y les hiciera ver que se había cumplido la profecía de David[11] hablada por el Espíritu, con respecto a Judas, que les hizo de guía a los que arrestaron a Jesús. Pedro reconoció que el Espíritu Santo es el verdadero autor de la Palabra de Dios y que lo que decía David sobre sus enemigos se aplicaba a los enemigos de Jesús, puesto que David es un tipo que señala hacia Jesús.

Lo trágico era que Judas había sido enumerado entre los apóstoles, como uno de los Doce. Había recibido su parte en el ministerio de ellos. Había sido enviado por Jesús con autoridad para echar fuera espíritus inmundos y sanar toda clase de dolencias y enfermedades (Mateo 10:1). Además, se hallaba presente cuando Jesús les prometió a los discípulos que se sentarían en doce tronos para juzgar (gobernar) a las doce tribus de Israel (Lucas 22:29-30).

En esta situación, Pedro (o Lucas) añade una nota explicativa sobre la muerte de Judas, que difiere de la descripción de los evangelios. Mateo 27:5 dice que Judas se fue y se colgó. Puesto que Lucas había investigado todo lo que se había escrito, él lo sabía, y obviamente, no vio que hubiera contradicción.

La crucifixión y el empalamiento en una estaca de punta aguda eran los dos métodos corrientes de colgar a las personas. Por supuesto que Judas no podía crucificarse a sí mismo. Pero podía levantar una estaca puntiaguda y tirarse sobre ella. No obstante, Pedro no pone tanto interés en lo que hizo Judas, como en el juicio de Dios. Por esto llama la atención a la forma en que su cuerpo se reventó y sus entrañas se derramaron.

Había dos razones claras por las cuales el campo comenzó a ser conocido como Acéldama, el campo de sangre. Mateo 27:6-8 dice que los sacerdotes compraron el campo. Como fue comprado con el dinero que le habían dado a Judas, sin duda alguna lo compraron a nombre de él. Lo llamaron Acéldama, porque las treinta piezas de plata eran precio de sangre, esto es, de la muerte de Cristo. También lo llamaron campo de sangre por la muerte violenta de Judas en él, ya que la sangre en el Antiguo Testamento hace referencia por lo general a la muerte violenta.

Sin embargo, la atención de Pedro se dirigió sobre todo a los Salmos 69:25 y 109:8, en especial a este último: «Tome otro su oficio». Los Doce habían sido escogidos como testigos fundamentales de la enseñanza de Jesús. También tendrían puestos de autoridad en el reino por venir (Lucas 22:29-30; Mateo 19:28). Necesitaban a alguien para reemplazar a Judas. Tenía que ser alguien que hubiera estado con ellos todo el tiempo, desde el bautismo de Jesús hasta su ascensión[12]. Así sería, junto con ellos, un testigo directo de la resurrección de Jesús.

Pedro señaló las condiciones, pero todos hicieron la selección. Había dos hombres que las cumplían a cabalidad. Uno de ellos era José, llamado Barsabás («hijo del *sabbath*», nacido en un día de reposo), que como muchos judíos, tenía un nombre romano, Iustus. (Nuestra Biblia lo traduce a su equivalente castellano «Justo»). El otro era Matías. Eusebio, el historiador eclesiástico del siglo tercero, dice que era uno de los setenta enviados por Jesús en Lucas 10:1.

Para decidir entre ambos, los apóstoles oraron primero, reconociendo que el Señor (Jesús) sabía cuál era el que quería para que fuera el duodécimo apóstol. Él es el que «conoce los corazones» (vea Juan 2:24-25). También reconocieron que Judas había caído por decisión propia y había ido al lugar escogido por él mismo, esto es, al lugar de castigo.

A continuación, usaron el método del Antiguo Testamento para distribuir suertes, tal vez siguiendo el precedente de Proverbios 16:33. Creyeron que Dios dominaría por encima de las leyes del azar y mostraría su decisión por este medio. Sin embargo, el libro de los Hechos nunca vuelve a mencionar el uso de este medio. Después de Pentecostés, confiaban en la orientación del Espíritu Santo.

Algunos escritores modernos ponen en duda si Pedro y los demás estarían actuando correctamente, y dicen que se debía haber escogido a Pablo. Pero él fue el apóstol de los gentiles, y nunca esperó llegar a gobernar una de las tribus de Israel. Era apóstol, igual en llamamiento y autoridad a los otros, pero nunca se incluyó a sí mismo en el grupo de los Doce (1 Corintios 15:7-8).

Lo cierto es que la Biblia presenta, sin comentario adverso alguno, que Matías fue contado con los once apóstoles. En Hechos 6:2, todavía está incluido en el número de los Doce. Aunque no se vuelve a mencionar su nombre, lo mismo sucede con la mayoría de los demás apóstoles.

Sin embargo, es importante tener en cuenta que el hecho de que Judas se convirtiera en un alma perdida hizo necesario que fuera reemplazado. Cuando Jacobo, el hermano de Juan, fue martirizado, no se escogió a nadie para ocupar su lugar (Hechos 12:2). Jacobo resucitaría para reinar con los Doce en el reino por venir.

---

[1] «Recibido arriba» es la clase de fraseología usada al hablar de la traslación de Elías en la versión griega de los Setenta en 2 Reyes 2:9-11. Esta fue la ocasión en que comenzó el ministerio de Eliseo, así como la ascensión de Cristo fue ocasión para el comienzo del ministerio de la iglesia.

[2] El Códice Beza (D) y algunos manuscritos sirios añaden que les ordenó predicar el evangelio. Lucas parece dar por sentado que el mandato de Mateo 28:19 era conocido por sus lecturas.

[3] La palabra griega se deriva tal vez de *sun*, «junto con» y *'als*, «sal». De esta forma, significaría originalmente «comiendo sal con». Compare Lucas 24:42-43 y Hechos 10:41.

[4] «En agua» es preferible a «con agua». Entraban en el agua y salían del agua (Mateo 3:16; Marcos 1:10; Hechos 8:38-39).

[5] Note que Jesús no añadió «y en fuego», como había hecho Juan en Mateo 3:11 cuando le hablaba a un grupo donde había hipócritas. Note también que ya Jesús había soplado sobre ellos y les había dicho: «Recibid el Espíritu Santo», esto es, en la forma en que lo recibimos al nacer de nuevo. El Espíritu estaba presente en ellos, pero aún necesitaban el poderoso derramamiento prometido para recibir fortaleza.

[6] Compare con Lucas 24:21: «Nosotros esperábamos...».

[7] No se menciona aquí a Galilea, pero hay evidencias de que en algunas ocasiones, Lucas incluye a la Galilea con la Judea.

[8] Vea Éxodo 40:34. Compare también con la nube de la transfiguración (Marcos 9:7).

[9] Aunque aquí el orden es distinto, la lista de los discípulos es la misma que la que aparece en Lucas 6:14-16, omitiendo a Judas. Judas, el hijo de Jacobo, recibe el nombre de Tadeo en Mateo 10:3 y Marcos 3:18. Simón el Zelote se convirtió cuando pertenecía a un grupo de nacionalistas judíos que creían en el uso de la fuerza contra los romanos. Este grupo en arameo recibía el nombre de *Kannaya* o *Kan'ana* (cananistas en Mateo 10:4; Marcos 3:18).

[10] Algunos autores dicen que estos eran primeros, o hijos de un matrimonio anterior de José. Sin embargo, Mateo 1:25 expresó con claridad que José tuvo relaciones matrimoniales con María después de nacer Jesús. Por tanto, hay razones suficientes para creer que estos hermanos eran verdaderos hijos de María y José. En Marcos 6:3 aparecen sus nombres.

[11] En el versículo 16, la versión Reina-Valera dice «era necesario», como el Códice Beza (manuscrito D) y la Vulgata latina. Con esto se insiste en la cita del Salmo 109:8, y la necesidad de reemplazar a Judas Iscariote.

[12] Muchos siguieron a Jesús. Él llama específicamente a algunos; otros simplemente se fueron tras él (Juan 1:35-47). Más tarde, Jesús pasó toda una noche en oración, y después, de entre el grupo de los discípulos, escogió doce para que fueran «apóstoles», esto es, «enviados». A este llamamiento posterior es al que Jesús hace referencia en Juan 15:16. Se trata de un llamado para un servicio en particular.

HECHOS

CAPÍTULO 2

Los ciento veinte perseveraron en la oración y la alabanza por diez días después de la ascensión de Jesús, hasta el día de Pentecostés. Este era el festival de la cosecha para los judíos. En el Antiguo Testamento era llamado también la Fiesta de las Semanas (Éxodo 34:22; Deuteronomio 16:16), porque había una semana de semanas (siete semanas) entre Pascua y este día. Pentecostés significa «quincuagésimo», y recibía este nombre porque en el quincuagésimo día después de haber sido mecida la gavilla de los primeros frutos (Levítico 23:15), se mecían dos panes de primicias (Levítico 23:17)[1].

Cuando llegó el día (2:1)

1 Cuando llegó el día de Pentecostés, estaban todos unánimes juntos.

Ahora se estaba completando Pentecostés, lo que llama nuestra atención hacia el hecho de que el período de espera estaba llegando a su fin, y las profecías del Antiguo Testamento estaban a punto de ser cumplidas. Los ciento veinte estaban aún unánimes[2] y juntos en el mismo lugar. No faltaba ninguno. No se nos dice dónde se hallaba ese lugar, pero por lo general se considera que fuera el aposento alto que era su lugar de reunión (Hechos 1:13). Hay quienes, en vista de la declaración de Pedro de que era la hora tercera del día (9 a.m.), creen que estaban en el templo, tal vez en el patio de las mujeres. Ya hemos visto que los creyentes se hallaban de ordinario en el templo a las horas de oración. Uno de los pórticos o columnatas cubiertas que se hallaban en los extremos del patio, hubiera proporcionado un buen lugar para que se reunieran y oraran en común. Esto ayudaría a explicar la multitud que se reunió después del derramamiento del Espíritu.

Viento y fuego (2:2-3)

2 Y de repente vino del cielo un estruendo como de un viento recio que soplaba, el cual llenó toda la casa donde estaban sentados; 3 y se les aparecieron lenguas repartidas, como de fuego, asentándose sobre cada uno de ellos.

De repente, sin advertencia alguna, llegó del cielo un sonido como el de un viento recio y poderoso (violento) o un tornado. Pero fue el sonido el que llenó la casa[3] y los hizo sobrecogerse, y no un viento real.

El viento les recordaría las manifestaciones divinas del Antiguo Testamento. Dios le habló a Job desde un torbellino (Job 38:1; 40:6); un poderoso viento del este secó el camino a través del mar Rojo, permitiéndoles a los israelitas escapar de Egipto sobre suelo seco (Éxodo 14:21). El viento fue también un símbolo frecuente del Espíritu en el Antiguo Testamento (Ezequiel 37:9-10,14, por ejemplo). Jesús mismo usó el viento para hablar del Espíritu (Juan 3:8).

El sonido del viento les indicaba a los presentes que Dios estaba a punto de manifestarse a sí mismo y a su Espíritu de una manera especial. El hecho de que fuera el sonido de un viento poderoso también les recordaba el poder prometido por Jesús en Hechos 1:8, un poder destinado a servir.

De forma igualmente súbita, unas lenguas repartidas como lenguas de llamas o de fuego, aparecieron. Esto es, algo que parecía una masa de llamas apareció sobre todo el grupo. Entonces se dispersó, y cada una de las llamas, que parecían como lenguas de fuego, se fue a colocar sobre la cabeza de cada uno de ellos, tanto hombres como mujeres. Por supuesto, no había ningún fuego real, y nadie se quemó. Pero el fuego y la luz eran símbolos comunes de la presencia divina, como en el caso de la zarza ardiente (Éxodo 3:2), y también la aparición del Señor en medio del fuego en el Monte Sinaí después de que el pueblo de Israel aceptara el pacto antiguo (Éxodo 19:18).

Algunos suponen que estas lenguas constituyeron un bautismo de fuego que traía consigo purificación. Sin embargo, la mente y el corazón de los ciento veinte ya estaban abiertos al Cristo resucitado, ya estaban purificados, y estaban llenos de alabanza y gozo (Lucas 24:52-53); ya respondían a la Palabra inspirada por el Espíritu (Hechos 1:16), y ya se hallaban unánimes. Más que purificación o juicio, aquí el fuego significaba que Dios aceptaba el cuerpo de la iglesia como templo del Espíritu Santo (Efesios 2:21-22; 1 Corintios 3:16), y después, que aceptaba a cada uno de los creyentes como templo del Espíritu también (1 Corintios 6:19). Con esto, la Biblia aclara que la iglesia ya existía antes del bautismo pentecostal. En Hebreos 9:15,17 se nos muestra que fue la *muerte* de Cristo la que instauró el nuevo pacto. Desde el día de la resurrección, cuando Jesús sopló sobre los discípulos, la iglesia quedó constituida como cuerpo de un nuevo pacto.

Es importante notar que estos signos precedieron al bautismo pentecostal o dones del Espíritu. No fueron parte de él, ni se repitieron en otras ocasiones en que el Espíritu se derramó. Por ejemplo, Pedro identificó el derramamiento sobre los creyentes en la casa de Cornelio con la promesa de Jesús de que serían bautizados en el Espíritu, diciéndoles que era el mismo don (Hechos 10:44-47; 11:17). Pero el viento y el fuego no estuvieron presentes. Parece que solo fueron necesarios en una ocasión[4].

Llenos del Espíritu Santo (2:4)

4 Y fueron todos llenos del Espíritu Santo, y comenzaron a hablar en otras lenguas, según el Espíritu les daba que hablasen.

Después de reconocer a la iglesia como el nuevo templo, Dios derramó su Espíritu sobre ella. Jesús habló de bautismo; ahora se habla de plenitud, es decir, experiencia plena. La Biblia usa diversos términos para expresar esta realidad[5]. Es derramamiento del Espíritu, tal como profetizara Joel (Hechos 2:17-18,33); recepción activa de un don (Hechos 2:38) y descendimiento del Espíritu (Hechos 8:16; 10:44; 11:15). En Hechos 10:45 es de nuevo derramamiento del don, y venida del Espíritu sobre los creyentes. Son tantos los términos usados, que no hay por qué suponer que el bautismo sea algo distinto de la plenitud. El Espíritu es una persona. Por tanto, se trata de una experiencia que crea una relación. Cada uno de los términos lo que hace es revelar alguno de sus aspectos.

Puesto que estaban reunidos todos unánimes, cuando se dice que fueron llenados «todos», se está hablando de los ciento veinte. Hay quienes suponen que solo fueron llenos los doce apóstoles. Sin embargo, fueron más de doce las lenguas que se hablaron. Más tarde, Pedro diría que Dios les había concedido a los gentiles «el mismo don que a nosotros que hemos creído en el Señor Jesucristo». Esto nos sugiere que el Espíritu descendió de la misma forma, no solo sobre los doce, sino sobre los ciento veinte y también sobre los tres mil que creyeron aquel día. Fue y es una experiencia para todos, aunque en el Antiguo Testamento solo había sido para algunos.

Tan pronto como fueron llenos, los ciento veinte comenzaron a hablar en otras lenguas. Como en Hechos 1:1, la palabra «comenzaron» muestra que continuaron haciéndolo después, lo que indica que las lenguas eran el acompañamiento normal del bautismo en el Espíritu Santo. Era el Espíritu quien les daba que hablasen (les seguía dando a hablar). Esto es, ellos eran quienes hablaban, pero las palabras no venían de su mente. El Espíritu se las daba y ellos las decían valientemente en voz alta, y con una unción llena de poder. Esta es la única señal del bautismo en el Espíritu que se repetiría.

Atónitos y maravillados (2:5-13)

[5] Moraban entonces en Jerusalén judíos, varones piadosos, de todas las naciones bajo el cielo. [6] Y hecho este estruendo, se juntó la multitud; y estaban confusos, porque cada uno les oía hablar en su propia lengua. [7] Y estaban atónitos y
maravillados, diciendo: Mirad, ¿no son galileos todos estos que hablan? [8] ¿Cómo,
pues, les oímos nosotros hablar cada uno en nuestra lengua en la que hemos nacido? [9] Partos, medos, elamitas, y los que habitamos en Mesopotamia, en Judea,
en Capadocia, en el Ponto y en Asia, [10] en Frigia y Panfilia, en Egipto y en las regiones de Africa más allá de Cirene, y romanos aquí residentes, tanto judíos como
prosélitos, [11] cretenses y árabes, les oímos hablar en nuestras lenguas las maravillas
de Dios. [12] Y estaban todos atónitos y perplejos, diciéndose unos a otros: ¿Qué
quiere decir esto? [13] Mas otros, burlándose, decían: Están llenos de mosto.

Jerusalén era un centro cosmopolita al cual volvían muchos judíos de la dispersión para establecerse en él. «Moraban» (versículo 5) por lo general quiere decir algo más que una visita o una permanencia temporal. Sin embargo, puesto que era la fiesta de Pentecostés, podemos estar seguros de que había muchos judíos procedentes de todos los rincones del mundo conocido en Jerusalén en aquel momento[6]. Estos eran personas devotas y temerosas de Dios, sinceras en su adoración a él. En realidad, es probable que hubiera mayor número de ellos en Jerusalén en aquel momento, que durante la Pascua, puesto que la travesía del mar Mediterráneo era más segura en esta estación que en los meses anteriores.

A medida que el sonido de los ciento veinte que hablaban en lenguas se hizo más alto y audible, se fue formando una multitud de personas que llegaban de todas las direcciones. Todos se sentían confundidos, porque cada uno los oía hablar en su propia lengua. La palabra «*propia*» es enfática aquí, y significa su propio lenguaje, el que usaba de niño. Lengua aquí significa un lenguaje diferente. No estaban hablando simplemente en una variedad de dialectos galileos o arameos, sino en diversos idiomas por completo diferentes.

El resultado fue que se sintieron maravillados. Estaban confusos. Se sentían llenos de asombro y de temor, porque reconocían, tal vez por la forma en que vestían, que aquellos ciento veinte eran galileos. No podían comprender cómo cada uno de ellos los oía hablar su propio lenguaje, aquel en el que había nacido.

Hay quienes consideran que el versículo 8 significa que los ciento veinte hablaban todos el mismo lenguaje en realidad, y que gracias a un milagro en la audición, los que componían la multitud oían aquello en su lengua materna. No obstante, los versículos 6 y 7 son demasiado específicos para aceptar esto. Cada uno los oía *hablar* en su propio dialecto, sin acento galileo alguno[7]. No se hubieran sorprendido si los ciento veinte hubieran hablado en arameo o en griego.

Otros han supuesto que los ciento veinte hablaron en realidad en lenguas, pero que nadie los entendió. Proponen que el Espíritu interpretó las lenguas desconocidas en los oídos de quienes los escuchaban, para que entendieran su propio idioma. Sin embargo, los versículos 6 y 7 desechan esta suposición también. Hablaron idiomas reales, y estos fueron comprendidos en verdad por una serie de personas procedentes de lugares distintos[8]. Esto serviría de testimonio sobre la universalidad del don, y la universalidad y unidad de la iglesia.

Los lugares nombrados aquí como lugares natales de estos judíos devotos, se hallaban en todas las direcciones, pero también siguen un orden general (con algunas excepciones), comenzando en el nordeste. Partia se hallaba al este del Imperio Romano, entre el mar Caspio y el golfo Pérsico; Media estaba al este de Asiria[9]; Elam, al norte del golfo Pérsico en la parte sur de Persia; Mesopotamia era la antigua Babilonia, casi totalmente fuera del Imperio Romano. Babilonia tenía una gran población judía en la época del Nuevo Testamento, y más tarde se convirtió en centro del judaísmo ortodoxo (1 Pedro 5:13).

Se menciona la Judea porque los judíos de allí hablaban hebreo aún, y deben haber estado asombrados con la falta de acento galileo. También es posible que Lucas incluya con la Judea toda Siria, de hecho, todo el territorio de David y Salomón, desde el río Eufrates hasta el río de Egipto (Génesis 15:18). Capadocia era una gran provincia romana en la parte central del Asia Menor; el Ponto era otra provincia romana en el norte de Asia Menor, sobre el mar Negro; Asia era la provincia romana que comprendía el tercio occidental de Asia Menor; la Frigia era un distrito étnico, parte del cual se hallaba en la provincia de Asia, y parte en la Galacia. Años después, Pablo fundaría muchas iglesias en esta región.

La Panfilia era una provincia romana situada en la costa sur del Asia Menor; Egipto, al sur, tenía una abundante población judía. El filósofo judío Filón afirmó en el año 38 d.C. que había cerca de un millón de judíos allí, la mayoría en Alejandría. Cirene era un distrito de África al oeste de Egipto, junto a la costa mediterránea (Hechos 6:9; 11:20; 13:1).

Había otros presentes en Jerusalén que eran extranjeros (de paso, residentes temporales) en la ciudad, ciudadanos de Roma, tanto judíos como prosélitos (gentiles convertidos al judaísmo)[10]. Había también otros procedentes de la Isla de Creta y de la Arabia, el distrito situado al este y sureste de Palestina.

Todos ellos estuvieron oyendo en sus propios idiomas las maravillosas obras (los actos poderosos, magníficos y sublimes) de Dios. Esto puede haber sido en forma de expresiones de alabanza a Dios por estas obras maravillosas. No se señala aquí que hubiera discursos o predicación, aunque con toda seguridad la predicación hubiera causado la salvación de algunos (1 Corintios 1:21). Sin embargo, no hay memoria ahora ni en ningún otro momento de que el don de lenguas haya sido usado como medio para predicar o enseñar el evangelio.

En cambio, los oyentes estaban maravillados (asombrados) y atónitos (perplejos, sorprendidos, incapaces por completo de comprender) sobre lo que significaba todo aquello. «¿Qué quiere decir esto?», sería en sentido literal. «¿Qué será todo esto?» Su pregunta expresa una confusión total, así como un asombro extremo. Comprendían el significado de las palabras, pero no su propósito. Por esto se hallaban confundidos con lo que oían.

Había otros en la multitud que evidentemente no comprendían ninguno de aquellos lenguajes, y tomaron todo eso como algo ininteligible. Entonces, como no podían comprender su significado, se apresuraron a deducir que aquello no tenía sentido alguno. Por consiguiente, se dedicaron a burlarse y a expresar gran mofa, diciendo que estos hombres (esta gente; aquí se incluían hombres y mujeres) estaban llenos (repletos, saturados) de mosto (vino dulce, vino nuevo). La palabra «mosto» traduce el griego *gléukous*, del que derivamos nuestra palabra «glucosa» o azúcar de uva. No es la palabra ordinaria para nombrar al vino nuevo, y quizá represente a un vino embriagante hecho de una uva muy dulce. Pasaría algún tiempo hasta que comenzara la cosecha de la uva en agosto, y el jugo de uva estuviera disponible de nuevo.

El texto griego indica que estaban haciendo gestos de burla, además de proferir palabras. Algunos bebedores se ponen escandalosos, y es posible que esto fuera lo que pensaban quienes se burlaban de ellos. No debemos suponer que hubiera señal alguna de las que marcaban las licenciosas borracheras de los paganos. Su emoción principal seguía siendo el gozo. Habían estado dándole gracias a Dios y alabándolo en su propio idioma (Lucas 24:53), y ahora el Espíritu Santo les acababa de dar nuevos idiomas con los cuales alabarlo. Estamos seguros de que su corazón seguía dirigiéndose a Dios en alabanza, aunque no comprendieran lo que estaban diciendo.

La explicación de Pedro (2:14-21)

[14] Entonces Pedro, poniéndose en pie con los once, alzó la voz y les habló diciendo: Varones judíos, y todos los que habitáis en Jerusalén, esto os sea notorio, y oíd mis palabras. [15] Porque éstos no están ebrios, como vosotros suponéis, puesto que es la hora tercera del día. [16] Mas esto es lo dicho por el profeta Joel: [17] Y en los postreros días, dice Dios, derramaré de mi Espíritu sobre toda carne, y vuestros hijos y vuestras hijas profetizarán; vuestros jóvenes verán visiones, y vuestros ancianos soñarán sueños; [18] y de cierto sobre mis siervos y sobre mis siervas en aquellos días derramaré de mi Espíritu, y profetizarán. [19] Y daré prodigios arriba en el cielo, y señales abajo en la tierra, sangre y fuego y vapor de humo; [20] el sol se convertirá en tinieblas, y la luna en sangre, antes que venga el día del Señor, grande y manifiesto; [21] y todo aquel que invocare el nombre del Señor, será salvo.

Cuando Pedro y los otros once apóstoles (entre ellos Matías) se pusieron de pie, los ciento veinte cesaron de hablar en lenguas de inmediato. Entonces, toda la multitud se dispuso a escucharlo. Todavía bajo la unción del Espíritu, alzó la voz y les habló. La palabra usada para el gesto de querer hablar de Pedro en este momento es la misma usada para la manifestación en lenguas en Hechos 2:4. Con esto se sugiere que Pedro habló en su propio idioma (arameo) según el Espíritu le daba que hablase. En otras palabras, lo que sigue no es un sermón, en el sentido común de la palabra. Por supuesto que Pedro no se sentó a estudiar los tres puntos del sermón. Al contrario; su prédica es una manifestación espontánea del don de profecía (1 Corintios 12:10; 14:3).

El discurso de Pedro iba dirigido a los judíos y a los que habitaban en Jerusalén. Esta era una forma educada de comenzar, que seguía sus costumbres, pero no echaba a un lado a las mujeres. Igual sucedería en los versículos 22 y 29.

Se puede notar que, a medida que los ciento veinte continuaban hablando en lenguas, las burlas iban aumentando, hasta que la mayoría se estaban mofando de ellos. Hasta es posible que algunos de los que comprendían los idiomas se les hayan unido. Pedro no llamó la atención al hecho de que algunos los comprendieran. Solo les respondió a los que se burlaban.

No estaban ebrios, como suponía la multitud, porque solo era la hora tercera del día, esto es, alrededor de las nueve de la mañana. En realidad, ni el mismo mosto era muy fuerte. En aquellos tiempos, no había formas de destilar alcohol o de hacer más fuertes las bebidas. Sus bebidas más fuertes eran el vino y la cerveza, y tenían la costumbre de diluir el vino con varias partes de agua. Hubiera hecho falta gran cantidad para que se embriagaran a horas tan tempranas. También podemos estar seguros de que cualquiera que estuviera bebiendo no estaría en un lugar público a esa hora. Así fue como demostró que las palabras de los que se burlaban eran absurdas.

Entonces Pedro declaró que lo que ellos veían y oían (2:33) era el cumplimiento de Joel 2:28-32 (Joel 3:1-5 en la Biblia hebrea). Como el contexto de Joel sigue hablando sobre el juicio por venir y el final de los tiempos, algunos creen hoy que la profecía de Joel no se cumplió en el día de Pentecostés. Un escritor llega a decir que Pedro no quiso decir «Esto es lo dicho», sino más bien «Esto se parece a lo dicho». En otras palabras; el derramamiento pentecostal solo se parecía a lo que sucederá cuando Israel sea restaurada al final de los tiempos.

Sin embargo, lo que Pedro dijo fue: «Esto es lo dicho». Joel, como los demás profetas del Antiguo Testamento, no vio el tiempo que transcurriría entre la primera venida de Cristo y la segunda. Hasta es probable que el mismo Pedro no viera el tiempo que habría de transcurrir. Sin embargo, sí vio que se acercaba la era mesiánica, y con seguridad tendría la esperanza de que llegara muy pronto.

Pedro hace un cambio evidente en la profecía. Bajo la inspiración del Espíritu, especifica que la palabra «después» de Joel 2:28 significa que el derramamiento tendrá lugar «en los postreros días». Con esto reconocía que los últimos días habían comenzado con la ascensión de Jesús (Hechos 3:19-21). Con esto podemos ver que el Espíritu Santo reconoce que toda la época de la iglesia comprende los «postreros días». Estamos en la última época antes del rapto de la iglesia, la restauración de Israel y el reino milenario de Cristo sobre la tierra; la última época antes de que Jesús venga en fuego a tomar venganza en aquellos que no conocen a Dios y rechazan el evangelio (2 Tesalonicenses 1:7-10).

La primera parte de la cita de Joel tiene una aplicación obvia a los ciento veinte. Los muchos idiomas señalan con claridad la intención de Dios de derramar su Espíritu sobre toda carne. En hebreo, «toda carne» significa de ordinario toda la humanidad, como vemos en Génesis 6:12. «Carne» nos puede hablar también de fragilidad, y esto se encuadra dentro de la realidad de que el bautismo en el Espíritu es una experiencia que da poder. El Espíritu quiere darnos poder y hacernos fuertes.

No sabemos si hubo sueños o visiones mientras ellos hablaban en lenguas. Es posible que los hubiera. Sin embargo, en lo que se insiste repetidas veces (versículos 17 y 18) es en que el Espíritu se derramaba para que aquellos que quedaran llenos de él pudieran profetizar. Es evidente que Pedro, por medio del Espíritu, vio que las lenguas cuando son comprendidas, equivalen a la profecía (1 Corintios 14:5-6). En la Biblia, profetizar significa hablar a nombre de Dios, como vocero o «boca» suya. (Compare con Éxodo 7:1 y Éxodo 4:15-16).

«Toda carne» se especifica ahora mencionando «vuestros hijos y vuestras hijas». No habría distinción en la experiencia pentecostal con respecto al sexo. Esta es otra indicación de que los ciento veinte fueron bautizados en el Espíritu, tanto hombres como mujeres.

Los jóvenes verían visiones y los ancianos soñarían sueños. No existiría división con respecto a la edad. Tampoco parece haber distinción real alguna entre los sueños y las visiones. La Biblia usa sin distinción ambas palabras con frecuencia. Son por lo menos paralelas. (Vea Hechos 10:17; 16:9-10 y 18:9, como ejemplos de visiones).

Hasta sobre los esclavos, tanto hombres como mujeres (que es lo que significan en realidad las palabras «siervos» y «siervas»), Dios derramaría su Espíritu. En otras palabras, el Espíritu no tendría en cuenta las distinciones sociales. Aunque quizá no hubiera esclavos entre los ciento veinte, en el Imperio Romano había muchas regiones donde los esclavos componían hasta el ochenta por ciento de la población. Ya llegaría el cumplimiento de esta parte de la profecía.

También es posible tomar el versículo 18 como una declaración resumida: «Sobre mi iglesia de esclavos», paralela a los esclavos israelitas librados de Egipto por el grandioso poder de Dios. Todas las epístolas se refieren a los creyentes llamándolos siervos (literalmente, esclavos), más que discípulos. No pedían nada para sí mismos, no reclamaban derecho alguno, y lo daban todo al servicio de su Amo y Señor. Hasta los hermanos de Jesús, Jacobo (o Santiago) y Judas, se llaman a sí mismos siervos (esclavos) del Señor Jesús (Santiago 1:1; Judas 1).

Muchos interpretan de manera simbólica los versículos 18 y 19. Otros suponen que de alguna forma fueron cumplidos durante las tres horas de tinieblas que tuvieron lugar mientras Jesús colgaba de la cruz. Más bien parece que la mención de las señales indica que el derramamiento y las profecías continuarían hasta que estas señales llegaran, al final de la era. Pedro también quiere decir que se pueden esperar estas señales con igual confianza que las ya cumplidas.

Podemos ver también el don del Espíritu como las primicias de la era futura (Romanos 8:23). El corazón y la mente sin regenerar del hombre no pueden concebir las cosas que Dios ha preparado para aquellos que lo aman. No obstante, «Dios nos las reveló a nosotros por el Espíritu» (1 Corintios 2:9-10). La herencia que será totalmente nuestra cuando Jesús venga, no es ningún misterio para nosotros. Ya la hemos experimentado;

al menos, en cierta medida. Como señala Hebreos 6:4-5, todos los que han probado (en realidad experimentado) el don celestial y han sido hechos partícipes del Espíritu Santo, ya han gustado de la buena palabra (promesa) de Dios y los poderes (poderes extraordinarios, milagros) del siglo (la época) por venir.

Algunos ven también en el fuego y el humo una referencia a las señales de la presencia de Dios en el monte Sinaí, como lo relata Éxodo 19:16-18; 20:18, y miran al día de Pentecostés como el momento en que fue dada una nueva ley o fue renovado el nuevo pacto. Sin embargo, como lo indica Hebreos 9:15-18,26,28, la muerte de Cristo fue la que hizo efectivo el nuevo pacto, y no hay necesidad de nada más.

Entre las señales se incluye aquí la sangre (versículo 19), lo que hace referencia al aumento en el derramamiento de sangre, las guerras y el humo de las guerras que cubrirá el sol y hará que la luna se vea roja. Estas cosas tendrán lugar antes del día grande y notable (manifiesto) del Señor. Forman parte de la época presente. En el Antiguo Testamento, el día del Señor incluye tanto los juicios sobre las naciones del presente, como la restauración de Israel con el establecimiento del reino mesiánico. Sin embargo, a Pedro no le interesan estas profecías como tales en este momento. Lo que él quiere es que sus oyentes comprendan que el poder pentecostal del Espíritu continuará derramándose a través de toda esta época. La época de la iglesia es la época del Espíritu Santo; el don del Espíritu seguirá disponible aun en medio de las guerras y el derramamiento de sangre que tendrán lugar.

El versículo 21 señala el motivo del derramamiento. A través del poder que traerá consigo, la labor de convicción del Espíritu será hecha en el mundo, no solamente al final, sino durante toda la época, hasta el mismo momento en que llegue el gran día del Señor. Durante este período, todo el que invocare (pida ayuda para su necesidad, esto es, pida salvación) el nombre del Señor, será salvo. La expresión griega es fuerte: «todo aquel». Pase lo que pase; sean cuales sean las fuerzas que se opongan a la iglesia, la puerta de la salvación seguirá abierta. El texto griego también indica que podemos tener la esperanza de que muchos responderán y serán salvos.

La exaltación de Jesús (2:22-36)

[22] Varones israelitas, oíd estas palabras: Jesús nazareno, varón aprobado por Dios entre vosotros con las maravillas, prodigios y señales que Dios hizo entre vosotros por medio de él, como vosotros mismos sabéis; [23] a éste, entregado por el determinado consejo y anticipado conocimiento de Dios, prendisteis y matasteis por manos de inicuos, crucificándole; [24] al cual Dios levantó, sueltos

los dolores de la muerte, por cuanto era imposible que fuese retenido por ella.[25]
Porque David dice de él: Veía al Señor siempre delante de mí; porque está a mi
diestra, no seré conmovido. [26] Por lo cual mi corazón se alegró, y se gozó mi
lengua, y aun mi carne descansará en esperanza; [27] porque no dejarás mi alma en
el Hades, ni permitirás que tu Santo vea corrupción. [28] Me hiciste conocer los
caminos de la vida; me llenarás de gozo con tu presencia. [29] Varones hermanos,
se os puede decir libremente del patriarca David, que murió y fue sepultado, y su
sepulcro está con nosotros hasta el día de hoy. [30] Pero siendo profeta, y sabiendo
que con juramento Dios le había jurado que de su descendencia, en cuanto a
la carne, levantaría al Cristo para que se sentase en su trono, [31] viéndolo antes,
habló de la resurrección de Cristo, que su alma no fue dejada en el Hades, ni
su carne vio corrupción. [32] A este Jesús resucitó Dios, de lo cual todos nosotros
somos testigos. [33] Así que, exaltado por la diestra de Dios, y habiendo recibido
del Padre la promesa del Espíritu Santo, ha derramado esto que vosotros veis y
oís. [34] Porque David no subió a los cielos; pero él mismo dice: Dijo el Señor a
mi Señor: Siéntate a mi diestra, [35] hasta que ponga a tus enemigos por estrado
de tus pies. [36] Sepa, pues, ciertísimamente toda la casa de Israel, que a este Jesús
a quien vosotros crucificasteis, Dios le ha hecho Señor y Cristo.

El cuerpo del mensaje de Pedro se centra, no en el Espíritu Santo, sino en Jesús. El derramamiento pentecostal llevaba en sí la intención de dar un testimonio poderoso de Jesús (Hechos 1:8; Juan 15:26-27; 16:14).

Pedro llamó primero la atención sobre el hecho de que los habitantes de Jerusalén conocían a Jesús, el *hombre* de Nazaret[11], y sabían cómo Dios lo había aprobado a beneficio de ellos con milagros (obras poderosas) y prodigios, y señales. Estas son las tres palabras usadas en la Biblia para referirse a los milagros sobrenaturales. Se refirieron a los diversos milagros que hizo Jesús, en especial en el templo en las fiestas (Juan 2:23; 4:45; 11:47)[12].

Este Jesús, continuó diciendo Pedro, vosotros lo prendisteis y matasteis por manos de inicuos (manos de hombres sin ley, hombres fuera de la ley; esto es, los soldados romanos). Pedro no dudó en hacer responsable de la muerte de Jesús a la población de Jerusalén, aunque también dejó en claro que Jesús había sido entregado a ellos por el determinado consejo (la voluntad específica) y anticipado conocimiento de Dios. Compare con Lucas 24:26-27,46. Si habían entendido a los profetas, deberían haber sabido que el Mesías tendría que sufrir. No obstante, Pedro no está tratando de hacer menor su culpa al decir esto.

Se debe señalar también que Pedro estaba hablándoles ahora a judíos de Jerusalén, muchos de los cuales habían gritado también: «¡Crucifícale!». La Biblia nunca lanza este tipo de responsabilidad sobre los judíos en general. Por ejemplo, en Hechos 13:27-29, Pablo, al hablarles a los judíos de Antioquía de Pisidia, les atribuye cuidadosamente la crucifixión a los que habitaban en Jerusalén, y dice «ellos» en lugar de decir «vosotros».

Pedro añade rápidamente: «Al cual Dios levantó». La resurrección hizo desaparecer el estigma de la cruz y anuló la decisión de los líderes de Jerusalén, al mismo tiempo que era también una indicación de que Dios había aceptado el sacrificio de Jesús. También por la resurrección, Dios liberó a Jesús de los sufrimientos (dolores) de la muerte, porque no era posible que ella lo pudiera contener. «Dolores» significa por lo general «dolores de parto», de manera que la muerte es vista aquí como el acto de dar a luz. Así como se alivian los dolores del parto al nacer el niño, también la resurrección hizo llegar el fin de los dolores de muerte.

Puesto que la paga del pecado es muerte (Romanos 6:23), algunos dicen que la razón por la que la muerte no pudo retenerlo, era porque no tenía pecado propio que pudiera reclamar la muerte. Sin embargo, Pedro no razona así en este punto. Todo su razonamiento está fundamentado en la Palabra de Dios, en las Escrituras proféticas. Bajo la inspiración del Espíritu, dice que David hablaba de Jesús en el Salmo 16:8-11. La tradición judaica de aquellos tiempos también aplicaba estas palabras al Mesías.

El punto central es la promesa de que Dios no dejaría (abandonaría) su alma en el infierno (en griego, *hades*, el lugar más allá de la vida, traducción de la palabra hebrea *sheol*), y no permitiría que su Santo viera corrupción (putrefacción).

Pedro declara que era correcto que él dijera libremente (libre y abiertamente) del patriarca (padre y jefe o gobernante ancestral) David que el salmo no se le podía aplicar a él. No solo estaba muerto y enterrado, sino que su tumba se hallaba allí, en Jerusalén. Era evidente que la carne de David sí había visto corrupción. Pero la de Jesús no. Aunque Pedro no lo dijo, estaba declarando de manera implícita que la tumba de Jesús estaba vacía.

Puesto que David era profeta (vocero de Dios), y puesto que sabía que Dios había jurado que uno del fruto de sus lomos se sentaría en su trono, pudo prever la resurrección del Cristo (el Mesías, el Ungido de Dios) y hablar de ella. Aquí se está haciendo referencia al pacto davídico. En él, Dios le prometió a David que siempre habría un hombre de su simiente para el trono. Esto fue dicho primeramente con respecto a Salomón (2 Samuel 7:11-16). Pero reconocía que si los descendientes de David pecaban, tendrían que ser castigados como cualquier otro. Sin embargo, Dios nunca le volvería la espalda al linaje de David para sustituirlo, como había hecho en el caso del rey Saúl. Este pacto fue confirmado de nuevo en los Salmos 89:3-4 y 132:11-12.

Como los reyes del linaje de David no siguieron al Señor, al final él tuvo que hacer terminar su reinado y enviarlos al exilio de Babilonia. Su propósito al hacerlo fue librar a Israel de la idolatría. No obstante, la promesa hecha a David seguía en pie. Todavía habría Uno que se sentaría en el trono de David y lo haría eterno.

Con esto, Pedro declara que Jesús es el Rey mesiánico. Porque Dios lo levantó, no fue dejado (abandonado) en el hades, y su carne no vio corrupción. Además de esto, tanto Pedro como los ciento veinte eran testigos todos de su resurrección.

Sin embargo, la resurrección de Cristo solo era parte de un proceso mediante el cual Dios, por su poderosa diestra, alzó a Jesús a una exaltada posición de poder y autoridad a su derecha. (Habla de las dos formas: «por la diestra de Dios» y «a la diestra de Dios»). Este es también el lugar del triunfo y la victoria. Al pagar todo el precio, Jesús ganó para nosotros la batalla contra el pecado y la muerte. Por esto permanece a la derecha de Dios durante toda esta época. (Vea Marcos 16:19; Romanos 8:34; Efesios 1:20-21; Colosenses 3:1; Hebreos 1:3; 8:1; 10:12; 12:2; 1 Pedro 3:22).

En Cristo, nosotros también nos hallamos sentados a la derecha de Dios (Efesios 2:6). Puesto que esta es nuestra posición en Cristo, no necesitamos nuestras propias obras de justicia para reclamar su promesa. Nada que podamos hacer nos daría una posición más alta de la que ya tenemos en Cristo.

A continuación, Pedro usa la exaltada posición de Cristo para explicar la experiencia pentecostal. Al estar ahora a la derecha del Padre, él recibió del Padre la promesa del Espíritu Santo y derramó a su vez ese Espíritu; la multitud podía ver y oír el resultado de su acción: los ciento veinte hablando en otras lenguas.

Jesús había dicho que le era necesario irse para que el Consolador pudiera venir (Juan 16:7). Así, aunque el bautismo en el Espíritu Santo es la promesa del Padre, Jesús es el que lo derrama. Aquí vemos también una clara distinción entre las personas del Dios Trino. El Padre es el Dador, pero Jesús es el Bautizador.

El derramamiento del Espíritu también era evidencia de que Jesús había sido exaltado en verdad a la derecha del Padre. Esto significa algo para nosotros, los que ahora creemos y recibimos el bautismo en el Espíritu. Este bautismo se convierte para nosotros personalmente en evidencia de que Jesús está allí, a la mano derecha del Padre, aun hoy, para interceder por nosotros. De esta forma podemos ser testigos directos sobre el lugar donde está Jesús, y lo que está haciendo.

Con otra cita de las Escrituras, se evidencia más aun que nada de esto era aplicable a David. David no ascendió a los cielos, como lo había hecho Jesús, pero había profetizado esa exaltación en el Salmo 110:1. Una vez más, no podía estar hablando de sí mismo, porque dice: «Dijo el Señor a mi Señor: Siéntate a mi diestra, hasta que ponga a tus enemigos por estrado de tus pies» (con lo que indicaba una victoria completa y definitiva, como en Josué 10:24). Jesús hizo referencia a esto también en Lucas 20:41-44, reconociendo que David llama Señor a su hijo más importante. (Vea también Mateo 22:42-45; Marcos 12:36-37).

La conclusión que Pedro saca de esto es que toda la casa de Israel necesitaba saber con certeza que Dios había hecho a este Jesús, al que los habitantes de Jerusalén habían crucificado, Señor y Cristo (Mesías).

De esto deducimos que, en cumplimiento de la profecía de Joel, Jesús es el Señor al cual todos debemos acudir en busca de salvación. Pablo reconoce también que Dios lo ha exaltado grandemente y le ha dado un nombre que está por sobre todo otro nombre (Filipenses 2:9). «El Nombre» en el Antiguo Testamento hebreo siempre es una expresión usada para hablar del Nombre de Dios. (El hebreo tiene otras maneras de referirse al nombre de un ser humano sin usar la palabra «él»). La expresión El Nombre representa la autoridad, persona, y en especial la personalidad de Dios en su justicia, santidad, fidelidad, bondad, amor y poder. «Señor» fue la expresión que el Nuevo Testamento usó para el Nombre de Dios. La misericordia, la gracia y el amor son partes de la santidad, el nombre Santo por el cual Jesús es reconocido como Señor, la revelación plena de Dios al hombre. Aquí hallamos también la seguridad de que Jesús está en el cielo, y en pleno dominio de todo. Dios cuidará de que su plan sea realizado, pase lo que pase en este mundo.

Se añadieron tres mil a la iglesia (2:37-42)

37 Al oír esto, se compungieron de corazón, y dijeron a Pedro y a los otros
apóstoles: Varones hermanos, ¿qué haremos? 38 Pedro les dijo: Arrepentíos, y
bautícese cada uno de vosotros en el nombre de Jesucristo para perdón de los
pecados; y recibiréis el don del Espíritu Santo. 39 Porque para vosotros es la promesa, y para vuestros hijos, y para todos los que están lejos; para cuantos el Señor
nuestro Dios llamare. 40 Y con otras muchas palabras testificaba y les exhortaba,
diciendo: Sed salvos de esta perversa generación. 41 Así que, los que recibieron su
palabra fueron bautizados; y se añadieron aquel día como tres mil personas. 42 Y
perseveraban en la doctrina de los apóstoles, en la comunión unos con otros, en
el partimiento del pan y en las oraciones.

La reacción ante estas palabras proféticas fue inmediata. Se compungieron de corazón (fue perforado su corazón). Ya no siguieron diciendo: «¿Qué significa esto?». Las palabras de Pedro, inspiradas por el Espíritu Santo, se clavaron en su conciencia. Clamaron a él y a los otros apóstoles (que sin duda, todavía estaban de pie junto a él): Varones hermanos, ¿qué haremos?

Sin embargo, no se sentían totalmente desechados. Pedro los había llamado hermanos, y ellos respondieron llamando hermanos a los apóstoles. Su pecado al rechazar y crucificar a Cristo era grande, pero su clamor mismo demuestra que creían que había esperanza, que podrían hacer algo.

Pedro les respondió con un llamado al arrepentimiento, esto es, a cambiar su pensamiento y sus actitudes fundamentales aceptando la voluntad de Dios revelada en Cristo. Como en Romanos 12:1-2, este cambio exigía una renovación de la mente acompañada de un cambio de actitud con respecto al pecado y a sí mismo. La persona que se arrepiente de veras, aborrece el pecado (Salmo 51). Se humilla, reconoce que necesita a Cristo, y se da cuenta que no hay en él bondad alguna que le permita permanecer delante de Dios.

Después, los que se arrepintieran podrían declarar ese cambio de mente y corazón haciéndose bautizar en el nombre (en griego, por el nombre) de Jesucristo, esto es, por la autoridad de Jesús. Lucas no da más explicaciones, pero con frecuencia no explica lo que en algún otro lugar aparece con claridad. La autoridad de Jesús señala hacia su propio mandato que aparece en Mateo 28:19. O sea, que el acto mismo de bautizar era hecho en el nombre (para la adoración y el servicio) del Padre, el Hijo y el Espíritu Santo.

Este bautismo sería también «para» la remisión (el perdón) de sus pecados. ¡Qué maravilloso! ¿Qué rey de la tierra ha perdonado a un traidor? Sin embargo, Cristo lo hizo y aún lo hace. Esto es gracia pura y amor sin igual. (Vea Romanos 5:8,10). «Para perdón de los pecados» estaría mejor traducido como «debido a la liberación de vuestros pecados y el perdón de ellos». Nuestro pecado y nuestra culpa son apartados de nosotros tan lejos como el este lo está del oeste (Salmo 103:12). No solo están perdonados, sino que se han ido en verdad; se han ido de nuestra existencia para nunca más ser alzados contra nosotros.

«Debido a» es mejor que «para», puesto que es el mismo tipo de construcción griega usado cuando Juan bautizaba en agua «para» arrepentimiento (Mateo 3:11). Está claro que Juan no bautizaba a nadie para producir arrepentimiento. Cuando los fariseos y saduceos venían a él, les exigía que produjeran fruto digno de arrepentimiento (que demostraran un verdadero arrepentimiento). Es decir, tenían que arrepentirse primero, y entonces él los bautizaría. Somos salvos por gracia por medio de la fe, no por medio del bautismo (Efesios 2:8). Después del arrepentimiento, el bautismo en agua se convierte en la respuesta o testimonio de una buena conciencia que ya ha sido purificada por la Sangre y por la aplicación de la Palabra relativa a la resurrección de Cristo por el Espíritu (1 Pedro 3:21; Romanos 10:9-10).

Hay quienes alegan de manera equivocada que no había agua suficiente en Jerusalén para bautizar a tres mil por inmersión. Sin embargo, la piscina de Betesda sola era una gran piscina doble, y se han excavado los restos de otras piscinas. En realidad, las posibilidades de bautismo por inmersión eran mucho mayores en Jerusalén entonces que ahora.

Después, Pedro habló de la promesa. Los creyentes recibirían también al Espíritu Santo, como un don diferente después del perdón de sus pecados. Este don del Espíritu Santo es, por supuesto, el bautismo en el Espíritu Santo. Debe ser distinguido de los dones del Espíritu, que son dados *por* el Espíritu (1 Corintios capítulos 12 al 14). El *don* del Espíritu es entregado por Jesús, el poderoso Bautizador.

A continuación, Pedro sigue insistiendo en que esta promesa del bautismo en el Espíritu no se limitaba a los ciento veinte. Seguiría estando a disposición, no solo de ellos, sino también de sus hijos (incluyendo todos sus descendientes), y de todos los que estuvieran lejos, y todos cuanto el Señor nuestro Dios llamara a sí. O sea que la única condición para recibir la promesa del Padre es el arrepentimiento y la fe. Por tanto, sigue estando hoy a nuestra disposición.

El «llamado» podría referirse a Joel 2:32, pero no puede limitarse a los judíos. En Isaías 57:19, Dios habla paz al que está lejos, y Efesios 2:17 aplica esto a la predicación del evangelio a los gentiles. Hechos 1:8 habla también de los confines de la tierra. Aunque es posible que Pedro no haya comprendido esto por completo hasta su experiencia en la casa de Cornelio, se ve con claridad que quedan incluidos los gentiles. También queda en claro que mientras Dios esté llamando seres humanos hacia sí, el bautismo en el Espíritu prometido seguirá a disposición de todos los que vengan a él.

Lucas no recoge el resto del testimonio y la exhortación de Pedro. Pero en esta exhortación, es posible que Pedro haya estado ejercitando otro de los dones del Espíritu (Romanos 12:8). Pedro se convirtió en el instrumento a través del cual el Espíritu Santo llevó a cabo la labor predicha por Jesús en Juan 16:8.

La esencia de la exhortación de Pedro era que debían salvarse a sí mismos (o mejor, ser salvos) de esta perversa (malvada) generación. Es decir, debían apartarse de la perversidad y la corrupción de los que los rodeaban y rechazaban la verdad sobre Jesús. (Vea las palabras de Jesús en Lucas 9:41; 11:29 y 17:25). No hay ningún otro antídoto a la perversidad y la corrupción de la sociedad contemporánea.

Los que recibieron (le dieron la bienvenida a) la palabra (el mensaje) de Pedro, testificaron entonces de su fe haciéndose bautizar en agua.

De nuevo, Lucas no siempre especifica detalles que están claros en otra parte. No tiene espacio para hacerlo en este libro. Por tanto, aunque Lucas no lo mencione, podemos estar seguros de que los tres mil que fueron añadidos a la iglesia recibieron la promesa del Padre como Pedro había dicho, fueron llenados con el Espíritu y hablaron en otras lenguas como en Hechos 2:4.

Por el Espíritu, también habían sido bautizados en el cuerpo de Cristo (1 Corintios 12:13). Dios nunca nos salva para que andemos solos y errantes. Por esto, los tres mil no se esparcieron, sino que permanecieron juntos y perseveraban en la doctrina de los apóstoles (su enseñanza), en la comunión, en el partimiento del pan y en las oraciones.

Con esto vemos que la nueva evidencia de su fe era este deseo persistente de recibir enseñanza. Al aceptar a Cristo y el don del Espíritu, se abrió para ellos una comprensión totalmente nueva del plan y los propósitos de Dios. Llenos de gozo, se sentían hambrientos y querían aprender más. Esto nos muestra también que los apóstoles estaban obedeciendo a Jesús al enseñar (hacer discípulos), tal como él había ordenado en Mateo 28:19. También nos muestra que el discipulado incluye esta especie de deseo, ferviente por aprender más sobre Jesús y sobre la Palabra de Dios.

Había comunión en la enseñanza. No era simplemente el hecho de reunirse. Era compartir los propósitos de la iglesia, su mensaje y su obra. Como en 1 Juan 1:3, la Palabra, tal como había sido testificada por la enseñanza de los apóstoles, creó esta comunión, una comunión que no solo era con los apóstoles, sino también con el Padre y con el Hijo.

Algunos creen que la partición del pan solo significa la Cena del Señor, pero también incluye la comunión en la mesa. No podían observar la Cena del Señor en el templo, de manera que lo hacían en las casas, primeramente en relación con una comida (puesto que Jesús la había instituido al final de la cena de Pascua).

Con seguridad se reunirían a diario en el templo a las horas de oración, costumbre que todos seguían practicando, además de tener reuniones de oración en las casas.

La iglesia crece (2:43-47)

43 Y sobrevino temor a toda persona; y muchas maravillas y señales eran
hechas por los apóstoles. 44 Todos los que habían creído estaban juntos, y tenían
en común todas las cosas; 45 y vendían sus propiedades y sus bienes, y lo repartían
a todos según la necesidad de cada uno. 46 Y perseverando unánimes cada día en
el templo, y partiendo el pan en las casas, comían juntos con alegría y sencillez
de corazón, 47 alabando a Dios, y teniendo favor con todo el pueblo. Y el Señor
añadía cada día a la iglesia los que habían de ser salvos.

El testimonio constante de los apóstoles sobre la resurrección de Cristo produjo un temor reverencial (que incluía un sentido de pavor en presencia de lo sobrenatural) en toda persona que oía. Esto se puso más de relieve aún por los numerosos prodigios y señales hechos por los apóstoles. (Esto es, hechos por Dios a través de los apóstoles). El griego indica que eran agentes secundarios. El que hacía la obra en realidad era Dios. (Compare con 1 Corintios 3:6).

Más tarde, Dios haría milagros a través de muchos otros. Pero ahora, los apóstoles tenían la enseñanza de Jesús y el respaldo de que su fe había sido alentada por él. Los milagros no eran para exhibición, sino más bien para confirmar la Palabra, la enseñanza. (Vea Marcos 16:20). También ayudaron para que la fe de los nuevos miembros de la iglesia de Pentecostés se afirmara en la Palabra y en el poder de Dios. (Vea 1 Corintios 2:4-5).

Los creyentes permanecieron juntos y tenían todas las cosas en común (las compartían). Muchos vendían tierras suyas y propiedades personales, y el dinero era distribuido a todos aquellos que tuvieran necesidades. «Según la necesidad de cada uno» es una declaración clave: no vendían las propiedades mientras no hubiera una necesidad.

Esto no era comunismo, en el sentido moderno de la palabra, ni siquiera vida comunal. Simplemente era el compartir cristiano. Todos se daban cuenta de la importancia de fundamentarse en la enseñanza de los apóstoles (que nosotros tenemos hoy en la Palabra escrita). Algunos de los que eran de fuera de Jerusalén se quedaron sin dinero pronto, así que los que pudieron, simplemente vendieron lo necesario para que se pudieran quedar. Más tarde Pedro aclararía que nadie estaba obligado a vender nada ni a dar nada (Hechos 5:4). Pero la comunión, el gozo y el amor hacían fácil compartir cuanto tenían.

De manera que el cuadro es el de un amoroso cuerpo de creyentes que se reunían unánimes a diario en el templo con un mismo pensar, un mismo propósito, y compartían la comunión de la mesa en sus casas («de casa en casa», por familias). Cada casa se convirtió en un centro de comunión y adoración cristiana. El hogar de la madre de Marcos era uno de dichos centros. Sin duda alguna, el hogar de María y Marta en Betania era otro. Jerusalén no tenía capacidad para una multitud así, y con seguridad muchos se quedaban en los poblados de los alrededores.

La comunión en la mesa era muy importante también. Comían con regocijo (deleite y gran gozo) y con sencillez de corazón. No había celo, ni críticas, ni contiendas; solo gozo y corazones llenos de alabanza a Dios. Podemos estar seguros de que la alabanza encontraría su expresión también en salmos, himnos y cánticos espirituales que salían de sus corazones (Colosenses 3:16).

La consecuencia fue que encontraron favor con todo el pueblo (de Jerusalén). Así el Señor seguía añadiendo día tras día a aquellos que habían de ser salvos. Podemos estar seguros también de que la iglesia los aceptaría llena de gozo.

Debemos notar aquí que la última parte del versículo 47 no pretende hablar de la predestinación de las personas. La expresión griega es una simple declaración de que cada día eran salvos algunos, y de que los salvos eran añadidos a la iglesia. Note también que no se presionaba fuertemente sobre los demás. Las personas veían el gozo y el poder, y abrían el corazón a la Palabra, a la verdad sobre Jesús.

---

[1] Los saduceos que controlaban el templo consideraban que el sábado de Levítico 23:15 era el sábado de la semana siguiente a la Pascua. Esto hizo que Pentecostés tuviera lugar en domingo.

[2] El códice Beza (D) no pone «unánimes» y se limita a señalar que estaban juntos en un mismo lugar. Sin embargo, la mayoría de los manuscritos antiguos están en lo cierto. Estaban en verdad unánimes, como lo habían estado durante todo el período precedente.

[3] Se le llama «casa» al templo en Hechos 7:47. Sin embargo, algunos creen que la expresión «toda la casa» no se puede referir al templo. Sugieren que, o bien los ciento veinte salieron del aposento alto cuando el Espíritu se derramó, o dicho aposento estaba abierto a la calle.

[4] Algunos dicen que el bautismo en el Espíritu tuvo lugar solo en una ocasión, el día de Pentecostés. Les llaman «llenamientos» a los sucesos posteriores. Pedro, en cambio, en Hechos 11:16, reconoce que el don del Espíritu Santo derramado

sobre la casa de Cornelio también cumplía con la promesa de Jesús de que él los bautizaría en el Espíritu. Por tanto, todos los creyentes que han recibido la plenitud del Espíritu pueden decir que han sido bautizados en el Espíritu. La experiencia pentecostal sigue siendo hoy día el bautismo en el Espíritu.

[5] Hay quienes llaman a estas lenguas una «manifestación extática». «Extática» o «éxtasis» son en realidad términos inadecuados y no tienen aplicación aquí ni en ninguno de los demás pasajes donde se mencionan las lenguas. No hay evidencias de que ningún creyente hablara como si se viera forzado a hacerlo. Se mantenían en sus cabales y hablaban en cooperación voluntaria con el Espíritu Santo. Teniendo esto en cuenta, debemos reconocer también que las lenguas de este momento y las de 1 Corintios capítulos 12—14 son las mismas. Las lenguas de Pentecostés fueron una señal para los no creyentes. Fueron usadas por Dios para reunir a la gente, al mismo tiempo que edificaba a los creyentes. Pero cuando continuaron con las lenguas, la gente dijo que estaban ebrios. Esto corresponde con lo que dice 1 Corintios 14:23 sobre las lenguas sin interpretación. También debemos notar que existen unos cuatro mil idiomas en la actualidad y existieron muchos más en el pasado. En una iglesia local, como la de Corinto, no era muy probable que hubiera muchos extranjeros presentes. Un buen número de misioneros me han contado de personas de tiempos recientes que han hablado en lenguas que eran idiomas que los misioneros comprendían, pero las personas que los hablaban no.

[6] «De todas las naciones bajo el cielo»: una expresión usada por lo común para hablar principalmente de las personas del mundo conocido, o incluso, del Imperio Romano. La palabra «nación» (pueblo) era usada con frecuencia para hablar de los habitantes de una provincia romana.

[7] Hacket señala que estos eran con toda claridad idiomas no aprendidos, diferentes de la lengua nativa de aquellos galileos, que era el arameo. (También conocían el griego).

[8] Muchos ven aquí el proceso inverso al que tuvo lugar en Babel, pero esto solo puede ser aplicado a la era por venir.

[9] Algunos de los exiliados procedentes de las diez tribus fueron establecidos en Media (2 Reyes 17:6). Hay evidencias de que estos y otros de las diez tribus se unían en las sinagogas de los judíos, de tal manera que las doce tribus estaban representadas entre los judíos de la dispersión.

[10] Los que eran plenamente prosélitos eran circuncidados, se bautizaban a sí mismos y ofrecían un sacrificio para declarar su intención de guardar la ley judía y vivir como judíos. Algunos creen que el versículo diez significa que había tanto judíos como prosélitos entre las quince naciones.

[11] La palabra *Nazaret* se deriva en hebreo de la palabra «rama» o «vara» usada en Isaías 11:1 para hablar del mayor de los hijos de David, el Mesías.

[12] Bruce señala que en la predicación apostólica primitiva había cuatro partes: (1) Los últimos días han llegado. (2) La historia del ministerio, muerte, resurrección y ascensión de Jesús. (3) Las Escrituras del Antiguo Testamento prueban que Jesús es el Mesías. (4) Un llamado al arrepentimiento.

HECHOS

CAPÍTULO 3

Es frecuente que Lucas haga una afirmación general para dar después un ejemplo específico. En Hechos 2:43, declara que muchas maravillas y señales eran hechas por los apóstoles. Ahora procede a dar un ejemplo para ilustrar lo dicho y al mismo tiempo mostrar cómo esto ocasionó un crecimiento mayor en la iglesia.

En esta ocasión, Pedro y Juan subían la colina del templo para entrar en él y unirse a los demás en la hora de oración vespertina, la hora nona (alrededor de las 3 p.m.). Al mismo tiempo, los sacerdotes ofrecían sacrificios e incienso.

Un regalo de sanidad (3:1-10)

1 Pedro y Juan subían juntos al templo a la hora novena, la de la oración. 2 Y
era traído un hombre cojo de nacimiento, a quien ponían cada día a la puerta del
templo que se llama la Hermosa, para que pidiese limosna de los que entraban en
el templo. 3 Este, cuando vio a Pedro y a Juan que iban a entrar en el templo, les
rogaba que le diesen limosna. 4 Pedro, con Juan, fijando en él los ojos, le dijo: Míranos. 5 Entonces él les estuvo atento, esperando recibir de ellos algo. 6 Mas Pedro
dijo: No tengo plata ni oro, pero lo que tengo te doy; en el nombre de Jesucristo
de Nazaret, levántate y anda. 7 Y tomándole por la mano derecha le levantó; y al
momento se le afirmaron los pies y tobillos; 8 y saltando, se puso en pie y anduvo;
y entró con ellos en el templo, andando, y saltando, y alabando a Dios. 9 Y todo
el pueblo le vio andar y alabar a Dios. 10 Y le reconocían que era el que se sentaba
a pedir limosna a la puerta del templo, la Hermosa; y se llenaron de asombro y
espanto por lo que le había sucedido.

Entre el patio de los gentiles y el patio de las mujeres había una bella puerta de bronce labrado, de estilo corintio, con incrustaciones de oro y plata. Era más valiosa que si hubiera sido hecha de oro puro[1].

En la puerta Hermosa, Pedro y Juan se encontraron con un hombre cojo de nacimiento al que llevaban a diario y dejaban fuera de ella para que pidiera limosnas (regalos de caridad). Más tarde leemos que el hombre tenía más de cuarenta años. Jesús pasó por allí muchas veces, pero es evidente que el hombre nunca le pidió sanidad. También es posible que Jesús en la providencia divina y sabiendo los tiempos perfectos, dejó a este hombre para que se pudiera convertir en un testigo mayor aún cuando fuera sanado más tarde.

Cuando este hombre les pidió una limosna, Pedro, junto con Juan, fijó sus ojos en él. Qué contraste el de este momento con los celos que los discípulos se mostraban unos a otros antes (Mateo 20:24). Ahora actúan en conjunto, en completa unidad de fe y de propósito. Entonces Pedro, como vocero, le dijo: «Míranos». Esto hizo que el hombre pusiera toda su atención en ellos, y suscitó en él la esperanza de recibir algo.

Sin embargo, Pedro no hizo lo que él esperaba. El dinero que tenía, muy probablemente ya se lo había dado a los creyentes necesitados. Pero sí tenía algo mejor que darle. Su declaración: «No tengo plata ni oro, pero lo que tengo te doy», exigió fe de su parte. No hay duda de que lo dijo bajo el impulso del Espíritu Santo, que le había dado un regalo (un don) de sanidad para este hombre (1 Corintios 12:9,11).

Entonces Pedro, en forma de mandato, le dijo: «En el nombre de Jesucristo de Nazaret, levántate y anda»[2]. Al mismo tiempo, puso su fe en acción al tomar al hombre por la mano derecha y levantarlo. De inmediato los pies y los tobillos de aquel hombre recibieron fortaleza (se le afirmaron). Es muy posible también que la fe de aquel hombre recibiera una sacudida al ser mencionado el nombre de Jesús, Mesías de Nazaret. Quizás alguno de los tres mil que fueron salvos en Pentecostés ya le había testificado. Con seguridad habría oído de otros que habían sido sanados por Jesús.

Cuando los pies y los tobillos de aquel hombre se llenaron de fortaleza, Pedro no tuvo que seguirlo levantando. El hombre saltó, se puso en pie por un instante y comenzó a caminar. Puesto que era cojo de nacimiento, nunca había aprendido a caminar. No hay sacudida psicológica capaz de realizar esto.

Ahora que el hombre estaba sanado, podía entrar al templo. Puesto que no se les permitía a los impedidos entrar, esta sería la primera vez en su vida. Entró caminando normalmente con Pedro y Juan, daba unos cuantos pasos y saltaba de puro gozo, gritando continuamente las alabanzas de Dios. Dios lo había tocado y no podía contener el gozo y la alabanza.

El versículo 11 indica que todavía sostenía la mano de Pedro, y también tomó la de Juan. Qué escena tan maravillosa debe haber sido la del hombre aquel que entraba caminando y saltando en el patio del templo, y arrastrando a Pedro y a Juan consigo.

Toda la gente que lo veía, lo reconocía como el hombre que había nacido cojo y estaba siempre sentado pidiendo limosna en la puerta Hermosa. Por consiguiente, su sanidad los llenó de asombro (no la palabra ordinaria, sino otra que está relacionada con el terror) y de espanto (implica también perplejidad). Estaban atónitos y sobrecogidos.

El Autor de la vida (3:11-21)

11 Y teniendo asidos a Pedro y a Juan el cojo que había sido sanado, todo el
pueblo, atónito, concurrió a ellos al pórtico que se llama de Salomón. 12 Viendo
esto Pedro, respondió al pueblo: Varones israelitas, ¿por qué os maravilláis de
esto? ¿o por qué ponéis los ojos en nosotros, como si por nuestro poder o piedad
hubiésemos hecho andar a éste? 13 El Dios de Abraham, de Isaac y de Jacob, el
Dios de nuestros padres, ha glorificado a su Hijo Jesús, a quien vosotros entregas-
teis y negasteis delante de Pilato, cuando éste había resuelto ponerle en libertad.
14 Mas vosotros negasteis al Santo y al Justo, y pedisteis que se os diese un homicida, 15 y matasteis al Autor de la vida, a quien Dios ha resucitado de los muertos,
de lo cual nosotros somos testigos. 16 Y por la fe en su nombre, a éste, que vosotros
veis y conocéis, le ha confirmado su nombre; y la fe que es por él ha dado a éste
esta completa sanidad en presencia de todos vosotros. 17 Mas ahora, hermanos,
sé que por ignorancia lo habéis hecho, como también vuestros gobernantes. 18
Pero Dios ha cumplido así lo que había antes anunciado por boca de todos sus
profetas, que su Cristo había de padecer. 19 Así que, arrepentíos y convertíos, para
que sean borrados vuestros pecados; para que vengan de la presencia del Señor
tiempos de refrigerio, 20 y él envíe a Jesucristo, que os fue antes anunciado; 21 a
quien de cierto es necesario que el cielo reciba hasta los tiempos de la restauración
de todas las cosas, de que habló Dios por boca de sus santos profetas que han sido
desde tiempo antiguo.

Ya en este momento, el inválido sanado, todavía tomado de las manos de Pedro y Juan, se hallaba en el pórtico de Salomón, un pórtico techado que se hallaba a un lado del patio del templo. Desde todos los patios del templo, la gente corría y se aglomeraba para verlos. Con facilidad pueden haberse reunido diez mil personas en el templo a la hora de la oración.

Esta era la oportunidad que esperaba Pedro, y respondió con prontitud a las preguntas sin formular que se veían en sus caras maravilladas. Su mensaje sigue el mismo esquema general dado por el Espíritu en el día de Pentecostés, pero adaptado a esta nueva situación.

Dirigiéndose a ellos como a «varones israelitas» (era la costumbre, aunque había mujeres en la multitud), les preguntó por qué se maravillaban de esto y por qué ponían sus ojos en él y en Juan, como si la capacidad de aquel hombre para caminar tuviera su fuente en el poder o la piedad (santidad) de ellos.

A continuación, Pedro dio testimonio de Jesús. Aquel a quien las Escrituras describen como el Dios de Abraham, Isaac y Jacob, el Dios de sus padres (Éxodo 3:6,15), había glorificado a su Hijo (Siervo) Jesús[3].

De nuevo les recuerda que eran responsables por el arresto de Jesús y por haberlo negado ante Pilato, aun cuando este había decidido ponerlo en libertad. Aquel a quien habían negado era el Santo y Justo. Otra vez está haciendo una referencia al Siervo sufriente de Isaías (Isaías 53:11; cf. Zacarías 9:9). Pero se habían apartado de él de una manera tan completa, que habían pedido que se les liberara a un homicida en su lugar. (Vea Lucas 23:18,19,25).

Eran culpables de la muerte del Autor de la vida. ¡Qué contraste! Le habían dado muerte a Aquel que les había dado vida a ellos. La palabra griega traducida *Autor* es *arjegón*, una palabra que por lo general significa originador, fundador. En Hebreos 2:10 y 12:2 también está traducida como *autor*. Se refiere a la participación de Jesús en la creación. Juan 1:3 dice de Jesús, la Palabra viva: «Todas las cosas por él fueron hechas, y sin él nada de lo que ha sido hecho, fue hecho». En otras palabras, el Jesús preencarnado era la Palabra viviente que pronunció los mundos y existieron, y por medio de él, Dios inspiró la vida en el hombre que había formado (Génesis 2:7). Este Jesús, la fuente misma de la vida, y por tanto, de la sanidad, era el que ellos habían matado. Pero Dios lo había levantado de entre los muertos. Pedro y Juan habían sido testigos. La sanidad de aquel hombre también era testimonio de que Jesús estaba vivo.

Observe la repetición del Nombre en el versículo 16. Por la fe (fundado en la fe, con base en la fe) en su Nombre, este hombre que ustedes ven y conocen, su Nombre lo ha hecho fuerte. Y la fe que es por (a través de) él (Jesús) le ha liberado de su defecto corporal en presencia de todos ustedes.

El Nombre, por supuesto, se refiere a la personalidad y naturaleza de Jesús como el Sanador, el gran Médico. La sanidad apareció al haber fe en Jesús y en lo que él es. Pero no era la fe de ellos en sí misma la que había obrado la sanidad. Era el Nombre, esto es, el hecho de que Jesús es fiel a su naturaleza y personalidad. Él es el Sanador. Claro que la fe había tenido una gran participación, pero era la fe por medio de Jesús. La fe que el mismo Jesús les había impartido (no solo a Pedro y a Juan, sino también al hombre) le dio libertad completa de su defecto a este hombre lisiado delante de sus propios ojos[4]. Jesús había sanado al cojo; todavía estaba sanando a los lisiados a través de sus discípulos.

Pedro añade que sabía que por ignorancia, ellos y sus gobernantes habían matado a Jesús. Pablo confesaría más tarde que él perseguía a la iglesia por ignorancia y en incredulidad (1 Timoteo 1:13). Esto quiere decir que ellos no sabían en realidad que Jesús fuera el Mesías, ni tampoco que fuera el Hijo de Dios. Esta ignorancia no hacía menor su culpa. Hasta en el Antiguo Testamento siempre había perdón disponible para los pecados hechos en ignorancia. Jesús mismo exclamaría: «Padre, perdónalos, porque no saben lo que hacen» (Lucas 23:34)[5].

Los sufrimientos y la muerte de Jesús fueron también el cumplimiento de profecías que Dios había revelado por boca de todos sus profetas; esto es, por el cuerpo de profetas en pleno. Su mensaje total tenía uno de sus focos en la muerte de Cristo. Así y todo, esto no hacía menor la culpa de los jerosolimitanos tampoco.

Como en el día de Pentecostés, Pedro los exhortó entonces al arrepentimiento, al cambio de pensamiento y de actitudes con respecto a Jesús. Que se convirtieran (se volvieran hacia Dios) para que sus pecados (incluso el pecado de rechazar y matar a Jesús) fueran borrados (limpiados, tachados, destruidos) y para que vinieran de la presencia (faz) del Señor tiempos (estaciones, ocasiones) de refrigerio. A quienes se arrepintieran, él les enviaría el Mesías Jesús designado para ellos, que los cielos debían recibir hasta los tiempos de la restauración (restablecimiento) de todas las cosas, de las que habló Dios por la boca de sus santos profetas desde tiempo antiguo (desde el comienzo de la edad). Esta última expresión es una paráfrasis que podría significar «desde la eternidad» o «desde el principio de los tiempos». El sentido es «todos los profetas que han existido».

Gracias a este pasaje vemos que el arrepentimiento y la conversión hacia Dios no solo traen consigo que los pecados son borrados, sino también tiempos de refrigerio que nos da el Señor. No tenemos que esperar hasta que Jesús regrese para poder disfrutar de estos tiempos. El pasaje indica, en especial en el texto griego, que podemos tenerlos ahora, y hasta el momento en que Jesús venga.

Son demasiados los que ponen toda su energía en advertencias sobre los peligrosos tiempos que se avecinan y en la declaración de que habrá caídas (2 Timoteo 3:1; 2 Tesalonicenses 2:3). Estas cosas llegarán. Las caídas, por supuesto, pueden ser caídas espirituales, aunque la palabra griega significa por lo común revueltas, revolución y guerra. Si bien las advertencias son necesarias, el cristiano no tiene por qué hacer de esto el punto central de su atención. El arrepentimiento (cambio de pensamiento y de actitud) y la conversión hacia Dios, seguirá trayéndonos tiempos de refrigerio desde la presencia misma de Dios. El día de la bendición espiritual, el día de los milagros y del avivamiento no ha pasado. En medio de tiempos peligrosos, aún podemos poner nuestros ojos en el Señor, y recibir derramamientos refrescantes y poderosos de su Espíritu.

Los tiempos de restauración son una referencia a la edad por venir, el Milenio. Entonces Dios restaurará y renovará, y Jesús reinará personalmente sobre la tierra. La restauración profetizada incluye un nuevo derramamiento del Espíritu en el reino restaurado.

Algunos sacan de contexto la restauración de todas las cosas, y tratan de hacer que incluya hasta la salvación de Satanás. Pero «todas las cosas» es una expresión que debe ser tomada junto con otra: «que habló Dios». Solo aquellas cosas que ha sido profetizado que serían restauradas, lo serán en realidad.

Los profetas también señalan que el reino llegará a través del juicio. Daniel 2:35,44-45 presenta la imagen de Babilonia, que representa a todo el sistema mundano desde Babilonia hasta el final de los tiempos. Hasta que no sea golpeada en el pie (en los últimos días de esta época), el presente sistema mundial no será destruido y reducido a polvo. Hasta lo bueno que haya en el sistema mundial actual tendrá que ser destruido para dar paso a las cosas mejores del reino futuro, que llenará la tierra después de que Jesús venga de nuevo.

No sabemos cuándo sucederá. Pero lo importante es que no tenemos que esperar a que venga el reino para experimentar las bendiciones y el poder de Dios. El Espíritu Santo nos trae las arras, un primer anticipo de las cosas por venir. Y podemos tener estos tiempos de refrigerio prometidos aun ahora, si cumplimos con las condiciones del arrepentimiento y la conversión hacia Dios.

Un profeta como Moisés (3:22-26)

22 Porque Moisés dijo a los padres: El Señor vuestro Dios os levantará
profeta de entre vuestros hermanos, como a mí; a él oiréis en todas las cosas
que os hable; 23 y toda alma que no oiga a aquel profeta, será desarraigada del
pueblo. 24 Y todos los profetas desde Samuel en adelante, cuantos han hablado,
también han anunciado estos días. 25 Vosotros sois los hijos de los profetas, y del
pacto que Dios hizo con nuestros padres, diciendo a Abraham: En tu simiente
serán benditas todas las familias de la tierra. 26 A vosotros primeramente, Dios,
habiendo levantado a su Hijo, lo envió para que os bendijese, a fin de que cada
uno se convierta de su maldad.

Ahora Pedro regresa a Moisés y cita Deuteronomio 18:18-19, donde Dios promete levantar un profeta como él. (Vea también Levítico 26:12; Deuteronomio 18:15; Hechos 7:37). Esta era la promesa en la que pensaban también los que le preguntaron a Juan el Bautista si él era «el profeta» (Juan 1:21,25). Algunos opinan que Deuteronomio tiene un cumplimiento parcial en Josué (un hombre en el que está el Espíritu; Números 27:18), Samuel y la línea de profetas del Antiguo Testamento. Pero tuvo su cumplimiento total en Jesús.

¿En qué aspectos era Jesús como Moisés? Dios usó a Moisés para instaurar el pacto antiguo; Jesús trajo el nuevo. Moisés sacó a la nación de Israel de tierras de Egipto y la llevó al Sinaí, donde Dios la atrajo a sí mismo (la hizo entrar en una relación de pacto con él). (Vea Éxodo 19:4). Jesús se convirtió en el camino nuevo y viviente por el cual podemos entrar en lo más Santo de la presencia misma de Dios. Moisés le dio a Israel el mandato de sacrificar un cordero; Jesús es el Cordero de Dios. Moisés fue usado por Dios para realizar grandes milagros y señales; Jesús realizó muchos milagros y señales; más, pero la mayoría eran señales de amor, más que de juicio. (Vea Hebreos 3:3-6, donde se proclama la superioridad de Cristo con respecto a Moisés).

Moisés le advirtió al pueblo que sería desarraigado todo aquel que no recibiese y obedeciese a este Profeta. O sea, que aunque Dios es bueno, hay un castigo para aquellos que no se arrepientan. Pedro hizo hincapié en el significado de la advertencia de Moisés. Serían desarraigados del pueblo. Esto es, Dios no destruiría a su pueblo como tal sino que serían los individuos los que se podrían perder.

Samuel fue el más grande de los profetas después de Moisés (1 Samuel 3:20). Desde aquel momento, todos los profetas hablaron de estos días, o sea, de los días de la obra que Dios realizaría a través de Cristo. Aunque algunos no hayan dado profecías específicas en sus escritos, todos dieron profecías que señalaban hacia estos días, o preparaban para ellos.

Los judíos a los que Pedro se estaba dirigiendo, eran los descendientes verdaderos de los profetas, herederos también del pacto abrahámico con su promesa de que en la simiente de Abraham (Cristo), todas las familias de la tierra serían bendecidas (Génesis 22:18; Gálatas 3:16).

Esa bendición prometida a todas las familias de la tierra, llegó en primer lugar a estos judíos de Jerusalén. ¡Qué privilegio! Sin embargo, no se trataba de un favoritismo por parte de Dios. Era su oportunidad para recibir la bendición arrepintiéndose y apartándose de sus pecados (obras malas o perniciosas). También era una oportunidad de poder servir.

En realidad, alguien tenía que ser el primero en llevar el mensaje. (Compare con Romanos 1:16; 2:9, 10; 3:1-2). Pablo siempre iba a los judíos primero, porque ellos tenían las Escrituras y la cultura, y conocían la promesa. Pero no podían llevar el mensaje y la bendición a los demás, sin arrepentirse primero y experimentar la bendición en ellos mismos. Dios había preparado a los judíos para esto. Todos los primeros evangelistas (esparcidores de las buenas nuevas) eran judíos.

---

[1] El patio de los gentiles era lo más cerca que estos podían llegar. El patio de las mujeres era el lugar hasta donde se les permitía a estas llegar. Los hombres podían entrar en el patio de Israel y tomar parte en el ofrecimiento de los sacrificios (Levítico 1:2-5).

[2] Unos pocos manuscritos antiguos omiten las palabras «levántate y», pero aun en ellos queda claramente implícita la palabra griega, por lo que es correcto no omitirlas.

[3] La palabra griega usada aquí (*paida*) no es la usada con frecuencia para hablar de un hijo, y no se usa para hablar de Jesús cuando se está poniendo de relieve su filiación divina. La palabra puede significar «siervo» o «hijo». Aquí no hay duda de que Pedro estaba pensando en la identificación de Jesús con el Siervo sufriente de Isaías 52:13 a 53:12. El Siervo del Señor es el que hace la obra del Señor. Esta sanidad fue consecuencia del cumplimiento de la profecía de Isaías. Esta profecía habla de lo que sufrió Jesús por nosotros.

[4] «Completa sanidad» es la expresión usada para hablar de la ausencia total de defectos que era necesaria en un animal usado en un sacrificio.

[5] Algunos afirman hoy que cuando los judíos hicieron crucificar a Jesús, Dios cortó su relación con ellos para siempre. Sin embargo, la Biblia dice: «No ha desechado Dios a su pueblo, al cual desde antes conoció» (Romanos 11:2).

HECHOS

CAPÍTULO 4

Mientras Pedro y Juan estaban aún hablando[1], los sacerdotes (jefes de los sacerdotes), el jefe de la guardia del templo (el sacerdote siguiente en rango al sumo sacerdote), que mandaba la guardia del templo, formada por levitas escogidos, y un grupo de sus partidarios saduceos, fueron y les echaron mano de forma súbita e inesperada. Como señala el versículo 3, ya era tarde (alrededor de la caída del sol), y como el milagro tuvo lugar alrededor de las 3 p.m., Pedro y Juan habían estado hablándole a la multitud unas tres horas. Sin duda alguna, les explicaron más el evangelio completo, y es probable que tuvieran tiempo para responder las preguntas que les hacían desde la multitud.

El arresto de Pedro y Juan (4:1-4)

1 Hablando ellos al pueblo, vinieron sobre ellos los sacerdotes con el jefe de la guardia del templo, y los saduceos, 2 resentidos de que enseñasen al pueblo, y anunciasen en Jesús la resurrección de entre los muertos. 3 Y les echaron mano, y los pusieron en la cárcel hasta el día siguiente, porque era ya tarde. 4 Pero muchos de los que habían oído la palabra, creyeron; y el número de los varones era como cinco mil.

El sumo sacerdote era saduceo, como muchos de los sacerdotes de Jerusalén. Se proclamaban religiosos, pero no aceptaban las tradiciones de los fariseos, ni consideraban que los libros proféticos del Antiguo Testamento o los Escritos (la tercera división del canon hebreo) estuvieran en el mismo nivel que la Ley (la Torah, el Pentateuco). También negaban la existencia de ángeles y espíritus y decían que no había resurrección (Hechos 23:8; Mateo 22:23).

No estaban muy entusiasmados con el milagro, pero estaban resentidos de que hubiera una multitud tan grande alrededor de Pedro y de Juan. Estaban resentidos (molestos, muy perturbados, profundamente enojados) porque los apóstoles anunciaran (proclamaran) en Jesús la resurrección de entre los muertos.

Pedro estaba predicando a un Jesús resucitado, y ellos entendían que esto servía de evidencia a la realidad de la resurrección de todos los creyentes. Como esta enseñanza iba contra su doctrina, los saduceos sentían que no la podían tolerar.

Por tanto, les echaron mano a Pedro y a Juan (los arrestaron) y los tiraron a la cárcel hasta el día siguiente. Era de noche ya, muy tarde para reunir al Sanedrín. Sin embargo, también era demasiado tarde para impedir que el evangelio surtiera su efecto. Muchos de los que oyeron la Palabra, creyeron. Podemos estar seguros de que fueron bautizados en agua muy pronto (tal vez al día siguiente), y también en el Espíritu Santo. Se nos da un número de cerca de cinco mil hombres. El griego se podría traducir como «se convirtieron en cerca de cinco mil», por lo que algunos consideran que esto quiere decir que el número total de los creyentes era ahora de cinco mil. No obstante, la forma en que aparece aquí indica que el número era tan grande que solo contaron los hombres. Debe haber habido también un gran número de mujeres que creyeron. Hechos 3:9 dice que todo el pueblo vio al hombre lisiado, y 4:1-2 indica que le estaban enseñando a todo el pueblo, tanto a hombres como a mujeres.

Se ve con claridad que, aunque los funcionarios ya no se sentían indiferentes ante lo que los apóstoles estaban haciendo, aún eran tenidos en gran estima por el pueblo.

Ante el tribunal (4:5-12)

5 Aconteció al día siguiente, que se reunieron en Jerusalén los gobernantes, los ancianos y los escribas, 6 y el sumo sacerdote Anás, y Caifás y Juan y Alejandro, y todos los que eran de la familia de los sumos sacerdotes; 7 y poniéndoles en medio, les preguntaron: ¿Con qué potestad, o en qué nombre, habéis hecho vosotros esto? 8 Entonces Pedro, lleno del Espíritu Santo, les dijo: Gobernantes del pueblo, y ancianos de Israel: 9 Puesto que hoy se nos interroga acerca del beneficio hecho a un hombre enfermo, de qué manera éste haya sido sanado, 10 sea notorio a todos vosotros, y a todo el pueblo de Israel, que en el nombre de Jesucristo de Nazaret, a quien vosotros crucificasteis y a quien Dios resucitó de los muertos, por él este hombre está en vuestra presencia sano. 11 Este Jesús es la piedra reprobada por vosotros los edificadores, la cual ha venido a ser cabeza del ángulo. 12 Y en ningún otro hay salvación; porque no hay otro nombre bajo el cielo, dado a los hombres, en que podamos ser salvos.

Al día siguiente, los gobernantes (los ejecutivos o miembros oficiales del Sanedrín, que era el Senado y Corte Suprema de los judíos)[2], los ancianos y los escribas (maestros de la Ley, expertos en la Ley) que estaban en Jerusalén, tuvieron una reunión. Con ellos se unieron específicamente Anás, Caifás, Juan, Alejandro, y todos los demás parientes del sumo sacerdote que estaban en la ciudad en aquel momento.

Aquí se llama sumo sacerdote a Anás. Oficialmente, fue sumo sacerdote desde el año 6 hasta el 15 d.C. Entonces fue nombrado su hijo Jonatán por unos tres años. Después fue hecho sumo sacerdote oficial Caifás, yerno de Anás (18-36 d.C.). Pero Anás siguió siendo el verdadero poder detrás del trono. El pueblo no había aceptado que los romanos lo depusieran, y todavía lo consideraba como el verdadero sumo sacerdote. En el Antiguo Testamento, Aarón había sido nombrado sumo sacerdote de por vida. La Ley no especificaba que los gobernantes seculares pudieran cambiar esto. Por consiguiente, Jesús fue llevado primero a la casa de Anás (Juan 18:13), y después a la de Caifás (quien es probable que ocupara una parte del mismo edificio, junto al mismo patio). Anás y Caifás, junto con algunos familiares más de Anás, formaban en realidad una estrecha corporación que controlaba el templo.

Es posible que el Juan que se menciona fuera Jonatán, el hijo de Anás[3]. Alejandro debe haber sido uno de los dirigentes de los saduceos.

Hicieron que Pedro y Juan se pusieran de pie en medio del tribunal que se había reunido, que era básicamente el mismo que había condenado a Jesús. (Su lugar de reunión, según Josefo, se encontraba al oeste de la zona del templo). Entonces comenzaron su interrogatorio preguntándoles con qué (qué clase de) potestad (*dynamis*, gran poder) o ¿en qué nombre (esto es, con qué autoridad) habéis hecho vosotros (plural) esto?

La expresión «qué potestad» es usada aquí en forma derogatoria. Estaban tratando de asustar a los discípulos, o incluso espantarlos. Quizá recordaran la forma en que habían huido llenos de miedo cuando Jesús había sido arrestado. El versículo 13 señala que sentían desprecio por ellos, porque no habían sido instruidos en sus escuelas.

Era cierto. Pedro se había rebajado ante una doncella en el patio cuando aquel mismo grupo se hallaba reunido en torno a Jesús. Sin embargo, ahora las cosas eran diferentes. Cuando comenzó a hablar, fue lleno del Espíritu Santo. La forma del verbo griego indica aquí una nueva llenura. Esto no significa que hubiera perdido nada del poder y la presencia del Espíritu que había recibido en el día de Pentecostés. En vista de las presiones de aquella situación crítica, el Señor simplemente había aumentado su capacidad y le había dado esta nueva plenitud para satisfacer esta nueva necesidad de poder para testificar.

Aquí podemos ver también una aplicación práctica de las instrucciones y la promesa de Jesús que aparecen en Mateo 10:19-20 y Lucas 21:12-15. No debían meditar sobre lo que habrían de hablar; el Espíritu de su Padre celestial hablaría en ellos y por ellos. De esta manera, en lugar de tratar de defenderse a sí mismos, el Espíritu haría de sus palabras un testimonio. Podemos tener la seguridad de que Pedro y Juan durmieron tranquilamente la noche anterior, y se levantaron renovados.

Pedro, lleno de nuevo del Espíritu, no dejó que los líderes judíos lo amedrentaran. Tal como Pablo le diría a Timoteo (2 Timoteo 1:7), Dios no nos ha dado un espíritu de cobardía, sino de poder, de amor y de dominio propio (una mente que manifiesta autodisciplina). Con cortesía, Pedro se dirigió a los miembros del concilio llamándoles gobernantes (miembros oficiales del Sanedrín) y ancianos. Después, en forma muy correcta, les dijo que si estaban haciendo un examen judicial con respecto a la buena obra hecha a favor de un ser humano débil, para saber de qué manera había sido (y seguía estando) sano (salvado, restaurado)[4], entonces él tenía la respuesta.

A continuación, Pedro proclamó que en (por) el nombre de Jesús, a quien ellos habían crucificado, y Dios había levantado de entre los muertos, por (en) él aquel hombre estaba en presencia de ellos sano (plenamente restaurado en su salud). ¡Qué contraste tan notable hace Pedro entre lo que aquellos gobernantes le habían hecho a Jesús, y lo que Dios le había hecho!

Entonces citó un pasaje que aquellos mismos jefes de los sacerdotes y ancianos habían oído de Jesús anteriormente. En una ocasión habían retado la autoridad de Jesús para enseñar. Él les respondió con parábolas y citó después el Salmo 118:22. (Vea Mateo 21:23,42,45; 1 Pedro 2:7). Sin embargo, Pedro lo hace personal. Este (enfático) es la piedra reprobada (ignorada, despreciada) por vosotros los edificadores, la cual ha venido a ser cabeza del ángulo (esto es, porque ha sido exaltado a la derecha del Padre). Después Pedro explica lo que significa esto. En ningún otro hay salvación (la salvación que ellos esperaban que trajera el Mesías no se halla en ningún otro), porque no hay otro nombre bajo el cielo, dado a los hombres (seres humanos) en que podamos ser salvos[5]. «Podamos» es una palabra enfática. Si no encontramos salvación a través del nombre (la Persona) de Jesús, nunca la encontraremos.

De esta forma, la sanidad del hombre cojo sirvió de testimonio de que Jesús es el único Salvador. Los líderes judíos no creían que Jesús sirviera para nada; sin embargo, Dios lo había elevado a un valor único y supremo. En él, como lo muestra también el capítulo 53 de Isaías, está la salvación prometida. Solo hay una salvación; solo un camino (Hebreos 10:12-22). Nunca habrá otro Mesías enviado por Dios, ni tampoco otro Salvador.

Muchos han afirmado ser mesías o salvadores; muchos han presentado otros caminos de salvación. Pero todos ellos se hallan en oposición a nuestro Señor Jesucristo. Solo tenemos una decisión que hacer cuando nos enfrentamos a las afirmaciones de Cristo: podemos aceptarlo o rechazarlo. Otros caminos que quizá parezcan derechos, solo pueden conducir a la destrucción (Proverbios 14:12; Mateo 7:13).

No es popular ser tan exclusivista. La mayoría de los no creyentes que no son ateos quisieran pensar que hay muchas maneras de encontrar a Dios. Algunas sectas hasta tratan de combinar lo que ellos suponen que hay de bueno en diversas religiones. Pero todo esto es en vano. Dios ha rechazado todos los demás caminos. Solo en Cristo hay esperanza. Esto es lo que pone la pesada responsabilidad de la Gran Comisión sobre nuestros hombros. Si hubiera alguna otra forma de salvarse, nos podríamos permitir tomar las cosas con calma. Pero no hay esperanza para nadie lejos de la salvación por medio de Cristo[6].

Pedro y Juan hablan valientemente (4:13-22)

13 Entonces viendo el denuedo de Pedro y de Juan, y sabiendo que eran
hombres sin letras y del vulgo, se maravillaban; y les reconocían que habían estado con Jesús. 14 Y viendo al hombre que había sido sanado, que estaba en pie
con ellos, no podían decir nada en contra. 15 Entonces les ordenaron que saliesen
del concilio; y conferenciaban entre sí, 16 diciendo: ¿Qué haremos con estos hombres? Porque de cierto, señal manifiesta ha sido hecha por ellos, notoria a todos
los que moran en Jerusalén, y no lo podemos negar. 17 Sin embargo, para que no
se divulgue más entre el pueblo, amenacémosles para que no hablen de aquí en
adelante a hombre alguno en este nombre. 18 Y llamándolos, les intimaron que
en ninguna manera hablasen ni enseñasen en el nombre de Jesús. 19 Mas Pedro
y Juan respondieron diciéndoles: Juzgad si es justo delante de Dios obedecer a
vosotros antes que a Dios; 20 porque no podemos dejar de decir lo que hemos
visto y oído. 21 Ellos entonces les amenazaron y les soltaron, no hallando ningún
modo de castigarles, por causa del pueblo; porque todos glorificaban a Dios por
lo que se había hecho, 22 ya que el hombre en quien se había hecho este milagro
de sanidad, tenía más de cuarenta años.

Los sacerdotes y ancianos se maravillaban (se asombraban) al ver el denuedo (libertad para hablar) de Pedro y Juan, en especial porque se daban cuenta de que eran hombres sin letras (sin instrucción, en el sentido de no haber asistido a una escuela rabínica, ni haberse sentado ante un gran rabí como Gamaliel)7 y del vulgo (hombres no profesionales, laicos). Esto no quiere decir que fueran personas totalmente iletradas. Ellos habían asistido a las escuelas de la sinagoga en sus pueblos natales, pero no eran maestros profesionales, ni conferencistas entrenados, como los escribas y los doctores. Los laicos por lo común no hablaban con esa autoridad.

Debe haber sido difícil para Pedro y Juan enfrentarse a semejante presunción. Pero la clave de su denuedo y su libertad para hablar era, por supuesto, que habían sido llenos del Espíritu nuevamente. Él fue quien les dio las palabras que debían decir.

Entonces, algo más estremeció a estos líderes judíos. La expresión «les reconocían» no significa que les hacían más preguntas. El griego significa más bien simplemente que fueron reconociendo de forma gradual que habían estado con Jesús. Quizá las palabras de Pedro les trajeran a la memoria lo que Jesús había dicho. A medida que pensaban en su enfrentamiento con Jesús, iban recordando que él tenía discípulos consigo. Ahora reconocían que Pedro y Juan se hallaban entre ellos.

Jesús también había hablado con autoridad. Deben haber estado asombrados, porque creían que se librarían de Jesús crucificándolo. Pero ahora los discípulos, entrenados por él, hablaban de la misma forma. Jesús había hecho milagros como señales. Ahora los apóstoles estaban haciendo lo mismo.

A continuación, los ancianos se enfrentaron con algo más. El hombre que había sido sanado se hallaba allí de pie, junto a Pedro y a Juan[8]. De pronto, los sacerdotes y los ancianos se hallaron sin nada más que decir. ¿Qué podían decir contra un milagro así?

Entonces los dirigentes les ordenaron a Pedro y a Juan que saliesen del concilio (el Sanedrín), esto es, del cuarto donde se estaban reuniendo. Después los líderes del Sanedrín conferenciaban entre sí[9]. No sabían qué hacer con Pedro y Juan. No podían negar que una señal manifiesta (una obra reconocida como sobrenatural) había sido hecha por (a través de) ellos, y se hallaba ante la vista de todos los habitantes de Jerusalén.

Esto podía implicar que ellos no negaban la resurrección de Jesús. Lo que les molestaba era el hecho de que los apóstoles la estuvieran usando para enseñar que había una resurrección futura para todos los creyentes. Anteriormente, para salir de este problema, habían sobornado a los soldados para que dijeran que el cuerpo de Jesús había sido robado (Mateo 28:12-13). Aun hoy hay algunos que discuten que las mujeres y los discípulos fueron a mirar a una tumba equivocada. Sin embargo, las mujeres se habían fijado bien en dónde colocaban a Jesús (Lucas 23:55). En realidad, estos dirigentes judíos no eran tontos ni tenían nada de simples. Sabían lo difícil que es deshacerse de un cuerpo. Por lo tanto, hubieran realizado una búsqueda intensiva del cuerpo si no hubieran sabido que él había resucitado de entre los muertos. Pero para ser salvo hace falta más que creer con la cabeza o aceptar mentalmente la verdad de la resurrección de Cristo (Romanos 10:9-10).

Puesto que no tenían forma lógica de replicarles a Pedro y a Juan, decidieron que el mejor curso de acción era suprimir su enseñanza sobre Jesús y la resurrección. Sabían que no podrían sobornar a los discípulos. Por consiguiente, los amenazarían para que no hablasen más en este nombre (basados en él) a nadie.

Cuando hicieron regresar al cuarto a Pedro y a Juan, les ordenaron que no hablaran (no abrieran la boca ni dijeran una sola palabra) de ninguna manera o enseñaran en el nombre de Jesús. Pero estas amenazas no intimidaron a los dos apóstoles. Cortés, pero firmemente, volvieron a poner en ellos la responsabilidad: les pidieron a los dirigentes judíos que juzgaran (o decidieran) si era justo delante de Dios oírlos a ellos y no a él. Entonces declararon valientemente que no podían dejar de hablar sobre lo que habían visto y oído.

Los miembros del Sanedrín querían encontrar alguna forma de castigar a Pedro y a Juan. De hecho, lo que se sugiere es que trataron por todos los medios. Pero no pudieron por causa del pueblo. Todos estaban glorificando a Dios por lo que se había hecho, en especial porque este hombre que había nacido lisiado, ya tenía más de cuarenta años. Debido a esto, se limitaron a añadir más amenazas a sus advertencias anteriores y los dejaron ir.

Este fue un gran error por parte de ellos, porque le hizo saber al pueblo que Dios podía librar del Sanedrín. Dio a conocer que los dirigentes judíos no tenían acusación que hacerles a estos apóstoles, ni tenían forma alguna de refutar su mensaje.

Un denuedo renovado (4:23-31)

23 Y puestos en libertad, vinieron a los suyos y contaron todo lo que los
principales sacerdotes y los ancianos les habían dicho. 24 Y ellos, habiéndolo oído,
alzaron unánimes la voz a Dios, y dijeron: Soberano Señor, tú eres el Dios que
hiciste el cielo y la tierra, el mar y todo lo que en ellos hay; 25 que por boca de
David tu siervo dijiste: ¿Por qué se amotinan las gentes, y los pueblos piensan
cosas vanas? 26 Se reunieron los reyes de la tierra, y los príncipes se juntaron en
uno contra el Señor, y contra su Cristo. 27 Porque verdaderamente se unieron en
esta ciudad contra tu santo Hijo Jesús, a quien ungiste, Herodes y Poncio Pilato,
con los gentiles y el pueblo de Israel, 28 para hacer cuanto tu mano y tu consejo
habían antes determinado que sucediera. 29 Y ahora, Señor, mira sus amenazas,

y concede a tus siervos que con todo denuedo hablen tu palabra, [30] mientras extiendes tu mano para que se hagan sanidades y señales y prodigios mediante el nombre de tu santo Hijo Jesús. [31] Cuando hubieron orado, el lugar en que estaban congregados tembló; y todos fueron llenos del Espíritu Santo, y hablaban con denuedo la palabra de Dios.

Tan pronto como fueron dejados en libertad, Pedro y Juan regresaron a los suyos (los creyentes que estaban reunidos, y sin duda estaban orando por ellos). Allí relataron todo lo que el sumo sacerdote y los ancianos les habían dicho, sin callarse nada.

Ellos reaccionaron alzando su voz (aquí voz es singular, con lo que se indica que oraron al unísono) unánimes, con un mismo propósito, en oración a Dios. Sin embargo, es probable que la oración que recoge aquí la Biblia haya sido hecha por uno de ellos que actuara como vocero de todos.

Podemos aprender mucho de esta oración. En primer lugar, como es el caso de la mayoría de las oraciones de la Biblia, reconocieron quién es Dios. Se dirigieron a él como Señor (una palabra distinta de la usada en los demás lugares de la Biblia, que significa Dueño, Propietario, Soberano). Después reconocieron que solo él es Dios, el creador del universo y de todo lo que hay en él.

A continuación, fundaron su petición en la Palabra inspirada de Dios hablada por el Espíritu por medio de la boca de David. También la mayoría de las oraciones de la Biblia se fundamentan en la Palabra de Dios que ya ha sido dicha. En el Salmo 2:1-2, vieron Palabra del Señor que se había cumplido en la oposición de estos líderes judíos. El salmo habla de los paganos (las naciones, los gentiles) que se amotinan, y los pueblos (plural) que piensan (planean, elaboran) cosas vanas (vacías, tontas, ineficaces). Los reyes de la tierra y sus príncipes que se reúnen contra el Señor y su Cristo (su Mesías, su Ungido) son también gentiles. De esta manera, esta oración inspirada por el Espíritu reconocía que los dirigentes judíos se hallaban en la misma categoría que las naciones extranjeras que siempre se estaban amotinando, puesto que siempre estaban conspirando contra Dios y contra Jesús. Hay un precedente para esto en los profetas del Antiguo Testamento, que algunas veces usaron la palabra *goi* (gentil) para Israel, porque se había apartado de Dios.

Herodes (Herodes Antipas), Pilato, los gentiles y el pueblo (pueblos) de Israel, se habían reunido en realidad (de forma hostil) contra Jesús, el santo Hijo de Dios. Como anteriormente, *santo Hijo* significa el Siervo dedicado y consagrado del Señor (como en Isaías 52:13 a 53:12). Sin embargo, solo podían hacer lo que la mano de Dios (esto es, el poder de

Dios) y su consejo habían determinado antes (limitado de antemano) que sucediera. A pesar de esto, eran responsables de sus obras, porque habían decidido realizarlas libremente.

En tercer lugar, los creyentes fundaron su petición en lo que Dios había hecho a través de Jesús. La mano de Dios tenía dominio sobre la situación cuando permitió la muerte de Jesús. Él era en verdad el Siervo de Dios que había realizado la voluntad divina a favor de ellos. Podían ahora acercarse a Dios fundándose en lo que había sido cumplido a cabalidad a través de su muerte y resurrección (1 Corintios 1:23-24; 3:11; 2 Corintios 1:20).

Su petición era que el Señor mirara ahora las amenazas del Sanedrín y les diera a sus siervos (esclavos) oportunidades para seguir hablando su Palabra con todo denuedo (y libertad de palabra). Es probable que se sintieran menos seguros ahora, después de haberse marchado del tribunal, que cuando estaban allí; por eso sentirían que necesitaban un denuedo renovado. Aun después de una victoria espiritual, es posible que Satanás nos insinúe que somos tontos; necesitamos orar para que nuestro valor siga en pie. También Abraham sintió temor durante la noche que siguió a su valiente testimonio ante el rey de Sodoma; Dios llegó a tranquilizarlo y darle nueva seguridad (Génesis 15:1).

¿Qué oportunidades tendrían? La sanidad del hombre cojo solo era el principio. Habría muchas oportunidades más que Dios les proporcionaría al extender su mano para realizar sanidades, señales y prodigios que serían hechos por medio del nombre de su santo Hijo (Siervo) Jesús[10].

De esta forma oraron pidiendo valor para seguir haciendo lo mismo que había provocado su arresto y las amenazas del Sanedrín. Sin embargo, no querían los milagros por ellos mismos, sino como oportunidades para predicar el evangelio y como señales para que el pueblo reconociera que era cierto que Jesús había resucitado de entre los muertos.

Después que ellos oraron, el lugar donde estaban reunidos fue sacudido (por el Espíritu, y no por un terremoto), lo cual señala un poderoso acto de Dios. Al mismo tiempo, todos ellos fueron llenos del Espíritu Santo, y en su poder, todos siguieron hablando la Palabra de Dios con denuedo (y libertad de palabra). Esta obra del Espíritu fue tan grande como los milagros.

El texto griego señala de nuevo que fueron llenos del Espíritu. Algunos escritores discuten que solo los nuevos convertidos (los cinco mil mencionados en 4:4) fueron llenos en este momento. No obstante el griego no permite sostener esto. Todos los creyentes, incluso los apóstoles, recibieron esta nueva plenitud para poder enfrentarse a la necesidad continua que tenían y a las presiones que se ejercían sobre ellos. El Espíritu Santo llena de nuevo repetidas veces a todos los creyentes, como parte de las cosas maravillosas que Dios tiene dispuestas para ellos.

Abundante gracia (4:32-37)

32 Y la multitud de los que habían creído era de un corazón y un alma; y ninguno decía ser suyo propio nada de lo que poseía, sino que tenían todas las cosas
en común. 33 Y con gran poder los apóstoles daban testimonio de la resurrección
del Señor Jesús, y abundante gracia era sobre todos ellos. 34 Así que no había
entre ellos ningún necesitado; porque todos los que poseían heredades o casas, las
vendían, y traían el precio de lo vendido, 35 y lo ponían a los pies de los apóstoles;
y se repartía a cada uno según su necesidad. 36 Entonces José, a quien los apóstoles pusieron por sobrenombre Bernabé (que traducido es, Hijo de consolación),
levita, natural de Chipre, 37 como tenía una heredad, la vendió y trajo el precio y
lo puso a los pies de los apóstoles.

El número de creyentes era cada vez mayor, y seguían teniendo un corazón y un alma. Esto es, formaban una comunidad de creyentes que estaban unánimes, con unidad de pensamiento, de intenciones y de deseos. Ninguno de ellos decía: «Lo que tengo es mío, y tengo miedo de que lo pueda necesitar». En cambio, sentían amor y responsabilidad los unos por los otros, y compartían todas las cosas. Dios satisfacía sus necesidades, y ellos creían que él lo seguiría haciendo. La misma actitud que había surgido después de que habían sido llenos del Espíritu por primera vez en el día de Pentecostés, seguía prevaleciendo (Hechos 2:44-45). Tampoco ahora se obligaba a nadie. Lo compartían todo, simplemente como expresión de su amor y su unidad de pensamiento y de corazón en el cuerpo único de Cristo. (Compare con Gálatas 6:10)[11].

Al mismo tiempo, los apóstoles seguían dando testimonio de la resurrección del Señor Jesús. Sin embargo, la obra del Espíritu no estaba limitada a los apóstoles, porque abundante gracia era sobre todos los creyentes.

El versículo 34 muestra cómo se expresaba esta gracia. No había entre ellos ningún necesitado, porque todos los que eran dueños de tierras o de casas, las estaban vendiendo, e iban trayendo el precio de lo que vendían. Aquí el texto griego no quiere decir que todos vendieran sus propiedades de inmediato. Más bien, que de vez en cuando se hacía esto, a medida que el Señor les llamaba la atención sobre las necesidades. Entonces ponían el dinero a los pies de los apóstoles (y bajo su autoridad), y ellos distribuían a cada uno en proporción a su necesidad.

Después de esta afirmación general, Lucas nos da un ejemplo específico, escogido porque les sirve de fondo a los sucesos con los que comienza el capítulo siguiente.

José, a quien los apóstoles le habían puesto el sobrenombre (le habían dado el nombre adicional) de Bernabé, vendió un campo, trajo el dinero y lo puso a los pies de los apóstoles.

No queda en claro si se le dio este nombre por lo que hizo en aquel momento, o por sus obras anteriores. Por lo que vemos a continuación en Bernabé, tenía una personalidad que cuadraba con el significado de ese sobrenombre: «hijo de consolación» (o de exhortación, de ánimo). La expresión «Hijo» era usada con frecuencia en hebreo y en arameo para señalar el carácter o la naturaleza de una persona. El nombre Bernabé se deriva probablemente de una frase aramea que significa «hijo de la profecía o de la exhortación». Tuvo éxito. Nunca se le vuelve a llamar José.

Bernabé era un levita de Chipre, la gran isla que se halla frente a la costa sur del Asia Menor. Fue un buen ejemplo de los que se preocupan por los creyentes necesitados, y también de mayordomía cristiana.

---

[1] «Ellos» es una referencia a Pedro y a Juan, y el verbo «hablando» en el original es un participio plural que indica una acción continuada. También indica que Juan habló algo, y que se dijeron más cosas que Lucas no tenía espacio suficiente para poner por escrito.

[2] El Sanedrín era llamado también la *Gerusia* (Asamblea, Senado, 5:21), y el Presbiterio (el cuerpo de Ancianos, 22:5). El sumo sacerdote lo presidía siempre y estaba formado por otros setenta miembros más.

[3] El códice Beza (D) tiene Jonatán en lugar de Juan en este lugar. Otros piensan que este Juan era Johanán ben Azcai, quien pasó a ser presidente de la Gran Sinagoga después del 70 d.C., pero esta identificación no parece posible.

[4] La palabra griega es la que se suele traducir como «salvo», pero también incluye las ideas de salvar del peligro, la enfermedad, el pecado y los efectos del pecado.

[5] Algunos manuscritos antiguos tienen «podáis» en lugar de «podamos».

[6] Hasta en el Antiguo Testamento, una de las cosas que más condenan los profetas es la adoración del Señor *unida* a la de otros dioses.

[7] La palabra significa a veces «ignorante», pero los eruditos están de acuerdo en que no es ese su significado aquí.

[8] Algunos creen que este hombre fue arrestado también y llevado junto con Pedro y Juan. Otros creen que lo dejaron ir y regresó por la mañana para observar el interrogatorio. A él directamente no lo interrogaron, ni habló. Por tanto, lo último es más probable. No era él quien era sometido a juicio.

[9] Earle cita a Emil Schuerer, quien sugiere que Saulo (Pablo) se hallaba presente en esta sesión del Sanedrín y posteriormente le relataría a Lucas qué se había dicho en privado.

[10] «Santo» (separado para Dios y para su servicio) pone de relieve su consagración y entrega a la obra que su Padre le había dado para que hiciera. Vea Juan 10:36; 17:4,19,19.

[11] No se trata de una simple repetición del capítulo 2. Sirve de escenario para lo que hizo Bernabé y para lo que hicieran después Ananías y Safira.

HECHOS

CAPÍTULO 5

Con el ejemplo de Bernabé ante ellos, dos miembros de la comunidad de creyentes conspiraron para conseguir el mismo tipo de atención que se le daba a él. Aquí se indica con claridad que eran creyentes que gozaban de las bendiciones de Dios. Sabían lo que era ser llenos del Espíritu. Escuchaban la enseñanza de los apóstoles, veían los milagros y compartían la comunión.

Es evidente que estaban algo celosos de Bernabé, en especial porque no era oriundo de la ciudad. De manera que ellos también, como había hecho él, vendieron una tierra, una parcela de terreno. Sin embargo, en todo lo demás, lo que hicieron contrastaba fuertemente con lo hecho por él.

Un rápido juicio (5:1-10)

1 Pero cierto hombre llamado Ananías, con Safira su mujer, vendió una heredad, 2 y sustrajo del precio, sabiéndolo también su mujer; y trayendo sólo una
parte, la puso a los pies de los apóstoles. 3 Y dijo Pedro: Ananías, ¿por qué llenó
Satanás tu corazón para que mintieses al Espíritu Santo, y sustrajeses del precio
de la heredad? 4 Reteniéndola, ¿no se te quedaba a ti? y vendida, ¿no estaba en
tu poder? ¿Por qué pusiste esto en tu corazón? No has mentido a los hombres,
sino a Dios. 5 Al oír Ananías estas palabras, cayó y expiró. Y vino un gran temor
sobre todos los que lo oyeron. 6 Y levantándose los jóvenes, lo envolvieron, y
sacándolo, lo sepultaron. 7 Pasado un lapso como de tres horas, sucedió que entró
su mujer, no sabiendo lo que había acontecido. 8 Entonces Pedro le dijo: Dime,
¿vendisteis en tanto la heredad? Y ella dijo: Sí, en tanto. 9 Y Pedro le dijo: ¿Por
qué convinisteis en tentar al Espíritu del Señor? He aquí a la puerta los pies de los
que han sepultado a tu marido, y te sacarán a ti. 10 Al instante ella cayó a los pies
de él, y expiró; y cuando entraron los jóvenes, la hallaron muerta; y la sacaron, y
la sepultaron junto a su marido.

Ananías[1] se guardó para sí parte[2] del precio. Safira lo sabía, y por tanto estaba de acuerdo con él y era igualmente culpable. Después, trajo parte de él y lo puso a los pies de los apóstoles, dando la impresión de que había hecho lo mismo que Bernabé.

Pedro, actuando como representante y vocero de los doce apóstoles, supo de inmediato lo que había hecho. No tenía espías que le reportaran las cosas, pero tenía al Espíritu Santo. Quizá esto le fuera revelado a través de uno de los dones de revelación, como la Palabra de Sabiduría o la Palabra de Ciencia.

Le preguntó a Ananías por qué Satanás (Satanás, el adversario)[3] había llenado su corazón para que le mintiese al Espíritu Santo y se guardara para sí parte del precio del campo. La pregunta «¿Por qué?» llama la atención sobre el hecho de que su acción era voluntaria; no había excusa para lo que habían hecho. Antes de venderlo, había seguido siendo suyo, y no los estaban obligando a venderlo. Después de venderlo, todavía se hallaba en su poder (autoridad). No había nada que los obligara a darlo todo. Lo que él había concebido en su corazón era una mentira, no para engañar a los hombres, sino a Dios.

Satanás se hallaba detrás de lo que hicieron Ananías y Safira. Parece que a causa de su celo, falta de fe y amor por el dinero, el Espíritu del Señor había sido contristado, y ellos estaban en malas relaciones con Dios. Estas cosas no sucedieron de un día para otro. Pero en el instante en que habían conspirado juntos, Satanás había llenado sus corazones (su ser interior entero) y no había lugar para que el Espíritu Santo permaneciera allí.

Podían haber resistido a Satanás (Santiago 4:7). Pero dejaron que el orgullo, el amor propio y el amor al dinero los poseyeran. El amor al dinero es la raíz de todos los (todas las clases de) males (1 Timoteo 6:10). O sea, que una vez que el amor al dinero toma posesión de una persona, no hay mal que no pueda o no esté dispuesta a hacer. Cuando es el amor al dinero lo que la controla, una persona hace cosas que de otra manera nunca hubiera hecho, incluyendo el asesinato y todas las demás clases de pecado. También se ve claramente que si una persona está llena de amor al dinero, no puede amar a Dios (Mateo 6:24).

Guardarse parte del precio de la heredad era también una señal de falta de fe y de confianza plena en Dios. Es posible que tuvieran temor de que la iglesia se desplomara, y pensaban que era mejor que guardaran una buena parte en caso de que esto sucediera.

También se ve claro que al mentirle al Espíritu Santo, que era el que guiaba a la iglesia, a los creyentes y a los apóstoles, le estaban mintiendo a Dios. Esta comparación de los versículos 3 y 4 hace ver con claridad que el Espíritu Santo es una Persona divina.

Mientras Ananías todavía estaba oyendo a Pedro, «cayó y expiró». Es decir, exhaló el último suspiro. Esto podrá parecer un castigo muy severo. En verdad lo fue. Pero Dios realizó este juicio al principio de la historia de la iglesia, para que la iglesia supiera lo que él piensa de la falta de fe, la codicia y la hipocresía egoísta que le miente a él mismo. (Vea 1 Pedro 4:17). En los tiempos de los comienzos, Dios es más severo con frecuencia. Cuando los hijos de Aarón ofrecieron fuego extraño (extranjero, pagano) ante el Señor, salió fuego del Santo de los Santos y los quemó (Levítico 10:1-2). Después de aquello, el pueblo fue más cuidadoso al acercarse a Dios, en cuanto a la forma en que él quería que se hicieran las cosas.

Cuando Israel entró por primera vez en la tierra prometida, Acán fue tomado como ejemplo (Josué 7). El primer intento de David para trasladar el área fue usando una carreta, como lo habían hecho los filisteos. Hubo una muerte a consecuencia de ello. La segunda vez, tuvo buen cuidado de transportarla a hombros de los levitas, como Dios lo había ordenado.

Debemos destacar también que la mentira de Ananías era premeditada. Cuando él murió, vino un gran temor (terror y espanto) sobre todos los que lo oyeron. Sabían ahora que el Espíritu Santo tenía gran poder. Él es ciertamente Santo, y no da buenos resultados mentirle. No hay duda de que aquello evitó que otros cometieran el mismo tipo de pecado.

No se esperaba mucho tiempo para enterrar a las personas en aquellos días. Según las costumbres, los jóvenes[4] lo envolvieron con rapidez en una sábana de lino, lo sacaron de la ciudad y lo enterraron.

Unas tres horas más tarde entró Safira, sin saber lo que le había sucedido a su esposo. Es evidente que iba en busca de elogios y alabanza. Pedro respondió a sus miradas inquisitivas preguntándole si ella y su esposo habían vendido la tierra por la cantidad que él había traído. Así le estaba dando una oportunidad para confesar la verdad. Pero ella mintió también.

Pedro fue igual de severo con ella. Su pregunta indicaba con claridad que sabía que ella y su esposo se habían puesto de acuerdo para tentar al Espíritu Santo (ponerlo a prueba). De manera deliberada, estaban tratando de ver lo lejos que podían llegar en su desobediencia sin provocar la ira de Dios. (Compare con Éxodo 17:2; Números 15:30-31; Deuteronomio 6:16; Lucas 4:12).

Entonces Pedro le llamó la atención sobre los pies de los jóvenes que entraban por la puerta y regresaban de enterrar a su esposo. Ellos la llevarían a ella también. De esta forma, por el mismo tipo de milagro de juicio divino, Safira cayó de inmediato a los pies de Pedro y expiró. Entonces llegaron los jóvenes, la encontraron muerta, la sacaron y la enterraron junto a Ananías. (Es probable que los pusieran en un nicho dentro de una tumba, ya fuera en una cueva o en una tumba cavada en el costado de una colina.)

Purificada y creciente (5:11-16)

[11] Y vino gran temor sobre toda la iglesia, y sobre todos los que oyeron estas cosas. [12] Y por la mano de los apóstoles se hacían muchas señales y prodigios en el pueblo; y estaban todos unánimes en el pórtico de Salomón. [13] De los demás, ninguno se atrevía a juntarse con ellos; mas el pueblo los alababa grandemente. [14] Y los que creían en el Señor aumentaban más, gran número así de hombres como de mujeres; [15] tanto que sacaban los enfermos a las calles, y los ponían en camas y lechos, para que al pasar Pedro, a lo menos su sombra cayese sobre alguno de ellos. [16] Y aun de las ciudades vecinas muchos venían a Jerusalén, trayendo enfermos y atormentados de espíritus inmundos; y todos eran sanados.

Una vez más se insiste en que un gran temor vino sobre toda la iglesia, y sobre todos los que oyeron estas cosas. Pero el temor era un temor santo, y no dividió a la iglesia ni fue obstáculo para la obra de Dios. Algunas personas tienen la idea de que debemos rebajar las exigencias de Dios para que la iglesia pueda progresar en el mundo de hoy. Sin embargo, esto nunca ha sido cierto. La iglesia siempre se ha fortalecido cuando ha logrado tener visión de la santidad de Dios[5].

Los apóstoles continuaron llenos del Espíritu y de poder y haciendo muchas señales milagrosas y prodigios sobrenaturales. Estos milagros nunca fueron hechos por exhibición. Al contrario, todos servían para mostrar la verdad del evangelio y el hecho de que Jesús tenía interés en los suyos y en sus necesidades.

La iglesia también continuó unánime, reuniéndose a diario a las horas de oración en el pórtico de Salomón en el templo (y tal vez llenando también el patio del templo que se hallaba junto a ella). El temor que había surgido a consecuencia de la muerte de Ananías y Safira, afectó también a los no creyentes, de tal manera que ninguno se atrevía a juntarse con ellos[6]. Esto es, los no creyentes no se atrevían a mezclarse con la muchedumbre de los creyentes y fingir que eran del grupo (quizá por curiosidad o quizá en la esperanza de recibir parte de las bendiciones).

Sin embargo, esto no significa que el crecimiento de la iglesia se hiciera más lento. Cuando el pueblo vio cómo Dios trataba el pecado en medio de los creyentes, se dio cuenta de que la iglesia toda estaba agradando a Dios y tenía altas normas de honradez y justicia. Por esto la alababa grandemente. El resultado cierto fue que se añadían cada vez más creyentes al Señor (al Señor Jesús, y no solo a la iglesia como cuerpo externo), gran número (multitud) tanto de hombres como de mujeres. Se ha sugerido que el número de creyentes era superior a los diez mil en aquellos momentos.

Como los creyentes confiaban en el Señor, traían a los enfermos (entre ellos los lisiados, los cojos y los débiles), los sacaban a las calles (a las calles anchas o a las plazas públicas) y los ponían en camas (reclinatorios, literas, lechos, colchones y mantas), para que cuando Pedro pasase, al menos su sombra cubriera a algunos de ellos. Es decir, creían que el Señor honraría la fe de Pedro y la de ellos, aun si Pedro no podía detenerse para imponer manos sobre cada uno.

La noticia de lo que Dios estaba haciendo se corrió por los poblados circundantes de la Judea. Pronto, debido a su fe recién descubierta, comenzó a llegar una multitud procedente de aquellos poblados trayendo a los enfermos (aquí se incluyen los enfermos, los débiles, los cojos y los lisiados) y a los atormentados (vejados, molestados) por espíritus inmundos[7]. Es probable que todos ellos, incluyendo los del versículo 15, fueran sanados. Aquel momento era una circunstancia crítica en la historia de la iglesia, y Dios hacía cosas especiales.

El arresto de los doce apóstoles (5:17-26)

17 Entonces levantándose el sumo sacerdote y todos los que estaban con
él, esto es, la secta de los saduceos, se llenaron de celos; 18 y echaron mano a los
apóstoles y los pusieron en la cárcel pública. 19 Mas un ángel del Señor, abriendo
de noche las puertas de la cárcel y sacándolos, dijo: 20 Id, y puestos en pie en el
templo, anunciad al pueblo todas las palabras de esta vida. 21 Habiendo oído
esto, entraron de mañana en el templo, y enseñaban. Entre tanto, vinieron el
sumo sacerdote y los que estaban con él, y convocaron al concilio y a todos los
ancianos de los hijos de Israel, y enviaron a la cárcel para que fuesen traídos. 22
Pero cuando llegaron los alguaciles, no los hallaron en la cárcel; entonces volvieron y dieron aviso, 23 diciendo: Por cierto, la cárcel hemos hallado cerrada con
toda seguridad, y los guardas afuera de pie ante las puertas; mas cuando abrimos,
a nadie hallamos dentro. 24 Cuando oyeron estas palabras el sumo sacerdote y el
jefe de la guardia del templo y los principales sacerdotes, dudaban en qué vendría
a parar aquello. 25 Pero viniendo uno, les dio esta noticia: He aquí, los varones
que pusisteis en la cárcel están en el templo, y enseñan al pueblo. 26 Entonces fue
el jefe de la guardia con los alguaciles, y los trajo sin violencia, porque temían ser
apedreados por el pueblo.

Una vez más, los saduceos del lugar, entre los cuales estaban el sumo sacerdote y sus amigos más cercanos, estaban molestos. Esta vez, estaban llenos de indignación. La palabra griega (*zelóo*) puede significar celo o entusiasmo en buen sentido, o puede significar también la peor forma de celos. No es fácil ver cómo se usa esta palabra aquí. También implica espíritu partidista y celo por sus enseñanzas saduceas contra la resurrección.

Podemos estar seguros de que detestaban ver que las multitudes se reunían alrededor de los apóstoles.

Aquella indignación celosa hizo que los saduceos se levantaran (se pusieran en acción), arrestaran a los apóstoles y los echaran a la cárcel pública. En realidad, lo que hay aquí es un adverbio que significa «públicamente». Esto es, aquello fue hecho delante de una multitud que miraba. Es evidente que los sacerdotes y los saduceos se sentían desesperados. Esta vez se atrevieron a arriesgar la desaprobación de la muchedumbre.

Durante la noche, un ángel (el griego no tiene el artículo determinado «el») del Señor abrió las puertas de la prisión y les dijo a los apóstoles que fueran, y puestos de pie en el templo, anunciaran al pueblo todas las palabras de esta vida, esto es, las palabras que le dan vida a todo aquel que crea. (Vea Juan 6:68). El evangelio es más que una filosofía o un conjunto de preceptos. Por medio de la obra del Espíritu Santo, es capaz de dar vida.

Debido al mandato del ángel, entraron de mañana (al amanecer) en el templo y comenzaron a enseñar en público. Esto debe haber asombrado a los que habían visto que los habían arrestado y echado a la cárcel la noche anterior. También les debe haber ayudado a ver que Dios seguía con los apóstoles, y apoyando su mensaje.

Aquella misma mañana, algo más tarde, el sumo sacerdote y los que estaban con él, convocaron al concilio (el Sanedrín). Se identifica con más claridad a este concilio como el conjunto o Senado de todos los ancianos de los hijos de Israel[8]. Esta expresión parece significar que los setenta miembros se hallaban presentes.

También está diciendo de forma implícita que en la ocasión anterior, cuando Pedro y Juan fueron arrestados (y en otras ocasiones, como en el juicio de Jesús), solo se había llamado a los que eran saduceos controlados por el sumo sacerdote. Como eran la mayor parte del Sanedrín, constituían *quórum*. Pero esta vez, como sabían que iban en contra de la mayoría del pueblo de Jerusalén, reunieron a todo el concilio, esperando que estuviera de acuerdo con su decisión y apoyara el castigo a los apóstoles.

Cuando enviaron a los alguaciles (sirvientes, ayudantes) a la prisión para buscar a los apóstoles, no estaban allí. Al regresar, los alguaciles les reportaron que habían encontrado la prisión todavía cerrada con toda seguridad, o sea, con las puertas todavía firmemente cerradas, y con los guardas de pie junto a las mismas. Pero, cuando abrieron las puertas, no encontraron nadie dentro.

Estas palabras hicieron que el sumo sacerdote y los que estaban con él sintieran una duda (y turbación) que les preocupaba, y se preguntaran en qué vendría a parar aquello. (Aquí se traduce una forma de la palabra griega que se traduce por *convertirse, suceder*). También significa que se preguntaban y se preocupaban sobre qué sucedería después.

En aquel momento llegó alguien y le informó que los hombres que debían estar en prisión, se hallaban en el templo de pie, enseñándole al pueblo pública y abiertamente. Entonces el jefe de la guardia (comandante de la guardia del templo) fue con los alguaciles (sirvientes, ayudantes del templo) y trajo a los Doce sin violencia (sin uso de fuerza). Fueron cuidadosos, porque tenían miedo de que el pueblo se les rebelara y los apedreara. Habían tenido que tratar con multitudes anteriormente y sabían lo que el espíritu y la violencia de las masas pueden hacer.

Por supuesto que, en realidad, no tenían necesidad de usar la fuerza. Los apóstoles fueron voluntariamente, aunque sabían también que no tenían más que decir una palabra, y la multitud habría apedreado a aquellos alguaciles por blasfemadores de los siervos de Dios y enemigos suyos. Sin embargo, no hay duda de que los apóstoles tenían la esperanza de que aquel arresto se convirtiera en otra oportunidad para dar testimonio de su Mesías y Salvador.

El veredicto: ¡Matarlos! (5:27-33)

27 Cuando los trajeron, los presentaron en el concilio, y el sumo sacerdote les
preguntó, 28 diciendo: ¿No os mandamos estrictamente que no enseñaseis en ese
nombre? Y ahora habéis llenado a Jerusalén de vuestra doctrina, y queréis echar
sobre nosotros la sangre de ese hombre. 29 Respondiendo Pedro y los apóstoles,
dijeron: Es necesario obedecer a Dios antes que a los hombres. 30 El Dios de nuestros padres levantó a Jesús, a quien vosotros matasteis colgándole en un madero.
31 A éste, Dios ha exaltado con su diestra por Príncipe y Salvador, para dar a Israel
arrepentimiento y perdón de pecados. 32 Y nosotros somos testigos suyos de estas
cosas, y también el Espíritu Santo, el cual ha dado Dios a los que le obedecen. 33
Ellos, oyendo esto, se enfurecían y querían matarlos.

El sumo sacerdote prefirió no preguntarles a los discípulos cómo habían salido de la prisión. Era obvio que se trataba de algo sobrenatural, y posiblemente no quisiera oír hablar de ángeles, puesto que no creía en ellos. Por esto, comenzó por preguntarles a los apóstoles si el Sanedrín no les había mandado estrictamente que no enseñasen en ese nombre (una referencia despectiva al nombre de Jesús). Después los acusó de llenar a Jerusalén con su doctrina (enseñanza), y de querer echar sobre los dirigentes judíos «la sangre de ese hombre»[9].

La afirmación de que habían llenado a Jerusalén con sus enseñanzas era una gran admisión de la eficacia que tenía el testimonio de los apóstoles. No obstante, el sumo sacerdote entendió mal sus intenciones, tal vez porque, a pesar de sí mismo, se sentía culpable por lo que se había hecho con Jesús. De manera que la declaración de que los apóstoles querían vengar en ellos la muerte de Jesús, no era más que una simple calumnia y era completamente falsa.

Pedro y los apóstoles (siendo Pedro el vocero de todos) no pidieron disculpas. Sin dudar un instante, respondieron: «Es necesario obedecer a Dios antes que a los hombres» (los seres humanos). «*Obedecer*» es aquí una palabra usada para expresar la obediencia a alguien que se halla en autoridad, como en Tito 3:1. Al estar conscientes de la autoridad de Cristo, estaban diciendo el equivalente a: «Tenemos que obedecer». Anteriormente, en Hechos 4:19, dijeron: «Juzgad». Pero el Sanedrín no juzgó que los apóstoles tenían una necesidad dispuesta por Dios de esparcir el evangelio. Por tanto, ahora ellos tenían que declararse con toda fortaleza.

Pedro no dudó en recordarles cómo el Dios de sus padres (el Dios que guarda su pacto, el Dios que le había hecho la promesa a Abraham) resucitó a Jesús. Después, una vez más, hizo un contraste entre la forma en que Dios trató a Jesús y la forma en que los dirigentes judíos lo trataron, colgándolo de un madero[10].

Contrario a lo que ellos temían, los apóstoles no deseaban, ni Dios tenía la intención de castigarlos por esto. Más bien, Dios había exaltado a Jesús, el mismo que ellos habían crucificado, con (a) su diestra para que fuera Príncipe (autor, fundador) y Salvador, para dar a Israel arrepentimiento (es decir, oportunidad de arrepentirse) y perdón de pecados.

Por supuesto que Pedro aquí no tiene la intención de restringir esta ofrenda de perdón a Israel, sino simplemente aplicarla a aquellos con los que estaba hablando. El propósito de Dios era darles perdón y salvación a todos los pecadores. Su culpa sería cancelada si querían arrepentirse. Al exaltar a Jesús, Dios lo había puesto en una posición donde sería fácil arrepentirse o cambiar su actitud con respecto a él.

Como anteriormente, los apóstoles hicieron resaltar que ellos eran los testigos de Cristo y de estas cosas (estas palabras; griego *rhemáton*, vocablo usado para las «palabras» de esta vida en el versículo 20). Después Pedro añadió que también lo era el Espíritu Santo que Dios había dado (y todavía da, como en el día de Pentecostés) a los que le obedecen (y reconocen su autoridad). Él es el Dador (Juan 15:26-27). Se ve bien claro que el don del Espíritu no estaría limitado a los apóstoles o a su época.

Es evidente que la mayoría del Sanedrín pensó que las palabras de Pedro significaban que los apóstoles no solo los consideraban culpables de la muerte de Jesús, sino también de negarse a aceptar la autoridad de Dios y obedecerlo. (De hecho, los apóstoles unieron su testimonio al testimonio del Espíritu). Por esto, en lugar de aceptar la oferta de arrepentimiento[11], se enfurecieron (se sintieron atravesados, tocados hasta la médula con ira, indignación y celos). De inmediato comenzaron los procedimientos para matar a los apóstoles. (Se usa la misma palabra para *matar* aquí, que cuando se habla de matar a Jesús, en Hechos 2:23).

El consejo de Gamaliel (5:34-42)

34 Entonces levantándose en el concilio un fariseo llamado Gamaliel, doctor
de la ley, venerado de todo el pueblo, mandó que sacasen fuera por un momento
a los apóstoles, 35 y luego dijo: Varones israelitas, mirad por vosotros lo que vais
a hacer respecto a estos hombres. 36 Porque antes de estos días se levantó Teudas, diciendo que era alguien. A éste se unió un número como de cuatrocientos
hombres; pero él fue muerto, y todos los que le obedecían fueron dispersados y
reducidos a nada. 37 Después de éste, se levantó Judas el galileo, en los días del
censo, y llevó en pos de sí a mucho pueblo. Pereció también él, y todos los que le
obedecían fueron dispersados. 38 Y ahora os digo: Apartaos de estos hombres, y
dejadlos; porque si este consejo o esta obra es de los hombres, se desvanecerá; 39
mas si es de Dios, no la podréis destruir; no seáis tal vez hallados luchando contra
Dios. 40 Y convinieron con él; y llamando a los apóstoles, después de azotarlos,
les intimaron que no hablasen en el nombre de Jesús, y los pusieron en libertad.
41 Y ellos salieron de la presencia del concilio, gozosos de haber sido tenidos por
dignos de padecer afrenta por causa del Nombre. 42 Y todos los días, en el templo
y por las casas, no cesaban de enseñar y predicar a Jesucristo.

Los primeros en actuar en contra de los apóstoles fueron los saduceos. Pero esta vez, se había reunido todo el Sanedrín, y en él había algunos fariseos prominentes[12]. Entre ellos se hallaba Gamaliel, doctor (maestro autorizado) de la Ley, altamente estimado por todo el pueblo. En el Talmud judío se afirma que era nieto de Hillel (el maestro más influyente de los fariseos, tenido en gran estima por todos los judíos ortodoxos posteriores). Pablo fue instruido por Gamaliel, y se convirtió en uno de sus estudiantes más sobresalientes[13].

Levantándose, Gamaliel se hizo cargo de la situación y ordenó que sacaran a los apóstoles por un momento. Entonces procedió a advertirle al Sanedrín que tuviera cautela y mirara (le prestara cuidadosa atención) lo que iba a hacer (o estaba a punto de hacer) a estos hombres.

Con dos ejemplos, les recordó a los miembros del concilio que en el pasado, algunos personajes habían reunido seguidores, pero no habían llegado a nada. El primer ejemplo fue Teudas, quien dijo de sí mismo que era alguien[14]. Teudas era un nombre corriente, y es probable que fuera uno de los rebeldes que se levantaron después de la muerte de Herodes el Grande en el año 4 a.C. (Josefo habla de otro Teudas que surgió después). A este Teudas se le unieron unos cuatrocientos hombres. Fue asesinado, y todos los que le obedecían (y creían en él) fueron dispersados y reducidos a nada.

Después de Teudas, se levantó Judas el galileo en los días del censo (hecho para preparar los impuestos)[15]. Este llevó tras de sí un considerable número de personas. Pero él también pereció, y todos los que le obedecían fueron dispersados.

La conclusión a la que llegó Gamaliel fue que debían apartarse de estos hombres y dejarlos (permitir que se fueran), porque si este consejo o esta obra era de (salida de) los hombres, se desvanecería (sería derrocada, destruida). Pero si era de Dios, no podrían destruirla (ni destruirlos a ellos), «no seáis tal vez hallados luchando contra Dios»[16].

Debemos recordar que este era un refrán de los fariseos. Es decir, el relato inspirado dice claramente que fue Gamaliel quien dijo esto; las palabras que se recogen aquí como dichas por él, eran las conclusiones de su propio pensamiento, su razonamiento humano, y no una verdad de Dios. Por supuesto que es cierto que lo que es de Dios no puede ser destruido. También es cierto que es absurdo tratar de unir medios físicos para destruir fuerzas espirituales. No obstante, no es cierto que todo lo que es de los hombres sea destruido pronto y sus seguidores sean dispersados. Hay muchas religiones paganas, doctrinas falsas y sectas modernas que mantienen grupos de seguidores después de muchos años. Los juicios del final de esta época las harán llegar a su fin a todas, y las cosas de Dios continuarán.

Sin embargo, debemos tener cuidado de no llevar demasiado lejos las palabras de Gamaliel. Lo cierto es que surtieron su efecto sobre el Sanedrín, y los gobernantes fueron persuadidos por él.

Después, hicieron entrar a los apóstoles y los azotaron fuertemente (con látigos que les quitaron la piel de la espalda). La palabra griega puede significar en realidad «despellejar». De esta manera, el concilio aún expresó su rencor y su indignación contra los apóstoles, tal vez con los treinta y nueve latigazos acostumbrados. (Vea 2 Corintios 11:24; Deuteronomio 25:3). (Jesús les había advertido que esto sucedería: Marcos 13:9). Entonces, el concilio les intimó (les ordenó) que no hablasen en el nombre de Jesús, y se les puso en libertad.

Salieron de la presencia del Sanedrín gozosos por haber sido tenidos por dignos de padecer afrenta por causa del Nombre. Es decir, sufrieron por todo lo que incluye el Nombre de Jesús, y por tanto, su personalidad y su naturaleza, en especial su mesianidad, su divinidad, su condición de Salvador y su señorío. (Vea Filipenses 2:9-10).

La oposición de los dirigentes judíos se suavizó por un tiempo, y los apóstoles pudieron continuar su ministerio con libertad. Todos los días en el templo, y de casa en casa, nunca cesaban de enseñar y predicar las buenas nuevas de Jesucristo (el Mesías Jesús). Con valentía desafiaban las órdenes del Sanedrín, sin prestar atención alguna a sus amenazas.

---

[1] El nombre «Ananías» es usado en la versión griega de los Setenta por *Hananiah* («el Señor es misericordioso») y por *Ananiah* («el Señor protege»). «Safira» podría significar «zafiro», o ser una palabra aramea que significa «hermosa» o «bella». Alguien ha comentado que ambos nombres eran demasiado buenos para ellos.

[2] El mismo verbo es traducido como «defraudando» en Tito 2:10 (en el sentido de robar o desfalcar). La versión de los Setenta lo usa en Josué 7:1 para hablar del pecado de Acán. Por desdicha, no es imposible que los creyentes se conviertan en mentirosos y defraudadores.

[3] Compare con Apocalipsis 12:9-10.

[4] Los hombres más jóvenes. Algunos consideran que se trataba de una clase de hombres jóvenes que ayudaban a los ancianos de la iglesia. Lo más probable es que fueran tan solo unos cuantos creyentes jóvenes que se hallaban presente.

[5] Congregación, asamblea, la palabra griega (*ekklesía*) era usada normalmente en los tiempos del Nuevo Testamento para hablar de una asamblea de ciudadanos libres (Vea Hechos 19:39, Efesios 2:19). Aquí se está usando para hablar de todos los creyentes de Jerusalén y de la zona circundante. Nos demuestra que los creyentes se consideraban ya un cuerpo definido, aunque se seguían considerando judíos. Sin embargo, se debe notar que los judíos que hablaban griego usaban la misma palabra (*ekklesía*) para referirse a la congregación de Israel.

[6] Harrison sugiere que fueron los creyentes los que no se atrevieron a unirse a los apóstoles, por terror a ser juzgados como Ananías y Safira. Sin embargo, no hay evidencias de que disminuyera la comunión con los apóstoles, por lo que esta interpretación parece poco probable.

[7] Como en los Evangelios, la Biblia hace una clara distinción entre los enfermos y los poseídos por espíritus malignos. Era obvio que la mayoría de los enfermos no estaban poseídos.

[8] «Y» en griego significa también «hasta» en algunas ocasiones. Este es su significado en el versículo 21. El concilio y el cuerpo de ancianos eran el mismo cuerpo.

[9] Es decir, nos hizo responsables de la muerte (el asesinato) de este hombre. «Este hombre» es otra referencia despectiva a Jesús. También nos muestra que querían evitar en lo posible la mención del nombre de Jesús

[10] La palabra griega traducida «madero» también significa árbol o cualquier objeto hecho de madera, por lo que también incluye a la cruz. La cruz estaba hecha de madera rústica.

[11] Vea Mateo 3:7-8. Estos dirigentes no creían tener necesidad de arrepentirse.

[12] Es probable que «fariseos» signifique «separados», en posible referencia a la importancia que les daban a los lavatorios y a la pureza ceremonial.

[13] Los saduceos dominaban el templo y el sacerdocio en aquellos momentos. No obstante, los fariseos tenían mucha mayor influencia en las sinagogas y entre la mayoría de los judíos. Por lo general, los fariseos tenían cuidado de no exceder las exigencias de la justicia al administrar la Ley.

[14] El códice Beza (D) dice «algo grandioso».

[15] Los romanos ordenaron el primer censo de la población y de sus propiedades entre los años 10 y 9 a.C. Esta orden llegó a Palestina alrededor del 6 a.C. (Lucas 2:2). A partir de aquel momento, hubo un nuevo censo cada catorce años. Sin embargo, el segundo censo llegó a Palestina en el 6 d.C., cuando se levantó este Judas y, según afirma Josefo, le enseñó al pueblo que no debía pagar el tributo al César.

[16] Una sola palabra en griego, con el sentido de «los que luchan contra Dios».

HECHOS

CAPÍTULO 6

El capítulo 4 de los Hechos relata el primer ataque que recibió la iglesia desde el exterior. El capítulo 5 describe un ataque procedente del interior. En ambos casos, la iglesia siguió creciendo. Ahora vemos en el capítulo 6, que el número de los discípulos (aprendices, los creyentes que deseaban aprender más sobre Jesús y el evangelio) seguía creciendo aún.

Los siete escogidos (6:1-7)

1 En aquellos días, como creciera el número de los discípulos, hubo murmuración de los griegos contra los hebreos, de que las viudas de aquéllos eran desatendidas en la distribución diaria.
2 Entonces los doce convocaron a la multitud de los discípulos, y dijeron: No es justo que nosotros dejemos la palabra de Dios, para servir a las mesas.
3 Buscad, pues, hermanos, de entre vosotros a siete varones de buen testimonio, llenos del Espíritu Santo y de sabiduría, a quienes encarguemos de este trabajo.
4 Y nosotros persistiremos en la oración y en el ministerio de la palabra.
5 Agradó la propuesta a toda la multitud; y eligieron a Esteban, varón lleno de fe y del Espíritu Santo, a Felipe, a Prócoro, a Nicanor, a Timón, a Parmenas, y a Nicolás prosélito de Antioquía;
6 a los cuales presentaron ante los apóstoles, quienes, orando, les impusieron las manos.
7 Y crecía la palabra del Señor, y el número de los discípulos se multiplicaba grandemente en Jerusalén; también muchos de los sacerdotes obedecían a la fe.

¿Qué sucede cuando crece una comunidad de personas? Todos los recién llegados que se aglomeran, causan problemas. En este caso, la iglesia creciente tenía representación de todos los estratos sociales de aquel momento en Jerusalén y en Judea. Algunos de ellos habían nacido allí y hablaban hebreo[1] en sus hogares; conocían el griego como segundo idioma, puesto que el griego había sido el idioma del tráfico mercantil, el comercio y el gobierno desde los días de Alejandro Magno. En cambio, los judíos nacidos fuera de Palestina no sabían bien el hebreo, y por lo general hablaban en griego. Puesto que representaban a muchos países, el griego era la única lengua que todos ellos comprendían.

En los capítulos anteriores vimos que los creyentes contribuían a un fondo común para beneficio de los necesitados. A medida que el tiempo fue pasando, la mayoría de ellos encontraron trabajos, por lo que ya no necesitaron esta ayuda. Sin embargo, las viudas no podían salir a buscar trabajo. No era nada extraño en aquellos días, en especial entre los gentiles, que las viudas murieran de hambre[2]. Así es como, en el momento en que comienza este capítulo, las viudas eran las únicas que seguían necesitando la ayuda de este fondo. Es evidente que aquellos creyentes que podían, todavía les traían dinero a los apóstoles para dicho fondo; los apóstoles eran los responsables de que las necesidades de las viudas fueran satisfechas.

Es probable que fuera aumentando la tensión durante algún tiempo entre los creyentes que hablaban griego y los que hablaban hebreo, antes de aflorar a la superficie. El idioma siempre es una seria barrera entre las personas. Es fácil que un grupo minoritario se sienta abandonado, en especial si no entiende el idioma. De hecho, el que no pudieran comprender es posible que haya causado que las viudas que hablaban griego se retrajeran, de tal manera que fueran pasadas por alto con facilidad.

Finalmente, la murmuración (descontento a media voz) se levantó entre los creyentes de habla griega contra los de habla hebrea, porque sus viudas eran desatendidas (pasadas por alto) en la distribución diaria[3].

Entonces, los Doce (los apóstoles, entre ellos Matías) llamaron a la multitud (todo el conjunto) de los discípulos y les dijeron que no era justo (agradable, satisfactorio, aceptable) que ellos dejaran (abandonaran) la Palabra de Dios (su enseñanza y predicación) para servir[4] a las mesas (mesas de dinero).

Les dijeron a los creyentes que buscaran de entre ellos siete hombres llenos del Espíritu Santo y de sabiduría práctica. A estos, los apóstoles los encargarían de (los pondrían al frente de) este trabajo. En otras palabras, los apóstoles especificaron las cualidades necesarias, y los demás miraron en la congregación para ver quiénes tenían estas cualidades en alto grado. Entonces escogieron a los siete a través de alguna forma de elección. «Encargar» significa simplemente «poner al frente de un cargo». Estos nombramientos no fueron arbitrarios. Fue la congregación la que escogió, y no los apóstoles.

Aquí no se les llama «diáconos» a los siete, aunque el verbo es una forma de *diakonéo*, del cual se deriva la palabra. Lo más probable es que esta elección sirviera de precedente para lo que en la iglesia posterior encontraremos como un oficio. (Vea 1 Timoteo 3:8-12; Romanos 16:1, donde Febe es llamada *diácono*, y no diaconisa).

Algunos ven un significado especial en el número siete. Podría simbolizar un número «completo». Parece más probable que la única razón para tener siete era porque hacían falta siete para mantener la contabilidad y darles el dinero a las viudas. (La palabra griega usada para *mesas* en este pasaje, significa *mesas de dinero*).

La selección de aquellos siete hombres les permitió a los apóstoles dedicarse a la oración y el ministerio (la ministración)[5] de la Palabra. Es decir: los apóstoles servían la Palabra, ponían la mesa de la Palabra, mientras que los siete servían el dinero.

No hubo disensiones ante esta propuesta (palabra, *logos*), porque agradó a la multitud (de los creyentes). A continuación seleccionaron a Esteban (en griego, «corona o diadema de vencedor»), un hombre lleno de fe y del Espíritu Santo; Felipe (en griego, «aficionado a los caballos»); Prócoro; Nicanor; Timón; Parmenas y Nicolás, prosélito (gentil convertido al judaísmo) de Antioquía (de Siria)[6].

Todos ellos tienen nombres griegos, y sin duda alguna, procedían del grupo de creyentes de habla griega. Con toda certeza, esto muestra la gracia de Dios y la obra del Espíritu Santo en los corazones de los creyentes de habla hebrea. Ellos eran mayoría, pero escogieron todos los «diáconos» del grupo de la minoría. Estos siete estarían a cargo de la administración de los fondos para los necesitados de ambos grupos. Así, no había posibilidad de que los creyentes de habla griega tuvieran más quejas.

Esto fue sabio. También muestra cómo el Espíritu Santo derribó la primera barrera que se alzó en la iglesia. La muchedumbre puso a los siete ante los apóstoles, quienes les impusieron las manos. Esta imposición de manos fue probablemente algo similar al reconocimiento público de Josué en Números 27:18-19. No le transmitía nada espiritual, puesto que ya era un hombre «en el cual se halla el Espíritu», pero inauguraba un nuevo nivel de servicio. Esteban y los demás estaban llenos del Espíritu todos antes de esto. La imposición de manos también simbolizaba que pedían la bendición de Dios sobre ellos. Con seguridad también orarían para que el Espíritu les concediera todos los dones y las gracias que fueran necesarios para llevar adelante este ministerio.

Lucas termina este incidente con otra declaración sumaria, en la que dice que la Palabra del Señor crecía (seguía creciendo). Es decir, la proclamación de la Palabra crecía, lo cual indica que no solo eran los apóstoles los que estaban comprometidos en su esparcimiento. El número de los discípulos seguía multiplicándose (aumentando) en Jerusalén, y un gran número de sacerdotes obedecían a la fe también[7]. Era un gran logro el que ellos hubieran aceptado el evangelio y la obediencia a las enseñanzas de los apóstoles, puesto que la mayoría de los sacerdotes eran saduceos que no creían en la resurrección[8]. Es probable que estos sacerdotes continuaran ejerciendo su oficio sacerdotal, puesto que los cristianos judíos eran fieles todos al culto del templo.

Esteban es acusado (6:8-15)

8 Y Esteban, lleno de gracia y de poder, hacía grandes prodigios y señales
entre el pueblo. 9 Entonces se levantaron unos de la sinagoga llamada de los
libertos, y de los de Cirene, de Alejandría, de Cilicia y de Asia, disputando con
Esteban. 10 Pero no podían resistir a la sabiduría y al Espíritu con que hablaba. 11
Entonces sobornaron a unos para que dijesen que le habían oído hablar palabras
blasfemas contra Moisés y contra Dios. 12 Y soliviantaron al pueblo, a los ancianos
y a los escribas; y arremetiendo, le arrebataron, y le trajeron al concilio. 13 Y pusieron testigos falsos que decían: Este hombre no cesa de hablar palabras blasfemas
contra este lugar santo y contra la ley; 14 pues le hemos oído decir que ese Jesús
de Nazaret destruirá este lugar, y cambiará las costumbres que nos dio Moisés.
15 Entonces todos los que estaban sentados en el concilio, al fijar los ojos en él,
vieron su rostro como el rostro de un ángel.

El hecho de que los siete (diáconos) fueran escogidos para realizar un servicio más bien rutinario, no limitó su ministerio. Esteban, lleno de gracia[9] y de gran poder, comenzó a hacer (y siguió haciendo) grandes prodigios y señales entre el pueblo. El pueblo no era un simple grupo de espectadores, sino que experimentaba los milagros como dones de Dios que satisfacían sus necesidades[10].

Esta es la primera vez que leemos algo sobre milagros que son hechos por alguien que no es apóstol. Sin embargo, lo importante es que el Espíritu Santo obraba a través de Esteban. El poder sobrenatural del Espíritu era el que hacía la obra.

Pronto surgió la oposición. Esta vez vino de judíos de habla griega, quienes, como Esteban, habían regresado para vivir en Jerusalén. Tenían su propia sinagoga (o sinagogas)[11], en la cual había judíos que eran libertos (hombres liberados, tal vez tomados como esclavos y llevados a Roma, y puestos en libertad posteriormente por sus amos romanos). Algunos eran cireneos (de Cirene, al oeste de Egipto en la costa del Mediterráneo) y alejandrinos (de Alejandría, en Egipto). Otros eran de Cilicia (la provincia de donde era oriundo Pablo, en el sureste del Asia Menor) y de la provincia de Asia (en el oeste del Asia Menor).

La mayoría de estos judíos de la dispersión tenían que enfrentarse con muchos peligros en sus enseñanzas, puesto que vivían rodeados por gentiles. Por esto, se defendían con más rapidez de todo lo que fuera diferente a lo que sus rabinos les habían enseñado. Sin embargo, aunque trataron de disputar (o debatir) con Esteban, no tenían ni la fuerza ni el poder necesarios para enfrentarse a la sabiduría y al Espíritu con que hablaba. En otras palabras, Esteban no dependía de su propia sabiduría, sino de la unción y de los dones del Espíritu Santo. ¡No es de extrañar que todos sus argumentos cayeran por tierra!

A pesar de esto, todavía se siguieron negando a creer, y estaban decididos a detener a Esteban. Por tanto, sobornaron a unos hombres (los convencieron de alguna forma incorrecta) para que dijeran que lo habían oído hablar palabras blasfemas (abusivas, injuriosas) contra Moisés y contra Dios. Es probable que lo que hicieran fuera torcer y malinterpretar las enseñanzas de Jesús que Esteban repetía. Jesús había sido acusado de blasfemia también.

Después, soliviantaron al pueblo y también a los ancianos y a los escribas (expertos en la Ley). Con todo este apoyo, arremetieron contra Esteban (de forma súbita e inesperada), lo arrebataron (lo atraparon con violencia y lo mantuvieron firmemente asido), y lo trajeron al concilio (el Sanedrín, o el lugar donde se estaban reuniendo).

Entonces presentaron testigos falsos, que presentaban las palabras de Esteban de una forma falsa y engañosa, con la peor interpretación posible. Estos tomaron la palabra para decir que aquel hombre no había cesado de hablar palabras blasfemas contra aquel lugar santo (el templo) y contra la Ley (de Moisés). También aseguraban haber oído a Esteban decir que Jesús el Nazareno[12] destruiría aquel lugar y cambiaría las costumbres (los ritos e instituciones) que Moisés les había dado. Esto, por supuesto, es una referencia a Mateo 26:61, Marcos 14:58 y Juan 2:19-21, donde Jesús había hablado en realidad del templo de su cuerpo y de su muerte y resurrección. (Vea también Mateo 12:42, donde Jesús afirma: «He aquí más que Salomón en este lugar»).

En aquel momento, todos los que se hallaban sentados en el Sanedrín fijaron sus ojos en él, y vieron su rostro como si fuera el de un ángel. Es probable que esto signifique que tenía un resplandor o brillo que era más que humano y procedía del cielo. Es posible que fuera similar al de Moisés cuando descendió de la presencia de Dios en la montaña, o quizá como Jesús cuando se transfiguró y su gloria interior se puso de manifiesto.

---

[1] La mayoría piensa que está hablando del arameo, aunque hay evidencias de que los judíos de Jerusalén habían mantenido vivo el hebreo bíblico.

[2] La Ley de Moisés muestra la preocupación especial de Dios por las viudas y

otras personas que no tenían a nadie que las ayudara. (Vea Éxodo 22:22-24; Deuteronomio 10:18. Vea también 1 Timoteo 5:3-16).

[3] En griego, *diakonía*, «servicio». El Códice Beza (D) añade que era administrado por los que hablaban hebreo.

[4] En griego, *diákonein*, verbo usado en el griego clásico para la acción de mantener llenos los vasos de vino, realizada por un sirviente especial llamado *diákonos* (diácono). En los tiempos del Nuevo Testamento, el verbo se usaba para indicar cualquier tipo de labor de la servidumbre.

[5] En griego, *diakonía*, la misma palabra usada en el versículo 1.

[6] Las tradiciones posteriores trataron de relacionar a este Nicolás con los nicolaítas de Apocalipsis 3:6,15, pero no hay verdaderas evidencias de ello.

[7] Josefo afirma que había veinte mil sacerdotes en aquel momento.

[8] Algunos dicen que entre los sacerdotes que se convirtieron, no había ninguno de los saduceos, sino que se trataba de sacerdotes humildes como el padre de Juan el Bautista.

[9] La lectura correcta en este lugar parece ser «fe» en lugar de «gracia». Esteban era al mismo tiempo el que recibía y el que servía de canal a la gracia de Dios (favor inmerecido).

[10] El Códice Beza (D) y algunos otros manuscritos antiguos y versiones añaden que él hizo esos milagros por medio del nombre del Señor Jesucristo.

[11] La palabra está en singular, pero muchos la consideran como distributiva y la aplican a todos los grupos, porque la tradición judía dice que había un gran número de sinagogas en Jerusalén en aquellos días.

[12] O «este Jesús Nazareno». «Este» es usado en forma despectiva aquí.

HECHOS

CAPÍTULO 7

El sumo sacerdote (probablemente Caifás) le dio a Esteban la oportunidad de responder a los cargos, al preguntarle si aquellas cosas eran así.

El rechazo de José (7:1-16)

1 El sumo sacerdote dijo entonces: ¿Es esto así? 2 Y él dijo: Varones hermanos y padres, oíd: El Dios de la gloria apareció a nuestro padre Abraham,
estando en Mesopotamia, antes que morase en Harán, 3 y le dijo: Sal de tu tierra
y de tu parentela, y ven a la tierra que yo te mostraré. 4 Entonces salió de la tierra
de los caldeos y habitó en Harán; y de allí, muerto su padre, Dios le trasladó
a esta tierra, en la cual vosotros habitáis ahora. 5 Y no le dio herencia en ella,
ni aun para asentar un pie; pero le prometió que se la daría en posesión, y a su
descendencia después de él, cuando él aún no tenía hijo. 6 Y le dijo Dios así:
Que su descendencia sería extranjera en tierra ajena, y que los reducirían a servidumbre y los maltratarían, por cuatrocientos años. 7 Mas yo juzgaré, dijo Dios,
a la nación de la cual serán siervos; y después de esto saldrán y me servirán en
este lugar. 8 Y le dio el pacto de la circuncisión; y así Abraham engendró a Isaac,
y le circuncidó al octavo día; e Isaac a Jacob, y Jacob a los doce patriarcas. 9 Los
patriarcas, movidos por envidia, vendieron a José para Egipto; pero Dios estaba
con él, 10 y le libró de todas sus tribulaciones, y le dio gracia y sabiduría delante
de Faraón rey de Egipto, el cual lo puso por gobernador sobre Egipto y sobre
toda su casa. 11 Vino entonces hambre en toda la tierra de Egipto y de Canaán,
y grande tribulación; y nuestros padres no hallaban alimentos. 12 Cuando oyó
Jacob que había trigo en Egipto, envió a nuestros padres la primera vez. 13 Y en
la segunda, José se dio a conocer a sus hermanos, y fue manifestado a Faraón
el linaje de José. 14 Y enviando José, hizo venir a su padre Jacob, y a toda su parentela, en número de setenta y cinco personas. 15 Así descendió Jacob a Egipto,
donde murió él, y también nuestros padres; 16 los cuales fueron trasladados a
Siquem, y puestos en el sepulcro que a precio de dinero compró Abraham de los hijos de Hamor en Siquem.

Después de dirigirse cortésmente al Sanedrín, Esteban comenzó a hacer un repaso de la historia de Israel, una historia que todos ellos conocían bien. Su propósito era defender el evangelio contra las falsas acusaciones y mostrar el paralelo que había entre la forma en que los judíos del Antiguo Testamento trataban a sus profetas, y la forma en que los dirigentes de los judíos habían tratado a Jesús.

Les recuerda cómo el Dios de la gloria (el Dios que se había revelado en gloria) se le apareció a Abraham estando este en Mesopotamia (en Ur de los caldeos)[1] antes que él viviera en Harán (*Jarrán* estaría más cerca de la pronunciación hebrea). El Génesis no menciona esta aparición a Abraham en Ur, pero Nehemías 9:7 confirma que tuvo lugar.

Dios le ordenó salir de su tierra y de su parentela (sus familiares y paisanos) para ir a la tierra (cualquier tierra) que él le mostrara[2]. Después de detenerse en Harán hasta que murió su padre[3], se trasladó a la tierra que más tarde sería de Israel. Sin embargo, Dios no le dio herencia en ella, ni siquiera el espacio que cubre un pie. No obstante, le prometió dársela a él y a sus descendientes en posesión (permanente), aunque todavía no tenía hijo. Abraham aceptó la promesa y puso su vida en las manos de Dios.

Dios también habló de que los descendientes de Abraham vivirían temporalmente como extranjeros en una tierra que les pertenecería a otros, que los harían esclavos y los tratarían mal durante cuatrocientos años[4]. Pero también prometió juzgar a la nación que los haría esclavos. Después de aquello, podrían salir y lo servirían (adorarían) en aquel lugar (la tierra prometida).

Otra cosa que Dios le dio a Abraham fue el pacto de la circuncisión; Isaac fue circuncidado al octavo día después de su nacimiento. Después vinieron Jacob y los doce patriarcas (cabezas de tribu o gobernantes tribales)[5]. Estos, movidos por la envidia, vendieron a José a Egipto. Pero Dios estaba con él. Lo libró de todas sus tribulaciones (circunstancias aflictivas) y le dio gracia y sabiduría delante del Faraón, el cual lo hizo gobernador (dirigente, primer hombre) sobre Egipto y sobre toda su casa (incluso sus asuntos de negocios). (Aquí Esteban estaba haciendo un fuerte contraste entre la forma en que los hermanos de José lo habían tratado, y la forma en que Dios lo había ayudado).

Cuando vino el hambre y gran tribulación (angustia), los patriarcas (identificados ahora como «nuestros padres») no hallaban alimentos. Jacob, oyendo que había trigo[6] (o pan) en Egipto, los envió allí. La segunda vez que llegaron, José se dio a conocer y le reveló su raza al Faraón. Después envió a buscar a Jacob y a todos sus parientes, setenta y cinco personas[7]. Jacob descendió y murió allí, y también los padres (los hijos de Jacob), los cuales fueron trasladados a Siquem y colocados en la tumba comprada a precio de dinero de los hijos de Hamor (Emor), el padre de Siquem (Génesis 33:19)[8].

En todo este relato hay un sutil énfasis en la forma en que José fue vendido por sus hermanos celosos, y sin embargo fue usado por Dios para salvarles la vida. También hace énfasis en la fe de Abraham, quien creyó la promesa de Dios, aun cuando no veía evidencia alguna de que fuera cumplida.

Estos miembros del Sanedrín se negaban a creer a Dios, aun cuando él había proporcionado evidencias de que había cumplido su promesa a través de la resurrección de Jesús. La forma en que sus hermanos trataron a José, y el contraste con la forma en que Dios lo trató, también es un paralelo con la forma en que los dirigentes judíos habían tratado a Jesús.

El rechazo de Moisés (7:17-37)

[17] Pero cuando se acercaba el tiempo de la promesa, que Dios había jurado a Abraham, el pueblo creció y se multiplicó en Egipto, [18] hasta que se levantó en Egipto otro rey que no conocía a José. [19] Este rey, usando de astucia con nuestro pueblo, maltrató a nuestros padres, a fin de que expusiesen a la muerte a sus niños, para que no se propagasen. [20] En aquel mismo tiempo nació Moisés, y fue agradable a Dios; y fue criado tres meses en casa de su padre. [21] Pero siendo expuesto a la muerte, la hija de Faraón le recogió y le crió como a hijo suyo. [22] Y fue enseñado Moisés en toda la sabiduría de los egipcios; y era poderoso en sus palabras y obras. [23] Cuando hubo cumplido la edad de cuarenta años, le vino al corazón el visitar a sus hermanos, los hijos de Israel. [24] Y al ver a uno que era maltratado, lo defendió, e hiriendo al egipcio, vengó al oprimido. [25] Pero él pensaba que sus hermanos comprendían que Dios les daría libertad por mano suya; mas ellos no lo habían entendido así. [26] Y al día siguiente, se presentó a unos de ellos que reñían, y los ponía en paz, diciendo: Varones, hermanos sois, ¿por qué os maltratáis el uno al otro? [27] Entonces el que maltrataba a su prójimo le rechazó, diciendo: ¿Quién te ha puesto por gobernante y juez sobre nosotros? [28] ¿Quieres tú matarme, como mataste ayer al egipcio? [29] Al oír esta palabra, Moisés huyó, y vivió como extranjero en tierra de Madián, donde engendró dos hijos. [30] Pasados cuarenta años, un ángel se le apareció en el desierto del monte Sinaí, en la llama de fuego de una zarza. [31] Entonces Moisés, mirando, se maravilló de la visión; y acercándose para observar, vino a él la voz del Señor: [32] Yo soy el Dios de tus padres, el Dios de Abraham, el Dios de Isaac, y el Dios de Jacob. Y Moisés, temblando, no se atrevía a mirar. [33] Y le dijo el Señor: Quita el calzado de tus pies, porque el lugar en que estás es tierra santa. [34] Ciertamente he visto la aflicción de mi pueblo que está en Egipto, y he oído su gemido, y he descendido para librarlos. Ahora, pues, ven, te enviaré a Egipto. [35] A este Moisés, a quien habían rechazado, diciendo: ¿Quién te ha puesto por gobernante y juez?, a éste lo envió Dios como gobernante y libertador por mano del ángel que se le apareció en la zarza. [36] Este los sacó, habiendo hecho prodigios y señales en tierra de Egipto, y en el Mar Rojo, y en el desierto por cuarenta años.[37] Este Moisés es el que dijo a los hijos de Israel: Profeta os levantará el Señor vuestro Dios de entre vuestros hermanos, como a mí; a él oiréis.

A continuación, Esteban relata la forma en que los israelitas crecieron y se multiplicaron en Egipto cuando se aproximaba el tiempo del cumplimiento de la promesa que Dios le había hecho a Abraham (la promesa de que sus descendientes poseerían la tierra de Canaán).

Este crecimiento continuó hasta que se levantó un rey (que pertenecía a una nueva dinastía), que no conocía a José. Este maltrató a Israel con astucia y malos tratos. Hasta llegó a exigir que se expusiera a los niños para que no pudieran vivir. («Exponer» es aquí un término usado para expresar la idea de poner al recién nacido en algún lugar donde los elementos o los animales salvajes le dieran muerte).

En aquel mismo tiempo nació Moisés, que fue muy agradable a Dios (amado por él). Esto puede significar que fue hecho agradable por Dios, o considerado así por él. Pero sabemos que Dios estaba con Moisés desde su nacimiento. El cuidado de Dios se manifestó cuando Moisés fue expuesto después de tres meses en la casa de su padre. La hija del Faraón lo recogió y lo crió como a hijo suyo. Así fue como Moisés fue enseñado (entrenado, instruido) en toda la sabiduría de Egipto, y era poderoso en sus palabras y obras. Esto es significativo, porque ya los egipcios habían hecho grandes adelantos en ciencia, ingeniería, matemáticas, astronomía y medicina.

A los cuarenta años, Moisés quiso visitar (cuidar, aliviar, proteger) a sus hermanos israelitas. Viendo a uno de ellos que era maltratado injustamente, lo defendió, vengó (hizo justicia) al oprimido, e hirió al egipcio.

Este era el punto importante para Esteban en esta parte del relato. Moisés hizo esto porque suponía que sus hermanos israelitas comprenderían que Dios, por su mano, les daría libertad[9], pero no fue así. Esteban veía un claro paralelo aquí con la forma en que los dirigentes judíos no eran capaces de comprender lo que Dios había hecho por medio de Jesús para proporcionarles la salvación. Cuando rechazaban a Jesús, en realidad no era nada en contra de él tampoco, puesto que sus padres durante un tiempo rechazaron a Moisés.

Continuando con la historia, Esteban les recordó cómo Moisés había querido reconciliar a unos israelitas que reñían, y ponerlos en paz, diciendo: «Varones, hermanos sois, ¿por qué os maltratáis el uno al otro?». Pero el que estaba maltratando a su prójimo lo rechazó, diciendo: «¿Quién te ha puesto por gobernante y juez sobre nosotros? ¿Quieres tú matarme, como mataste ayer al egipcio?».

Ante esto, Moisés huyó, y vivió como extranjero en Madián, donde nacieron sus dos hijos varones. Cuando habían pasado cuarenta años, un ángel del Señor[10] se le apareció en el desierto del monte Sinaí en la llama de fuego de una zarza. Moisés estaba asombrado ante lo que veía. Cuando se acercó (por curiosidad) para observar, Dios le habló, declarándole que era el Dios de Abraham, Isaac y Jacob. Entonces Moisés tembló y no se atrevía a mirar (observar). El Señor le dijo que se quitara el calzado de los pies, porque el lugar en que estaba era tierra santa (aunque estuviera lejos de la tierra prometida). Dios había visto ciertamente[11] la aflicción de su pueblo en Egipto y había oído su gemido. Había descendido ahora para librarlo: enviaría a Moisés a Egipto.

En este momento, Esteban hace resaltar su argumento principal en esta parte del relato. Este Moisés, a quien habían rechazado (negado, desechado), fue el que Dios envió por mano (con poder) del Ángel que se le había aparecido en la zarza, para que fuera gobernante y libertador (rescatador, término usado originalmente para hablar de quienes pagaban un rescate para redimir o liberar esclavos o prisioneros).

Después, de manifestar prodigios y señales en Egipto y en el desierto, los sacó. Entonces, como punto culminante de esta sección, Esteban les recuerda que este era el mismo Moisés (el Moisés que ellos habían rechazado y Dios había usado para salvarlos y sacarlos de Egipto) que les había dicho a los israelitas que Dios levantaría un profeta para ellos que sería como él. A este deberían oír (escuchar y obedecer).

Los dirigentes judíos sabían cómo los apóstoles aplicaban este pasaje sobre el profeta semejante a Moisés: todos los judíos creyentes se lo aplicaban a Jesús. Esteban les estaba diciendo que al no escuchar a Jesús, estaban desobedeciendo a Dios, y tratando a Moisés con desprecio.

El rechazo de Dios (7:38-43)

38 Este es aquel Moisés que estuvo en la congregación en el desierto con el ángel que le hablaba en el monte Sinaí, y con nuestros padres, y que recibió palabras de vida que darnos; 39 al cual nuestros padres no quisieron obedecer, sino que le desecharon, y en sus corazones se volvieron a Egipto, 40 cuando dijeron a Aarón: Haznos dioses que vayan delante de nosotros; porque a este Moisés, que nos sacó de la tierra de Egipto, no sabemos qué le haya acontecido. 41 Entonces hicieron un becerro, y ofrecieron sacrificio al ídolo, y en las obras de sus manos se regocijaron. 42 Y Dios se apartó, y los entregó a que rindiesen culto al ejército del cielo; como está escrito en el libro de los profetas: ¿Acaso me ofrecisteis víctimas y sacrificios en el desierto por cuarenta años, casa de Israel? 43 Antes bien llevasteis el tabernáculo de Moloc, y la estrella de vuestro dios Renfán, figuras que os hicisteis para adorarlas. Os transportaré, pues, más allá de Babilonia.

Esteban pasa esta vez a un rechazo mucho peor, el de Dios. Habla otra vez de Moisés. Él estaba en la congregación (asamblea, en griego *ekklesía*) en el desierto con el ángel que le hablaba en el monte Sinaí y con todos los padres[12]. Recibió (de buen grado) palabras de vida (manifestaciones divinas) que darle a Israel. Pero los padres, negándose a obedecerlo, lo rechazaron y en sus corazones se volvieron a Egipto. Así lo demostraron al pedirle a Aarón que les hiciera dioses que fueran delante de ellos. Despreciaron a Moisés al decir de forma derogatoria que a *este* Moisés que los había sacado de Egipto, no sabían qué le había acontecido (Éxodo 32:1). Entonces hicieron (la imagen de) un becerro[13] y sacrificaron al ídolo (imagen) y se regocijaron (hicieron fiesta, armaron algazara) en las obras de sus manos.

Puesto que se trataba de un rechazo no solo de Moisés, sino también de Dios, el Señor se apartó y los entregó a que rindiesen culto (sirviesen) al ejército del cielo. Recibieron las consecuencias que se habían merecido con su acción. Esteban veía esto confirmado en Amós 5:25-27. Esta cita muestra que los israelitas en el desierto, en realidad no le ofrecieron sus sacrificios al Señor durante los cuarenta años restantes. Por supuesto que guardaron todas las formas, pero la idolatría que comenzó entonces, siguió tentando a Israel (y así fue hasta que fueron exiliados a Babilonia). Así, hasta en el desierto, después de ver la gloria de Dios, llevaron el tabernáculo (la tienda) de Moloc (un dios lujurioso como Venus, adorado por los amonitas y algunos pueblos semitas más). ¡Qué contraste con el tabernáculo del testimonio mencionado en el versículo 44! También adoraron la estrella del dios Renfán (probablemente el nombre asirio del planeta Saturno, llamado *Quiún* en Amós 5:26). Ambos eran figuras (imágenes) que se habían hecho ellos mismos para adorarlas. (Es probable que estas imágenes fueran pequeños ídolos llevados en secreto por estos israelitas). Como consecuencia, Dios le dijo a Israel que lo transportaría más allá de Babilonia[14].

En esto vemos también que Esteban está diciendo que habían sido sus padres los que habían rechazado a Moisés y a la Ley, con lo cual se estaban rebelando contra el Dios que había dado la Ley. Aunque Esteban no lo dice, ellos sabían que Jesús no era así. Eran los padres de Israel, y no Jesús, los que habían querido cambiar las leyes, las costumbres y las enseñanzas que Moisés les había dado.

El templo no es suficiente (7:44-50)

44 Tuvieron nuestros padres el tabernáculo del testimonio en el desierto, como había ordenado Dios cuando dijo a Moisés que lo hiciese conforme al modelo que había visto. 45 El cual, recibido a su vez por nuestros padres, lo

introdujeron con Josué al tomar posesión de la tierra de los gentiles, a los cuales
Dios arrojó de la presencia de nuestros padres, hasta los días de David. 46 Este
halló gracia delante de Dios, y pidió proveer tabernáculo para el Dios de Jacob.
47 Mas Salomón le edificó casa; 48 si bien el Altísimo no habita en templos hechos
de mano, como dice el profeta: 49 El cielo es mi trono, y la tierra el estrado de mis
pies. ¿Qué casa me edificaréis? dice el Señor; ¿O cuál es el lugar de mi reposo? 50
¿No hizo mi mano todas estas cosas?

Esteban pasa ahora a responder su acusación sobre lo que él había dicho del templo. No trata de explicar lo que Jesús quería decir en realidad al hablar de «destruir este templo». En cambio, les recuerda que los padres tenían el tabernáculo (tienda) del testimonio, llamado así porque contenía el arca del pacto con las dos tablas (tablillas) de piedra que eran testimonio (o testigos) del pacto entre Dios y su pueblo. Dios había ordenado construir esta tienda, diciéndole a Moisés que la hiciera conforme al modelo que había visto (Éxodo 25:9,40; 26:30; 27:8).

La siguiente generación de los padres recibió el tabernáculo y lo introdujo con Josué (*Jesús* es la forma griega de *Josué*, como aparece en el original en Hebreos 4:8) en la tierra que antes había sido posesión de las naciones a las que Dios expulsó delante de los padres hasta los días de David. Es decir, el tabernáculo duró hasta los días de David.

David encontró favor delante de Dios, y deseaba personalmente proveer el tabernáculo (lugar permanente de habitación) para el Dios de Jacob[15]. Pero fue Salomón quien le construyó una casa. En este momento, Esteban declaró que el Altísimo no habita (permanentemente) en lo que es hecho de mano.

Para probar esto, citó a Isaías 66:1 y parte del versículo 2. En este lugar de las Escrituras, Dios le dice a Isaías que el cielo es su trono y la tierra el estrado de sus pies. ¿Qué casa podrían edificarle, o cuál sería el lugar de su reposo? O, ¿en qué lugar podría Dios establecerse para convertirlo en su morada permanente?[16] ¿No era él quien había hecho todas aquellas cosas?

Esteban no estaba negando que Dios hubiera manifestado su presencia en el templo. Pero, al igual que los profetas, veía que el Dios que había creado los cielos y la tierra no puede quedar limitado a ningún edificio ni templo de la tierra. De hecho, Salomón estaba de acuerdo con esto. (Vea 1 Reyes 8:27; 2 Crónicas 6:1-2,18; vea también Isaías 57:15).

El rechazo al Espíritu Santo (7:51-60)

51 ¡Duros de cerviz, e incircuncisos de corazón y de oídos! Vosotros resistís
siempre al Espíritu Santo; como vuestros padres, así también vosotros. 52 ¿A cuál
de los profetas no persiguieron vuestros padres? Y mataron a los que anunciaron

de antemano la venida del Justo, de quien vosotros ahora habéis sido entregadores y matadores; 53 vosotros que recibisteis la ley por disposición de ángeles, y no la guardasteis. 54 Oyendo estas cosas, se enfurecían en sus corazones, y crujían los dientes contra él. 55 Pero Esteban, lleno del Espíritu Santo, puestos los ojos en el cielo, vio la gloria de Dios, y a Jesús que estaba a la diestra de Dios, 56 y dijo: He aquí, veo los cielos abiertos, y al Hijo del Hombre que está a la diestra de Dios. 57 Entonces ellos, dando grandes voces, se taparon los oídos, y arremetieron a una contra él. 58 Y echándole fuera de la ciudad, le apedrearon; y los testigos pusieron sus ropas a los pies de un joven que se llamaba Saulo. 59 Y apedreaban a Esteban, mientras él invocaba y decía: Señor Jesús, recibe mi espíritu. 60 Y puesto de rodillas, clamó a gran voz: Señor, no les tomes en cuenta este pecado. Y habiendo dicho esto, durmió.

Es evidente que Esteban notó que no aceptaban su mensaje. Es posible que entre sus oyentes se produjeran murmullos de ira. Por esto los reprendió. Eran duros de cerviz (testarudos) e incircuncisos de corazón y oídos. (Vea Levítico 26:41; Deuteronomio 10:16; 30:6; Jeremías 6:10; 9:26; Ezequiel 44:7). Es decir, su actitud y su negación a escuchar el evangelio los ponía al mismo nivel de los gentiles que estaban fuera del pacto con Dios y lo rechazaban. Estaban oyendo, pensando y tramando en la forma en que lo hacían los gentiles sin fe.

En realidad, aquellos dirigentes judíos estaban resistiéndose activamente al Espíritu Santo, tal como lo habían hecho sus padres. (Vea Mateo 5:11-12; 23:30-31.) Mataron a los que anunciaron de antemano la venida del Justo. Ahora había sido a él a quien habían traicionado y matado. Ciertamente, su culpa era mayor que la de quienes habían matado a los profetas. Estos dirigentes judíos que habían rechazado a Jesús, habían recibido la Ley, que había sido dada por disposición (reglamento, estatuto) de ángeles[17]. Pero no la guardaron (no la observaron). O sea, que eran los dirigentes judíos, y no Jesús ni los cristianos, quienes habían desechado la Ley al matar a Jesús.

Esta reprensión los hizo enfurecerse en sus corazones (cortó hasta llegar a sus corazones), y aquellos miembros tan dignos del Sanedrín crujieron los dientes contra Esteban. Con esta expresión de ira y exasperación solo probaban que era cierto que estaban resistiendo al Espíritu Santo. Al contrario de lo que les sucedía a ellos, Esteban, lleno del Espíritu Santo, puestos los ojos en el cielo, vio la gloria de Dios, y a Jesús que estaba (de pie, según el texto griego) a la derecha de Dios (en el lugar de autoridad). Otros pasajes hablan de Jesús sentado a la derecha de Dios (Marcos 14:62; Lucas 22:69). Esto parece indicar que Jesús se levantó para darle la bienvenida al primer mártir que daría testimonio a cambio de su vida.

Notemos también que Esteban usó el término que el Sanedrín había oído usar a Jesús con frecuencia al hablar de sí mismo: «el Hijo del Hombre».

Al oír esto, el Sanedrín dio grandes voces (chillaron). Se pusieron las manos en los oídos para no escuchar las palabras de Esteban, y a una (con un mismo impulso espontáneo y los mismos propósitos), arremetieron contra él[18], lo echaron fuera de la ciudad (Números 15:35) y comenzaron a apedrearlo. La ley romana no les permitía a los judíos llevar a cabo ejecuciones (Juan 18:31). No obstante, es probable que esto sucediera cerca del final del gobierno de Pilatos, cuando este había caído en desgracia con las autoridades de Roma, y aquellos judíos se aprovecharon de su debilidad. También hay evidencias de que Vitelo (35-37 d.C.), legado imperial, estaba en aquellos momentos tratando de ganarse el favor de los judíos, y hubiera estado inclinado a pasar por alto todo cuanto hicieran.

Sin embargo, el Sanedrín sí siguió los procedimientos legales, haciendo que los testigos tiraran la primera piedra (Deuteronomio 17:7). En efecto, estos se quitaron los ropajes exteriores para estar más libres al tirar las piedras, y los depositaron a los pies de un joven llamado Saulo[19]. De esta manera vemos que Saulo fue testigo ocular de la muerte de Esteban, y con seguridad de su predicación. Esta es la primera mención de Saulo, y nos prepara para lo que se dirá más adelante.

Mientras apedreaban a Esteban, él invocaba a Dios diciendo: «Señor Jesús, recibe mi espíritu». Entonces, puesto de rodillas, clamó a gran voz: «Señor, no les tomes en cuenta este pecado». («No pongas este pecado en su cuenta», sería una buena paráfrasis que expresaría el sentido de su exclamación). ¡Cuánto se parecía a Jesús! (Vea Lucas 23:34).

Después de haber dicho esto, Esteban durmió. Es decir, murió. (Compare con 1 Tesalonicenses 4:15; 2 Corintios 5:8; Filipenses 1:23). Hubo algo especialmente pacífico en esta muerte, a pesar de su naturaleza violenta. De esta forma, Esteban se fue a estar con Jesús y se convirtió en el primer mártir de la iglesia primitiva, el primero en una larga lista de creyentes que darían su vida por Jesús y por el evangelio.

---

[1] Algunos arqueólogos, como Cyrus Gordon, creen que se trataba de una ciudad de Ur situada al norte, y no del Ur situado al este de Babilonia. Hay algunas evidencias de que los caldeos procedían en realidad del norte y no habían llegado a Babilonia hasta después de los tiempos de Abraham.

[2] Esteban utiliza aquí el lenguaje de la versión griega de los Setenta.

[4] Vea Génesis 15:13-14 en la versión griega de los Setenta. Cuatrocientos es

un número redondo aquí, y se da más exacto, como cuatrocientos treinta, en Éxodo 12:40-41. Pablo parece entender que los cuatrocientos treinta años comprenden toda la época que va desde Abraham hasta Moisés (Gálatas 3:17).

[5] Aquí se insiste en que todos habían nacido bajo el pacto de la circuncisión. Este había significado un cambio con respecto a la situación anterior a Abraham.

[6] La palabra hebrea traducida «trigo» significa tanto «trigo» como «pan».

[7] La versión griega de los Setenta da el número setenta y cinco en Génesis 46:27 y en algunas copias de Deuteronomio 10:22. El texto hebreo tiene setenta, número redondo.

[8] Aquí se está haciendo referencia al lugar de enterramiento de los doce patriarcas. Jacob fue enterrado en Macpela, cerca de Hebrón (Génesis 23:17,19; 50:13). José fue enterrado en Siquem (Josué 24:32). Esteban creía que los otros hermanos habían sido enterrados allí también. Génesis 33:19 y Josué 24:32 indican que Jacob había llegado a comprar en realidad. Sin embargo, Abraham estaba vivo aún, y sin duda alguna, la compra fue hecha a nombre del cabeza del clan.

[9] Griego *soterían*, «salvación», palabra usada para hablar de liberación, salud, bienestar y también de salvación.

[10] Esto es, el Ángel del Señor, una manifestación de Dios mismo, o mejor aún, del Hijo preencarnado. Note aquí que se lo distingue como una Persona separada, y sin embargo, se lo identifica con Dios. Jesús es y siempre ha sido el único Mediador entre Dios Padre y el hombre.

[11] «Ciertamente he visto». En el texto hebreo, «he visto, he visto»: una forma hebrea de expresar énfasis. Aquí quiere llamar la atención sobre la fidelidad de Dios.

[12] La repetición de la mención de los padres del Israel (en este caso las tribus en el desierto) prepara para la conclusión del versículo 51.

[13] Muchos opinan que este becerro era un pequeño toro de oro, pero había sido llamado becerro debido a su tamaño.

[14] Aquí Esteban está sintetizando el relato. Amós dijo que sería más allá de Damasco. Esteban está pensando en la deportación posterior al este de Babilonia, que también había sido profetizada.

[15] Varios manuscritos antiguos tienen «la casa de Jacob».

[16] El descanso también sugiere el cese de las actividades. ¿Dónde haría Dios esto? Como lo señala Isaías 40:28, Dios nunca se fatiga.

[17] Las tradiciones judías y la traducción de los Setenta interpretaron que Deuteronomio 33:2-3 significa que los ángeles estuvieron activos en la entrega o la exposición de la Ley. Vea Gálatas 3:19; Hebreos 2:2.

[18] Se usa la misma palabra para los cerdos cuando se precipitaron al mar.

[19] Un hombre en su edad joven, hasta los cuarenta años. Saulo (Pablo) tenía edad suficiente para ser miembro del Sanedrín. En Hechos 26:10, él afirma que había dado su voto, literalmente, «lanzado su piedrecilla». Para votar, tenía que ser miembro del Sanedrín. Es importante tener en cuenta que Saulo se hallaba presente en la muerte de Esteban, y es probable que lo oyera hablar en la sinagoga.

HECHOS

CAPÍTULO 8

Los versículos 1 y 3 de este capítulo mencionan a Saulo. Después, no se le vuelve a mencionar de nuevo hasta el capítulo 9[1]. Aquí se dice que Saulo consentía en la muerte de Esteban. El texto griego es algo más fuerte: Saulo aprobaba total y completamente la muerte (el asesinato) de Esteban, y continuó actuando de acuerdo con ello. No compartía las ideas de Gamaliel, su antiguo maestro (Hechos 5:38). Al contrario, consideraba que las ideas de Esteban eran peligrosas y sentía que había que arrancarlas de raíz. Pero ni él ni todo el resto del Sanedrín fueron capaces de destruir la obra del Espíritu.

La persecución hace esparcir el evangelio (8:1-4)

1 Y Saulo consentía en su muerte. En aquel día hubo una gran persecución
contra la iglesia que estaba en Jerusalén; y todos fueron esparcidos por las tierras de
Judea y de Samaria, salvo los apóstoles. 2 Y hombres piadosos llevaron a enterrar a
Esteban, e hicieron gran llanto sobre él. 3 Y Saulo asolaba la iglesia, y entrando casa
por casa, arrastraba a hombres y a mujeres, y los entregaba en la cárcel. 4 Pero los
que fueron esparcidos iban por todas partes anunciando el evangelio.

Sin duda, Pablo fue uno de los principales instigadores de la persecución que se levantó contra la iglesia en Jerusalén en aquel momento (en el mismo día en que Esteban fue asesinado). Tan intensa fue aquella persecución, que los cristianos fueron dispersados todos a través de Judea y Samaria[2].

Solo quedaron los apóstoles en Jerusalén. El versículo 2 podría ser una indicación del porqué. Hombres piadosos llevaron a enterrar a Esteban e hicieron gran llanto (golpeándose el pecho) sobre él. Esto era desusado en la tradición judía, que era opuesta a que se manifestara este tipo de respeto o de dolor por una persona ejecutada. «Hombres piadosos» es una referencia a hombres como los de Hechos 2:5, donde se usa la misma expresión. Eran judíos sinceros y devotos que todavía no habían aceptado a Cristo como su Mesías y Salvador, pero respetaban a Esteban y rechazaban la decisión del Sanedrín por equivocada e injusta. Por medio de ellos, la iglesia volvería a crecer en Jerusalén. De hecho, cuando Pablo regresó a Jerusalén después de su conversión, había una fuerte iglesia allí.

En marcado contraste con los hombres piadosos que se lamentaron sobre Esteban, Saulo se volvió cada vez más furioso y más enérgico en su persecución. Hizo verdaderos estragos en la iglesia. La asoló y devastó literalmente[3]. Entraba casa por casa, arrastraba fuera de ellas a hombres y mujeres, y los entregaba en la cárcel. Después, como veremos más adelante, cuando eran traídos a juicio, él votaba para que fueran ejecutados (Hechos 26:10).

A pesar de todo, la persecución no detuvo el esparcimiento del evangelio. Tuvo el efecto exactamente opuesto. Antes de esta persecución, habían estado recibiendo enseñanza y entrenamiento de los apóstoles; ahora estaban listos para salir. La persecución fue la que los obligó a hacerlo, pero la realidad es que salieron.

Los que se esparcieron no se establecieron. En cambio, se mantenían viajando de lugar en lugar, comunicando las buenas nuevas del evangelio. Hechos 11:19 afirma que algunos viajaron hasta lugares tan distantes como Chipre, Fenicia y Antioquía. Podemos estar seguros de que viajaron hasta muchos otros lugares distantes también.

Esto no quiere decir que fueran todos predicadores en el sentido actual de la palabra. Simplemente testificaban con gozo y libertad sobre Jesús. Aunque solo eran personas corrientes, conocían la palabra y se convirtieron en canales del amor y el poder de Jesús. Es evidente que ninguno de ellos se quejó por la persecución. La consideraron como otra oportunidad para ver qué haría el Señor.

Felipe va a Samaria (8:5-13)

5 Entonces Felipe, descendiendo a la ciudad de Samaria, les predicaba a
Cristo. 6 Y la gente, unánime, escuchaba atentamente las cosas que decía Felipe,
oyendo y viendo las señales que hacía. 7 Porque de muchos que tenían espíritus
inmundos, salían éstos dando grandes voces; y muchos paralíticos y cojos eran
sanados; 8 así que había gran gozo en aquella ciudad. 9 Pero había un hombre llamado Simón, que antes ejercía la magia en aquella ciudad, y había engañado a la
gente de Samaria, haciéndose pasar por algún grande. 10 A éste oían atentamente
todos, desde el más pequeño hasta el más grande, diciendo: Este es el gran poder
de Dios. 11 Y le estaban atentos, porque con sus artes mágicas les había engañado
mucho tiempo. 12 Pero cuando creyeron a Felipe, que anunciaba el evangelio del
reino de Dios y el nombre de Jesucristo, se bautizaban hombres y mujeres. 13
También creyó Simón mismo, y habiéndose bautizado, estaba siempre con Felipe; y viendo las señales y grandes milagros que se hacían, estaba atónito.

Sin embargo, hubo muchos que sí predicaron o proclamaron públicamente el evangelio. Después de la afirmación general del versículo 4,

Lucas nos da un ejemplo de lo que ha de haber sucedido por todas partes. Escoge al diácono Felipe como ejemplo, no porque lo que sucedió en Samaria fuera más grande que lo que sucedió en otras partes, sino por las lecciones que se aprendieron allí, y porque Samaria era el siguiente lugar en el mandato recibido en Hechos 1:8.

También era importante Samaria porque allí el Espíritu rompería otra barrera más. Los samaritanos eran descendientes de aquellos hebreos de las diez tribus norteñas que se mezclaron con los pueblos que los asirios llevaron al lugar después de capturar Samaria. Al principio, le daban culto al Señor, junto con otros dioses (2 Reyes 17:24-41). Más tarde, también construyeron su templo en el monte Gerizim. Pero unos cien años antes de Cristo, los judíos subieron y destruyeron aquel templo, obligando a los samaritanos a dejar su idolatría. En los tiempos del Nuevo Testamento, los samaritanos seguían la Ley de Moisés de forma muy similar a los judíos, pero decían que los sacrificios debían ser hechos en el monte Gerizim y no en el templo de Jerusalén.

Los judíos evitaban pasar por Samaria cuanto les fuera posible. De manera que Felipe necesitó valor para ir allí. Pero, al igual que los demás, era el Espíritu el que lo dirigía. Cuando llegó a la ciudad de Samaria[4], unos dieciséis kilómetros al norte del lugar donde Jesús habló con la mujer junto al pozo, comenzó a predicar a Cristo (proclamar la verdad de que él era el Mesías y Salvador). Podemos tener la seguridad de que el ministerio de Jesús en Samaria (Juan 4) no había sido olvidado. Estas cosas no se hacían en lo oculto. Los samaritanos, al igual que los judíos, esperaban un Mesías en el que se cumpliera Deuteronomio 18:15,18-19. La gente (las multitudes, en las que había toda clase de personas) unánime escuchaba el mensaje de Felipe, oyéndolo y viendo las señales que hacía. Aquí vemos que la promesa del Señor de confirmar la Palabra con señales que seguirían, no se limitaba a los apóstoles (Marcos 16:20). La gente oyó gritar a los que tenían espíritus inmundos en alta voz, cuando estos salían de ellos. Vio a los que estaban paralíticos[5] y a los cojos recibir sanidad. La consecuencia fue que hubo gran gozo en aquella ciudad, el gozo de la salud y la salvación.

Este éxito del evangelio era un milagro mucho mayor de lo que parecería a simple vista, puesto que toda aquella gente había estado engañada (embrujada, atónita, maravillada)[6] a manos de un hombre llamado Simón, que ejercía la magia (hechicería), y se hacía pasar por algún grande (algún ser de gran poder). A este oían atentamente todos, desde el más pequeño hasta el más grande, diciendo: «Este es el gran poder de Dios»[7].

Le habían hecho caso durante mucho tiempo, porque los tenía asombrados con sus trucos mágicos.

El pueblo vio algo mucho más maravilloso en los milagros de Felipe, y creyó las buenas nuevas del reino (gobierno, poder y autoridad) de Dios y el nombre de Jesucristo. El evangelio que Felipe predicaba, insistía en este gobierno y poder de Dios, manifestado a través de Jesucristo en su personalidad y naturaleza como Mesías y Salvador. Con seguridad les diría todo lo que Pedro les había dicho a sus oyentes en el día de Pentecostés y después.

El pueblo creyó, no solo a Felipe, sino también la verdad que él predicaba. Creyó en lo que decía acerca del reino (gobierno) de Dios; creyó en el nombre (poder y autoridad) de Jesús; aceptó lo que Felipe dijo acerca de la obra de Cristo, como Salvador y Señor crucificado y resucitado. Entonces se bautizaban tanto hombres como mujeres.

Finalmente, hasta el mismo Simón creyó y fue bautizado. Entonces se unió en forma persistente y constante a Felipe. Simón estaba acostumbrado a engañar a la gente con sus trucos mágicos, y sabía que se podían hacer cosas pasmosas con ellos. Había observado a Felipe con el ojo profesional de un mago, y había llegado a la conclusión de que aquellos milagros eran reales. Estaba claro que aquellas señales y grandes obras de poder eran sobrenaturales. Por eso, él también estaba atónito (lleno de asombro y maravillado). Aquellos milagros no se parecían en nada a los trucos mágicos que él hacía.

Hay quienes han puesto en duda que Simón haya creído de verdad. Sin embargo, la Biblia dice que creyó, y no hace ninguna observación sobre esta afirmación. Además, con seguridad, Felipe, que era un hombre dirigido por el Espíritu, no lo habría bautizado si no hubiera presentado evidencias de ser un verdadero creyente.

Pedro y Juan en Samaria (8:14-25)

14 Cuando los apóstoles que estaban en Jerusalén oyeron que Samaria había
recibido la palabra de Dios, enviaron allá a Pedro y a Juan; 15 los cuales, habiendo
venido, oraron por ellos para que recibiesen el Espíritu Santo; 16 porque aún no
había descendido sobre ninguno de ellos, sino que solamente habían sido bautizados en el nombre de Jesús. 17 Entonces les imponían las manos, y recibían el
Espíritu Santo. 18 Cuando vio Simón que por la imposición de las manos de los
apóstoles se daba el Espíritu Santo, les ofreció dinero, 19 diciendo: Dadme también a mí este poder, para que cualquiera a quien yo impusiere las manos reciba el
Espíritu Santo. 20 Entonces Pedro le dijo: Tu dinero perezca contigo, porque has
pensado que el don de Dios se obtiene con dinero. 21 No tienes tú parte ni suerte

en este asunto, porque tu corazón no es recto delante de Dios. [22] Arrepiéntete, pues, de esta tu maldad, y ruega a Dios, si quizá te sea perdonado el pensamiento de tu corazón; [23] porque en hiel de amargura y en prisión de maldad veo que estás. [24] Respondiendo entonces Simón, dijo: Rogad vosotros por mí al Señor, para que nada de esto que habéis dicho venga sobre mí. [25] Y ellos, habiendo testificado y hablado la palabra de Dios, se volvieron a Jerusalén, y en muchas poblaciones de los samaritanos anunciaron el evangelio.

La noticia de que Samaria había recibido (le había dado la bienvenida a) la Palabra de Dios, llegó pronto a oídos de los apóstoles en Jerusalén. Estos enviaron a ellos a Pedro y a Juan (con un mensaje y un propósito), para darles ánimo a los nuevos creyentes. Sin embargo, en esto no hay indicación de que pensaran que el ministerio de Felipe era inferior o deficiente de forma alguna. Simplemente, querían ayudarlo.

Cuando llegaron los dos apóstoles, lo primero que hicieron fue orar por los creyentes samaritanos, para que recibieran el Espíritu Santo. Se nota con claridad que los apóstoles creían en la importancia del bautismo en el Espíritu Santo para todos. Aunque los samaritanos habían sido bautizados en agua y en el nombre (para la adoración y el servicio) del Señor Jesús, ninguno de ellos había recibido el don del Espíritu con la evidencia de hablar en otras lenguas. Es decir, que el Espíritu no había descendido sobre ninguno en la forma en que había descendido en el día de Pentecostés.

Hay quienes suponen que la fe de los samaritanos no se centraba realmente en Jesús hasta que Pedro y Juan llegaron y oraron. Pero Felipe era un hombre lleno del Espíritu y de sabiduría. No habría bautizado a nadie, si su fe no era real.

Otros suponen que Felipe no les enseñó a los samaritanos nada sobre el bautismo en el Espíritu Santo. No obstante, el hecho mismo de que él fuera a predicarles a Cristo, demuestra que creía que la promesa era para ellos. También se ve con claridad que los creyentes no eran capaces de ocultar parte alguna del mensaje. (Vea Hechos 4:20).

Como ya hemos visto, los samaritanos creyeron lo que Felipe predicó sobre el reino (gobierno) de Dios y el nombre (autoridad) de Jesús. La predicación en los Hechos asocia estas cosas con la promesa del Espíritu Santo. Podemos estar seguros de que Felipe, como los demás predicadores del libro de los Hechos, incluía en su mensaje la exaltación de Jesús a la derecha del Padre y la entrega de la promesa del Padre, el bautismo en el Espíritu Santo.

El problema parece haber estado en los mismos samaritanos. Ahora se daban cuenta de que habían estado equivocados, no solo con los engaños de Simón el mago, sino también con sus doctrinas samaritanas. Quizá, humillados, encontraban difícil expresar el paso de fe siguiente, necesario para recibir el bautismo en el Espíritu. Cuando Jesús hallaba fe expresada de forma sencilla, y fundada solamente en su Palabra, la llamaba «gran fe» y sucedían las cosas (Mateo 8:10,13). Cuando la fe se alzaba por encima de los obstáculos y las pruebas, Jesús la llamaba también «gran fe», y las cosas sucedían (Mateo 15:28). Sin embargo, cuando la fe era débil, él no destruía lo que había. La ayudaba, algunas veces haciendo imposición de manos.

No se nos dice si Pedro y Pablo impartieron otras enseñanzas más antes, o no. Pero cuando comparamos esta circunstancia con lo que se hacía en otros momentos, parece muy probable que sí lo hicieran.

Después de haber orado por ellos, los dos apóstoles les impusieron las manos. Dios confirmó la fe de los creyentes, y estos recibieron el Espíritu (estaban recibiendo el Espíritu públicamente; quizás uno tras otro, a medida que los apóstoles les iban imponiendo las manos).

Algo que sucedió, llamó la atención de Simón. Lucas no nos dice qué fue, pero como hemos visto, es frecuente que no lo explique todo, cuando aparece con claridad en algún otro lugar. Por ejemplo, no menciona el bautismo en agua cada vez que habla de que la gente creía o era añadida a la iglesia, sin embargo se ve claro que no es significativo el que no lo mencione. Hay otros lugares del texto donde se muestra que todos los creyentes eran bautizados en agua. Por esta razón, podemos decir que el hecho de que Lucas no mencione las lenguas aquí, no es significativo.

Sin embargo, es claro que Simón ya había visto los milagros hechos a través de Felipe. La profecía no hubiera atraído su atención, porque hubiera sido en un lenguaje conocido, y no obviamente sobrenatural. En realidad, solo hay una cosa que cuadra en esta circunstancia. En el día de Pentecostés, hablaron en lenguas, según el Espíritu les daba que se manifestasen; esto fue lo que atrajo la atención de la muchedumbre. Cuando los creyentes samaritanos comenzaron a hablar en lenguas, sucedió lo mismo con Simón. Pero las lenguas no son el asunto fundamental en este pasaje. Tampoco tuvieron el mismo efecto que en Pentecostés, porque allí no había nadie presente que supiera lenguas extranjeras. Por este motivo, Lucas no dice nada sobre las lenguas, para centrar la atención en la actitud equivocada de Simón.

Cuando este vio que se recibía el Espíritu Santo por medio de la imposición de manos de los apóstoles, no vino él mismo a recibirlo. En cambio, volvió a su antigua codicia y les ofreció dinero (les trajo riquezas como ofrenda) para que le dieran el poder (la autoridad) de imponer manos sobre las personas con los mismos resultados.

No obstante, los versículos 17 y 18 no quieren decir que los apóstoles tuvieran tal autoridad. Primeramente habían orado para que los creyentes recibieran el Espíritu. Reconocían que era la promesa del Padre, y que debía descender del cielo. La palabra «por», del versículo 18, indica que eran agentes secundarios. Esto es, que Jesús es el que bautiza en el Espíritu Santo (Hechos 2:33). Los apóstoles eran tan solo enviados de él para orar por aquellos creyentes y avivar la fe en ellos para que recibieran el don.

Tampoco se está señalando aquí que sea necesaria la imposición de manos para recibir el Espíritu, aunque Simón llegara de manera equivocada a esta conclusión, como les ha sucedido a muchos maestros de la actualidad. Hay muchos otros pasajes que demuestran que Simón no estaba en lo cierto. No hubo imposición de manos en el día de Pentecostés, ni en la casa de Cornelio. Tampoco estaba la imposición de manos limitada a los apóstoles, puesto que Ananías, que era un laico de Damasco, fue quien impuso sus manos sobre Pablo, tanto para que sanara, como para que recibiera el Espíritu Santo. Aquí, la imposición de manos era una forma de darles la bienvenida al cuerpo de los creyentes, y también una forma de animar su fe para que recibieran el don del Espíritu como respuesta a sus oraciones.

Pedro reprendió a Simón con severidad. Lo que dijo, en sentido literal, fue: «Tu dinero [plata] perezca contigo [vaya contigo a la destrucción, probablemente la destrucción del lago de fuego], porque has pensado que el don de Dios [esto es, el don del Espíritu Santo, como en 2:38; 10:45] se obtiene con dinero [riquezas terrenas]. No tienes tú parte [porción, participación] ni suerte [porción] en este asunto[8], porque tu corazón no es recto [correcto, derecho] delante de Dios». Tenía un corazón torcido y una visión distorsionada de las cosas. Algunos suponen que el deseo que tenía Simón de comprar el don de Dios (gratuito) con dinero significa que quería ofrecerlo en venta. Pero esto habría sido imposible. Los apóstoles lo estaban ofreciendo de gratis, por ser el don gratuito de Dios. Cualquiera podía recibirlo. Es más probable que Simón viera una oportunidad para restaurar su prestigio y liderazgo entre el pueblo al convertirse en un «distribuidor autorizado» del don del Espíritu, como había deducido de forma precipitada que eran los apóstoles.

En realidad, el reproche de Pedro por pensar que el don de Dios se podía comprar con dinero sugiere también que Simón podía haber tenido parte o suerte en este asunto si hubiera venido en fe y recibido el don en sí mismo, en lugar de llegar ofreciendo dinero. En otras palabras, todo aquel que reciba el don gratuito del Espíritu puede orar por otros para que reciban el mismo don.

Después, Pedro demostró que el caso de Simón no era totalmente desesperado, al exhortarlo a que se arrepintiera de su maldad y rogara a Dios (le pidiera al Señor), si quizá le fuera perdonado el pensamiento (incluso los propósitos) de su corazón. No hay duda alguna aquí sobre la disposición de Dios a perdonar. Dios perdona siempre de forma gratuita a quienes se llegan a él confesando su pecado (1 Juan 1:9). Pedro añadió aquel «si quizá» debido al triste estado de aquel corazón. El orgullo y la ambición de Simón habían sido las causas de que cayera en aquel pecado. Pedro se dio cuenta de que Simón tenía un espíritu amargado y resentido (la hiel de la amargura) porque el pueblo había dejado de darle prominencia. (Compare con Deuteronomio 29:18 e Isaías 58:6, para ver el uso de estas expresiones en el Antiguo Testamento). Un espíritu así, a menudo rechaza la reconciliación, y con toda seguridad, entristece al Espíritu Santo (Efesios 4:30-31). Simón estaba también en prisión de maldad (esto es, atrapado por la injusticia); no era justo al desear recibir este poder para sí mismo, y al mismo tiempo, su actitud errónea tenía tal poder sobre él, que habría sido difícil que se liberara de ella. Sin embargo, es posible que el griego signifique que Simón iba rumbo a la hiel de amargura y la prisión de maldad. Esto quería decir que todavía no estaba sometido a ellas y que tendría una esperanza mayor si quería arrepentirse de inmediato.

Simón reaccionó pidiéndoles a Pedro y Juan que oraran por él al Señor (expresión enfática: petición de que unieran sus oraciones a las de él), para que ninguna de aquellas cosas que Pedro había hablado, viniera sobre él[9].

Hay una amplia controversia sobre lo que le sucedió a Simón. Algunos sugieren que solo quería orar porque tenía terror del juicio. Sin embargo, el texto griego señala que quería que los apóstoles oraran junto con él. Esto es indicación cierta de un cambio de actitud, y por tanto, de un arrepentimiento. La Biblia no dice nada más sobre él. Las tradiciones que surgieron sobre él en tiempos posteriores no tienen fundamento bíblico[10].

Pedro y Juan siguieron en Samaria un tiempo, dando fuerte testimonio (fuertes evidencias bíblicas) y hablando la Palabra de Dios. Es probable que incluyeran ahora más sobre la vida, el ministerio y las enseñanzas de Jesús. Después, predicaron el evangelio (las buenas nuevas) en muchas poblaciones de los samaritanos, mientras regresaban a Jerusalén.

El eunuco etíope (8:26-40)

26 Un ángel del Señor habló a Felipe, diciendo: Levántate y ve hacia el sur,
por el camino que desciende de Jerusalén a Gaza, el cual es desierto. 27 Entonces
él se levantó y fue. Y sucedió que un etíope, eunuco, funcionario de Candace
reina de los etíopes, el cual estaba sobre todos sus tesoros, y había venido a Jerusalén para adorar, 28 volvía sentado en su carro, y leyendo al profeta Isaías. 29
Y el Espíritu dijo a Felipe: Acércate y júntate a ese carro. 30 Acudiendo Felipe,
le oyó que leía al profeta Isaías, y dijo: Pero ¿entiendes lo que lees? 31 Él dijo: ¿Y
cómo podré, si alguno no me enseñare? Y rogó a Felipe que subiese y se sentara
con él. 32 El pasaje de la Escritura que leía era este: Como oveja a la muerte fue
llevado; y como cordero mudo delante del que lo trasquila, así no abrió su boca.
33 En su humillación no se le hizo justicia; mas su generación, ¿quién la contará?
Porque fue quitada de la tierra su vida. 34 Respondiendo el eunuco, dijo a Felipe:
Te ruego que me digas: ¿de quién dice el profeta esto; de sí mismo, o de algún
otro? 35 Entonces Felipe, abriendo su boca, y comenzando desde esta escritura, le
anunció el evangelio de Jesús. 36 Y yendo por el camino, llegaron a cierta agua, y
dijo el eunuco: Aquí hay agua; ¿qué impide que yo sea bautizado? 37 Felipe dijo:
Si crees de todo corazón, bien puedes. Y respondiendo, dijo: Creo que Jesucristo
es el Hijo de Dios. 38 Y mandó parar el carro; y descendieron ambos al agua,
Felipe y el eunuco, y le bautizó. 39 Cuando subieron del agua, el Espíritu del
Señor arrebató a Felipe; y el eunuco no le vio más, y siguió gozoso su camino. 40
Pero Felipe se encontró en Azoto; y pasando, anunciaba el evangelio en todas las
ciudades, hasta que llegó a Cesarea.

En este momento, el ángel (griego, un ángel) del Señor le habló a Felipe y le dijo que se levantara para ir rumbo al sur, al camino que desciende de Jerusalén a Gaza, el cual es desierto. «Desierto» también significa que es un lugar abandonado, desolado, sin población. Aquí, la intención es señalar que la zona estaba prácticamente deshabitada. Gaza era la más sureña de las cinco ciudades de los filisteos en los tiempos del Antiguo Testamento. Se hallaba a unos cien kilómetros de Jerusalén en dirección suroeste.

La Biblia habla de apariciones de ángeles a personas, relativamente pocas veces. Sin embargo, están presente con frecuencia, y realizan labor de «espíritus ministradores, enviados para servicio a favor de los que serán herederos de la salvación» (Hebreos 1:14)[11]. No obstante, puesto que son espíritus, Dios tiene que darles una forma física temporal para que puedan aparecerse a los hombres y hablarles.

Es posible que hubiera una razón especial para enviar un ángel. Felipe se hallaba en medio de un gran avivamiento en Samaria. Es probable que hiciera falta algo poco corriente para hacer que dejara aquellas multitudes y descendiera a un desierto camino secundario que ya casi no estaba en uso. Algunos consideran que la expresión «el cual es desierto» se refiere a la ciudad de Gaza del Antiguo Testamento, que había sido destruida en el año 93 a.C. En el 57 a.C., se había construido una nueva ciudad, más cerca del mar Mediterráneo. Quizá se le diera al camino que conducía a la vieja Gaza el nombre de camino a la Gaza desierta (deshabitada).

Cuando habló el ángel, Felipe no dudó un instante. Se levantó y fue, obediente. Podemos pensar también que iba lleno de fe y de expectación.

En el momento mismo en que llegaba al camino de Gaza[12], se acercaba el carro de un eunuco etíope. La mayoría de los funcionarios de palacio en los tiempos antiguos eran eunucos. Este tenía un alto puesto (era un potentado); era miembro de la corte de la reina etíope Candace, y estaba sobre todos sus tesoros. Nosotros diríamos que era miembro de su gabinete, y lo compararíamos con un ministro de hacienda, pero, con responsabilidad total por el cuidado y el uso de fondos.

Candace era el título hereditario de las reinas de Etiopía, cuya sede de gobierno se hallaba en la isla de Meroe, en el río Nilo. El país de Etiopía corresponde al Sudán de hoy, aunque puede que haya incluido también parte de la Etiopía actual.

Este eunuco había recorrido una gran distancia para adorar en Jerusalén. Aunque probablemente fuera prosélito del judaísmo, por ser eunuco, no podía ir más allá del patio de los gentiles[13]. Aun así, compró rollos del Antiguo Testamento para llevárselos consigo a la vuelta. Estos eran manuscritos y extremadamente caros en aquellos días. Lo normal era que toda una sinagoga se pusiera de acuerdo para comprar una colección, que se mantenía bajo llave, excepto cuando se usaba en el culto y en la escuela de la sinagoga.

Ahora el eunuco regresaba a su tierra, sentado en su carro y leyendo el libro (rollo) de Isaías. En este momento, el Espíritu le habló a Felipe, posiblemente con una voz interior. (La dirección del Espíritu es algo prominente en los Hechos). Felipe no necesitó que le hablara un ángel esta vez. Sin duda, estaba esperando que el Señor le diera a conocer qué hacer. La orden del Espíritu fue que se acercara y se juntara al carro.

Obediente, Felipe corrió hacia él. Mientras corría junto al carro, oyó que el eunuco leía en voz alta al profeta Isaías. (En aquellos días, la lectura se solía hacer en voz alta). Felipe lo interrumpió para preguntarle si entendía lo que estaba leyendo. Su contestación fue: «¿Y cómo podré [cómo voy a ser capaz], si alguno no me enseñare?». Entonces le rogó que subiera a sentarse con él.

Felipe no se hizo de rogar. En la providencia de Dios, el eunuco estaba leyendo Isaías 53:7-8 (de la versión griega de los Setenta). Esto ha de haber resultado emocionante para Felipe, al ver cuán maravillosa y cuán exacta era la sincronización de Dios.

Entonces, el eunuco le pidió a Felipe que le dijera de quién hablaba el profeta: de sí mismo, o de alguna otra persona. Isaías 53 habla del que sufre totalmente por los pecados de los demás, y no por ninguno propio. Él sabía que nadie podía hacer aquello, y se sentía intrigado.

Esta fue la gran oportunidad de Felipe. Comenzando con aquel mismo pasaje de las Escrituras, le predicó a Jesús (le predicó el evangelio, las buenas nuevas sobre Jesús). Él había sido el único que jamás pecó, y nunca hizo nada que mereciera el sufrimiento ni la muerte. Para quienes estén dispuestos a verlo, no hay pasaje de los profetas que dibuje con más claridad el sufrimiento vicario, la muerte, la resurrección y el triunfo de Jesús[14]. Sin embargo, Felipe solo tomó Isaías 53 como un comienzo. Fue más adelante, explicándole el evangelio con sus mandatos, promesas y llamado al arrepentimiento, tal como lo había hecho Pedro (Hechos 2:38).

Yendo ambos por el camino, llegaron a cierta agua. El eunuco le llamó la atención a Felipe sobre ella. La expresión «aquí hay» podría traducirse como «¡mira!», e indica algo inesperado. La mayor parte del sur de Palestina es terreno más bien seco. El eunuco no quería seguir de largo sin ser bautizado. Presentó su petición en forma de pregunta: «¿Qué impide que yo sea bautizado?». Tal vez tuviera terror de que su condición de gentil y eunuco le impidiera ser bautizado, como había sido para él un impedimento para gran parte del culto judío.

En este momento, Felipe le pidió una confesión de fe, y la recibió[15]. Entonces, después de ordenarle al conductor del carro que lo detuviera, ambos descendieron de él y bajaron al agua. De hecho, Lucas nos llama la atención al detalle de que ambos descendieron al agua. A continuación, Felipe lo bautizó, y salieron del agua. El lenguaje utilizado deja bien claro aquí que la palabra «bautizar» tiene su significado corriente de «sumergir, meter dentro de». Hay muchos otros pasajes que presentan con claridad que la inmersión era la práctica de la iglesia primitiva[16].

Después que salieron del agua, el Espíritu arrebató a Felipe, y el eunuco no lo volvió a ver, y siguió gozoso su camino. Hay algunos manuscritos y versiones antiguos que añaden que el Espíritu Santo descendió sobre el eunuco. Podemos tener la seguridad de que ciertamente recibió el bautismo en el Espíritu, y esto aumentó su regocijo. Sin duda, después esparció el evangelio en su propia nación.

Lucas no explica cómo arrebató el Espíritu a Felipe. El verbo usado suele significar «quitar, tomar rápidamente, apoderarse de».

En 1 Tesalonicenses es usado (4:17) para hablar del rapto de la iglesia. A juzgar por las apariencias, el Espíritu le dio un viaje supersónico hasta Azoto, en la costa (cerca del sitio donde había estado la antigua Asdod, más de treinta kilómetros al norte de Gaza).

Desde allí, Felipe tomó rumbo norte, a lo largo de la costa mediterránea, predicando el evangelio (evangelizando) en todas las ciudades, hasta que llegó a Cesarea. Esta Cesarea, construida por Herodes el Grande, era la capital de la provincia de Judea. Tres años después, Felipe se hallaba allí todavía. Es evidente que la convirtió en su lugar de residencia y centro de operaciones desde aquel momento. Sin embargo, aún siguió viajando y llegó a ser conocido como Felipe el evangelista (Hechos 21:8).

---

[1] La primera frase de Hechos 8:1 pertenece en realidad al final del capítulo 7.

[2] Algunos comentaristas piensan que la persecución se dirigió principalmente o por completo al grupo de judíos cristianos helenistas o de lengua griega, y que solo estos huyeron. Sin embargo, la Biblia dice que huyeron todos, menos los apóstoles. Algunos escritores modernos suponen también que la iglesia de Jerusalén no tuvo más miembros helenistas después de esto. No obstante, la presencia de Bernabé, un helenista, en Hechos 11:22, y el que fuera enviado como representante de la iglesia de Jerusalén nos hace rechazar esta idea.

[3] La versión griega de los Setenta usa esta palabra para hablar del cerdo montés que destroza los viñedos (Salmo 80:13).

[4] Unos pocos manuscritos antiguos dicen «una ciudad de Samaria», en lugar de decir «1a ciudad». La ciudad de Samaria había sido reconstruida por Herodes el Grande, bajo el nombre de Sebaste (la forma griega de la palabra «Augusto», con lo que honraba al Emperador, el César Augusto). Sin embargo, los judíos la seguían llamando Samaria.

[5] La palabra traducida «paralíticos» no se refiere aquí a los que sufrían de parálisis convulsiva.

[6] El mismo verbo es traducido como *estaba atónito* en el versículo 13. No significa que Simón gozara de poderes sobrenaturales. Simplemente, los engañaba con trucos.

[7] O, como muchos manuscritos antiguos dicen: «Este hombre es el gran poder de Dios». Como algunos de los líderes de las sectas modernas, él no decía directamente que fuera una manifestación de Dios, o el Mesías, pero trataba de dejar esta impresión.

[8] «Parte» y «suerte» son sinónimos aquí. La repetición tiene como propósito dar énfasis.

[9] El Códice Beza (D) añade que Simón no dejaba de derramar muchas lágrimas.

[10] Algunos dicen que él comenzó una secta gnóstica. Otros tratan de relacionarlo con una deidad italiana y dicen que fue a Roma para hacerse uno de los dioses allí. Sin embargo, no hay ninguna evidencia real en todo esto. Por lo que hizo, la palabra «simonía» se ha seguido usando para referirse a la compra de un puesto de autoridad o un oficio dentro de la iglesia. En realidad, como señala Lenski, deberíamos estarle agradecidos a Dios por su arrepentimiento.

[11] El capítulo 1 de Hebreos muestra la superioridad de Cristo con respecto a los ángeles; Jesús mismo en la cruz pudo haber tenido con él diez legiones de ángeles si hubiera querido. Hebreos 12:22 habla de «la compañía de muchos millares de ángeles». Apocalipsis 5:11 habla también de un gran número de ellos.

[12] «Sucedió» indica aquí algo inesperado o sorprendente. Él estaba sorprendido, pero el momento de Dios era el perfecto.

[13] Vea Deuteronomio 23:1. Algunos escritores piensan que, debido a Isaías 56:3-5, esta norma se había suavizado en los tiempos del Nuevo Testamento. Por otra parte, el hecho de que fuera eunuco puede haberle impedido convertirse en prosélito pleno, de tal manera que habría sido clasificado como un gentil temeroso de Dios que adoraba al Dios verdadero, pero no podía ir más allá del patio de los gentiles en el templo.

[14] Puesto que este pasaje se aplica con tanta claridad a Cristo, este capítulo es leído muy raras veces en sinagogas judías, y he encontrado que algunos judíos no lo conocen bien. También he oído rabinos judíos (en especial en una de las asignaturas que estudié en Harvard) que afirman que Isaías 53 se aplica a la nación de Israel, y que, puesto que los judíos no tienen templo ahora y por tanto no pueden ofrecer sacrificios, basados en Isaías 53, son hechos aceptos ante Dios por sus propios sufrimientos. Sin embargo, quién de ellos o de nosotros puede afirmar que nunca ha pecado, o que nunca ha llevado alguno de sus sufrimientos sobre sí mismo. Es decir, que el pasaje solo se puede aplicar a Jesús. En realidad, él mismo se identificó con el Siervo sufriente de este pasaje. Compare Marcos 10:45 con Isaías 53:11-12.

[15] Algunos manuscritos antiguos omiten el versículo 37, pero este concuerda con el contexto y es reflejo de la práctica de la iglesia primitiva. También es citado por padres de la iglesia antigua como Cipriano e Ireneo.

[16] Los arqueólogos han descubierto baptisterios para inmersión en las ruinas de iglesias del siglo segundo, lo que nos demuestra que el bautismo siguió realizándose por inmersión durante largo tiempo.

HECHOS

CAPÍTULO 9

Es evidente que lo sucedido en Samaria no le preocupaba a Saulo. Sin embargo, otros de los que se habían dispersado, se fueron rumbo norte, tal vez a través de Galilea, y llegaron hasta Damasco. Esta era la ciudad más antigua e importante de Siria[1]. Parece haber tenido una gran población judía en aquel tiempo, puesto que el versículo 2 habla de las sinagogas en plural. Saulo debe haber escuchado al menos rumores de que los creyentes dispersados tenían éxito en su predicación del evangelio en aquel lugar. Esto tuvo como fin un suceso sumamente importante, tanto que aparece relatado en tres ocasiones en el libro de los Hechos.

La conversión de Saulo (Pablo) (9:1-9)

1 Saulo, respirando aún amenazas y muerte contra los discípulos del Señor,
vino al sumo sacerdote, 2 y le pidió cartas para las sinagogas de Damasco, a fin
de que si hallase algunos hombres o mujeres de este Camino, los trajese presos a
Jerusalén. 3 Mas yendo por el camino, aconteció que al llegar cerca de Damasco,
repentinamente le rodeó un resplandor de luz del cielo; 4 y cayendo en tierra,
oyó una voz que le decía: Saulo, Saulo, ¿por qué me persigues? 5 Él dijo: ¿Quién
eres, Señor? Y le dijo: Yo soy Jesús, a quien tú persigues; dura cosa te es dar coces
contra el aguijón. 6 Él, temblando y temeroso, dijo: Señor, ¿qué quieres que yo
haga? Y el Señor le dijo: Levántate y entra en la ciudad, y se te dirá lo que debes
hacer. 7 Y los hombres que iban con Saulo se pararon atónitos, oyendo a la verdad
la voz, mas sin ver a nadie. 8 Entonces Saulo se levantó de tierra, y abriendo los
ojos, no veía a nadie; así que, llevándole por la mano, le metieron en Damasco, 9
donde estuvo tres días sin ver, y no comió ni bebió.

Es posible que algunos de los otros que se unieron a la persecución de Hechos 8:1 perdieran su celo contra los cristianos; no así Saulo. Estaba aún respirando amenaza (el griego es singular) y muerte (asesinato) contra aquellos que eran discípulos (aprendices, estudiantes y seguidores) del Señor Jesús. Después (Hechos 26:10) relataría cómo votaba a favor de la muerte de los que habían creído en Jesús.

«Respirando» sería aquí literalmente «inspirando». Es un participio griego (*empnéon*), que indica que esto se había convertido en algo característico y continuo. En otras palabras: Saulo creó alrededor de él una atmósfera de amenazas y muerte tal, que la estaba respirando continuamente.

Así como el oxígeno le permite a un atleta seguir adelante, era esta atmósfera la que mantenía en acción a Saulo.

Sin embargo, en aquel momento la mayoría de los creyentes se habían marchado de Jerusalén. Por tanto, Saulo fue por decisión propia al sumo sacerdote y le pidió cartas oficiales para las sinagogas de Damasco, que le dieran autoridad para arrestar a cuantos hallase de este Camino (el Camino), fueran hombres o mujeres, y traerlos atados a Jerusalén (Hechos 26:11-12). Esto significaría juicio ante el Sanedrín, y probablemente la sentencia de muerte. «El Camino» era un título muy interesante que recibían los creyentes, y que era aceptable para ellos. Cristo es el camino de salvación, el camino de la vida. (Vea Hechos 19:9, 23; 22:4; 24:14,22).

Damasco se hallaba a unos doscientos veinte kilómetros de Jerusalén en dirección nordeste, pero tal vez el camino en aquellos días tuviera cerca de trescientos veinte kilómetros. Cuando ya estaban llegando, lo rodeó de repente un resplandor de luz del cielo (centelleó como un relámpago). Como señala Hechos 26:13, siguió brillando alrededor de él con una luz más potente que el sol del mediodía.

En la Biblia se asocia con frecuencia a la luz con las manifestaciones de la presencia del Señor. En Juan 17:5, Jesús oró a su Padre diciendo: «Ahora pues, Padre, glorifícame tú al lado tuyo, con aquella gloria que tuve contigo antes que el mundo fuese». Cuando resucitó de entre los muertos, su cuerpo resucitado estaba transformado: era inmortal e incorruptible, tal como lo será el nuestro (1 Corintios 15:52-53). Sin embargo, la gloria no le fue restaurada hasta su ascensión. Es probable que los discípulos no hubieran podido soportar la gloria durante los cuarenta días que permaneció en la tierra con ellos. Pero ahora, apareció ante Saulo como el Cristo resucitado y glorificado. Más adelante, Saulo se referiría a esto: «Y al último de todos [después de todas las demás apariciones posteriores a su resurrección], como a un abortivo, me apareció a mí» (1 Corintios 15:8)[2].

Saulo, quien con seguridad marchara a pie, cayó al suelo, sobrecogido. Entonces oyó una voz: «Saulo, Saulo, ¿por qué me persigues?». Lucas, al referirse a Saulo, siempre usa la forma griega de su nombre (como en el versículo 1, «Saulos»). Jesús usó la forma hebrea (*Saoúl*), que el libro de los Hechos conserva cuidadosamente aquí. Después Saulo confirmaría que Jesús le había hablado en hebreo[3] (Hechos 26:14).

Saulo conocía muy bien la Biblia hebrea, y reconoció que tenía que tratarse de una manifestación divina. No obstante, la pregunta lo confundió. ¿A quién perseguía él, sino solo a los cristianos? Por eso preguntó: «¿Quién eres, señor?». Algunos piensan que esto quiere decir: «¿Quién es usted, señor?», usando la palabra «señor» solo como un término de cortesía formal. Pero como reacción a esta manifestación obviamente sobrenatural, la palabra solo puede referirse al Señor divino.

La respuesta le llegó de inmediato: «Yo [enfático] soy Jesús, a quien tú [enfático] persigues». Al perseguir a la iglesia, Saulo estaba persiguiendo al cuerpo de Cristo, cuyos miembros están todos en Cristo. (Vea Mateo 25:40,45; Efesios 1:23; 2:6). Entonces Jesús añadió: «Dura cosa [difícil, peligrosa] té es dar coces contra el aguijón»[4].

Con esto, Jesús reconocía que buena parte de la persecución de los cristianos por Saulo se debía a que no tenía respuesta para sus argumentos. Era una reacción por medio de la cual estaba tratando de resistirse a la convicción del Espíritu Santo. Como un hombre que guiara un buey, el Espíritu Santo había estado guiando a Saulo hacia la verdad del evangelio, pero él se estaba resistiendo de forma violenta, coceando contra el aguijón. Los argumentos de Esteban eran ese aguijón; su discurso final y la manera en que murió, eran aguijones; el esparcimiento del evangelio y la reacción de los creyentes, eran aguijones; los milagros que confirmaban la Palabra eran cada uno de ellos un aguijón. Con todo esto, se estaba hiriendo peligrosamente a sí mismo.

Esto no quiere decir que Saulo estuviese consciente de que todas aquellas cosas eran aguijones, ni siquiera de que se diera cuenta de que no tenía argumentos de valor contra los creyentes. Estaba tan lleno de furia, que no podía pensar en otra cosa que en la manera de detenerlos. Sin embargo, ahora que se había tenido que enfrentar con todo aquello y con Cristo mismo, no como el simple hombre Jesús, sino como el Señor divino, preguntó con sencillez: «Señor, ¿qué quieres que yo haga?»[5]. Esto muestra un cambio total en la actitud de Saulo, que es la evidencia de que hubo en él un arrepentimiento genuino.

Entonces, el Señor le dijo que se levantara y entrara a la ciudad de Damasco. Allí se le diría lo que le era necesario hacer. En realidad, Jesús le dijo más cosas a Saulo en este momento, pero Lucas deja el resto para que el mismo Saulo lo diga en su defensa ante Agripa (Hechos 26:16-18). En Gálatas 1:1,11-12,16, Saulo dice también de una manera muy clara que había sido enviado directamente por Jesús, y no por ningún hombre. En otras palabras, era un auténtico apóstol o «enviado», puesto que Jesús mismo lo había enviado.

Mientras tanto, los hombres que viajaban con Saulo permanecían atónitos, oyendo la voz (el sonido), pero sin ver a nadie[6]. Hechos 26:14 dice que todos cayeron por tierra, pero pudieron levantarse antes que Saulo.

Según parece, Saulo cerró los ojos debido al continuo resplandor; sin embargo, sí vio a Jesús. Después, cuando se levantó del suelo, no pudo ver nada. Sus compañeros de viaje lo tomaron de la mano y lo entraron en Damasco. Allí permaneció durante tres días, incapaz de ver, y no comió ni bebió nada[7].

Ananías es enviado a Saulo (9:10-19)

10 Había entonces en Damasco un discípulo llamado Ananías, a quien el
Señor dijo en visión: Ananías. Y él respondió: Heme aquí, Señor. 11 Y el Señor le
dijo: Levántate, y ve a la calle que se llama Derecha, y busca en casa de Judas a
uno llamado Saulo, de Tarso; porque he aquí, él ora, 12 y ha visto en visión a un
varón llamado Ananías, que entra y le pone las manos encima para que recobre
la vista. 13 Entonces Ananías respondió: Señor, he oído de muchos acerca de este
hombre, cuántos males ha hecho a tus santos en Jerusalén; 14 y aun aquí tiene
autoridad de los principales sacerdotes para prender a todos los que invocan tu
nombre. 15 El Señor le dijo: Ve, porque instrumento escogido me es éste, para
llevar mi nombre en presencia de los gentiles, y de reyes, y de los hijos de Israel;
16 porque yo le mostraré cuánto le es necesario padecer por mi nombre. 17 Fue entonces Ananías y entró en la casa, y poniendo sobre él las manos, dijo: Hermano
Saulo, el Señor Jesús, que se te apareció en el camino por donde venías, me ha
enviado para que recibas la vista y seas lleno del Espíritu Santo. 18 Y al momento
le cayeron de los ojos como escamas, y recibió al instante la vista; y levantándose,
fue bautizado. 19 Y habiendo tomado alimento, recobró fuerzas. Y estuvo Saulo
por algunos días con los discípulos que estaban en Damasco.

Al tercer día, el Señor (Jesús) se le apareció a un discípulo llamado Ananías, un judío piadoso convertido al Señor (Hechos 22:12). La aparición tuvo lugar en una visión, en la que Jesús le dijo que fuera a la calle (callejón) llamada Derecha. En los tiempos antiguos, esta calle iba directamente de un extremo de la ciudad al otro, y es todavía una calle importante en el Damasco de hoy. Allí, debía buscar (preguntar) en la casa de Judas a Saulo de Tarso, porque he aquí que sorpresiva e inesperadamente, mientras Saulo estaba orando, había visto (en una visión) a un hombre llamado Ananías que entraba e imponía las manos sobre él, para que recobrara la vista.

Ananías puso objeciones al principio. Había oído de muchos acerca de las numerosas cosas malas que Saulo les había hecho a los santos[8] del Señor en Jerusalén. Es evidente que Ananías era un judío nacido en

Damasco, o bien había vivido allí por largo tiempo. Como es de suponer, muchos de los creyentes que habían huido de la persecución, habían llegado allí, y traían noticias de la furia de Saulo. También habían llegado noticias de que Saulo tenía autoridad delegada de los jefes de los sacerdotes para apresar a todos los que invocaran el nombre de Jesús. Por esto, es posible que la iglesia de Damasco se hubiera estado preparando para enfrentarse al mismo tipo de dispersión que había tenido lugar como consecuencia de las persecuciones de Jerusalén.

El Señor le ordenó de nuevo a Ananías que fuera, y lo tranquilizó diciéndole que Saulo era su propio vaso escogido para llevar su nombre en presencia de los gentiles (las naciones) y también ante reyes, y ante los hijos (pueblo) de Israel. Más aun: Jesús mismo le mostraría a Saulo (le advertiría, le haría ver) cuánto le sería necesario padecer por su nombre.

Entonces Ananías obedeció, entró a la casa y puso las manos sobre Saulo, mientras lo llamaba «hermano». Con esto, reconocía que Saulo era ya un creyente. Después le explicó que el Señor lo había enviado, e identificó al Señor como Jesús, que se le había aparecido a Saulo en el camino por donde venía (a Damasco). Es probable que esta explicación le pareciera necesaria a Ananías, porque los judíos usaban normalmente el término «Señor» para referirse a Jehová (Yahvé), el único Dios verdadero. Pero en realidad no era necesario, puesto que Saulo ya había reconocido a Jesús como Señor.

Ananías añadió que el Señor lo había enviado por dos motivos. Primero, para que Saulo pudiera recobrar su vista; segundo, para que fuera lleno del Espíritu Santo[9].

De inmediato, algo que parecía escamas cayó de los ojos de Saulo; pudo ver de nuevo, se levantó y fue bautizado. Fue entonces cuando dio por terminado su ayuno, tomó alimento y recobró fuerzas. Después de aquello, permaneció varios días con los discípulos de Damasco.

El versículo 12 no habla de que Jesús le diera la orden de imponer manos sobre Saulo para que fuera lleno del Espíritu Santo. Tampoco dice el versículo 18 cómo recibió Saulo el Espíritu. Una vez más, vemos que Lucas no lo repite todo en todos los lugares. Con esto, está indicando en realidad que la experiencia de Saulo al ser lleno del Espíritu Santo no fue diferente de la del día de Pentecostés. Podemos tener la seguridad de que habló en otras lenguas en aquel instante, como lo habían hecho anteriormente en Hechos 2:4.

Tito 3:5-7 confirma lo anterior, al mostrar que el Espíritu Santo había sido derramado tanto en Saulo como en Tito, abundantemente. Cada uno de ellos tuvo su propio Pentecostés personal[10]. En realidad, no hay duda alguna sobre si Saulo habló en lenguas o no. Años más tarde les diría a los corintios que él hablaba en lenguas más que todos ellos juntos (1 Corintios 14:18)[11].

No se vuelve a mencionar a Ananías. Sin duda, continuaría viviendo en humilde obediencia al Señor y su Palabra. Sin embargo, Saulo nunca olvidó a este varón de Dios que fue el primer creyente que lo llamó «hermano».

Saulo predica en Damasco (9:20-25)

20 En seguida predicaba a Cristo en las sinagogas, diciendo que éste era el
Hijo de Dios. 21 Y todos los que le oían estaban atónitos, y decían: ¿No es éste el
que asolaba en Jerusalén a los que invocaban este nombre, y a eso vino acá, para
llevarlos presos ante los principales sacerdotes? 22 Pero Saulo mucho más se esfor-
zaba, y confundía a los judíos que moraban en Damasco, demostrando que Jesús
era el Cristo. 23 Pasados muchos días, los judíos resolvieron en consejo matarle;
24 pero sus asechanzas llegaron a conocimiento de Saulo. Y ellos guardaban las
puertas de día y de noche para matarle. 25 Entonces los discípulos, tomándole de
noche, le bajaron por el muro, descolgándole en una canasta.

Saulo se convirtió de inmediato en parte del cuerpo de discípulos de Damasco. Puesto que había aceptado el envío del Señor, no esperó para comenzar a predicar a Cristo. De inmediato se fue a las sinagogas donde antes había pensado buscar a los creyentes y enviarlos atados a Jerusalén. Pero, para el asombro de todos (un asombro total que casi los dejaba sin sentido), proclamaba a Cristo (Jesús) como el Hijo de Dios[12]. La gente apenas podía creer que esta fuera la misma persona que asolaba a (destrozaba, traía destrucción sobre) aquellos de Jerusalén que invocaban ese nombre.

Sin embargo, Saulo estaba cada vez más repleto de aquel asombroso poder y confundía a los judíos que vivían en Damasco, demostrando (esto es, deduciendo de las Escrituras) que Jesús era el Cristo, el Mesías (el Profeta, Sacerdote y Rey ungido por Dios). En otras palabras, usaba las profecías del Antiguo Testamento para mostrarles cómo habían sido cumplidas en Jesús.

Después de bastante tiempo, los judíos (esto es, los que no habían creído) resolvieron en consejo matarlo. Pero su plan llegó a oídos de Saulo. Estaban vigilando las puertas muy cuidadosamente día y noche, con la intención de matarlo. La segunda epístola a los Corintios (11:32) indica que el gobernador (etnarca) del rey Aretas IV de Arabia (quien reinó entre el 9 a.C. y el 40 d.C.), cooperaba en aquel plan, o quizá recibiera dinero de los judíos para que los ayudara a capturar a Saulo.

Los discípulos de Saulo (sus convertidos), sin embargo, echaron a perder su plan, bajándolo por el muro en una gran canasta flexible hecha de juncos tejidos, o algún material similar. En 2 Corintios 11:33, Saulo añade que lo descolgaron por una ventana. (Se pueden ver casas con una parte construida sobre el muro de la ciudad de Damasco aún hoy)[13].

Gálatas añade a esto que Saulo había recibido el evangelio que predicaba (incluyendo los dichos de Jesús) por revelación directa del mismo Jesús (Gálatas 1:12,16). También afirma Saulo que se había alejado de Damasco por un tiempo durante este período, y había ido a Arabia, para volver después a la ciudad. Puesto que, como creen muchos eruditos, Damasco se hallaba dentro del reino de los árabes nabateos en aquellos tiempos, Saulo no tuvo que ir muy lejos de la ciudad. (Es probable que fuera hacia el este).

Gálatas indica también que no fue sino hasta tres años más tarde (o durante el tercer año), cuando los muchos días se cumplieron, y él fue a Jerusalén. Quizá Jesús le diera parte de esta revelación a Saulo durante el tiempo en que estuvo ciego, pero es probable que la mayor parte de ella la recibiera durante el tiempo que estuvo en Arabia.

Bernabé recibe amistosamente a Saulo (9:26-31)

26 Cuando llegó a Jerusalén, trataba de juntarse con los discípulos; pero todos le tenían miedo, no creyendo que fuese discípulo. 27 Entonces Bernabé, tomándole, lo trajo a los apóstoles, y les contó cómo Saulo había visto en el camino al Señor, el cual le había hablado, y cómo en Damasco había hablado valerosamente en el nombre de Jesús. 28 Y estaba con ellos en Jerusalén; y entraba y salía, 29 y hablaba denodadamente en el nombre del Señor, y disputaba con los griegos; pero éstos procuraban matarle. 30 Cuando supieron esto los hermanos, le llevaron hasta Cesarea, y le enviaron a Tarso. 31 Entonces las iglesias tenían paz por toda Judea, Galilea y Samaria; y eran edificadas, andando en el temor del Señor, y se acrecentaban fortalecidas por el Espíritu Santo.

Al llegar a Jerusalén, Saulo trató de unirse a los discípulos (en la adoración y el ministerio de la iglesia). Pero todos le tuvieron miedo. Sabían lo que él le había hecho a la iglesia; su primer pensamiento fue que se trataba de algún truco o engaño para averiguar quiénes eran y destruirlos.

Sin embargo, Bernabé lo aceptó, haciendo honor a su nombre, que significa «hijo de consolación». Con toda seguridad, realizó algunas investigaciones, y después tomó a Saulo para llevarlo ante los apóstoles[14], y explicarles cómo había visto al Señor y había hablado abiertamente en Damasco. Esto indica que Bernabé les proporcionó todos los detalles.

Durante algún tiempo, Saulo estuvo asociado a los creyentes, y entraba y salía de Jerusalén. Siguió hablando denodadamente con toda libertad en el nombre del Señor, pero pasaba la mayor parte del tiempo hablando y disputando (discutiendo, debatiendo) con los «griegos», es decir, con los judíos helenistas, o de habla griega. Iba a las sinagogas de los helenistas, entre las que se encontraban las mismas que habían discutido con Esteban (Hechos 6:9). Sin embargo, no visitó las iglesias de Judea (las que estaban fuera de Jerusalén), porque más tarde diría que no les era «conocido de vista» en aquel tiempo (Gálatas 1:22).

Como antes había sucedido con Esteban, el mensaje de Saulo sobre el evangelio suscitó la ira de estos judíos helenistas y trataron de matarlo. Con seguridad lo consideraran un traidor que no tenía necesidad de juicio.

Tan pronto como los creyentes de Jerusalén oyeron esto, bajaron con Saulo a Cesarea, y lo enviaron a Tarso. Jesús también se le apareció para decirle que se fuera de Jerusalén (Hechos 22:17-21). Sin embargo, los creyentes no lo enviaron lejos simplemente para salvarlo del martirio. Lo enviaron como representante de ellos, y como persona calificada para llevar el evangelio a Tarso, su ciudad natal. Tarso, que estaba a unos cuatrocientos ochenta kilómetros en dirección norte, era la capital y la ciudad de mayor importancia de la Cilicia. Estaba situada en la llanura costera, a dieciséis kilómetros del mar Mediterráneo. Era una ciudad libre, y muy conocida por sus estudios superiores. Solo la superaban Atenas y Alejandría en cuanto a oportunidades de adquirir cultura. Allí se necesitaba a Saulo.

Después de irse Saulo, todo se aquietó de nuevo. Lucas, en otro corto resumen, señala que las iglesias tenían paz por toda Judea, Galilea y Samaria, eran edificadas (acrecentadas espiritualmente y en número), andaban en el temor del Señor, eran fortalecidas por el Espíritu Santo, y crecían.

De esto deducimos que tanto Galilea como Samaria habían sido bien evangelizadas ya en este momento, aunque Lucas no dé detalles sobre cómo se hizo. Notemos también que en el texto griego la palabra «iglesia» aparece en singular. Las diversas asambleas de aquellas regiones se hallaban en comunión las unas con las otras, y constituían un solo cuerpo bajo Cristo, que era su cabeza (Efesios 1:22-23).

Pedro en Lida (9:32-35)

32 Aconteció que Pedro, visitando a todos, vino también a los santos que
habitaban en Lida. 33 Y halló allí a uno que se llamaba Eneas, que hacía ocho años

que estaba en cama, pues era paralítico. [34] Y le dijo Pedro: Eneas, Jesucristo te sana; levántate, y haz tu cama. Y en seguida se levantó. [35] Y le vieron todos los que habitaban en Lida y en Sarón, los cuales se convirtieron al Señor.

Después de la breve declaración del versículo 31, Lucas comienza una secuencia que nos lleva hasta el momento en que Pedro les lleva el evangelio a los gentiles de Cesarea. Puesto que la situación era pacífica en aquel momento en Jerusalén, pudo salir de la ciudad. De manera que comenzó a visitar toda la región mencionada en el versículo 31. En sus viajes, llegó a visitar a los santos (creyentes consagrados) que vivían en Lida (en el camino a Jope).

Habiendo hallado allí un paralítico llamado Eneas, que yacía en su cama (colchón) desde hacía ocho años, le dijo: «Eneas, Jesucristo te sana; levántate, y haz tu cama»[15] (ahora, en este momento, mientras te estoy hablando). Su sanidad fue instantánea. Todos los habitantes de Lida, y de la llanura de Sarón, al oeste y al noroeste de Lida la vieron, y se convirtieron al Señor (Jesús).

Llevan a Pedro a Jope (9:36-43)

[36] Había entonces en Jope una discípula llamada Tabita, que traducido quiere decir, Dorcas. Esta abundaba en buenas obras y en limosnas que hacía. [37] Y aconteció que en aquellos días enfermó y murió. Después de lavada, la pusieron en una sala. [38] Y como Lida estaba cerca de Jope, los discípulos, oyendo que Pedro estaba allí, le enviaron dos hombres, a rogarle: No tardes en venir a nosotros.
[39] Levantándose entonces Pedro, fue con ellos; y cuando llegó, le llevaron a la sala, donde le rodearon todas las viudas, llorando y mostrando las túnicas y los vestidos que Dorcas hacía cuando estaba con ellas. [40] Entonces, sacando a todos, Pedro se puso de rodillas y oró; y volviéndose al cuerpo, dijo: Tabita, levántate. Y ella abrió los ojos, y al ver a Pedro, se incorporó. [41] Y él, dándole la mano, la levantó; entonces, llamando a los santos y a las viudas, la presentó viva. [42] Esto fue notorio en toda Jope, y muchos creyeron en el Señor. [43] Y aconteció que se quedó muchos días en Jope en casa de un cierto Simón, curtidor.

En Jope, un puerto marítimo de la costa del Mediterráneo, a unos dieciséis kilómetros al noroeste de Lida, y a sesenta y dos kilómetros de Jerusalén, vivía Tabita (su nombre arameo). También era conocida por el nombre griego correspondiente, Dorcas («gacela», un antílope considerado símbolo de la delicadeza). Abundaba en buenas obras, en especial en las obras a favor de los pobres que hacía continuamente. Algunos creen ver en su ministerio un ejemplo del don de ayuda (1 Corintios 12:28).

Estando Pedro en Lida, Dorcas enfermó y murió. La lavaron, la colocaron en un aposento alto y enviaron dos hombres a pedirle a Pedro que no tardara en ir a ellos. Cuando Pedro llegó al aposento alto, todas las viudas lo rodearon llorando y mostrándole las túnicas (prendas interiores) y los vestidos largos y amplios que Dorcas hacía (siempre) mientras estaba con ellas.

Debido a su actitud desesperada, Pedro las sacó a todas del cuarto, se puso de rodillas, oró y volviéndose al cuerpo, dijo en fe: «¡Jabita, levántate!». (Muchos ven aquí un paralelo entre el *Tabita cumi* de ahora y el *Tabita cumi* de Marcos 5:41). Su acción de sacar a los que hacían duelo era un paralelo de lo que Jesús había hecho cuando resucitó a la hija de Jairo (Lucas 8:54). Pedro se hallaba con él en ese memento, y aprendió que una atmósfera de falta de fe no es más que un impedimento para la fe que ve milagros. Sin embargo, Pedro hizo algo que Jesús no había hecho en aquel momento: pasó algún tiempo en oración.

Como respuesta a su oración, Dorcas abrió los ojos, miró a Pedro y se sentó. Dándole la mano, Pedro la levantó. Entonces, llamando a los santos (todos los creyentes), la presentó viva.

Esto fue notorio a través de toda la población de Jope y se convirtió en medio para la dispersión del evangelio. Muchos creyeron en el Señor (Jesús), pero Pedro no tomó para sí ningún crédito por esto. No obstante, se quedó en Jope por muchos días con un cierto Simón, curtidor (profesión considerada impura por muchos).

---

[1] En este momento, es probable que Damasco se hallara fuera del Imperio Romano y bajo el dominio del rey Aretas, quien la había hecho parte de Arabia. Aretas era contrario a los romanos, como los judíos. Por esto, parece que les daba libertad a los judíos y les había permitido a los dirigentes de Jerusalén tener autoridad sobre los judíos de Damasco.

[2] «Abortivo» significa por lo general nacido antes de tiempo, pero Saulo lo usa para indicar que esta aparición del Cristo resucitado fue algo especial, extraordinario, más allá de lo normal. Jesús no hizo ninguna aparición similar a esta en la tierra después de su ascensión.

[3] Algunos consideran que aquí se habla del arameo, un idioma de la misma familia hablado por los judíos después del regreso de Babilonia.

[4] Vea Hechos 26:14. Algunos manuscritos antiguos no incluyen esta frase aquí en el capítulo 9.

[5] La respuesta de Saulo en la primera parte del versículo 6 fue omitida por alguna razón (probablemente al copiar) y no se encuentra en ninguno de los manuscritos griegos que tenemos en la actualidad. Se encuentra en Hechos 22:10, y en la versión latina llamada Vulgata aparece en Hechos 9:6.

[6] Algunos encuentran que hay una contradicción entre Hechos 9:6 y 22:9, que dice (literalmente): «No oyeron la voz». La construcción griega es diferente en 22:9. Aquí en 9:7 simplemente dice que oyeron el sonido. Bruce sugiere que fue el sonido de la voz de Pablo el que oyeron, y que no oyeron nunca la voz de Jesús. Un antiguo manuscrito latino (h) confirma esta opinión.

[7] La forma judía de contar hacía que el primer día fuera el día en que entró en Damasco, y el día en que llegó Ananías fuera el tercero. Esto le dio a Saulo un día entero en el medio para pensar las cosas y orar. Algunos relacionan estos tres días con los tres días de Jesús en la tumba.

[8] Santos (separados) y consagrados al Señor y a su servicio. Se les llamaba así a todos los creyentes porque le daban la espalda al mundo para seguir a Jesús. La palabra «santo» no quiere decir que la persona tenga una perfección completa. Simplemente significa que está caminando en la dirección correcta. Más tarde, Saulo llamaría santos a los creyentes unas cuarenta veces en su predicación y sus escritos.

[9] Vemos de nuevo que, puesto que Ananías era un «laico», Dios no limitaba su ministerio a los apóstoles o a los dirigentes de la iglesia. Además, puesto que Ananías era oriundo de Damasco y los apóstoles no habían salido de Jerusalén, ningún apóstol había impuesto manos sobre él. Simplemente estaba obedeciendo al mandato de Jesús.

[10] Bruce sugiere que Saulo debe haber recibido la plenitud del Espíritu inmediatamente antes de ser bautizado en agua, como sucedió con Cornelio (Hechos 10:44-47). Ciertamente se ven paralelos entre la forma en que Dios envió a Ananías a donde estaba Saulo, y la forma en que envió a Pedro a casa de Cornelio.

[11] El hecho de que prefiriera limitar el uso de sus lenguas en las reuniones públicas, indica que hablaba en lenguas sobre todo en su oración privada «para Dios».

[12] Esta es la primera vez que se usa en los Hechos el título «Hijo de Dios» para referirse a Jesús.

[13] Probablemente tuviera lugar en el año 38 d.C.

[14] Algunos de los apóstoles. Gálatas 1:18-24 señala que Saulo (Pablo) vio solamente a Pedro y a Santiago (Jacobo), el hermano de Jesús, en aquel momento. Santiago era considerado apóstol debido a la aparición especial de Jesús a él (1 Corintios 15:7).

[15] «Haz tu cama» es una expresión que en griego puede ser usada para referirse a esta acción, pero también se usa para indicar que la persona prepara la comida (como en Marcos 14:15 y Lucas 22:12). Por tanto, también es posible que signifique que Eneas debía alimentarse.

HECHOS

CAPÍTULO 10

Los capítulos 10 y 11 nos traen hasta un momento que le da un giro importante al libro de los Hechos. Aunque Jesús les había encargado a los apóstoles enseñar (hacer discípulos de) a todas las naciones (Mateo 28:19), ellos no estaban ansiosos por hacerlo. Aquellos que se dispersaron debido a la persecución que tuvo lugar después de la muerte de Esteban al principio, les habían predicado el evangelio solo a los judíos (Hechos 11:19). Es evidente que habían interpretado la expresión «todas las naciones» como referente a los judíos dispersos entre todas las naciones.

Desde el principio se ve con claridad en la iglesia que convertirse a Cristo e incluso recibir el bautismo en el Espíritu Santo, no son circunstancias que quiten de forma automática los prejuicios con los que crece la persona. Pedro había progresado algo: aceptaba la obra del Señor en la salvación de los samaritanos, pero estos estaban circuncidados y guardaban la Ley tan bien como muchos judíos. También estaba dispuesto a hospedarse en la casa de un curtidor «impuro» que era creyente. Sin embargo, no se habían enfrentado todavía a la mayor de las barreras. Había muchas leyes y costumbres que separaban a los judíos de los gentiles, en especial las leyes dietéticas[1]. Tampoco podía ningún judío comer alimentos preparados por un gentil, porque creían que esto también los haría impuros.

Cornelio manda a buscar a Pedro (10:1-8)

1 Había en Cesarea un hombre llamado Cornelio, centurión de la compañía llamada la Italiana, 2 piadoso y temeroso de Dios con toda su casa, y que
hacía muchas limosnas al pueblo, y oraba a Dios siempre. 3 Este vio claramente
en una visión, como a la hora novena del día, que un ángel de Dios entraba
donde él estaba, y le decía: Cornelio. 4 Él, mirándole fijamente, y atemorizado,
dijo: ¿Qué es, Señor? Y le dijo: Tus oraciones y tus limosnas han subido para
memoria delante de Dios. 5 Envía, pues, ahora hombres a Jope, y haz venir a
Simón, el que tiene por sobrenombre Pedro. 6 Este posa en casa de cierto Simón
curtidor, que tiene su casa junto al mar; él te dirá lo que es necesario que hagas.
7 Ido el ángel que hablaba con Cornelio, éste llamó a dos de sus criados, y a
un devoto soldado de los que le asistían; 8 a los cuales envió a Jope, después de
haberles contado todo.

En Cesarea (unos cincuenta kilómetros al norte de Jope), la capital de la Judea bajo los procuradores romanos, Roma estacionó un cuerpo (cohorte)[2] especial de soldados, conocido como «la compañía italiana». Uno de ellos, Cornelio, era centurión al frente de cien soldados de infantería. En autoridad y responsabilidad se compararía al capitán de los ejércitos modernos. Como todos los centuriones que se mencionan en el Nuevo Testamento, era un hombre bueno y, como el que Jesús elogiara en Mateo 8:10-11, también era un hombre de fe.

En aquellos días, algunos gentiles estaban cansados de las cosas absurdas, la idolatría y la inmoralidad de las religiones de Roma y Grecia. Muchos, entre ellos Cornelio, habían encontrado algo mejor en las enseñanzas de las sinagogas, y habían aceptado la verdad del único Dios verdadero. Lucas dice que Cornelio era un hombre piadoso. En otras palabras, era recto en sus actitudes hacia Dios y hacia los hombres, y por gracia, vivía una vida correcta ante Dios. También era temeroso de (reverenciaba a) Dios, con toda su casa (lo cual incluía tanto la familia como los sirvientes). Debido a su influencia, todos ellos asistían a la sinagoga, se sentaban en la parte posterior, oían la enseñanza y creían en Dios. Sin embargo, no se habían hecho plenamente prosélitos, o convertidos al judaísmo. Por consiguiente, ni habían aceptado la circuncisión ni guardaban las leyes sobre la alimentación. No obstante, Cornelio era generoso en las limosnas que le hacía al pueblo (los judíos) y oraba a Dios siempre («a través de todo», es decir, a diario y en toda circunstancia). Dicho de otra forma, buscaba en verdad al Señor para que lo guiara en todas las cosas.

Por lo que se deduce del versículo 37, es evidente también que Cornelio conocía el evangelio. Muchos eruditos bíblicos creen que Cornelio quería aceptar a Cristo y recibir la plenitud del Espíritu Santo, pero se le había dicho que tendría que comenzar por hacerse judío. Es muy posible que en aquella misma circunstancia estuviera pensando en dar aquel paso.

De lo que sí podemos estar seguros, es de que Dios vio el deseo de su corazón. Alrededor de las tres en punto de la tarde, la hora judía de la oración vespertina, estaba ayunando y orando. (Vea el versículo 30). De pronto, se le apareció un ángel en una visión («algo que vio»), esto es, en una verdadera aparición o revelación, abiertamente a la luz del día. No se trataba de un sueño, o de una visión semejante a los sueños; era algo muy real. Note que el versículo 7 dice que el ángel se marchó. Este confirma que se trató de un suceso muy real, y no simplemente de una visión al estilo de los sueños.

Cuando Cornelio dirigió su mirada hacia el ángel, se sintió atemorizado (lleno de temor, miedo o incluso terror). Era una reacción natural ante lo sobrenatural, en un hombre que nunca antes había experimentado nada sobrenatural. No obstante, a pesar de su temor, le preguntó: «¿Qué es, Señor?», lo cual indica que consideró al ángel como una manifestación divina. Sin embargo, el ángel dirigió su atención hacia Dios. Sus oraciones y sus limosnas habían subido (ascendido) para memoria (recuerdo, o mejor, ofrenda memorial)[3] ante Dios. Entonces, el ángel le indicó que enviara hombres (que él mismo escogiera) a Jope, a buscar a Simón Pedro, que estaba posando en casa de Simón el curtidor. Pedro le diría lo que le era necesario hacer[4].

Tan pronto como se marchó el ángel, Cornelio llamó a dos de los siervos de su casa. Como lo indica el versículo 2, eran hombres temerosos de Dios. Lucas llama «devoto» también (hombre de Dios, temeroso de Dios) al soldado que asistía a Cornelio. Después de explicarles en detalle lo que el ángel había dicho, los envió a los tres a Jope para que buscaran a Pedro.

Las visiones de Pedro (10:9-22)

9 Al día siguiente, mientras ellos iban por el camino y se acercaban a la ciudad,
Pedro subió a la azotea para orar, cerca de la hora sexta. 10 Y tuvo gran hambre, y
quiso comer; pero mientras le preparaban algo, le sobrevino un éxtasis; 11 y vio el
cielo abierto, y que descendía algo semejante a un gran lienzo, que atado de las
cuatro puntas era bajado a la tierra; 12 en el cual había de todos los cuadrúpedos
terrestres y reptiles y aves del cielo. 13 Y le vino una voz: Levántate, Pedro, mata y
come. 14 Entonces Pedro dijo: Señor, no; porque ninguna cosa común o inmunda
he comido jamás. 15 Volvió la voz a él la segunda vez: Lo que Dios limpió, no lo
llames tú común. 16 Esto se hizo tres veces; y aquel lienzo volvió a ser recogido en
el cielo. 17 Y mientras Pedro estaba perplejo dentro de sí sobre lo que significaría la
visión que había visto, he aquí los hombres que habían sido enviados por Cornelio,
los cuales, preguntando por la casa de Simón, llegaron a la puerta. 18 Y llamando,
preguntaron si moraba allí un Simón que tenía por sobrenombre Pedro. 19 Y mientras Pedro pensaba en la visión, le dijo el Espíritu: He aquí, tres hombres te buscan.
20 Levántate, pues, y desciende y no dudes de ir con ellos, porque yo los he enviado.
21 Entonces Pedro, descendiendo a donde estaban los hombres que fueron enviados por Cornelio, les dijo: He aquí, yo soy el que buscáis; ¿cuál es la causa por la
que habéis venido? 22 Ellos dijeron: Cornelio el centurión, varón justo y temeroso
de Dios, y que tiene buen testimonio en toda la nación de los judíos, ha recibido
instrucciones de un santo ángel, de hacerte venir a su casa para oír tus palabras.

Al día siguiente, a eso del mediodía, los tres hombres enviados por Cornelio se acercaban a Jope. Dios es siempre fiel y obra en ambas partes, de manera que era tiempo de preparar a Pedro.

Pedro subió al techo plano de la casa por una escalera exterior. La mayoría de los judíos consideraban que el mediodía era una de las horas de oración (Salmo 55:17; Daniel 6:10). Pero, aun cuando su intención era orar, sintió mucha hambre y quiso comer. Se lo hizo saber a sus anfitriones; mientras permanecía en el techo, esperando a que le prepararan comida, «le sobrevino un éxtasis». Esto no significa algo así como un «trance», en el sentido moderno de la palabra, ni tampoco quiere decir que cayera en un estado hipnótico. Simplemente significa que su mente fue apartada de lo que estuviera pensando, mientras tenía la sensación de que algo importante estaba a punto de suceder.

Entonces vio los cielos abiertos y algo que descendía de ellos. Era semejante a un enorme lienzo[5] atado de las cuatro puntas y lleno de todo tipo de cuadrúpedos, animales salvajes, reptiles de la tierra y aves del cielo. Una voz le ordenó: «Levántate, Pedro, mata y come». Pedro tenía la sensibilidad espiritual suficiente para saber que aquella era la voz del Señor (esto es, del Señor Jesús). Pero sus prejuicios vencieron a su deseo normal de obedecer al Señor. Por esto replicó: «Señor, no [de ninguna manera]; porque ninguna cosa [profana, sucia] común o inmunda [no *kosher*] he comido jamás»[6].

La voz le respondió: «Lo que Dios limpió, no lo llames tú común [impuro]». La negación es muy enfática aquí. Desde aquel momento, no debería considerar nada como impuro cuando Dios lo hubiera purificado. Después, para insistir más en ello, esto se repitió tres veces. Los prejuicios de Pedro eran tan fuertes, que hizo falta llegar hasta este extremo para fijar esta verdad en su mente.

Pedro tenía el discernimiento espiritual suficiente para saber que esta visión tenía un significado que iba más allá de la posibilidad de comer alimentos que no fueran *kosher*, esto es, puros. El hecho de que estuviera perplejo sobre lo que esto significaría, no quiere decir que tuviera duda alguna de que tuviera un significado. Más bien quiere decir que tenía dificultad en tratar de comprender cuál era. Estaba confundido sobre su posible explicación.

No obstante, Dios no lo dejó especular por mucho tiempo. Los hombres enviados por Cornelio se hallaban ya a la puerta, gritando para que los atendieran y preguntando por Pedro. Por esto, el Espíritu Santo interrumpió sus pensamientos (sus cavilaciones, mientras pesaba esta posibilidad y aquella) sobre la visión y le dijo que había tres hombres que lo buscaban. Debía levantarse, descender (por la escalera exterior)[7] del techo e ir con ellos sin dudar, esto es, sin vacilación. (La palabra «dudes» del versículo 20 corresponde a, *diakrinómenos* palabra griega diferente a *diéporei*, la usada en el versículo 17). Era el Espíritu Santo el que los había enviado, al impulsar la obediencia con la que Cornelio los envió.

Pedro obedeció, les dijo a los hombres que él era el que andaban buscando, y les preguntó cortésmente por la razón de su venida. Se la explicaron, añadiendo que Cornelio era un hombre de buen testimonio en toda la nación de los judíos.

El encuentro entre Pedro y Cornelio (10:23-33)

23 Entonces, haciéndoles entrar, los hospedó. Y al día siguiente, levantándose, se fue con ellos; y le acompañaron algunos de los hermanos de Jope. 24 Al otro
día entraron en Cesarea. Y Cornelio los estaba esperando, habiendo convocado
a sus parientes y amigos más íntimos. 25 Cuando Pedro entró, salió Cornelio a
recibirle, y postrándose a sus pies, adoró. 26 Mas Pedro le levantó, diciendo: Levántate, pues yo mismo también soy hombre. 27 Y hablando con él, entró, y halló
a muchos que se habían reunido. 28 Y les dijo: Vosotros sabéis cuán abominable
es para un varón judío juntarse o acercarse a un extranjero; pero a mí me ha
mostrado Dios que a ningún hombre llame común o inmundo; 29 por lo cual, al
ser llamado, vine sin replicar. Así que pregunto: ¿Por qué causa me habéis hecho
venir? 30 Entonces Cornelio dijo: Hace cuatro días que a esta hora yo estaba en
ayunas; y a la hora novena, mientras oraba en mi casa, vi que se puso delante de
mí un varón con vestido resplandeciente, 31 y dijo: Cornelio, tu oración ha sido
oída, y tus limosnas han sido recordadas delante de Dios. 32 Envía, pues, a Jope,
y haz venir a Simón el que tiene por sobrenombre Pedro, el cual mora en casa de
Simón, un curtidor, junto al mar; y cuando llegue, él te hablará. 33 Así que luego
envié por ti; y tú has hecho bien en venir. Ahora, pues, todos nosotros estamos
aquí en la presencia de Dios, para oír todo lo que Dios te ha mandado.

Por la mañana, después de haberlos hospedado durante la noche, Pedro se marchó con los tres hombres, pero tuvo el cuidado de llevar consigo a seis buenos hermanos judíos creyentes. (Vea Hechos 11:12). Él sabía que los demás creyentes lo llamarían a cuentas por haber entrado a la casa de un gentil, así que quería tener algunos testigos en los que pudiera confiar. Con el fin de estar seguro, tomó el doble de los dos o tres que exigía la Ley. (Vea Mateo 18:16; Deuteronomio 19:15).

Al siguiente día, cuando llegaron a Cesarea, se encontraron a Cornelio esperándolos con la casa llena de gente. Él creía en la promesa del Señor. Por tanto, esperaba que Pedro fuera de inmediato y, calculando cuál sería el momento de su llegada, se tomó el trabajo de reunir a todos sus familiares y amigos íntimos.

Cuando llegó Pedro, Cornelio estaba tan consciente de que Dios lo había enviado, que apenas lo encontró, cayó a sus pies y adoró (se puso de rodillas ante él). Es probable que Pedro se quedara estupefacto ante esto. Con rapidez lo asió y lo levantó, diciéndole de manera categórica que él también era hombre, un ser humano. Pedro no quería que nadie le diera preeminencia a ninguna personalidad humana en la iglesia.

El texto indica de manera implícita que cuando Pedro entró, se sorprendió de ver tanta gente. Comenzó su sermón recordándoles a todos los allí reunidos que era abominable (ilegal) para un judío juntarse[8] (hacerse acompañar por) o acercarse (tener acuerdo con) a un extranjero. Pero él se hallaba allí, porque Dios le había mostrado que a ningún hombre (ningún ser humano) le llamara inmundo. Por lo cual, al ser llamado, fue sin replicar. Sin embargo, a continuación le preguntó el motivo por el que le habían hecho ir.

Como respuesta, Cornelio le relató cómo cuatro días antes (contando aquel día como el cuarto) un varón con vestido resplandeciente (brillante) le dijo que enviara a buscar a Pedro, y eso había hecho. Pedro había hecho bien en ir. Es decir, estaban complacidos de que hubiera ido[9]. Todos ellos estaban en la presencia de Dios para oír todo lo que Dios le había mandado (indicado) que les dijera.

Buenas nuevas para los gentiles (10:34-43)

34 Entonces Pedro, abriendo la boca, dijo: En verdad comprendo que Dios
no hace acepción de personas, 35 sino que en toda nación se agrada del que le teme
y hace justicia. 36 Dios envió mensaje a los hijos de Israel, anunciando el evangelio
de la paz por medio de Jesucristo; éste es Señor de todos. 37 Vosotros sabéis lo que
se divulgó por toda Judea, comenzando desde Galilea, después del bautismo que
predicó Juan: 38 cómo Dios ungió con el Espíritu Santo y con poder a Jesús de
Nazaret, y cómo éste anduvo haciendo bienes y sanando a todos los oprimidos
por el diablo, porque Dios estaba con él. 39 Y nosotros somos testigos de todas las
cosas que Jesús hizo en la tierra de Judea y en Jerusalén; a quien mataron colgándole en un madero. 40 A éste levantó Dios al tercer día, e hizo que se manifestase;
41 no a todo el pueblo, sino a los testigos que Dios había ordenado de antemano, a
nosotros que comimos y bebimos con él después que resucitó de los muertos. 42 Y
nos mandó que predicásemos al pueblo, y testificásemos que él es el que Dios ha
puesto por Juez de vivos y muertos. 43 De éste dan testimonio todos los profetas,
que todos los que en él creyeren, recibirán perdón de pecados por su nombre.

El sermón de Pedro en la casa de Cornelio representa un hito en la historia de la iglesia primitiva[10]. Desde el principio, demuestra que ahora comprendía a plenitud el significado de aquella visión repetida que había recibido en el techo. Veía que Dios ciertamente no hace acepción de personas. Esto es, que no muestra favoritismo ni parcialidad. En toda nación, aquel que le teme (adora y reverencia) y hace (obra, realiza) justicia (como evidencia de la gracia divina recibida por fe), es agradable ante él.

La imparcialidad de Dios no es una idea nueva. Había sido enseñada en pasajes del Antiguo Testamento, tales como Deuteronomio 10:17; 2 Samuel 14:14; 2 Crónicas 19:7. (Vea también Amós 9:7; Romanos 2:11; 1 Pedro 1:17). Esto no significa que Dios no pueda escoger, pero no lo hace fundándose en diferencias externas o nacionales, ni limitándose a ellas. Por ello, estos gentiles, si reunían estas cualidades de adoración, fe y fidelidad, eran tan aceptables ante Dios, como cualquier judío.

Entonces Pedro les recuerda a Cornelio y a sus amigos el mensaje que Dios le envió a Israel, anunciando (diciendo las buenas nuevas, el evangelio de) la paz por medio de Jesucristo.

En este instante, Pedro no pudo evitar la inserción de la expresión «Este es Señor de todos». Después continuó, recordándoles el mensaje[11] que ellos conocían. «Vosotros sabéis» es enfático en griego en esta situación. Esto quiere decir que ellos conocían los hechos sobre Jesús, incluso la promesa del Espíritu Santo. Quizá hubieran oído predicar a Felipe. De todas maneras, Pedro reconocía que alguien les había dado el mensaje, porque había sido predicado a través de toda la Judea, comenzando desde Galilea, después del bautismo que predicó Juan. Nadie que asistiera a las sinagogas podía haber escapado de oírlo.

El mensaje era el mismo Jesús, Jesús de Nazaret, a quien Dios había ungido con el Espíritu Santo y con poder. (Vea Isaías 11:2; 6:1-2; Lucas 4:18-19). Este Jesús anduvo haciendo bienes y sanando a todos los oprimidos (derrotados o tratados duramente) por el diablo («el calumniador»; el jefe de todos los calumniadores), porque Dios estaba con él.

Entonces Pedro añade: «Y nosotros [los apóstoles, más que los creyentes de Jope] somos testigos de todas las cosas que Jesús hizo en la tierra de Judea y en Jerusalén». Después sigue adelante con el mensaje. A este que no había hecho más que bien, lo mataron y lo colgaron de un madero (algo hecho de madera, esto es, la cruz). En contraste con lo que los hombres habían hecho con Jesús, Dios lo levantó (resucitó) de entre los muertos al tercer día. (Vea Oseas 6:2; 1 Corintios 15:4,20,23.) Entonces, Dios hizo que se manifestase (se hiciese visible), no a todo el pueblo, sino a los testigos escogidos por él de antemano, esto es, a Pedro y a los demás que comieron y bebieron con él después de que resucitara de entre los muertos. Esta era una prueba concreta sobre la realidad del cuerpo resucitado de Cristo. No era un espíritu, ni un producto de su imaginación, sino una persona muy real con la cual tenían intimidad.

Como consecuencia del mandato de Cristo, estos testigos proclamaban estas buenas nuevas ante el pueblo y testificaban solemnemente que Jesús había sido puesto (nombrado) como Juez de vivos y muertos. Con esto, Pedro no estaba hablando de los espiritualmente vivos y los espiritualmente muertos. Más bien decía que Jesús es y será el Juez de todos los que han vivido o vivirán jamás en la tierra. Esto confirma lo que Jesús había dicho en Juan 5:22: «Porque el Padre a nadie juzga, sino que todo el juicio dio al Hijo». Por tanto, al igual que Jesús es el Mediador entre Dios y el hombre en la redención, también se hallará en el juicio.

Después, como solía hacer, Pedro presentó el testimonio de los profetas. Ese testimonio da en su totalidad una prueba más de que todo el que crea en él recibirá perdón de los pecados por su nombre: por su autoridad y porque él es quien es (el Salvador crucificado y resucitado).

El derramamiento del Espíritu Santo (10:44-48)

44 Mientras aún hablaba Pedro estas palabras, el Espíritu Santo cayó sobre todos los que oían el discurso. 45 Y los fieles de la circuncisión que habían venido con Pedro se quedaron atónitos de que también sobre los gentiles se derramase el don del Espíritu Santo. 46 Porque los oían que hablaban en lenguas, y que magnificaban a Dios. 47 Entonces respondió Pedro: ¿Puede acaso alguno impedir el agua, para que no sean bautizados estos que han recibido el Espíritu Santo también como nosotros? 48 Y mandó bautizarles en el nombre del Señor Jesús. Entonces le rogaron que se quedase por algunos días.

Mientras Pedro hablaba aún estas palabras (en griego, *rhémata*), hubo una interrupción súbita e inesperada procedente del cielo. El Espíritu Santo se derramó sobre todos los que oían la Palabra[12]. Esto dejó totalmente asombrados a los creyentes judíos que habían ido con Pedro. En realidad, los dejó por completo estupefactos ver que el Espíritu Santo se derramaba sobre los gentiles.

La expresión «derramase» relaciona este suceso con lo que había tenido lugar en el día de Pentecostés (Hechos 2:17,33). También lo relaciona el que hayan hablado en lenguas (lenguajes) y glorificado a Dios. Esta evidencia convenció por completo a aquellos creyentes judíos. También es una indicación de que la experiencia de Pentecostés se puede repetir.

Pedro reconoció que esto era una nueva confirmación de que no solo Dios los aceptaba, sino que los hacía parte de la iglesia. En Pentecostés, el Espíritu Santo se había derramado sobre creyentes que ya habían sido identificados como la iglesia y como el templo del Espíritu Santo. Con este tipo de evidencia, ¿quién les podría impedir el bautismo en agua? Su experiencia al recibir al Espíritu era exactamente la misma que la de los creyentes judíos.

Aquí podemos notar que estos gentiles, cuyo corazón estaba preparado gracias al mensaje del ángel, creyeron y fueron salvos mientras Pedro predicaba. Entonces estuvieron listos para el derramamiento del Espíritu Santo. Más adelante, en Hechos 15:8, Pedro diría: «Y Dios, que conoce los corazones, les dio testimonio, dándoles el Espíritu Santo lo mismo que a nosotros». Esto significa con toda seguridad que el bautismo en el Espíritu Santo dio testimonio de la fe que ya tenían antes de ser llenos con el Espíritu[13].

Por indicación de Pedro, fueron bautizados en el nombre (por la autoridad) del Señor Jesús. Esto fue una declaración pública de su fe, un testimonio de la fe que ya tenían, de la fe que ya había traído la purificación a su corazón (Hechos 15:9)[14].

Entonces, le rogaron a Pedro que se quedara con ellos por algunos (pocos) días. Sin duda, querían más instrucción y anhelaban confraternizar espiritualmente con él.

---

[1] Las leyes contra los alimentos impuros eran motivadas por buenas razones. Gran parte de la comida que era ceremonialmente impura era propicia para la difusión de enfermedades como la triquinosis y el parasitismo de la solitaria.

[2] Una cohorte ordinaria tenía seiscientos soldados de a pie dirigidos por un tribuno. No obstante, se han hallado evidencias de que aquí se trataba de una cohorte auxiliar de mil hombres.

[3] Entre las ofrendas del Antiguo Testamento había memoriales. Vea Levítico 2:2; Números 5:26.

[4] Algunos manuscritos antiguos omiten la última parte del versículo 6, aunque esta concuerda con el resto del texto.

[5] O lona.

[6] Vea Levítico 11:3. Los animales puros eran aquellos que cumplían dos condiciones: rumiar y tener pezuñas hendidas. Ya Jesús había preparado a sus discípulos para la abolición de estas leyes dietéticas (Marcos 7:15-19), pero hasta el momento, no habían sabido comprenderlo.

[7] El autor ha visto personalmente estas escaleras exteriores de piedra en las ruinas de algunas ciudades bíblicas excavadas en Palestina.

[8] Se usa la misma palabra al hablar de Pablo cuando trató de unirse a los discípulos de Jerusalén (Hechos 9:26).

[9] Esta es una expresión idiomática que no indica que Pedro hubiera hecho algo bueno, sino más bien que les agradaba que lo hubiera hecho.

[10] La expresión «abriendo la boca» se usaba para presentar algún discurso importante C. H. Dodd nos llama la atención sobre la similitud que hay entre la predicación de Pedro en este momento y el evangelio según Marcos. La tradición antigua afirma que Marcos en su evangelio lo que hizo fue relatar lo que Pedro predicaba.

[11] «Palabra» o «mensaje» es *lógon* (nominativo, *lógos*) en el versículo 36 y *rhéma* en el 37. Se ve claramente que *lógos* y *rhéma* son dos palabras usadas indistintamente.

[12] En griego, *lógon*. Lo que Pedro habló era *rhéma*, pero lo que ellos oyeron era *lógos*. De nuevo vemos ambas palabras usadas indistintamente.

[13] Compare con Tito 3:5-6, donde se señala que el derramamiento del Espíritu en la plenitud de Pentecostés es algo que sucede después de la regeneración.

[14] Vea 1 Pedro 3:21, y observe que el hecho de que Noé sobreviviera al diluvio se atribuye a la fe que tenía antes de que tuviera lugar. De la misma forma, el bautismo en agua testifica sobre la fe que ya ha purificado nuestros corazones. El agua es un símbolo, y no tiene poder ni gracia en sí misma, ni tampoco los produce. Compare con Romanos 10:9-10.

HECHOS

CAPÍTULO 11

Pedro tenía razón al pensar que necesitaría tener testigos consigo cuando fuera a la casa de Cornelio. Tuvo necesidad de explicar todo lo que había sucedido allí. El hecho de que Lucas haya escrito esto, repitiendo buena parte de lo dicho en el capítulo 10, nos demuestra lo importantes que fueron los sucesos de Cesarea. Gracias a ellos, aprendieron que Dios quería aceptar a los gentiles sin circuncisión, esto es, sin que se hicieran judíos. De esta forma, la repetición pone de realce el hecho de que el cristianismo no era tan solo algo que añadir o sobreponer al judaísmo. Los gentiles podían llegar directamente al nuevo pacto sin necesidad de ir primero al antiguo. Podían hacer suya la promesa de Abraham sin el signo exterior del pacto abrahámico.

La aceptación de la explicación de Pedro (11:1-18)

1 Oyeron los apóstoles y los hermanos que estaban en Judea, que también
los gentiles habían recibido la palabra de Dios. 2 Y cuando Pedro subió a Jerusalén, disputaban con él los que eran de la circuncisión, 3 diciendo: ¿Por qué has
entrado en casa de hombres incircuncisos, y has comido con ellos? 4 Entonces
comenzó Pedro a contarles por orden lo sucedido, diciendo: 5 Estaba yo en la
ciudad de Jope orando, y vi en éxtasis una visión; algo semejante a un gran lienzo que descendía, que por las cuatro puntas era bajado del cielo y venía hasta
mí. 6 Cuando fijé en él los ojos, consideré y vi cuadrúpedos terrestres, y fieras, y
reptiles, y aves del cielo. 7 Y oí una voz que me decía: Levántate, Pedro, mata y
come. 8 Y dije: Señor, no; porque ninguna cosa común o inmunda entró jamás
en mi boca. 9 Entonces la voz me respondió del cielo por segunda vez: Lo que
Dios limpió, no lo llames tú común. 10 Y esto se hizo tres veces, y volvió todo
a ser llevado arriba al cielo. 11 Y he aquí, luego llegaron tres hombres a la casa
donde yo estaba, enviados a mí desde Cesarea. 12 Y el Espíritu me dijo que fuese
con ellos sin dudar. Fueron también conmigo estos seis hermanos, y entramos
en casa de un varón, 13 quien nos contó cómo había visto en su casa un ángel,
que se puso en pie y le dijo: Envía hombres a Jope, y haz venir a Simón, el
que tiene por sobrenombre Pedro; 14 él te hablará palabras por las cuales serás
salvo tú, y toda tu casa. 15 Y cuando comencé a hablar, cayó el Espíritu Santo
sobre ellos también, como sobre nosotros al principio. 16 Entonces me acordé
de lo dicho por el Señor, cuando dijo: Juan ciertamente bautizó en agua, mas
vosotros seréis bautizados con el Espíritu Santo. 17 Si Dios, pues, les concedió

también el mismo don que a nosotros que hemos creído en el Señor Jesucristo, ¿quién era yo que pudiese estorbar a Dios? 18 Entonces, oídas estas cosas, callaron, y glorificaron a Dios, diciendo: !!De manera que también a los gentiles ha dado Dios arrepentimiento para vida!

Los gentiles de la casa de Cornelio recibieron (acogieron) la Palabra de Dios. Esto quiere decir que la recibieron bien dispuestos, reconocieron su veracidad y aceptaron su mensaje de arrepentimiento, perdón y salvación. Esta noticia era sorprendente, y tal vez no les pareciera buena a algunos judíos. Las noticias así viajan con rapidez, y llegaron a los apóstoles y al resto de los hermanos (los creyentes) que estaban en Jerusalén, antes del regreso de Pedro.

Cuando él llegó, «los que eran de la circuncisión» (lo que en aquellos momentos incluiría a todos los creyentes de Jerusalén, puesto que todos eran judíos o prosélitos plenos) estaban esperándolo[1]. De inmediato comenzaron a disputar con él (lo criticaban, lo juzgaban) por haber entrado en la casa de unos hombres incircuncisos (lo cual ellos consideraban contaminador) y, peor aún, haber comido con ellos. El hecho de que aquellos creyentes estaban muy molestos se ve en que no usaron la palabra corriente para decir «incircuncisos». En cambio, usaron una palabra popular que era un verdadero insulto contra los gentiles. También es bastante probable que una razón por la que estaban molestos fuera porque tenían temor de que el gesto de Pedro le diera fin al período de paz del que habían estado disfrutando, al volver a los judíos inconversos contra ellos.

Entonces Pedro comenzó a explicarles todo desde el principio, esto es, desde el momento en que tuvo la visión en Jope. Ciertamente, añade que la tela descendió cerca de él, de tal manera que pudo mirar de cerca e inspeccionar el contenido sin posibilidad alguna de error. También tuvo buen cuidado de mostrarles los seis testigos que estuvieron con él en Cesarea, y que había traído consigo a Jerusalén (versículo 12). Como una prueba más de que era Dios el que lo había guiado, añadió que el ángel le había dicho a Cornelio que él le hablaría palabras, gracias a las cuales Cornelio y toda su casa serían salvos.

Después, sin repetir el sermón que pronunció en Cesarea, Pedro les dijo que cuando comenzó a hablar[2], el Espíritu Santo cayó sobre ellos «también, como sobre nosotros». Es decir, con tanta realidad y de una manera tan evidente como sobre los ciento veinte y los tres mil en el día de Pentecostés «al principio». Algunos escritores tratan de evitar la mención al día de Pentecostés aquí. Sin embargo, esto solo puede significar que aquel suceso fue como el de Pentecostés (Hechos 2:4), puesto que no hubo descenso ni derramamiento del Espíritu en cumplimiento de la profecía de Joel, hasta entonces.

A continuación, Pedro añadió algo que le había pasado por la mente. Había recordado lo dicho por el Señor (Jesús), que aparece en Hechos 1:5: Juan bautizaría en agua, pero ellos serían bautizados en el Espíritu Santo. O sea, que veía claramente que este derramamiento era también un bautismo en el Espíritu.

Después, Pedro siguió diciendo que Dios les había dado a aquellos gentiles el mismo don que les había dado a los creyentes judíos. «El mismo» es traducción de una expresión griega que significa «igual» o «idéntico»[3]. Esto es significativo, porque la evidencia que los convenció no era el viento recio ni el fuego (los cuales en realidad solo precedieron al derramamiento del Espíritu en Pentecostés, pero no fueron parte de él). Necesitaban una evidencia convincente, y la que les fue dada, fue el hecho de que habían hablado en otras lenguas y magnificado a Dios (dado gloria a Dios).

Los gentiles no tenían que preguntar si era cierto que habían recibido este poderoso derramamiento. Lo sabían. Pedro y sus seis testigos no decían «yo creo», ni «supongo que», ni siquiera «confío en que» o «me parece», al hablar sobre el bautismo en el Espíritu de aquellos gentiles. Ellos también sabían que era cierto. También hoy, en medio de todas las dudas y las discusiones sobre el Espíritu Santo que se han suscitado, necesitamos la misma experiencia convincente. Nosotros también podemos saber que hemos recibido la experiencia idéntica que se describe en Hechos 2:4.

Puesto que Dios les había dado a los gentiles el don del Espíritu, si Pedro se hubiera negado a aceptarlos, hubiera estado estorbando a Dios, y ¿quién era él —quien es cualquier ser humano— para hacer eso?

Los creyentes judíos de Jerusalén no podían estorbar a Dios tampoco. Los datos ciertos que se les presentaron, sirvieron para silenciar todas sus objeciones anteriores; tenían la sensibilidad suficiente para con el Espíritu y la Palabra, como para glorificar a Dios y reconocer que también a los gentiles les había dado arrepentimiento para vida. Más específicamente, Dios había aceptado su arrepentimiento y les había dado vida espiritual sin que estuvieran circuncidados; el bautismo en el Espíritu Santo daba testimonio de ello.

Los gentiles creen en Antioquía (11:19-21)

19 Ahora bien, los que habían sido esparcidos a causa de la persecución que
hubo con motivo de Esteban, pasaron hasta Fenicia, Chipre y Antioquía, no
hablando a nadie la palabra, sino sólo a los judíos. 20 Pero había entre ellos unos

varones de Chipre y de Cirene, los cuales, cuando entraron en Antioquía, hablaron también a los griegos, anunciando el evangelio del Señor Jesús. 21 Y la mano del Señor estaba con ellos, y gran número creyó y se convirtió al Señor.

Aunque los apóstoles y los creyentes de Jerusalén aceptaran el hecho de que los gentiles de Cesarea fueran salvos y hubieran entrado a formar parte de la iglesia, esto no los entusiasmaba demasiado. No tenían apuro ninguno por salir a ganar más gentiles para el Señor. De hecho, hasta el mismo Pedro siguió considerando que su ministerio iba dirigido en primer lugar a los judíos (Gálatas 2:79). Así es como Lucas nos hace volver la atención a un nuevo centro de dispersión del evangelio, Antioquía de Siria, situada junto al río Orontes, a más de cuatrocientos ochenta kilómetros de Jerusalén en dirección norte. Era un gran centro comercial, la ciudad más grande de Asia Menor, y la capital de la provincia romana de Siria. Fundada alrededor del año 300 a.C. por Seleuco I Nicator, su importancia había sido reconocida por los romanos, quienes la habían declarado ciudad libre en el 64 a.C.

El versículo 19 sirve de unión con Hechos 8:1,4. (Vea también el 9:31). Hasta este momento, los ejemplos de lo que estaba sucediendo eran tomados de Judea y Samaria. Ahora vemos que la ola de evangelismo itinerante no se detuvo allí. No obstante, como de costumbre, Lucas no trata de narrarlo todo. En cambio, siguiendo la inspiración del Espíritu Santo, selecciona una de las direcciones que tomó este evangelismo y la presenta como ejemplo de lo que sucedió en muchas otras direcciones. Hubo una razón especial para escoger el rumbo de Antioquía, sin embargo, y es que forma un eslabón con el apóstol Pablo y prepara para el relato de sus viajes, que comprende la mayor parte del resto del libro de los Hechos.

A pesar de todo, aun fuera de Palestina, aquellos que esparcían el evangelio les predicaban la Palabra solo a los judíos. Es posible que esto no se debiera del todo a los prejuicios. Los judíos tenían las Escrituras del Antiguo Testamento y conocían las profecías. (Vea Romanos 3:2). Estos evangelistas fundamentaban su mensaje en el hecho de que Dios había cumplido la profecía en Jesús. La mayoría de los gentiles no tenían conocimientos para comprender esto. Pero estos evangelistas estaban pasando por alto el hecho de que muchos gentiles habían perdido su confianza en los ídolos y andaban buscando algo mejor.

Los evangelistas viajaron costa arriba por Asia Menor hasta Fenicia, donde se establecieron iglesias en Tiro y Sidón (Hechos 21:3-4; 27:3). Desde allí, algunos fueron a la isla de Chipre; otros siguieron rumbo norte hasta Antioquía. Algunos de estos eran hombres de Chipre y de Cirene, y es posible que se hallaran entre los tres mil que fueron salvos y llenos del Espíritu en el día de Pentecostés. Estos comenzaron (sin duda alguna dirigidos y urgidos por el Espíritu Santo) en Antioquía a hablarles a los griegos (gentiles de habla griega)[4], anunciándoles el evangelio (las buenas nuevas) del Señor Jesús.

La mano del Señor estaba con ellos. Esta expresión es usada con frecuencia en la Biblia para dar a entender el poder del Señor, o incluso el Espíritu del Señor (como en Ezequiel 1:3; 3:14,22,24; 8:1; 11:1). Ciertamente, el poder del Señor que obra milagros se manifestaba, confirmando la Palabra como había sucedido en Samaria (Hechos 8:5-8); un gran número de ellos creyeron y se volvieron al Señor. Se convirtieron, lo que significa que se alejaron de sus costumbres paganas y caminos mundanos para seguir a Jesús. Podemos estar seguros también de que todos ellos fueron bautizados en el Espíritu Santo, como lo había sido la casa de Cornelio. Tal como había dicho Pedro, Dios no hace acepción de personas.

Bernabé es enviado a Antioquía (11:22-26)

22 Llegó la noticia de estas cosas a oídos de la iglesia que estaba en Jerusalén;
y enviaron a Bernabé que fuese hasta Antioquía. 23 Este, cuando llegó, y vio la
gracia de Dios, se regocijó, y exhortó a todos a que con propósito de corazón
permaneciesen fieles al Señor. 24 Porque era varón bueno, y lleno del Espíritu
Santo y de fe. Y una gran multitud fue agregada al Señor. 25 Después fue Bernabé
a Tarso para buscar a Saulo; y hallándole, le trajo a Antioquía. 26 Y se congregaron
allí todo un año con la iglesia, y enseñaron a mucha gente; y a los discípulos se les
llamó cristianos por primera vez en Antioquía.

Cuando la noticia de la conversión de aquellos gentiles de Antioquía llegó hasta la iglesia de Jerusalén, los hermanos reconocieron que esta gran difusión del evangelio entre gentiles era un nuevo giro muy importante que estaban tomando los acontecimientos. Antioquía misma era un lugar importante, ya que era la tercera ciudad en importancia de todo el Imperio Romano, superada solo por Roma y Alejandría. Por esto, enviaron a Bernabé para que viajara hasta aquella ciudad.

La selección de Bernabé es importante. Nos muestra que toda la iglesia de Jerusalén (y no solo los apóstoles) estaba interesada en esta nueva asamblea de Antioquía, y enviaba a su hombre más capacitado para dar ánimo con el fin de ayudarlos. Que fuera enviado «hasta» Antioquía implica también que iba a predicar el evangelio y darles ánimo a otros durante todo el camino.

Algunos escritores han supuesto que haber enviado a Bernabé significa que la iglesia de Jerusalén quería mantener el control sobre este nuevo desarrollo de la obra. Sin embargo, no hay evidencias de esto. Simplemente se trataba de amor e interés fraternal. El mismo Espíritu lleno de amor que había enviado a Pedro y a Juan a Samaria para ayudar allí, movía ahora a la iglesia también. Bernabé no tenía que regresar a Jerusalén con un informe, ni tampoco tenía que pedirles consejo sobre los pasos siguientes que necesitara tomar en su ministerio.

En Antioquía, al ver la gracia manifiesta (el favor inmerecido) de Dios, se regocijó. Aceptó a aquellos gentiles, como Pedro había aceptado a los creyentes de la casa de Cornelio. Entonces, le hizo honor a su nombre, exhortándolos (animándolos) a todos a que con propósito de corazón permaneciesen fieles al Señor (o continuasen con él). Bernabé sabía que tendrían delante dificultades, persecuciones y tentaciones; necesitarían de constancia para caminar junto al Señor.

Puesto que Bernabé era un hombre bueno y lleno del Espíritu Santo y de fe, una gran multitud fue agregada al Señor. No fueron solo su predicación y su enseñanza, sino también su vida demostró ser un testimonio de suma eficacia.

Este crecimiento numérico le hizo ver a Bernabé que necesitaba ayuda. Sin embargo, no envió a pedir nadie de Jerusalén. Dirigido por el Espíritu —podemos estar seguros— fue a Tarso en busca de Saulo. Puesto que él había sido el que se había tomado el tiempo y hecho el esfuerzo para averiguar detalles sobre Saulo y presentárselo a los apóstoles en Jerusalén anteriormente (Hechos 9:27), era obvio que sabía lo que Dios había dicho sobre enviar a Pablo a los gentiles (Hechos 22:21). Había llegado el momento señalado por Dios para que comenzara su ministerio[5].

Es posible que la búsqueda de Saulo le tomara algún tiempo. Cuando Bernabé lo encontró, lo trajo consigo a Antioquía. Entonces los dos se convirtieron en los principales maestros de la iglesia local; reunían a los creyentes y enseñaban ante una numerosa multitud.

En Antioquía fue donde los discípulos recibieron por primera vez el nombre (y fueron llamados públicamente por los demás ciudadanos de Antioquía) de cristianos. Hasta el momento, prácticamente todos los creyentes eran judíos. Los gentiles, e incluso los judíos, los consideraban simplemente como otra secta judía más. En realidad, apenas se diferenciaban más de los fariseos, que estos de los saduceos. Pero ahora lo que existía era una asamblea de creyentes formada en gran parte por gentiles incircuncisos.

Era obvio que a estos gentiles no se les podía dar un nombre judío, ni se les podía seguir considerando una secta judía. Necesitaban un nombre nuevo. Los soldados que se hallaban bajo las órdenes de determinados generales en el ejército romano, tomaban con frecuencia el nombre de su general y le añadían el sufijo «iano» (en latín, *ianus*; en griego, *ianos*), para indicar que eran soldados y seguidores de aquel general. Por ejemplo, los soldados de César eran llamados cesarianos, y los de Pompeyo, pompeyanos. También se nombraba a los partidos políticos con el mismo tipo de sufijo.

Así fue como el pueblo de Antioquía comenzó a llamarles *Christiani* a los creyentes, que era tanto como llamarlos soldados, seguidores o partidarios de Cristo. Hay quienes piensan que primero se les daba este nombre en forma despectiva, pero no hay grandes evidencias a favor de esta opinión. Los creyentes no rechazaron el nombre. Era cierto que se hallaban en el ejército del Señor, y revestidos con toda la armadura de Dios. (Vea Efesios 6:11-18). Sin embargo, se debe tener en cuenta que el término «cristiano» solo se vuelve a usar en el Nuevo Testamento en Hechos 26:28 y en 1 Pedro 4:16. La mayor parte del tiempo, los creyentes se siguieron considerando los discípulos, los hermanos, los santos, los del Camino, o los siervos (esclavos) de Jesús.

Agabo profetiza una gran hambre (11:27-30)

[27] En aquellos días unos profetas descendieron de Jerusalén a Antioquía. [28] Y
levantándose uno de ellos, llamado Agabo, daba a entender por el Espíritu, que
vendría una gran hambre en toda la tierra habitada; la cual sucedió en tiempo de
Claudio. [29] Entonces los discípulos, cada uno conforme a lo que tenía, determi-
naron enviar socorro a los hermanos que habitaban en Judea; [30] lo cual en efecto
hicieron, enviándolo a los ancianos por mano de Bernabé y de Saulo.

Las diversas asambleas de creyentes siguieron en contacto unas con otras. Después de Bernabé, hubo otros que llegaron desde Jerusalén para animar a los creyentes de Antioquía. De hecho, cuando estaba terminando el primer año de Saulo en Antioquía, llegaron varios profetas de Jerusalén. Estos eran hombres usados de forma constante en el ministerio del don de profecía para edificación (para construir espiritualmente y confirmar en la fe), exhortación (para despertar, dar valor y alentar a cada creyente a ir más allá en su fidelidad y su amor), y consolación (para alegrar, reavivar y alentar la esperanza y la expectación)[6]. Por tanto, su ministerio tenía que ver con las necesidades de los creyentes a los que ministraban.

Algunas veces reforzaban sus exhortaciones con una predicción sobre el futuro. No obstante, esto era más la excepción que la regla. La profecía en la Biblia siempre en primer lugar «habla a nombre de Dios» (habla lo que él quiere, sea cual sea su mensaje), más que predecir el futuro. Pero en esta ocasión, Agabo, uno de aquellos profetas, se puso de pie e indicó por una palabra procedente del Espíritu (una manifestación del don de profecía dado directamente por el Espíritu en su propio idioma) que vendría una gran hambre en toda la tierra habitada. Para ellos, esto equivalía al Imperio Romano[7]. Aquella hambre sucedió en tiempos de Claudio César (41-54 d.C.).

Como los discípulos de Antioquía sentían gratitud por las bendiciones y la enseñanza que les habían llegado de Judea, decidieron que cada uno de ellos contribuiría de acuerdo con su capacidad (según era prosperado), y enviaron su socorro. Esto lo hicieron, enviándolo no a los apóstoles, sino a los ancianos de Jerusalén, por medio de Bernabé y Saulo. Es probable que fuera alrededor del año 46 d.C., cuando la Judea era azotada de forma especialmente dura por el hambre[8].

---

[1] Esto significa que todos los creyentes judíos creían hasta aquel momento que los gentiles tenían que hacerse judíos antes de convertirse en cristianos.

[2] Es evidente que Pedro consideró que lo que había dicho en Cesarea no era más que la introducción del sermón que pudo haber predicado.

[3] La forma masculina de la misma palabra es *ísos*, que se encuentra en la palabra *isósceles*, la cual define a un triángulo donde dos de los tres lados son iguales, o sea, idénticos.

[4] Muchos manuscritos antiguos tienen aquí una palabra que significa «de lengua griega». Esta es usada algunas veces para hablar de los judíos que hablaban griego, pero en este contexto está claro que denota a los gentiles de lengua griega.

[5] Bruce sugiere que a Pablo lo habían desheredado (vea Filipenses 3:8), y que había comenzado su labor de evangelización con los gentiles de su provincia nativa de Cilicia. Vea Hechos 22:21.

[6] Vea 1 Corintios 14:3.

[7] «Mundo» es la palabra griega *oikouménen*, «la tierra habitada». Pero esta palabra se usaba en aquellos días para hablar del mundo romano, puesto que los romanos no creían que nada que estuviera fuera de su Imperio fuera digno de tener en cuenta.

[8] Bruce también sugiere que la visita de Saulo (Pablo) descrita en Gálatas 2:1-10 parece haber tenido lugar en este momento. Los datos parecen estar a favor de esto. Es decir, que en este momento fue cuando Pedro, Juan, Santiago y otros dirigentes de Jerusalén reconocieron que el evangelio que predicaba Pablo era el mismo que predicaban ellos.

HECHOS

CAPÍTULO 12

La conversión de Cornelio y la difusión del evangelio entre los gentiles de Antioquía le dieron una nueva dirección a la iglesia. Como hemos visto en el capítulo 11, los judíos creyentes de Jerusalén le presentaron su apoyo y le infundieron aliento a este nuevo desarrollo de la obra. Aunque ellos siguieran teniendo cuidado en observar las leyes y las costumbres de los judíos, los gobernantes y dirigentes deben haberse dado cuenta de lo que estaba sucediendo fuera de Jerusalén.

Durante algún tiempo no había existido persecución alguna para los creyentes en Jerusalén. En realidad, la persecución nunca fue constante en los tiempos de la iglesia primitiva, ni bajo los romanos más tarde. No obstante, los dirigentes judíos de Jerusalén siempre consideraron a la iglesia como una amenaza. También conocían muy bien el ministerio de los apóstoles, y veían cómo muchos miles los seguían y se convertían al Señor.

Herodes mata a Jacobo (Santiago) (12:1-2)

[1] En aquel mismo tiempo el rey Herodes echó mano a algunos de la iglesia para maltratarles. [2] Y mató a espada a Jacobo, hermano de Juan.

Desde el año 6 d.C. hasta el 41, Judea fue gobernada por procuradores enviados por el emperador romano. Estos hombres nunca fueron populares. Pilato, en especial, había levantado la cólera de los líderes judíos de muchas maneras. Hasta había tomado dinero del tesoro del templo para construir un acueducto para Jerusalén.

En el año 41 d.C., el emperador unió la Judea al territorio del rey Herodes Agripa I, quien es el rey Herodes de este capítulo. Este Herodes era un nieto del idumeo (edomita) Herodes el Grande y de su esposa Mariamne, princesa judía de la familia asmonea (macabea). Por ser Herodes Agripa I amigo de los emperadores romanos, Gayo lo hizo rey de parte de Siria en el año 37 d.C. Luego, en el año 39 d.C., le dio también Galilea y Perea, después de enviar al exilio a Herodes Antipas, el Herodes que había matado a Juan el Bautista. (Herodes Antipas era tío de Herodes Agripa I).

Cuando Herodes Agripa I se convirtió en rey de Judea y Jerusalén, hizo todo lo que estuvo en su mano para ganarse y asegurarse el favor de los judíos. A diferencia de la mayoría de los Herodes, practicaba fielmente las formalidades de la religión judía. Es evidente que él también había visto y oído lo suficiente de parte de los dirigentes judíos para conocer sus temores y frustraciones con respecto a los apóstoles y a la iglesia. Sin duda, oiría cómo el Sanedrín había amenazado a los apóstoles, y cómo ellos habían seguido predicando a Jesús.

Fue entonces, en algún momento de los primeros tiempos de su reinado, cuando decidió tomar las medidas necesarias para demostrar que era rey y que podía hacer más que limitarse a amenazar. Así fue como echó mano (arrestó) a algunos de la iglesia con la intención de maltratarlos. Entre ellos se hallaba el apóstol Jacobo, o Santiago, hermano de Juan e hijo de Zebedeo. Los dos hermanos y Pedro habían constituido el círculo íntimo de Jesús entre sus discípulos mientras él ministraba en la tierra. Lucas no nos da detalles, pero no parece que se haya hecho juicio alguno. A Jacobo no se le dio oportunidad ni de dar testimonio de su fe. Herodes simplemente lo hizo matar (asesinar) con una espada[1].

Herodes arresta a Pedro (12:3-6)

3 Y viendo que esto había agradado a los judíos, procedió a prender también
a Pedro. Eran entonces los días de los panes sin levadura. 4 Y habiéndole tomado
preso, le puso en la cárcel, entregándole a cuatro grupos de cuatro soldados cada
uno, para que le custodiasen; y se proponía sacarle al pueblo después de la pascua. 5 Así que Pedro estaba custodiado en la cárcel; pero la iglesia hacía sin cesar
oración a Dios por él. 6 Y cuando Herodes le iba a sacar, aquella misma noche
estaba Pedro durmiendo entre dos soldados, sujeto con dos cadenas, y los guardas
delante de la puerta custodiaban la cárcel.

El asesinato de Jacobo agradó (complació, fue bien aceptado) a los dirigentes judíos y a sus amigos. Nunca habían olvidado la forma en que los apóstoles los habían desafiado. Además, puesto que la mayoría de estos dirigentes eran saduceos, no les gustaban las enseñanzas de los cristianos. Querían que se les frenara.

Cuando Herodes vio lo complacidos que estaban, procedió a arrestar a Pedro, que era el más lanzado de todos los apóstoles. Pero este arresto tuvo lugar durante los siete días de la fiesta del pan sin levadura. Estos días iban unidos a la fiesta de la Pascua en aquellos tiempos, y los ocho días recibían el nombre de Pascua (comenzaban con el 14 de Nisán, que en nuestro calendario varía entre marzo y abril). Nuestra versión traduce correctamente «los días de los panes sin levadura», mientras que otras, como la versión *King James* [del rey Jaime] inglesa traducen la palabra *pascha*, versión aramea del hebreo *pesakh*, como «pascua». Sin embargo, lo que se quiere significar es la combinación de la pascua y de los panes ázimos o sin levadura.

No se nos dice por qué Herodes decidió esperar hasta que pasaran los días de pascua para presentar a Pedro[2] ante el pueblo. Los líderes judíos no dudaron en hacer matar a Jesús durante aquellas mismas fiestas. Es posible que Herodes quisiera demostrarles lo estrictamente que guardaba la pascua. También es posible que haya querido esperar hasta que la mayoría de la multitud regresara a sus hogares, por temor a que hubiera algún motín que no fuera capaz de controlar. Otros sugieren que quería tener toda la atención del pueblo para la exhibición que quería hacer. Cualquiera que fuera la razón, Herodes puso en prisión a Pedro bajo fuerte vigilancia, entregándolo a cuatro grupos de cuatro soldados cada uno.

Mientras tanto, la iglesia oraba continua y ardientemente a Dios a favor de Pedro. Podemos estar seguros de que oraba para que tuviera fortaleza y pudiera dar testimonio, además de orar por su liberación.

La noche anterior al día en que Herodes pensaba sacarlo para hacerle juicio, sentenciarlo y ejecutarlo[3], Pedro se hallaba profundamente dormido. Debe haber puesto su situación en manos del Señor; aun cuando esperaba tener que enfrentarse a la ejecución al día siguiente, pudo dormir en paz. Tenía a Cristo consigo. Morir hubiera significado solamente estar más cerca de él aun. (Compare con Filipenses 1:21). Los primeros creyentes estaban tan llenos del Señor, que no temían a la muerte.

En verdad, la situación de Pedro parecía sin esperanza en lo natural. Dos cadenas lo ataban a los dos soldados que dormían uno a cada lado de él; frente a la puerta había guardas que vigilaban la prisión. Con seguridad Herodes habría conocido la forma en que los apóstoles habían escapado de la prisión anteriormente, y por eso no quería correr riesgos.

Un ángel rescata a Pedro (12:7-19)

7 Y he aquí que se presentó un ángel del Señor, y una luz resplandeció en la
cárcel; y tocando a Pedro en el costado, le despertó, diciendo: Levántate pronto.
Y las cadenas se le cayeron de las manos. 8 Le dijo el ángel: Cíñete, y átate las
sandalias. Y lo hizo así. Y le dijo: Envuélvete en tu manto, y sígueme. 9 Y saliendo,
le seguía; pero no sabía que era verdad lo que hacía el ángel, sino que pensaba que
veía una visión. 10 Habiendo pasado la primera y la segunda guardia, llegaron a la
puerta de hierro que daba a la ciudad, la cual se les abrió por sí misma; y salidos,
pasaron una calle, y luego el ángel se apartó de él. 11 Entonces Pedro, volviendo
en sí, dijo: Ahora entiendo verdaderamente que el Señor ha enviado su ángel, y
me ha librado de la mano de Herodes, y de todo lo que el pueblo de los judíos
esperaba. 12 Y habiendo considerado esto, llegó a casa de María la madre de Juan,

el que tenía por sobrenombre Marcos, donde muchos estaban reunidos orando.[13] Cuando llamó Pedro a la puerta del patio, salió a escuchar una muchacha llamada Rode, [14] la cual, cuando reconoció la voz de Pedro, de gozo no abrió la puerta, sino que corriendo adentro, dio la nueva de que Pedro estaba a la puerta. [15] Y ellos le dijeron: Estás loca. Pero ella aseguraba que así era. Entonces ellos decían: !!Es su ángel! [16] Mas Pedro persistía en llamar; y cuando abrieron y le vieron, se quedaron atónitos. [17] Pero él, haciéndoles con la mano señal de que callasen, les contó cómo el Señor le había sacado de la cárcel. Y dijo: Haced saber esto a Jacobo y a los hermanos. Y salió, y se fue a otro lugar. [18] Luego que fue de día, hubo no poco alboroto entre los soldados sobre qué había sido de Pedro. [19] Mas Herodes, habiéndole buscado sin hallarle, después de interrogar a los guardas, ordenó llevarlos a la muerte. Después descendió de Judea a Cesarea y se quedó allí.

De pronto, se presentó un ángel del Señor ante Pedro. Una luz resplandeció en la prisión; posiblemente surgiera de la persona del ángel, o quizá fuera una manifestación distinta, para que Pedro pudiera ver lo que tenía que hacer. Entonces el ángel lo tocó fuertemente en un costado, lo despertó y le dijo que se levantara pronto. (El verbo griego no significa que el ángel lo haya levantado, sino simplemente que lo despertó). Al mismo tiempo, las cadenas cayeron de sus muñecas.

Después de obedecer la orden del ángel de ceñirse la túnica con el cinturón, ponerse las sandalias y envolverse en su manto, lo siguió y salieron. Sin embargo, durante todo este tiempo, él no sabía en realidad que era cierto lo que estaba sucediendo. Pensaba que estaba viendo un sueño o una visión. Tampoco los guardas estaban conscientes de lo que estaba sucediendo, ni veían al ángel.

Luego de pasar por dos puertas con sus guardas (lo cual es señal de que Pedro estaba en la prisión más interior), la gran puerta de hierro que daba a la ciudad (a la calle) se abrió sola[4]. Entonces, después de que el ángel lo guiara por una de las estrechas calles[5] (tal vez a todo lo largo de una de ellas), se apartó de él súbitamente (y desapareció).

Hasta que el ángel no se hubo ido, y Pedro se encontró solo en la calle, no recuperó la consciencia, ni se dio cuenta de que el Señor había enviado en verdad a su ángel para rescatarlo del poder de Herodes y de lo que el pueblo judío estaba esperando. Esto es, de la esperanza de que Herodes le hiciera lo que ya le había hecho al apóstol Jacobo.

Después de darse cuenta de todo esto, Pedro se dirigió a la casa de María, la madre de Juan Marcos. (Marcos era un nombre latino añadido). Allí había un considerable número de creyentes reunidos en oración. Notemos que después de varios días, todavía seguían orando día y noche por Pedro. La oración fiel era una de las señales de la iglesia primitiva.

La casa de la madre de Marcos era grande y tenía un pasillo que iba desde la calle hasta el interior de la casa, donde se hallaban reunidos los creyentes. El hecho de que una joven esclava, Rode (en griego, «rosal»), saliera a la puerta cuando Pedro llamó, nos muestra que también era una casa rica. Es evidente que sería habitual como lugar de reunión para un gran grupo de creyentes. Pedro sabía que encontraría gente allí. Sin duda sentía que tenía una relación especial con este grupo, porque Marcos se había convertido bajo su ministerio, y había recibido de él un entrenamiento especial. (Vea 1 Pedro 5:13, donde Pedro llama a Marcos «mi hijo», en el sentido de «mi estudiante»).

Cuando Pedro tocó a la pesada puerta de entrada del patio (esto es, la entrada al pasillo que conducía al patio interior de la casa), Rode contestó. El sonido de la familiar voz de Pedro la llenó de un regocijo tal, que en su emoción no abrió la puerta. En cambio, corrió adentro y les anunció la presencia de Pedro a los creyentes que estaban reunidos.

Ellos le dijeron que estaba loca, absolutamente enajenada. Pero ella siguió afirmando categóricamente que así era. Algunos judíos tenían la tradición de que un ángel guardián podía tomar la forma de una persona. No hay fundamento bíblico alguno en absoluto para una enseñanza así, pero Lucas relata lo que dijeron en ese momento, para demostrar que pensaban que Pedro ya estaba muerto. Aunque oraban día y noche por su libertad, no podían creer que se había producido en realidad.

Habían pasado varios años desde la ocasión anterior en que los apóstoles habían sido liberados de la prisión. Pero no era solo el tiempo transcurrido lo que había embotado su fe. La sacudida de la muerte de Jacobo les hacía preguntarse si quizá el Señor no permitiría que Pedro fuera asesinado también. Jesús le había indicado a Pedro que tendría muerte de mártir cuando fuera anciano (Juan 21:18-19). Sin embargo, Jesús no dijo qué edad tendría, y Pedro era mayor que los demás apóstoles en edad.

En realidad, la Biblia no da explicación de por qué Dios dejó que mataran a Jacobo en este momento, y sin embargo rescató a Pedro. Podemos estar seguros de que en su divina sabiduría, él sabía que el trabajo de Jacobo estaba terminado, y Pedro todavía hacía falta sobre la tierra. ¡Dios hace bien todas las cosas!

Mientras seguía toda esta discusión en el grupo de oración, Pedro seguía de pie afuera, llamando a la puerta. Es probable que no llamara muy alto, para no despertar al vecindario, no fuera a ser que alguien diera la alarma. Pero al final abrieron la puerta, y al verlo se quedaron todos atónitos y asombrados.

Según se ve, comenzaron a gritar de emoción. Pero Pedro les hizo señal con la mano de que guardaran silencio y les relató cómo el Señor lo había sacado de la prisión. Después les dijo que informaran de todo aquello a Jacobo (el hermano de Jesús)[6] y a los hermanos; esto es, a los principales creyentes asociados a Jacobo, posiblemente ancianos de grupos que se reunían en otras casas. No hay duda de que se estaban llevando a cabo otras reuniones de oración bajo la dirección de Jacobo y de los demás ancianos de la iglesia. Jacobo les daría a los demás la noticia de la liberación de Pedro.

Entonces Pedro, sabiendo que al amanecer los hombres de Herodes comenzarían a buscarlo, se fue a otro lugar (fuera de Jerusalén). No le dijo a nadie a dónde iba, para que pudieran decir con honradez que no sabían dónde se hallaba[7].

De este relato deducimos también que el lugar de liderazgo dado a Jacobo era cada vez más importante. Quizás se debiera en parte al hecho de que fuera hermano de Jesús. Sin embargo, Jesús tenía otros hermanos, y no hay evidencia de que ninguno de ellos llamara la atención sobre su parentesco con Jesús, o de que trataran de sacarle partido en forma alguna. Tanto Jacobo como Judas en sus epístolas se refieren a sí mismos dándose simplemente el título de siervos (esclavos) del Señor Jesús. Jacobo siguió siendo uno de los principales ancianos de la iglesia en Jerusalén, hasta que fue apedreado a muerte en el año 61 d.C., poco después de la muerte de Festo. Esto estremeció a la mayoría de los judíos en Jerusalén, porque aun los que no habían aceptado a Cristo tenían a Jacobo en gran honor, y agradecían su mucha oración por el pueblo.

Sí da la impresión de que, después de aparecérsele Jesús a Jacobo (1 Corintios 15:7), este ganó a sus demás hermanos para el Señor, y entonces todos ellos recibieron enseñanza de los apóstoles. Desde aquel momento, se entregaron a la oración y a servir a los demás. En especial Jacobo parece haber crecido espiritualmente a pasos agigantados. Una tradición posterior afirma que tenía callosidades como las de los camellos en sus rodillas, y que hizo hoyos en un piso de piedra arrodillándose continuamente en el mismo lugar. Todos están de acuerdo en que la oración y los dones del Espíritu hicieron de él un líder espiritual.

Al amanecer, no fue poco el alboroto que hubo entre los soldados, mientras trataban de averiguar qué había sido de Pedro. Aunque Herodes hizo que se le buscara cuidadosamente, no se le halló por ninguna parte. Entonces Herodes llamó a los guardas para un interrogatorio previo, pero no les hizo un juicio formal. En cambio, hizo que se los llevaran y los ejecutaran sumariamente. (La ley romana castigaba a un guarda con el mismo castigo que el prisionero escapado hubiera recibido).

Después de aquello, tal vez enojado, molesto y desanimado, Herodes salió de Judea (esto es, de Jerusalén) y se fue a la otra capital de la provincia, que estaba en la costa del mar (Cesarea), donde se quedó. Sentía que había sido deshonrado en Jerusalén, y nunca regresó a la ciudad.

La muerte de Herodes (12:20-24)

20 Y Herodes estaba enojado contra los de Tiro y de Sidón; pero ellos vinieron de acuerdo ante él, y sobornado Blasto, que era camarero mayor del rey,
pedían paz, porque su territorio era abastecido por el del rey. 21 Y un día señalado,
Herodes, vestido de ropas reales, se sentó en el tribunal y les arengó. 22 Y el pueblo
aclamaba gritando: ¡Voz de Dios, y no de hombre! 23 Al momento un ángel del
Señor le hirió, por cuanto no dio la gloria a Dios; y expiró comido de gusanos. 24
Pero la palabra del Señor crecía y se multiplicaba.

En aquellos momentos, y tal vez por algún tiempo ya, Herodes estaba sumamente furioso con Tiro y Sidón, prácticamente a punto de hacer estallar la guerra, aunque no se hubiera permitido que esto sucediera entre dos provincias o dependencias romanas. Para tratar de tranquilizarlo, los dirigentes de Tiro y Sidón se reunieron, se pusieron de acuerdo y fueron ante Herodes. Pero primero, hicieron amistad con Blasto, el camarero mayor del rey, quien era uno de los consejeros y confidentes de Herodes. Usando su influencia, pidieron paz para ellos. Tenían una buena razón: Tiro y Sidón se hallan en una estrecha faja de tierra entre las montañas y el mar, y tenían muy poca zona cultivable; debido a esto, dependían de Palestina en cuanto a sus alimentos. (Vea 1 Reyes 5:11; Esdras 3:7; Ezequiel 27:17). También se indica que Bernabé y Saulo se hallaban en Jerusalén en aquellos momentos, con la colecta que habían traído para aliviar el hambre. Es posible que esta hambre hubiera estado afectando a Tiro y a Sidón también, de manera que han de haber estado desesperados por compartir los alimentos producidos en Palestina.

Herodes respondió positivamente, y los líderes, sin duda acompañados por numerosas personas de Tiro y de Sidón, se reunieron en Cesarea en un día señalado. El anfiteatro abierto de estilo griego, situado junto al mar Mediterráneo en las ruinas de la antigua Cesarea, es aún una maravilla de buena acústica. Es probable que la multitud se reuniera allí. Entonces apareció Herodes en el escenario con sus ropas reales. Según el historiador judío Josefo, el ropaje exterior era de plata (adornado con plata, o tejido con verdaderos hilos de plata). Josefo añade también que los rayos del sol se reflejaban en el manto de plata de Herodes.

Después de sentarse en un trono elevado, Herodes comenzó una arenga (un discurso) a la multitud de Tiro y Sidón reunida. Aquellas personas hablaban griego y habían adoptado la cultura y la idolatría de los griegos. En respuesta al discurso de Herodes, comenzaron a gritar: «¡Voz de Dios [de un Dios], y no de hombre!». Herodes no se opuso a esto, ni le dio al verdadero Dios gloria alguna. De inmediato, un ángel del Señor lo hirió. Fue comido por gusanos y murió (expiró). Josefo añade que Herodes estuvo cinco días con dolores de agonía en el abdomen. Esto está de acuerdo con el texto, que solo dice que fue herido de inmediato, y no que muriera en aquel mismo lugar. Esto sucedió en el año 44 d.C. Después de aquello, los emperadores romanos volvieron a nombrar procuradores para gobernar la Judea.

Nada de esto fue obstáculo para el continuo crecimiento de la iglesia o para la difusión del evangelio en Palestina. A pesar de la muerte de Jacobo, el arresto de Pedro, la actitud de Herodes y su muerte, «la palabra del Señor crecía y se multiplicaba».

Bernabé y Saulo regresan a Antioquía (12:25)

25 Y Bernabé y Saulo, cumplido su servicio, volvieron de Jerusalén, llevando también consigo a Juan, el que tenía por sobrenombre Marcos.

Parece posible que Bernabé y Saulo estuvieran en Jerusalén al menos durante las fiestas de Pascua, cuando estos sucesos tuvieron lugar. Otros —puesto que Josefo señala que el hambre tuvo lugar en el año 46 d.C., dos años después de la muerte de Herodes— sugieren que la visita de Pablo y Bernabé no fue hasta esa fecha.

Aunque la fecha no sea cierta, se ve con claridad que Saulo y Bernabé cumplieron con su ministerio y les entregaron la ayuda a los ancianos de Jerusalén. Después, regresaron a Antioquía, llevando consigo a Juan Marcos para que los ayudara en el ministerio de la iglesia en Antioquía. Colosenses 4:10 nos dice que Marcos era «sobrino» (literalmente, primo) de Bernabé. La mención de Marcos y del regreso a Antioquía les sirve de introducción a los sucesos del capítulo 13.

---

[1] En el estilo romano, esto significaría que fue decapitado. Algunos críticos modernos suponen que Juan fue matado en estos momentos también, puesto que Jesús había dicho que ambos beberían de la copa del sufrimiento (Marcos 10:39).

Sin embargo, Jesús no afirmó que fueran a morir al mismo tiempo. En realidad, Juan vivió hasta cerca del año 100 d.C. y murió en Éfeso, según una fuerte tradición primitiva. (Papías, según afirma Eusebio, historiador de la iglesia primitiva, habría hablado sobre otro Juan que vivía en Éfeso, el anciano o presbítero Juan. No obstante, se ha podido demostrar que Papías se había equivocado en muchas otras cosas). Sin duda, el apóstol Juan sufrió grandemente. Vea Apocalipsis 1:9.

[2] «Subirlo desde la prisión», es decir, o bien para divertir al pueblo, o para que pudiera presenciar su ejecución.

[3] El texto griego de este lugar es similar al usado en Hechos 25:26 para hablar del apóstol Pablo cuando fue llevado a juicio ante el rey Agripa.

[4] En griego, *autómata*, automáticamente. El Códice Beza (D) añade que descendieron siete escalones (hasta la calle).

[5] O posiblemente hasta el siguiente cruce de calles.

[6] Algunos escritores consideran que se habla de Santiago, el hijo de Alfeo. También conjeturan que era el único apóstol que quedaba en Jerusalén, y por tanto, había asumido el mando. Sin embargo, lo que se dice más adelante en los Hechos y en las epístolas paulinas deja en claro que se está hablando de Santiago o Jacobo, el hermano de Jesús. Vea Gálatas 1:19; 2:9.

[7] Algunos escritores hacen especulaciones afirmando que Pedro fue a Roma en este tiempo. No hay evidencias de esto. En realidad, no hay evidencias reales de que Pedro visitara nunca Roma antes de su martirio. Observe que Pedro se hallaba de vuelta en Jerusalén para la conferencia de Hechos 15. También visitó Babilonia posteriormente, puesto que Babilonia era el mayor centro de judaísmo ortodoxo que existía fuera de Palestina (1 Pedro 5:13, teniendo en cuenta que no hay ninguna razón para no considerar que se hablaba de la Babilonia real en el momento en que Pedro escribió). En aquellos momentos, no había razón alguna para disfrazar a Roma llamándola Babilonia.

HECHOS

CAPÍTULO 13

Este capítulo nos lleva a otro paso importante en el progreso del evangelio. Hasta este momento, era llevado a nuevos lugares por aquellos que se dispersaban. Pero no había nadie que se entregara específicamente a la labor de ir a nuevos lugares para comenzar y organizar asambleas nuevas.

El envío de Bernabé y Saulo (13:1-3)

1 Había entonces en la iglesia que estaba en Antioquía, profetas y maestros:
Bernabé, Simón el que se llamaba Niger, Lucio de Cirene, Manaén el que se
había criado junto con Herodes el tetrarca, y Saulo. 2 Ministrando éstos al Señor,
y ayunando, dijo el Espíritu Santo: Apartadme a Bernabé y a Saulo para la obra
a que los he llamado. 3 Entonces, habiendo ayunado y orado, les impusieron las
manos y los despidieron.

Al llegar este momento, Dios había suscitado en la creciente iglesia de Antioquía otros además de Bernabé y Saulo, para que ayudaran en el ministerio. Aquí se les llama profetas y maestros. Como profetas, eran usados por el Espíritu para dar edificación, exhortación, y consolación o ánimo. Como maestros, recibieron dones del Espíritu Santo que les permitirían enseñar con eficacia la Palabra de Dios[1].

Entre ellos estaba Simón o Simeón, llamado Niger. Este nombre era común en hebreo; Niger significa negro. Algunos escritores creen que era hijo de un judío casado con una mujer de color. Otros especulan que puede haber sido Simón el Cireneo, el que llevó la cruz (Marcos 15:21; Lucas 23:26). Aquí no se dice que fuera de Cirene, pero ya que los primeros testigos de Antioquía contaban entre ellos con hombres de Cirene, resulta posible.

De Lucio, el siguiente profeta o maestro, sí se dice de manera categórica que era de Cirene (en el norte de África, al oeste de Egipto). Es posible que fuera uno de aquellos que llegaron primero con el evangelio a Antioquía (Hechos 11:20).

Menaén (una forma griega de *Menahem*, «consolador»), el otro profeta o maestro, se había criado junto con Herodes el tetrarca (Herodes Antipas, el que mató a Juan el Bautista).

Literalmente, se le llama «hermano de leche o de crianza», y tenía poco más o menos la misma edad que Herodes. Creció en palacio, y algunos creen que también se convirtió en cortesano o funcionario de este Herodes. Debe haber recibido la influencia de Juan el Bautista. Posteriormente había sido salvo. También es posible que estuviera entre los que se hallaban presentes en el día de Pentecostés, cuando se derramó el Espíritu por primera vez.

Estos, junto con la congregación, estaban ministrando al Señor en un culto público (como lo indica el texto griego). También estaban ayunando. El ayuno no había sido muy enfatizado por Jesús. Mientras estuviera él con sus discípulos, eran como amigos o ayudantes del novio en una fiesta, y no se podía esperar de ellos que ayunaran (Lucas 5:34). Sin embargo, hay muchos pasajes que muestran que el ayuno tiene su lugar. Es evidente que los dirigentes, y con seguridad toda la congregación con ellos, habían dejado de lado todas las demás cosas por un tiempo para adorar, orar y alabar.

Durante el culto, el Espíritu Santo habló y les ordenó (a toda la iglesia) que le apartaran (separaran para él) a Bernabé y a Saulo para la obra a la que (ya) los había llamado. El griego es imperativo aquí, e incluye una partícula que expresa una exigencia u orden fuerte.

No se nos dice la forma exacta en que el Espíritu Santo dio aquel mensaje. Quizá fuera con lenguas e interpretación. Parece más probable que fuera un mensaje dado en profecía para la iglesia, tal vez un mensaje dado por uno de los otros tres profetas y maestros nombrados en el versículo primero. Sin embargo, esto no constituye base alguna para la llamada «profecía directiva». No tenía el propósito de darles órdenes a Bernabé y a Saulo. El tiempo perfecto griego que se usa aquí, significa que hay una acción del pasado que tiene resultados en el presente. Este nos muestra que ya el Espíritu Santo había tratado personalmente con ambos, tanto Bernabé como Saulo. Pero ellos no estaban sirviendo solo al Señor, sino también a la iglesia. Tenían responsabilidades concretas en el ministerio a la iglesia que estaba en Antioquía. Por esto era necesario que la iglesia estuviera dispuesta a dejarlos ir. Por lo tanto, el mensaje del Espíritu iba dirigido a toda la asamblea, y no a ningún individuo.

Todos siguieron ayunando y orando después de esto. Más tarde (1 Corintios 14:29), Pablo diría que las profecías deben ser juzgadas por otros miembros del cuerpo. Siempre es sabio no apresurarnos hasta saber con claridad que el mensaje viene del Señor.

La asamblea también debe haber orado por la bendición de Dios sobre este nuevo ministerio. Después, los despidieron (de forma literal, los liberaron; esto es, de sus obligaciones en Antioquía, de manera que tuvieron permiso de ellos para partir). Se ve con claridad que toda la iglesia estuvo comprometida en esto y que estuvo de acuerdo con sus dirigentes.

La evangelización de Chipre (13:4-13)

4 Ellos, entonces, enviados por el Espíritu Santo, descendieron a Seleucia,
y de allí navegaron a Chipre. 5 Y llegados a Salamina, anunciaban la palabra de
Dios en las sinagogas de los judíos. Tenían también a Juan de ayudante. 6 Y habiendo atravesado toda la isla hasta Pafos, hallaron a cierto mago, falso profeta,
judío, llamado Barjesús, 7 que estaba con el procónsul Sergio Paulo, varón prudente. Este, llamando a Bernabé y a Saulo, deseaba oír la palabra de Dios. 8 Pero
les resistía Elimas, el mago (pues así se traduce su nombre), procurando apartar
de la fe al procónsul. 9 Entonces Saulo, que también es Pablo, lleno del Espíritu
Santo, fijando en él los ojos, 10 dijo: ¡Oh, lleno de todo engaño y de toda maldad,
hijo del diablo, enemigo de toda justicia! ¿No cesarás de trastornar los caminos
rectos del Señor? 11 Ahora, pues, he aquí la mano del Señor está contra ti, y serás
ciego, y no verás el sol por algún tiempo. E inmediatamente cayeron sobre él
oscuridad y tinieblas; y andando alrededor, buscaba quien le condujese de la
mano. 12 Entonces el procónsul, viendo lo que había sucedido, creyó, maravillado
de la doctrina del Señor. 13 Habiendo zarpado de Pafos, Pablo y sus compañeros
arribaron a Perge de Panfilia; pero Juan, apartándose de ellos, volvió a Jerusalén.

El versículo 4 hace notar que Bernabé y Saulo habían sido enviados por el Espíritu Santo. La iglesia les dio su bendición y los dejó ir. De esta forma, tanto el Espíritu Santo como la iglesia estaban interesados en su ida. Esto es un buen ejemplo para nosotros, y debería ser el modelo normal para el envío de misioneros.

Su primer viaje misionero los llevó a la isla de Chipre, situada a unos ciento sesenta kilómetros en dirección sudoeste, después a las ciudades de tierra firme situadas en la parte sur de la provincia romana de la Galacia, y por último, de vuelta a Antioquía, donde rindieron informe ante la iglesia madre (Hechos 14:26-27).

Comenzaron su viaje, llevando a Juan (Marcos) como ayudante (sirviente, asistente)[2], descendiendo desde Antioquía hasta Seleucia, que era su puerto sobre el Mediterráneo. Allí tomaron una embarcación para dirigirse a Chipre. La Biblia no dice por qué tomaron este rumbo. Sin embargo, puesto que el Espíritu Santo era el que los enviaba, podemos tener la seguridad de que seguía dirigiéndolos. También podemos ver sabiduría en el hecho de que el Espíritu Santo los llevara primero a Chipre, donde había crecido Bernabé (Hechos 4:36), y donde él conocía a la gente y las costumbres.

En Salamina, situada en el extremo oriental de la isla, se aprovecharon de las oportunidades que les daban a los rabinos visitantes las sinagogas para que predicaran. Saulo tenía siempre la costumbre de dirigirse primero a los judíos, porque ellos tenían las Escrituras, las promesas y el fondo cultural necesario para comprender el evangelio (Romanos 1:16; 3:2; 9:4-5).

Después de proclamar la Palabra de Dios (el evangelio) allí, atravesaron toda la isla, hasta que llegaron a Pafos, en su extremo occidental. Saulo cambió su método después de salir de Chipre. Luego de esto, en lugar de tratar de cubrir todo el territorio, iban a las ciudades claves para establecer iglesias en ellas. Estas asambleas se convertían en centros desde los cuales el cuerpo local podía difundir el evangelio por las regiones circundantes.

En Pafos hallaron a un judío llamado Barjesús[3], quien era mago y falso profeta. Esto quiere decir que proclamaba falsamente que era profeta. Como Simón el mago en Samaria, practicaba su magia para engañar a la gente y adquirir poder sobre ella.

Saulo y Bernabé encontraron a este hombre con el procónsul (el gobernador nombrado por el Senado romano)[4]. Este hombre, Sergio Paulo, era prudente (inteligente, sensitivo y educado), y llamó a Bernabé y a Saulo porque ansiaba oír la Palabra de Dios. Entonces el mago, llamado ahora por una interpretación griega de su nombre, Elimas, se les resistía, y trataba por todos los medios de apartar (torcer, alejar) al procónsul de la fe. Esto quiere decir que Bernabé y Saulo le presentaron la fe, todo el contenido del evangelio al procónsul, y que él lo estaba aceptando. Entonces Elimas trató de retener su influencia sobre el procónsul, a base de distorsionar y pervertir lo que Bernabé y Saulo estaban enseñándole. Pero Saulo recibió una plenitud nueva y especial del Espíritu Santo (de la misma manera que Pedro, cuando se enfrentó al Sanedrín en Hechos 4:8).

En este momento, Lucas señala también que Saulo tenía otro nombre: Pablo, un nombre romano. Esto es significativo, porque en el resto del libro de los Hechos, lo llamará siempre Pablo. También en sus epístolas, él se llama siempre Pablo. Por supuesto, el uso de su nombre romano cuadra bien con su ministerio dirigido primariamente a los gentiles.

Con esta nueva plenitud especial del Espíritu, el Señor le dio también a Pablo la dirección del viaje misionero. En el versículo 13, en lugar de «Bernabé y Saulo», leemos «Pablo y sus compañeros». Esto está de acuerdo también con la profecía recibida por Ananías después de la conversión de Pablo. (Vea Hechos 9:15).

Lo que hizo Pablo a continuación no fue idea suya, sino un impulso recibido directamente del Espíritu. Fijando los ojos en Elimas, se dirigió a él llamándole «lleno de todo engaño» (sutileza, doblez, mentira) «y de toda maldad» (perversión, ausencia de escrúpulos, facilidad total para hacer el mal, fraude), «hijo del diablo[5], enemigo de toda justicia».

Después, le hizo una pregunta retórica que en realidad era una afirmación de que Elimas estaba decidido a no cesar de trastornar (torcer, distorsionar) los caminos rectos del Señor (el camino de la salvación, y los planes de Dios para el creyente). Por este motivo, declaró que la mano (el poder) del Señor estaría (por fin) contra él (esto es, en juicio). Sería totalmente ciego por algún tiempo, o sea, hasta que a Dios le pareciera bien dejarle ver de nuevo. (Es probable que la intención de esto fuera darle una oportunidad de arrepentimiento a Elimas).

De inmediato cayeron sobre él oscuridad y tinieblas, y andando alrededor, buscaba quien le condujese de la mano. Según se ve, todos se apartaban de él, y pasó un mal rato tratando de encontrar a alguien que quisiera guiarlo.

El procónsul, tan pronto como vio lo sucedido, creyó. Pero no se maravilló (asombró, pasmó) tanto por el juicio que había caído sobre Elimas, sino por la doctrina (enseñanza) del Señor; este suceso hizo llegar hasta su interior la verdad sobre Jesús, la cruz y la resurrección, así como el resto del evangelio que le habían presentado. Como hemos visto, Lucas condensa con frecuencia su narración, y no nos lo dice todo todas las veces. No obstante, podemos tener la seguridad de que, como creyente, este hombre fue bautizado tanto en agua como en el Espíritu Santo, con la evidencia de hablar en otras lenguas[6].

Desde Pafos, Pablo y sus compañeros zarparon con rumbo a Perge de Panfilia (distrito situado en la costa sur del Asia Menor). Bernabé seguía estando con Pablo, por supuesto. Sin embargo, como «hijo de consolación» que era, pasó sin oposición alguna a un plano secundario, y sostuvo a Pablo como nuevo líder del grupo. Podemos estar seguros de que reconocía que esa era la decisión del Espíritu Santo, y que Pablo era guiado de forma especial por él.

En Perge, Juan Marcos se apartó de ellos (desertó) y regresó a Jerusalén. Más tarde (Hechos 15:38) se insinúa que Marcos los había dejado en la estacada, cuando lo necesitaban de verdad. Quizá el trabajo se hiciera más difícil al encontrarse en una región de tierra firme que no les era familiar. Algunos han sugerido que, puesto que Marcos pertenecía a una familia rica donde había sirvientes, decidió irse a su casa, donde la vida le sería más fácil. Otros sugieren que se marchó porque le disgustó que su primo Bernabé ya no fuera el jefe del grupo. Cualquiera que fuera la razón, Pablo lo vio como un fallo casi inexcusable por parte de Marcos.

La predicación en Antioquía de Pisidia (13:14-41)

[14] Ellos, pasando de Perge, llegaron a Antioquía de Pisidia; y entraron en la sinagoga un día de reposo y se sentaron. [15] Y después de la lectura de la ley y de los profetas, los principales de la sinagoga mandaron a decirles: Varones hermanos, si tenéis alguna palabra de exhortación para el pueblo, hablad. [16] Entonces Pablo, levantándose, hecha señal de silencio con la mano, dijo: Varones israelitas, y los que teméis a Dios, oíd: [17] El Dios de este pueblo de Israel escogió a nuestros padres, y enalteció al pueblo, siendo ellos extranjeros en tierra de Egipto, y con brazo levantado los sacó de ella. [18] Y por un tiempo como de cuarenta años los soportó en el desierto; [19] y habiendo destruido siete naciones en la tierra de Canaán, les dio en herencia su territorio.[20] Después, como por cuatrocientos cincuenta años, les dio jueces hasta el profeta Samuel.[21] Luego pidieron rey, y Dios les dio a Saúl hijo de Cis, varón de la tribu de Benjamín, por cuarenta años. [22] Quitado éste, les levantó por rey a David, de quien dio también testimonio diciendo: He hallado a David hijo de Isaí, varón conforme a mi corazón, quien hará todo lo que yo quiero.[23] De la descendencia de éste, y conforme a la promesa, Dios levantó a Jesús por Salvador a Israel. [24] Antes de su venida, predicó Juan el bautismo de arrepentimiento a todo el pueblo de Israel. [25] Mas cuando Juan terminaba su carrera, dijo: ¿Quién pensáis que soy? No soy yo él; mas he aquí viene tras mí uno de quien no soy digno de desatar el calzado de los pies. [26] Varones hermanos, hijos del linaje de Abraham, y los que entre vosotros teméis a Dios, a vosotros es enviada la palabra de esta salvación. [27] Porque los habitantes de Jerusalén y sus gobernantes, no conociendo a Jesús, ni las palabras de los profetas que se leen todos los días de reposo, las cumplieron al condenarle. [28] Y sin hallar en él causa digna de muerte, pidieron a Pilato que se le matase. [29] Y habiendo cumplido todas las cosas que de él estaban escritas, quitándolo del madero, lo pusieron en el sepulcro. [30] Mas Dios le levantó de los muertos. [31] Y él se apareció durante muchos días a los que habían subido juntamente con él de Galilea a Jerusalén, los cuales ahora son sus testigos ante el pueblo. [32] Y nosotros también os anunciamos el evangelio de aquella promesa hecha a nuestros padres, [33] la cual Dios ha cumplido a los hijos de ellos, a nosotros, resucitando a Jesús; como está escrito también en el salmo segundo: Mi hijo eres tú, yo te he engendrado hoy. [34] Y en cuanto a que le levantó de los muertos para nunca más volver a corrupción, lo dijo así: Os daré las misericordias fieles de David. [35] Por eso dice también en otro salmo: No permitirás que tu Santo vea corrupción. [36] Porque a la verdad David, habiendo servido a su propia generación según la voluntad de Dios, durmió, y fue reunido con sus padres, y vio corrupción. [37] Mas aquel a quien Dios levantó, no vio corrupción. [38] Sabed, pues, esto, varones hermanos: que por medio de él se os anuncia perdón de pecados, [39] y que de todo aquello de que por la ley de Moisés no pudisteis ser

justificados, en él es justificado todo aquel que cree. [40] Mirad, pues, que no venga sobre vosotros lo que está dicho en los profetas: [41] Mirad, oh menospreciadores, y asombraos, y desapareced; porque yo hago una obra en vuestros días, obra que no creeréis, si alguien os la contare.

Desde Perge, se dirigieron a Antioquía de Pisidia[7]. Como de costumbre, fueron primero a la sinagoga. Se nombró a algún otro para que leyera las porciones escogidas de la Ley (el Pentateuco) y de (uno de) los profetas. Después, los principales (dirigentes o ancianos) de la sinagoga mandaron alguien a ellos (porque se hallaban sentados al fondo de la sinagoga) y les pidieron cortésmente que dieran una palabra de exhortación (aliento o ánimo). Entonces Pablo se puso de pie, hizo señal de silencio con la mano y le pidió a los israelitas y a los que temían a Dios que lo escucharan. Aquí podemos ver que había gentiles interesados en la audiencia de la sinagoga.

Como se mencionara anteriormente, muchos gentiles estaban cansados de la inmoralidad y la idolatría de la religiosidad pagana. Estaban hambrientos de algo mejor y se sentían atraídos por las sinagogas y por la adoración del único Dios verdadero, el cual, a diferencia de sus dioses paganos, es santo. No obstante, muchos de ellos no se convertían en prosélitos plenamente, para lo que tendrían que aceptar la circuncisión, bautizarse ellos mismos y cumplir otros ritos. Algunos rabíes no les daban mucho aliento para que lo hicieran, porque no les prometían la salvación si se hacían judíos. Solo solían decir que sus hijos serían contados como judíos, y se hallarían bajo las bendiciones del pacto. Pero aun así, estos gentiles llegaban a oír la Palabra y a aprender más acerca del Dios de Israel.

El sermón de Pablo en Antioquía de Pisidia aparece muy detalladamente. Lucas lo reproduce aquí como ejemplo del tipo de predicación que hacía Pablo en las sinagogas judías. Sin embargo, no da con tanto detalle otros sermones posteriores. Cuando Pablo comenzó, se dirigió tanto a judíos como a gentiles de la audiencia, y los reconoció a todos como «hermanos», teniendo presente a ambos grupos a través de todo el sermón.

La primera parte del sermón (13:17-25) es una revisión de la historia de Israel, a partir del momento en que Dios escoge a Israel, y su liberación de Egipto, hasta que escoge a David. Todo esto era muy conocido para su audiencia, y les demostraba que Pablo conocía las Escrituras.

A diferencia de Esteban, Pablo no insistió en los fallos de Israel. Al contrario; habló de la elección de Dios (para sus propios planes y para su servicio) y la forma en que exaltó a los israelitas mientras permanecían como extranjeros en Egipto. Dios confirmó esta elección sacándolos de Egipto con brazo levantado (con gran poder; vea Éxodo 6:1,6; Salmo 136:11-12). Es decir, Dios aumentó su número durante los tiempos de persecución y los protegió de las plagas.

Entonces, Pablo solo mencionó que Dios soportó las malas maneras del pueblo[8] durante cuarenta años en el desierto. Después, resumió rápidamente la conquista de Josué y la época de los Jueces, al igual que el reinado de Saúl. Las siete naciones del versículo 19 son las tribus de cananeos y de otros pueblos que se hallaban en Palestina. (Vea Deuteronomio 7:1). Los cuatrocientos cincuenta años (número redondo) del versículo 20, hacen referencia no solo a la época del libro de los Jueces, sino a todo el tiempo que transcurrió desde que entraron a la tierra hasta el principio del reinado de David[9].

Llega el momento culminante de este relato histórico cuando Pablo dice que Dios le dio testimonio a David de que él era un hombre conforme a su corazón, quien haría todo lo que él quisiera. (Vea 1 Samuel 13:14; Salmo 89:20). La intención y el deseo de cumplir a plenitud la voluntad de Dios es, por supuesto, lo que hizo de David un varón conforme al corazón divino.

Ahora bien, los que escuchaban a Pablo conocían la promesa hecha por Dios a David (2 Samuel 7:12; Salmo 89:29-34). También conocían las profecías de que Dios le levantaría una simiente más grande que todas a David (Isaías 9:6-7; 11:1-5), así como la profecía de que le daría el trono de David a aquel «cuyo es el derecho» (Ezequiel 21:27). Ahora Pablo declara que Dios había cumplido su promesa y de la descendencia de David le levantó un Salvador a Israel: Jesús (Mateo 1:21).

Pablo sigue identificando a Jesús como aquel del que dijo Juan el Bautista que era el que había de venir[10]. El ministerio de Juan el Bautista era muy conocido entre los judíos de todas partes: también conocían bien que él había negado ser el que habría de venir, el Mesías y Salvador prometido. Por tanto, el testimonio de Juan a favor de Jesús era importante. El que Juan hubiera dicho que no era digno de desatar el calzado (las sandalias) de sus pies, un servicio tan típico de los esclavos, indica cuán por encima de él consideraba a Jesús.

La segunda parte del sermón (13:26-37) trata sobre la muerte y la resurrección de Jesús y el testimonio tanto de los apóstoles como de las Escrituras.

En el versículo 26, Pablo hace notar que este mensaje de salvación les era enviado personalmente (por medio de los que habían sido enviados por el Señor Jesús), y no solo a los judíos presentes, sino también a los gentiles que temían a Dios.

Entonces Pablo muestra que la muerte de Jesús fue el cumplimiento de la Palabra profética de Dios, y que fue llevada a cabo por los habitantes de Jerusalén y sus gobernantes.

Es importante notar aquí que Pablo no les echó la culpa de la muerte de Jesús a todos los judíos, sino solo a aquellos de Jerusalén que estuvieron en verdad comprometidos. También reconoce que lo hicieron porque no conocían a Jesús, ni las palabras de los profetas que se leían cada día de reposo (en sus sinagogas). La palabra griega usada aquí, algunas veces significa ignorancia culpable, o ignorancia deliberada de la verdad. Puesto que ellos sí conocían estas profecías, lo que está diciendo aquí es que las ignoraron de forma voluntaria.

Pablo dice también que no hallaron en él causa, motivo digno de muerte, y sin embargo le pidieron a Pilato que matara a Jesús. Sin embargo, después de que las profecías de la muerte de Cristo se hubieron cumplido, los habitantes de Jerusalén lo quitaron del madero (la cruz; compare con Deuteronomio 21:23 y Gálatas 3:13) y lo pusieron en el sepulcro. (Los que en realidad hicieron esto fueron Nicodemo y José de Arimatea: Juan 19:38-39). Después, Dios levantó a Jesús de entre los muertos. Sus discípulos, galileos que habían subido con él a Jerusalén, fueron testigos de esto.

Estas eran las buenas nuevas que Pablo y Bernabé les traían. La promesa hecha a los padres del Antiguo Testamento se había cumplido ahora para sus hijos, al levantar Dios a Jesús de entre los muertos. Pablo confirmó esto citando el Salmo 2:7, donde «Yo te engendré hoy» significa «Estoy declarando hoy que yo te he engendrado, o sea, que soy tu padre». Esto le fue declarado a uno que ya era hijo de rey. Hoy en día la mayoría cree que era una fórmula por la cual un rey hacía declaración pública de que en aquel momento específico estaba levantando a su hijo para que compartiera el trono como rey, en plan de asociado e igual. Siendo así, en el Salmo se refiere a que Dios declara que Jesús es su Hijo. Dios hizo esto primero cuando Jesús comenzó su ministerio y envió su Espíritu sobre él (Lucas 3:22). Después lo hizo de manera menos inequívoca aún cuando levantó a Jesús de entre los muertos. Como dice Romanos 1:3-4, Jesús, «que era del linaje de David según la carne [...] fue declarado Hijo de Dios con poder, según el Espíritu de santidad [o, por medio del Espíritu Santo], por la resurrección de entre los muertos». Puesto que aun aquí, Lucas está resumiendo un sermón que fue predicado en un largo tiempo, es probable que Pablo les explicara estas cosas más completamente a los que lo escuchaban.

A continuación, siguió señalando citas de las Escrituras. Mencionó en primer lugar Isaías 55:3, que hace referencia a las misericordias fieles de David, en un pasaje que habla de perdón y de salvación. Entonces, dedujo que estas misericordias incluían el Salmo 16:10, que dice que Dios no permitirá que (dará a) su Santo vea corrupción (destrucción o disolución del cuerpo). Además, David, después de servir a su propia generación en la voluntad de Dios, murió y su cuerpo sí vio corrupción. En contraste con él, aquél a quien Dios levantó (Jesús) no vio corrupción. (Compare con Hechos 2:29. Pablo vela la misma verdad que Pedro, pero la presentó de una forma algo distinta. Se ve con claridad que Pablo predicaba el mismo evangelio que los otros apóstoles. Vea Gálatas 1:8-9; 2:2,9; 1 Corintios 15:11).

La parte final de este sermón (13:38-41) es una exhortación: «Por medio de él se os anuncia perdón de pecados». También por medio de él todos los creyentes son justificados (hechos justos, declarados inocentes, tratados como si nunca hubieran pecado; y por tanto, liberados de la culpa y el castigo de su pecado). Los pecadores son perdonados y liberados hasta de la culpa de todas aquellas cosas para las cuales la Ley de Moisés no podía ofrecer justificación (o no podía considerar a nadie como justo)[11].

Termina el sermón de Pablo con una advertencia en la que utiliza un lenguaje tomado de Habacuc 1:5 (en la versión griega de los Setenta). Quería que los que lo escuchaban estuvieran atentos, no fuera a ser que cayera sobre ellos un juicio mayor aún que el que sufrieron los rebeldes a los que hablaba Habacuc.

Se vuelven a los gentiles (13:42-49)

42 Cuando salieron ellos de la sinagoga de los judíos, los gentiles les rogaron que el siguiente día de reposo les hablasen de estas cosas. 43 Y despedida la congregación, muchos de los judíos y de los prosélitos piadosos siguieron a Pablo y a Bernabé, quienes hablándoles, les persuadían a que perseverasen en la gracia de Dios. 44 El siguiente día de reposo se juntó casi toda la ciudad para oír la palabra de Dios. 45 Pero viendo los judíos la muchedumbre, se llenaron de celos, y rebatían lo que Pablo decía, contradiciendo y blasfemando. 46 Entonces Pablo y Bernabé, hablando con denuedo, dijeron: A vosotros a la verdad era necesario que se os hablase primero la palabra de Dios; mas puesto que la desecháis, y no os juzgáis dignos de la vida eterna, he aquí, nos volvemos a los gentiles. 47 Porque así nos ha mandado el Señor, diciendo: Te he puesto para luz de los gentiles, a

fin de que seas para salvación hasta lo último de la tierra. [48] Los gentiles, oyendo esto, se regocijaban y glorificaban la palabra del Señor, y creyeron todos los que estaban ordenados para vida eterna. [49] Y la palabra del Señor se difundía por toda aquella provincia.

A medida que iban saliendo de la sinagoga, los que allí estaban pedían que les hablasen de estas cosas en el siguiente día de reposo[12].

Después, un buen número de ellos, compuesto tanto por judíos como por prosélitos (convertidos al judaísmo) piadosos (temerosos de Dios), siguió a Pablo y a Bernabé. Ellos les hablaron durante algún tiempo, y los persuadían a que perseverasen en la gracia de Dios. Esto quiere decir que habían creído en la gracia de Dios que trae salvación y la habían aceptado, y los estaban animando a continuar en ella.

Los gentiles temerosos de Dios pasaron la noticia con tanta eficiencia, que al día de reposo siguiente, casi toda la ciudad se reunió para oír la Palabra de Dios (el evangelio). Al ver la muchedumbre se llenaron de celos los judíos y comenzaron a hablar contra lo que Pablo decía. Hasta blasfemaron (no de Dios, sino de Pablo). Es decir, usaron un lenguaje abusivo contra él. Esto quiere decir que estaban temerosos de perder su influencia sobre aquellos gentiles que habían estado buscando sus enseñanzas. También podría significar que tenían un celo por el judaísmo en el que no había lugar de bendición para los gentiles que no se hicieran judíos primero.

La reacción de Pablo y Bernabé fue hablar valiente y libremente, diciendo que era necesario (esto es, necesario para cumplir con el plan de Dios) que la Palabra de Dios les fuera hablada primero a «ustedes, judíos». No obstante, ya que los judíos la habían desechado con burla (rechazado) y por tanto, se habían juzgado a ellos mismos indignos de vida eterna (con su conducta), «he aquí» que los dos apóstoles se volvían (en aquel momento) a los gentiles. («He aquí» señala que esta vuelta hacia los gentiles era algo inesperado y sorprendente para los judíos).

La vuelta hacia los gentiles no era en realidad una idea original de los apóstoles. Era más bien un gesto obediente a la Palabra profética dada en Isaías 49:6, con respecto al Mesías, el siervo de Dios. (Vea también Isaías 42:6; Lucas 2:30-32. Cristo y su cuerpo, la iglesia, los creyentes, participan en la obra de llevar la luz del evangelio al mundo).

Al oír esto, los gentiles se regocijaron y glorificaron la Palabra del Señor. «Y creyeron todos los que estaban ordenados para vida eterna». Esto podría sonar como si la Biblia estuviera enseñando una predestinación arbitraria en este momento. No obstante, no se dice que fuera Dios quien los «ordenara». La palabra «ordenados» puede significar aquí «decididos».

Esto es, aquellos gentiles aceptaron la verdad de vida eterna por medio de Jesús, y no permitieron que la contradicción de los judíos los apartara de ella[13]. La consecuencia fue que la Palabra del Señor se difundió por toda aquella provincia.

Le expulsión de Pablo y Bernabé (13:50-52)

50 Pero los judíos instigaron a mujeres piadosas y distinguidas, y a los principales de la ciudad, y levantaron persecución contra Pablo y Bernabé, y los expulsaron de sus límites. 51 Ellos entonces, sacudiendo contra ellos el polvo de sus pies, llegaron a Iconio. 52 Y los discípulos estaban llenos de gozo y del Espíritu Santo.

Los judíos que no habían creído se dedicaron entonces a instigar a mujeres piadosas (devotas, temerosas de Dios) de posición honorable en la sociedad[14] y a los hombres más importantes en el gobierno de la ciudad. Por medio de ellos, los judíos inconversos levantaron una persecución hasta el punto de que Pablo y Bernabé fueron expulsados del distrito. (Vea 1 Tesalonicenses 2:15-16).

En respuesta, Pablo y Bernabé se limitaron a sacudir el polvo de sus pies como testimonio en contra de ellos (compare con Mateo 10:14; Marcos 6:11; Lucas 9:5; 10:11). Después, siguieron hasta Iconio (ciudad frigia situada en la zona sur de la provincia romana de la Galatia).

Sin embargo, los perseguidores no destruyeron la iglesia de Antioquía de Pisidia. Los que la componían eran verdaderos discípulos del Señor y estaban llenos de gozo y del Espíritu Santo. (Compare con Mateo 5:11-12; Romanos 14:17; 15:13). Una vez más vemos que los Hechos no nos lo dicen todo siempre. Aunque Lucas no lo menciona aquí, podemos tener la seguridad de que estos creyentes también fueron bautizados en agua y en el Espíritu Santo.

---

[1] Algunos creen que todos eran profetas y maestros. Sin embargo, Sir William Ramsay sugiere que los tres primeros eran profetas y los dos últimos, maestros. Aunque esto está algo apoyado por el texto griego, no todos están de acuerdo.

[2] Hay quienes piensan que, al igual que Eliseo, que servía a Elías, Marcos los ayudaba como sirviente personal al mismo tiempo que se preparaba para el ministerio. Sin embargo, en Lucas 1:2 se usa la misma palabra para mencionar a los ministros de la Palabra. Otros escritores dicen que se llevaron consigo a Marcos porque había sido testigo del arresto, la muerte y la resurrección, ya que es probable que fuera el joven mencionado en Marcos 14:51-52. No obstante, Pablo no tenía que depender de los demás en cuanto a los hechos del evangelio. (Vea Gálatas 1:11-12,16).

[3] «Hijo de Jesús» o «hijo de Josué». Es posible que se declarara un nuevo Josué enviado a dirigir al pueblo hacia una nueva tierra prometida de poder espiritual. También puede haber afirmado que era seguidor de Jesús, pero solo para tratar de conseguir seguidores para sí mismo con su engaño. La expresión «hijo» significa con frecuencia «seguidor», como en el caso de los «hijos de los profetas» de los tiempos de Samuel y Elías.

[4] Chipre estaba bajo el gobierno del Senado romano desde el año 22 a.C. Lucas tuvo cuidado de darle al gobernador su título correcto.

[5] Vea Génesis 3:15, la semilla de la serpiente, y Juan 8:44. «El diablo» significa «el calumniador», y por tanto, el falso acusador (como se traduce en la forma plural en 2 Timoteo 3:3).

[6] Sir William Ramsay discutía esto, y sin evidencia alguna no creía probable que el procónsul fuera bautizado. Sin embargo, sí encontró él mismo evidencias de que la hija del procónsul y el hijo de ella eran cristianos. Esto debería haber servido de confirmación de que el procónsul también fue un autentico creyente, tal como nos lo dicen los Hechos. El evangelio estaba llegando a todos los estratos de la sociedad.

[7] Llamada «de Pisidia» para distinguirla de otras ciudades llamadas «Antioquía», y también porque estaba cercana a la frontera de Pisidia (en realidad no se hallaba en Pisidia sino en Frigia) en la parte sur de la provincia romana de Galacia. Pisidia era la parte suroeste de dicha provincia.

[8] Algunos manuscritos antiguos tienen una palabra que solo tienen una letra diferente. Significa «los llevó» (como los llevaría una nodriza). Deuteronomio 1:31 tiene la misma variante en la versión griega de los Setenta.

[9] Algunos manuscritos aplican los cuatrocientos cincuenta años a los cuatrocientos en Egipto, sumados al tiempo de la conquista hasta la división de la tierra, en el capítulo 14 de Josué. Se debe tener en cuenta que en muchos casos, había distintos jueces gobernando simultáneamente.

Téngase en cuenta también que no aparecen en el Antiguo Testamento los cuarenta años del reinado de Saúl. En realidad, en 1 Samuel 13:1 se lee en hebreo: «Saúl era hijo [...] año de su reinado [cuando comenzó a reinar], y reinó dos años sobre Israel». Esto sigue la fórmula usual para hablar del reinado de un monarca, como la que aparece en 2 Reyes 14:2; 16:2; 18:2. Tal vez signifique que muy temprano, en el proceso de copiar los libros de Samuel, se dejó sin poner de manera accidental la edad de Saúl, lo que sucedió también con la extensión de su reinado. Muchos eruditos bíblicos conjeturan que Saúl tenía cuarenta años cuando comenzó a reinar y que reinó treinta y dos. Sin embargo, Pablo incluía en el reinado de Saúl los siete años y medio que David reinó en Hebrón y el hijo de Saúl continuó el reinado de su padre. Los judíos solían en aquellos tiempos redondear el último medio año o parte de año de un reinado y sumarlo como un año más al total, lo que nos daría los cuarenta años. Sin embargo, algunos escritores siguen a Josefo, quien dice que Saúl reinó veinte años y Samuel fue juez veinte años, que juntos hacen los cuarenta. Aún hay otros escritores que afirman que Saúl reinó cuarenta y dos años, y que Pablo los redondeó, dando la cifra de cuarenta.

[10] El bautismo de (motivado por) arrepentimiento (versículo 24) era el bautismo que declaraba y simbolizaba un arrepentimiento que ya había tenido lugar. (Vea Mateo 3:8).

[11] El orden de las palabras en griego es: «Hasta de todo aquello de lo que no pudisteis ser justificados por la Ley de Moisés, en éste, todo aquél que crea es justificado». Algunos consideran que esto significa que la Ley proporcionaba la justificación por algunas cosas y el evangelio proporciona la justificación para el resto. Sin embargo, el significado es más bien que la Ley no podía proporcionar justificación verdadera en absoluto, y el evangelio proporciona la justificación de todas las cosas.

[12] Un buen número de manuscritos antiguos no ponen la palabra «gentiles» e indican que cuando Pablo y Bernabé salían, los que estaban allí, todos en general, les pidieron esto. Sir William Ramsay da buenas razones para considerar que esta es la forma correcta en que sucedieron las cosas.

[13] Es decir, porque habían aceptado la verdad del evangelio, fueron «ordenados» para vida eterna (resurrección).

[14] Estas pueden haber sido las esposas de los jefes del gobierno local. En Antioquía de Pisidia, sin embargo, las mujeres tenían también puestos de importancia.

HECHOS

CAPÍTULO 14

La predicación en Antioquía de Pisidia, la reacción mayor por parte de los gentiles y la persecución posterior, establecieron todo un estilo. En gran parte o en su totalidad, todo esto se fue repitiendo prácticamente en todas las ciudades que Pablo visitaba en sus viajes misioneros.

Iconio, Listra y Derbe (14:1-7)

1 Aconteció en Iconio que entraron juntos en la sinagoga de los judíos, y
hablaron de tal manera que creyó una gran multitud de judíos, y asimismo de
griegos. 2 Mas los judíos que no creían excitaron y corrompieron los ánimos de
los gentiles contra los hermanos. 3 Por tanto, se detuvieron allí mucho tiempo,
hablando con denuedo, confiados en el Señor, el cual daba testimonio a la palabra de su gracia, concediendo que se hiciesen por las manos de ellos señales y
prodigios. 4 Y la gente de la ciudad estaba dividida: unos estaban con los judíos,
y otros con los apóstoles. 5 Pero cuando los judíos y los gentiles, juntamente con
sus gobernantes, se lanzaron a afrentarlos y apedrearlos, 6 habiéndolo sabido,
huyeron a Listra y Derbe, ciudades de Licaonia, y a toda la región circunvecina,
7 y allí predicaban el evangelio.

Iconio estaba a unos cien kilómetros al este y un poco al sur de Antioquía de Pisidia, en una meseta de algo más de mil metros de elevación. Al llegar allí, Pablo y Bernabé se dirigieron primero a la sinagoga. Como de ordinario, se les dio oportunidad para hablar. Lucas no recoge su sermón. Solo señala que hablaron, como acostumbraban; esto es, tal como habían hecho en Antioquía de Pisidia.

El resultado fue similar. Una gran multitud, tanto de judíos como de griegos (gentiles de habla griega) creyó (y por supuesto, todos fueron bautizados en agua y en el Espíritu Santo). Entonces, como antes, los judíos que no creían (los desobedientes, rebeldes)[1], en su celo excitaron a los gentiles y corrompieron sus ánimos (almas, deseos) contra los hermanos (los nuevos creyentes que ahora eran discípulos de Jesús y miembros de su cuerpo).

No obstante, en este caso los judíos no pudieron conseguir mucho apoyo de los gentiles al principio. Por esto, Pablo y Bernabé se detuvieron en Iconio mucho tiempo. Hablaban con denuedo, confiados en el Señor Jesús. Mientras ellos hacían esto, el Señor daba testimonio a la Palabra (mensaje) de su gracia[2] concediendo que se hiciesen señales y prodigios por sus manos. Así fue como los reconocieron como agentes de Cristo, que hacían su obra con su autoridad[3].

Sin embargo, al cabo de algún tiempo, la gente de la ciudad se hallaba fuertemente dividida. Algunos estaban con los judíos (que no habían creído). Otros se mantenían junto a los apóstoles[4]. Fue entonces cuando se juntaron gentiles y judíos con los gobernantes de sus sinagogas con intenciones hostiles. Su propósito era tratar a los apóstoles de forma ultrajante y apedrearlos a morir. Sin embargo, el texto griego no quiere decir que hubiera ningún intento real, sino solamente la intención y la instigación para llevarlo a cabo.

Sin embargo, los apóstoles tuvieron noticias de la conspiración y huyeron. No porque tuvieran miedo, sino porque había otros lugares donde se necesitaba su ministerio. Así fue como siguieron a Listra y Derbe, ciudades licaonias situadas en la parte sur de la provincia romana de la Galacia. Listra, al igual que Iconio, tenía la categoría de colonia militar romana y la responsabilidad de velar por los intereses de Roma y vigilar los caminos romanos. En Listra, los apóstoles predicaban (seguían predicando) el evangelio (diciendo las buenas nuevas). Lo que sigue nos da un ejemplo de cómo Pablo les predicaba a los gentiles que no tenían conocimiento de las Escrituras.

La sanidad de un hombre imposibilitado de los pies (14:8-18)

8 Y cierto hombre de Listra estaba sentado, imposibilitado de los pies, cojo de nacimiento, que jamás había andado. 9 Este oyó hablar a Pablo, el cual, fijando en él sus ojos, y viendo que tenía fe para ser sanado, 10 dijo a gran voz: Levántate derecho sobre tus pies. Y él saltó, y anduvo. 11 Entonces la gente, visto lo que Pablo había hecho, alzó la voz, diciendo en lengua licaónica: Dioses bajo la semejanza de hombres han descendido a nosotros. 12 Y a Bernabé llamaban Júpiter, y a Pablo, Mercurio, porque éste era el que llevaba la palabra. 13 Y el sacerdote de Júpiter, cuyo templo estaba frente a la ciudad, trajo toros y guirnaldas delante de las puertas, y juntamente con la muchedumbre quería ofrecer sacrificios. 14 Cuando lo oyeron los apóstoles Bernabé y Pablo, rasgaron sus ropas, y se lanzaron entre la multitud, dando voces 15 y diciendo: Varones, ¿por qué hacéis esto? Nosotros también somos hombres semejantes a vosotros, que os anunciamos que de estas vanidades os convirtáis al Dios vivo, que hizo el cielo y la tierra, el mar, y todo lo que en ellos hay. 16 En las edades pasadas él ha dejado a todas las gentes andar en sus propios caminos; 17 si bien no se dejó a sí mismo sin testimonio, haciendo bien, dándonos lluvias del cielo y tiempos fructíferos, llenando de sustento y de alegría nuestros corazones. 18 Y diciendo estas cosas, difícilmente lograron impedir que la multitud les ofreciese sacrificio.

En Listra, Pablo no fue a una sinagoga, como tenía por costumbre. Quizá no hubiera ninguna. En cambio, parece haber ido a la plaza del mercado, o a una plaza abierta dentro de la ciudad, junto a sus puertas (como lo indica el versículo 13); allí comenzó a predicar. Entre los que estaban oyendo, se hallaba un hombre lisiado. Para llamar la atención a lo desesperado que era su caso, la Biblia utiliza la repetición. Era cojo de nacimiento, y jamás había andado. Pablo fijó los ojos en el hombre mientras este escuchaba, y vio que tenía fe para ser sanado[5]. Entonces animó a la fe del hombre a actuar, ordenándole con voz muy alta que se levantara derecho sobre sus pies.

La orden de Pablo captó la atención de la multitud. Cuando los que estaban allí vieron que el hombre saltaba y comenzaba a caminar, comenzaron a gritar. Sin embargo, aunque conocían el griego que Pablo estaba usando, en su emoción se volvieron a su lenguaje licaonio nativo, que Pablo y Bernabé no comprendían[6].

El milagro les hizo creer (eran gentiles paganos) que los dioses griegos habían descendido, tomando forma de seres humanos. Así fue como comenzaron a llamarle *Día* (o *Díos*) a Bernabé, una forma del nombre del dios griego del cielo, Zeus, quien había sido identificado por los romanos con su dios Júpiter, y por este pueblo con el dios principal de los licaonios. Entonces, puesto que Pablo era el que hablaba («el que llevaba la voz cantante»), lo llamaron *Hermen* (Hermes), que era el mensajero y heraldo de los dioses, en especial de *Díos* (Zeus, Júpiter). Hermes era identificado por los romanos con su dios *Mercurius* (Mercurio).

Actuando en consecuencia, el pueblo hizo lo que creía que era adecuado a las circunstancias. Se puso en contacto con el sacerdote de *Díos*, cuyo templo se hallaba frente a la ciudad. Él trajo toros (las víctimas más costosas que podían ofrecer en sacrificio). Estos estaban adornados con guirnaldas y fueron llevados hasta las puertas, donde se reunió la multitud, deseosa de hacer el sacrificio.

En los versículos 12 y 14, se nombra de nuevo en primer lugar a Bernabé, porque como *Díos* (Zeus, Júpiter), él era el más importante, a quien iba dirigido el sacrificio. Finalmente, es probable que alguien les explicara en griego lo que estaba sucediendo. Cuando los apóstoles oyeron y comprendieron esto, rasgaron sus ropas (en señal de lamentación y de congoja). Mientras lo hacían, se lanzaron entre la multitud dando voces, tratando de detenerlos declarando que eran seres humanos con sentimientos semejantes a los de ellos y una naturaleza como la de ellos.

Habían llegado a predicar el evangelio para que se convirtieran de aquellas vanidades (cosas irreales, inútiles, estériles) al Dios vivo.

Como estos gentiles no tenían conocimiento de las Escrituras, Pablo no identificó a Dios como el Dios de Israel, ni apeló al Antiguo Testamento y a sus profecías sobre el Mesías. Sin embargo, sí usó lenguaje bíblico, y los hizo remontarse a la época de la creación. Dios es el Dios que hizo todas las cosas, que en las edades pasadas había dejado a todas las gentes andar por sus propios caminos (en contraste con los caminos de Dios). Sin embargo, no se había dejado a sí mismo sin testimonio. Había hecho el bien, dándoles lluvias del cielo y tiempos fructíferos, llenando de sustento y de alegría los corazones humanos.

Aun así, a duras penas pudieron los apóstoles detener a la multitud para que no llevara a cabo su propósito de ofrecerles sacrificios.

Pablo apedreado (14:19-20)

19 Entonces vinieron unos judíos de Antioquía y de Iconio, que persuadieron
a la multitud, y habiendo apedreado a Pablo, le arrastraron fuera de la ciudad,
pensando que estaba muerto. 20 Pero rodeándole los discípulos, se levantó y entró
en la ciudad; y al día siguiente salió con Bernabé para Derbe.

El versículo 20 señala que Pablo y Bernabé se quedaron en Listra el tiempo suficiente para que un cierto número de personas creyeran y se convirtieran en discípulos (y, siempre, fueran bautizados en agua y en el Espíritu Santo, según Hechos 2:4). Pero los judíos de Antioquía de Pisidia (a unos ciento sesenta kilómetros de distancia), que lo habían sacado de su ciudad, y algunos de Iconio (a unos cincuenta kilómetros) que habían querido apedrearlo a morir, tuvieron noticia del éxito de Pablo en Listra. Llegaron a la ciudad, y persuadieron a las multitudes paganas a que los ayudaran, o al menos les permitieran llevar a cabo su plan. (Es posible que algunos paganos se hubieran sentido deshonrados cuando Pablo y Bernabé no les permitieron ofrecerles sacrificios: por eso les prestaron oídos a los enemigos de Pablo).

Esta vez sí apedrearon a Pablo y arrastraron su cuerpo fuera de la ciudad, pensando que estaba muerto. Está claro en el texto que no estaba muerto en realidad, aunque estaba inconsciente y debe haber estado fuertemente magullado por todo el cuerpo. Sin duda alguna, también tenía huesos rotos[7].

Tan pronto como se fue la multitud, los creyentes rodearon a Pablo. Sin duda, esperaban ayuda de Dios, y Dios no los defraudó. De pronto, en lo que ha de haber parecido como una resurrección, Pablo se levantó, evidentemente, sanado por completo, y regresó a la ciudad con ellos. Sin embargo, conociendo el estado de ánimo de la multitud, él y Bernabé salieron al día siguiente rumbo a Derbe (identificada en la actualidad con unas ruinas situadas a unos cien kilómetros de Listra en dirección sudeste, cerca de la frontera de la provincia romana de Galatia).

Confirmando los ánimos de los creyentes (14:21-25)

21 Y después de anunciar el evangelio a aquella ciudad y de hacer muchos
discípulos, volvieron a Listra, a Iconio y a Antioquía, 22 confirmando los ánimos de los discípulos, exhortándoles a que permaneciesen en la fe, y diciéndoles: Es necesario que a través de muchas tribulaciones entremos en el reino
de Dios. 23 Y constituyeron ancianos en cada iglesia, y habiendo orado con
ayunos, los encomendaron al Señor en quien habían creído. 24 Pasando luego
por Pisidia, vinieron a Panfilia. 25 Y habiendo predicado la palabra en Perge,
descendieron a Atalia.

Según parece, en Derbe tampoco había sinagoga. O sea, que Pablo y Bernabé deben haber predicado el evangelio de forma muy similar a la utilizada en Listra, pero sin la oposición de los judíos, puesto que los enemigos de Pablo creían que estaba muerto.

Después de haber hecho un número considerable de discípulos, fundando así una iglesia creciente, regresaron valientemente a Listra, Iconio y Antioquía de Pisidia. Sin embargo, esta vez no agitaron a los judíos. Es evidente que no hicieron trabajo evangelístico, dejándolo a los creyentes del lugar. Esta vez su ministerio iba dirigido a la iglesia. En cada lugar, confirmaban (fortalecían y solidificaban) los ánimos (las almas) de los discípulos. También los exhortaban y los animaban a permanecer en la fe. En este punto, el griego es muy fuerte. Les decían que debían mantener la fe, permaneciendo en ella, esto es, viviendo según los principios del evangelio.

También los exhortaban a compartir el sufrimiento de los apóstoles y a aceptar el hecho de que a través de muchas tribulaciones (persecuciones, aflicciones, sufrimientos) era necesario entrar en el reino (ponerse bajo el gobierno y la autoridad de Dios).

Puesto que los creyentes necesitaban organización para poder trabajar juntos y realizar la obra del Señor, los apóstoles constituyeron («ordenaron») entonces ancianos (supervisores, superintendentes, presidentes de la congregación o asamblea) en cada lugar. Sin embargo, no fue aquello una ordenación, en el sentido actual de la palabra. La palabra griega es *jeirotonésantes*, donde *jeir* es la palabra griega traducida *mano*; la palabra entera significa que llevaron a cabo una elección a mano alzada.

Cuando fueron escogidos los siete del capítulo 6, los apóstoles señalaron las cualidades necesarias y el pueblo hizo la selección de los diáconos. Podemos estar seguros de que lo mismo sucedió ahora. Pablo debe haber señalado las cualidades necesarias, que recogería por escrito más tarde en 1 Timoteo 3:1-7 y en Tito 1:6-9. Entonces, la asamblea local escogió las personas por medio de una elección (sin duda, después de un tiempo de oración durante el cual buscaron todos la orientación del Espíritu Santo para que los ayudara a decidir quién cumplía mejor con las condiciones propuestas).

Al principio, los ancianos eran hombres llenos del Espíritu escogidos de entre los miembros de la congregación local. No fue sino muchos años después cuando las iglesias comenzaron a sentir la necesidad de llamar pastores-maestros que pudieran ser también la cabeza ejecutiva de la asamblea, y que combinaran el oficio de anciano (llamado también obispo y presbítero) con el ministerio de pastor-maestro, recibido de Dios. En el siglo primero, se esperaba de los ancianos que fueran «aptos para enseñar», y eran los responsables de que hubiera enseñanza. No obstante, podían llamar a otros que tuvieran el ministerio de pastor-maestro dado por el Señor, y los dones del Espíritu necesarios como complemento. No tenían que enseñar ellos mismos. El hecho de que Pablo diga: «Los ancianos que gobiernan bien, sean tenidos por dignos de doble honor [honorarios], mayormente los que trabajan en predicar y enseñar» (1 Timoteo 5:17), nos demuestra que no todos trabajaban en la Palabra y en la enseñanza. Sin embargo, a medida que fue pasando el tiempo, se fueron dando cuenta cada vez más de que tenían necesidad de un ministerio de enseñanza persistente en la iglesia local, y fue natural que pensaran en hacer dirigentes suyos a estos ancianos. Así se fue desarrollando gradualmente la idea moderna de un pastor que es también el que preside el grupo.

Antes de que Pablo y Bernabé siguieran a otra ciudad, siempre pasaban un tiempo en oración y ayuno con los creyentes. Después los encomendaban (como algo precioso y de valor) al cuidado y la salvaguardia del Señor (Jesús) en quien habían creído (y seguían creyendo). Por supuesto, habían creído inicialmente en la visita anterior de Pablo.

Desde Antioquía de Pisidia, siguieron a través de Pisidia, de regreso a Panfilia y Perge, evangelizando en todos los lugares en que les era posible, a medida que avanzaban. En Perge, predicaron la Palabra sin oposición ni maltrato alguno, según se ve. Evidentemente, no habían predicado allí cuando habían desembarcado y Marcos se había apartado de ellos. Después de establecer la iglesia allí, siguieron a Atalia, el puerto marítimo de Perge.

El informe en Antioquía de Siria (14:26-28)

[26] De allí navegaron a Antioquía, desde donde habían sido encomendados
a la gracia de Dios para la obra que habían cumplido. [27] Y habiendo llegado, y
reunido a la iglesia, refirieron cuán grandes cosas había hecho Dios con ellos, y
cómo había abierto la puerta de la fe a los gentiles. [28] Y se quedaron allí mucho
tiempo con los discípulos.

Desde Atalia navegaron a Antioquía de Siria. Allí habían sido entregados a la gracia de Dios para hacer la obra que ahora habían terminado. En esta visita, Pablo y Bernabé sintieron que habían realizado el ministerio para el cual el Espíritu los había enviado en Hechos 13:2-4.

Por tanto, reunieron a la iglesia y le informaron todo cuanto Dios había hecho con ellos. Es decir, contaron cuán grandes cosas Dios hacía mientras ellos colaboraban con él. También, cómo les había abierto una puerta a la fe a los gentiles. (El griego dice «una puerta» y no «la puerta»). Entonces, los dos apóstoles se quedaron «mucho tiempo» con los discípulos. O sea, que volvieron a asumir su ministerio de enseñanza y ayudar en la asamblea de los creyentes durante varios meses, posiblemente tanto como un año.

---

[1] En 1 Pedro 2:8 se traduce por «desobedientes». Notemos que la fe en el evangelio no era opcional, sino que era asunto de obediencia a la Palabra y la voluntad de Dios.

[2] Esto es, todo el evangelio con todo lo que nos tiene preparado en su gracia: la salvación, la sanidad, el bautismo en el Espíritu Santo, los dones del Espíritu y nuestra herencia futura y los cuerpos nuevos que serán nuestros cuando Jesús venga de nuevo. De todo esto se estaba dando testimonio.

[3] Bruce señala que Pablo en Gálatas 3:5 demuestra que estos milagros eran evidencias que testificaban a favor del evangelio de la gracia y no de las obras de la Ley.

[4] Notemos que se llama apóstoles a Pablo y Bernabé en esta ocasión, por tanto, Bernabé era testigo de la resurrección de Jesús y había recibido de él su misión. Es posible que fuera uno de los ciento veinte del aposento alto. Vea también 1 Corintios 9:6; Gálatas 2:9-10.

[5] En griego, *sozénai*, del verbo *sózo*, que de ordinario se traduce como «salvar», pero también significa rescatar del peligro o de situaciones difíciles, y por tanto, ser restaurado o hacer recuperar la integridad.

[6] Esto es algo frecuente. Por lo general, cuando una persona tiene instrucción suficiente para usar un segundo lenguaje, regresa a su idioma nativo, el de su niñez, cuando se emociona.

[7] Vea 2 Corintios 11:25, donde incluye este apedreamiento entre los azotes y los naufragios, como parte de las calamidades que ha sufrido. No hay nada aquí que indique que muriera. También se refiere a sus cicatrices en Gálatas 6:17.

HECHOS

CAPÍTULO 15

El concilio de Jerusalén, del cual trata este capítulo, es otro hito importante en la historia de la iglesia. Los dirigentes de la iglesia en Jerusalén estuvieron satisfechos con el relato de Pedro sobre la forma en que Dios había aceptado a los gentiles incircuncisos de Cesarea y los había bautizado en el Espíritu Santo. Después, según Gálatas 2:1-10, cuando Pablo visitó Jerusalén y presentó el evangelio que predicaba en medio de los gentiles, le dieron su aprobación a su mensaje y no exigieron que Tito fuera circuncidado.

Un poco después (Gálatas 2:11-16), cuando Pedro llegó a Antioquía de Siria, disfrutó de la fraternidad de la mesa con los gentiles y comió comida que no era *kosher* (pura) con ellos, como había hecho en la casa de Cornelio[1]. Pero entonces, llegaron algunos creyentes judíos de parte de Jacobo (no enviados oficialmente, sino enviados a ayudar y animar a los creyentes). No obstante, es probable que fueran fariseos convertidos, todavía estrictos en cuanto a que los creyentes judíos debían conservar las costumbres tradicionales. Por miedo a ellos, Pedro dejó de comer con los gentiles y se apartó de su compañía; su ejemplo había afectado a los otros creyentes judíos de Antioquía. Hasta Bernabé se había dejado llevar por esta hipocresía. Por ese motivo, Pablo tomó posición contra Pedro y lo hizo enfrentarse con la hipocresía que significaba lo que estaba haciendo (Gálatas 2:14).

Pablo y Bernabé son enviados a Jerusalén (15:1-5)

1 Entonces algunos que venían de Judea enseñaban a los hermanos: Si no
os circuncidáis conforme al rito de Moisés, no podéis ser salvos. 2 Como Pablo y
Bernabé tuviesen una discusión y contienda no pequeña con ellos, se dispuso que
subiesen Pablo y Bernabé a Jerusalén, y algunos otros de ellos, a los apóstoles y a
los ancianos, para tratar esta cuestión. 3 Ellos, pues, habiendo sido encaminados
por la iglesia, pasaron por Fenicia y Samaria, contando la conversión de los gentiles; y causaban gran gozo a todos los hermanos. 4 Y llegados a Jerusalén, fueron
recibidos por la iglesia y los apóstoles y los ancianos, y refirieron todas las cosas
que Dios había hecho con ellos. 5 Pero algunos de la secta de los fariseos, que
habían creído, se levantaron diciendo: Es necesario circuncidarlos, y mandarles
que guarden la ley de Moisés.

Más tarde, después de la visita de Pedro, llegaron otros creyentes judíos de nombre desconocido a Antioquía, procedentes de Judea, y fueron un paso más allá[2]. Comenzaron a enseñarles a los hermanos gentiles que a menos que se circuncidaran de acuerdo con el rito de Moisés, no podían ser salvos[3].

Estos maestros, que más tarde serían llamados «judaizantes», no negaban que aquellos gentiles fueran creyentes bautizados en el Espíritu Santo. Pero la salvación de la que hablaban era la salvación definitiva por la que recibiremos nuestro nuevo cuerpo (en el rapto de la iglesia) y seremos transformados. (Compare con Romanos 13:11: «Ahora está más cerca de nosotros nuestra salvación que cuando creímos»). Como lo indican 1 Juan 3:2; Romanos 8:17,23-24 y 1 Corintios 15:57, ya somos hijos de Dios, pero todavía no tenemos todo lo que él nos ha prometido. Así será hasta que Jesús venga de nuevo y lo veamos tal cual es; entonces nuestro cuerpo será transformado y se convertirá en semejante a su cuerpo glorificado. La promesa de Dios incluye también nuestro futuro reinado con Cristo y la conversión de la Nueva Jerusalén en nuestro hogar definitivo, así como en el cielo nuevo y la nueva tierra (2 Pedro 3:13; Apocalipsis 21:1-2).

Así que, lo que estos judaizantes decían en realidad era que los creyentes gentiles debían ser circuncidados y someterse al pacto antiguo de la Ley de Moisés; de no ser así, no podrían heredar las promesas que aún estaban por venir. Con esto también decían implícitamente que perderían todo lo que ya habían recibido si no se hacían judíos y se circuncidaban.

Este ha sido con frecuencia el clamor de los falsos profetas: Usted perderá su salvación si no acepta nuestra enseñanza favorita. Todavía hay quienes dicen que una persona no es real o totalmente salva a menos que pase por ciertos ritos o ceremonias prescritos. Todos estos no son capaces de reconocer que la salvación es por gracia a través de la fe solamente, como se enseña con claridad en Romanos 10:9-10 y Efesios 2:8-9.

Esta enseñanza judaizante provocó no pequeña discusión (perturbación, discordia, acritud) y contienda (interrogatorios) entre ellos (o, con más probabilidad, entre los hermanos) y Pablo y Bernabé. Entonces ellos (los hermanos) dispusieron que Pablo, Bernabé y algunos otros subieran a Jerusalén, a los apóstoles y a los ancianos, para tratar esta cuestión.

Es probable que estos maestros ya hubieran seguido adelante en un intento por difundir sus enseñanzas en las otras iglesias que Pablo había fundado en el sur de la Galatia. Puesto que Pablo tenía que ir a Jerusalén, no podía ir a estas iglesias a ponerlos en su lugar. Así pues, parece evidente que por este tiempo (años 48 y 49 d.C.), el Espíritu lo guiara y lo inspirara a escribir la epístola a los Gálatas.

La iglesia entera salió a encaminar a Pablo, a Bernabé y a los demás por un corto trecho. Con esto, les estaba demostrando que aún se los amaba, se los respetaba y se tenía confianza en ellos, a pesar de las dudas que habían suscitado aquellos maestros judaizantes.

Pablo tomó el camino con rumbo sur a través de Fenicia y de la provincia de Samaria, deteniéndose a visitar a las iglesias a todo lo largo de su trayectoria[4]. En cada lugar, hacía un relato completo de la forma en que los gentiles se estaban convirtiendo al Señor. Esto causaba gran gozo entre todos los hermanos. Aunque compuestas por creyentes judíos en Fenicia y por creyentes samaritanos en Samaria, todas las iglesias aceptaron la Palabra de Dios en medio de los gentiles sin vacilar.

Al hacerles un informe completo, no hay duda de que Pablo incluyera tanto las persecuciones como los milagros. También podemos estar seguros de que les habló del bautismo en el Espíritu Santo y la confirmación de la fe de estos creyentes.

También en Jerusalén la iglesia les dio la bienvenida, y los apóstoles y ancianos les dieron una recepción favorable. Todos escucharon el informe de lo mucho que Dios había hecho con ellos (junto con ellos, como compañeros de trabajo). Le dieron a Dios toda la gloria; él había estado con ellos; era quien había hecho el trabajo en realidad. (Compare con 1 Corintios 3:5-7).

Sin embargo, no pasó mucho tiempo antes de que algunos fariseos convertidos se levantaran en medio de la asamblea de Jerusalén. Con toda fuerza, expresaron su idea de que era (y seguía siendo) necesario circuncidar a los gentiles y mandarles que guardaran (observaran) la Ley de Moisés.

El estudio del asunto (15:6-12)

6 Y se reunieron los apóstoles y los ancianos para conocer de este asunto. 7
Y después de mucha discusión, Pedro se levantó y les dijo: Varones hermanos,
vosotros sabéis cómo ya hace algún tiempo que Dios escogió que los gentiles
oyesen por mi boca la palabra del evangelio y creyesen. 8 Y Dios, que conoce
los corazones, les dio testimonio, dándoles el Espíritu Santo lo mismo que a
nosotros; 9 y ninguna diferencia hizo entre nosotros y ellos, purificando por la fe
sus corazones. 10 Ahora, pues, ¿por qué tentáis a Dios, poniendo sobre la cerviz
de los discípulos un yugo que ni nuestros padres ni nosotros hemos podido
llevar? 11 Antes creemos que por la gracia del Señor Jesús seremos salvos, de

igual modo que ellos. 12 Entonces toda la multitud calló, y oyeron a Bernabé y a Pablo, que contaban cuán grandes señales y maravillas había hecho Dios por medio de ellos entre los gentiles.

Después, los apóstoles y los ancianos se reunieron para estudiar el asunto. Sin embargo, no era una reunión cerrada. El versículo 12 indica que había una multitud (muchedumbre) presente.

Al principio hubo mucha discusión, no en el sentido de disensión, sino más bien que hubo muchas preguntas y muchas argumentaciones durante su intento de escudriñar el asunto. Sabiamente, los dirigentes permitían que los presentes presentaran diversos puntos de vista.

Al final, después de un largo debate, Pedro se levantó y les recordó que por decisión de Dios, él les había llevado el evangelio a los gentiles (de Cesarea) y habían creído. Entonces Dios, que veía la fe de su corazón, les dio testimonio de que eran creyentes, dándoles el Espíritu Santo, tal como lo había hecho con todos los creyentes judíos. De esta manera, indicaba que no hacía distinción ni separación entre creyentes gentiles y judíos en forma alguna, «purificando [limpiando] por la fe sus corazones». Es decir, que Dios ya había purificado sus corazones por fe cuando demostró que no había distinción al bautizarlos en el Espíritu Santo[5]. Dicho de otra forma, no eran la circuncisión, ni la obediencia a la Ley de Moisés las necesarias para que Dios diera testimonio de su fe derramando su Espíritu, sino un corazón purificado por esa misma fe.

Después Pedro les preguntó por qué querían tentar a Dios (ponerlo a prueba) echando a un lado lo que él había hecho y dejado en claro en Cesarea, con lo cual estaban suscitando su ira. Poner un yugo sobre el cuello de estos discípulos gentiles, que ni los judíos cristianos ni sus antepasados judíos habían tenido fuerza para cargar, sería ciertamente poner a prueba a Dios, después de su misericordiosa revelación de Cesarea.

Después termina declarando que por medio de la gracia del Señor Jesucristo, los discípulos judíos seguían creyendo para seguir siendo salvos, exactamente de la misma manera que los creyentes gentiles. Es decir, por gracia, sin el pesado yugo de la Ley y las ataduras legalistas a las que los animaban los fariseos (quienes eran muy severos en aquellos tiempos). Así era como todos continuaban su relación con Cristo.

Estas palabras de Pedro calmaron a la multitud, que escuchó en silencio mientras Bernabé y Pablo relataban (y explicaban) los muchos prodigios y señales que Dios había hecho entre los gentiles a través de ellos[6]. Con esto querían decir que los milagros mostraban el interés de Dios por ganar a aquellos gentiles para Cristo y solidificarlos en la fe. Como Pablo les escribiría más tarde a los corintios, su predicación no era con palabras persuasivas, sino con demostración del Espíritu y de poder, para que su fe no estuviera fundada en la sabiduría de los hombres, sino en el poder de Dios (1 Corintios 2:4-5).

Una palabra de sabiduría (15:13-29)

13 Y cuando ellos callaron, Jacobo respondió diciendo: Varones hermanos,
oídme. 14 Simón ha contado cómo Dios visitó por primera vez a los gentiles,
para tomar de ellos pueblo para su nombre. 15 Y con esto concuerdan las palabras
de los profetas, como está escrito: 16 Después de esto volveré y reedificaré el tabernáculo de David, que está caído; y repararé sus ruinas, y lo volveré a levantar,
17 para que el resto de los hombres busque al Señor, y todos los gentiles, sobre
los cuales es invocado mi nombre, 18 dice el Señor, que hace conocer todo esto
desde tiempos antiguos. 19 Por lo cual yo juzgo que no se inquiete a los gentiles
que se convierten a Dios, 20 sino que se les escriba que se aparten de las contaminaciones de los ídolos, de fornicación, de ahogado y de sangre. 21 Porque Moisés
desde tiempos antiguos tiene en cada ciudad quien lo predique en las sinagogas,
donde es leído cada día de reposo. 22 Entonces pareció bien a los apóstoles y a
los ancianos, con toda la iglesia, elegir de entre ellos varones y enviarlos a Antioquía con Pablo y Bernabé: a Judas que tenía por sobrenombre Barsabás, y a
Silas, varones principales entre los hermanos; 23 y escribir por conducto de ellos:
Los apóstoles y los ancianos y los hermanos, a los hermanos de entre los gentiles
que están en Antioquía, en Siria y en Cilicia, salud. 24 Por cuanto hemos oído
que algunos que han salido de nosotros, a los cuales no dimos orden, os han
inquietado con palabras, perturbando vuestras almas, mandando circuncidaros
y guardar la ley, 25 nos ha parecido bien, habiendo llegado a un acuerdo, elegir
varones y enviarlos a vosotros con nuestros amados Bernabé y Pablo, 26 hombres
que han expuesto su vida por el nombre de nuestro Señor Jesucristo. 27 Así que
enviamos a Judas y a Silas, los cuales también de palabra os harán saber lo mismo. 28 Porque ha parecido bien al Espíritu Santo, y a nosotros, no imponeros
ninguna carga más que estas cosas necesarias: 29 que os abstengáis de lo sacrificado a ídolos, de sangre, de ahogado y de fornicación; de las cuales cosas si os
guardareis, bien haréis. Pasadlo bien.

Después de que Pablo y Bernabé terminaron de hablar, la multitud esperó hasta que Jacobo rompió el silencio pidiendo que lo oyeran. Pero en esta solicitud habla como hermano, y no como alguien que tuviera autoridad superior. Primeramente llamó su atención hacía lo que Pedro había dicho, llamándolo por su nombre hebreo, Simón (Simeón). Lo resumió diciendo que Dios, en la casa de Cornelio (antes de que fueran salvos otros gentiles), visitó por primera vez a los gentiles (intervino para llevarles bendición) para tomar de ellos (las naciones) un pueblo para su nombre, esto es, un pueblo que honrara su Nombre y fuera suyo.

Entonces, buscó los fundamentos de esto en los profetas, citando Amós 9:11-12, de la versión griega de los Setenta. Esta difiere de la hebrea porque pone en lugar de Edom, «los hombres» (la humanidad, los seres humanos). En realidad, el hebreo también podría leerse «hombre» (hebreo, *adam*) en lugar de *Edom*[7].

Es evidente también que Jacobo tomó la reedificación del tabernáculo (tienda) caído de David como una profecía paralela a la que habla de que el Mesías surgiría como un renuevo o brote del trono de Isaí y de la raíz de David. Aunque hubiera desaparecido la gloria de David y su reino hubiera caído, Dios levantaría al Mesías de entre los descendientes de David, y restauraría la esperanza, no solo para Israel, sino para los gentiles que quisieran aceptar a ese Mesías y convertirse en miembros del pueblo de Dios. Esta era, como habían dicho los profetas, la obra del Señor que ha conocido todas estas cosas desde tiempos antiguos, esto es, desde el principio de los tiempos.

La expresión «yo juzgo» (versículo 19) estaría mejor traducida «me parece buena idea». Jacobo no estaba actuando como juez en este momento, ni como el anciano que gobernaba a la iglesia. En el versículo 28 leemos: «Ha parecido bien al Espíritu Santo, y a nosotros», y no «a Jacobo y a nosotros». En esta situación, Jacobo no era más que un hermano cristiano, un miembro del cuerpo, que había dado una palabra de sabiduría por decisión del Espíritu. (Vea 1 Corintios 12:8,11).

La Palabra de sabiduría del Espíritu fue que no se inquietara más a los creyentes gentiles (con más exigencias a su fe y a su conducta). En cambio, debían escribir una carta en la cual se les dijera (orientara) que se apartaran (abstuvieran) de las contaminaciones de los ídolos (todo lo relacionado con la adoración de ídolos), de la fornicación (los diversos tipos de inmoralidad hetero y homosexual practicadas habitualmente por tantos paganos gentiles), de ahogado (animales matados sin desangrar), y de sangre[8].

Estas eran las cosas que se les debían pedir a los gentiles, y no con el propósito de colocarlos bajo el peso de una serie de normas. Más bien era por los creyentes judíos y por el bien del testimonio de las sinagogas en cada ciudad en que habían estado por generaciones, desde tiempos antiguos.

Las dos primeras peticiones, apartarse de la contaminación o de las cosas contaminadas de la idolatría y de todas las formas de inmoralidad sexual, eran por el bien del testimonio judío a favor del único Dios verdadero y las altas exigencias morales que surgen cuando se tiene un Dios que es Santo. Los gentiles no debían conservar nada que hubiera formado parte de su antiguo culto a los ídolos, ni siquiera como herencia de familia; y aun cuando ahora ya sabían que aquellas cosas carecían de significado y no podían hacer daño, sus vecinos idólatras lo interpretarían mal y supondrían que el culto a Dios se podía mezclar con el culto o las ideas paganas.

También había que recordarles a los creyentes gentiles las altas normas de moral que Dios exige. Ellos procedían de un fondo cultural en el cual se aceptaba la inmoralidad, e incluso se fomentaba en nombre de la religión. Hizo falta una gran cantidad de enseñanza para lograr que se dieran cuenta de que las cosas que todos los demás hacían estaban mal hechas. Pablo tuvo que tratar en varias de sus epístolas con gran severidad asuntos relativos a problemas de inmoralidad[9]. (Vea Romanos 6:12-13,19-23; 1 Corintios 5:1,9-12; 6:13,15-20; 10:8; Gálatas 5:19-21; Efesios 5:3,5; Colosenses 3:5-6; 1 Timoteo 1:9-10).

Las dos solicitudes segundas tenían por objeto promover las relaciones entre los creyentes judíos y los gentiles. Si había algo que le revolvía el estómago a un judío creyente, era comer carne que no hubiera sido desangrada, o comer sangre. Si se les iba a pedir a los creyentes judíos que cedieran mucho al comer comida que no fuera *kosher* (pura) en las casas de los creyentes gentiles, entonces los creyentes gentiles podían ceder ellos también un poco, y evitar servir y comer aquellas cosas que ningún judío, por mucho tiempo que llevara en su nueva fe, podía soportar en el estómago.

Había un precedente para estas dos últimas peticiones, porque mucho antes de la época de Moisés, bastante tiempo antes de que se diera la Ley, Dios le había dicho a Noé que no comiera sangre porque representaba la vida. La misma restricción en la Ley de Moisés trataba la sangre como tipo que señalaba proféticamente a la sangre de Cristo y mostraba su importancia. Sin embargo, Santiago no habló de esta tipología. Primariamente, la preocupación por la fraternidad entre judíos y gentiles era lo que le interesaba. Este era el tipo de sabiduría del que habla Jacobo en su epístola (Santiago 3:17-18). Era pura, pacífica, amable y benigna.

Los apóstoles y ancianos, junto con toda la iglesia, pensaron que sería bueno enviar hombres escogidos de entre ellos mismos para que fueran con Pablo y Bernabé a Antioquía a presentar su decisión y su carta. Los escogidos fueron Judas Barsabás y Silas (contracción de *Silvano*; 2 Corintios 1:19), varones principales de la iglesia de Jerusalén.

La carta especificaba con toda claridad que la iglesia de Jerusalén no ordenaba que los creyentes gentiles debieran circuncidarse y guardar la Ley. Su decisión de mandar hombres escogidos con sus amados Bernabé y Pablo había surgido mientras se hallaban reunidos. En otras palabras, la decisión había sido unánime. Además, tanto Bernabé como Pablo eran hombres amados por ellos. Así se los recomendaban a los creyentes gentiles de Antioquía como hombres que habían expuesto su vida por el nombre de nuestro Señor Jesucristo (es decir, por todo lo que su nombre significa: su amor, su salvación, su gracia, su persona, etc.).

Judas y Silas confirmarían personalmente todo aquello. Solo se les pedirían las cosas necesarias, que les habían parecido bien al Espíritu y a los creyentes de Jerusalén. Si se guardaban de aquellas cosas, harían bien. «Pasadlo bien» se traduciría literalmente «fortaleceos», pero se había convertido en una frase común usada al final de una carta para despedirse.

El regocijo en Antioquía (15:30-35)

30 Así, pues, los que fueron enviados descendieron a Antioquía, y reuniendo
a la congregación, entregaron la carta; 31 habiendo leído la cual, se regocijaron por
la consolación. 32 Y Judas y Silas, como ellos también eran profetas, consolaron
y confirmaron a los hermanos con abundancia de palabras. 33 Y pasando algún
tiempo allí, fueron despedidos en paz por los hermanos, para volver a aquellos
que los habían enviado. 34 Mas a Silas le pareció bien el quedarse allí. 35 Y Pablo y
Bernabé continuaron en Antioquía, enseñando la palabra del Señor y anunciando
el evangelio con otros muchos.

Cuando Pablo y sus acompañantes llegaron y le leyeron la carta a toda la multitud de los creyentes de Antioquía, ellos (todo el cuerpo) se regocijaron grandemente por la consolación (aliento, exhortación). Está claro que Pablo había aceptado la decisión del concilio de Jerusalén, y le producía regocijo.

Entonces, Judas y Silas hicieron más que limitarse a confirmar lo que decía la carta. Eran profetas (voceros de Dios, usados por el Espíritu Santo en el don de profecía para la edificación, exhortación y consuelo o aliento de los creyentes). Por el Espíritu, consolaron (animaron y exhortaron) a los hermanos con muchas palabras (dadas por el Espíritu). Por medio de esas palabras, los confirmaron (apoyaron, sostuvieron). Es decir, les dieron sólidos alientos para que olvidaran las discusiones de los judaizantes y mantuvieran su fe en Cristo y en el evangelio que habían recibido, el evangelio de la salvación por gracia a través de la fe sola (fuera de las obras de la Ley), tal como Pablo afirma claramente en sus epístolas a los Romanos y los Gálatas.

Después de algún tiempo, los hermanos (los creyentes de Antioquía) despidieron en paz (y deseo de bienestar) a Judas y a Silas, para que regresaran a quienes los habían enviado, esto es, a toda la iglesia de Jerusalén, como aparece en griego. Judas Barsabás regresó, pero Silas prefirió quedarse[10].

Pablo y Bernabé se quedaron también en Antioquía para enseñar y predicar el evangelio junto con muchos otros; el Señor había suscitado muchos otros maestros y personas dedicadas a difundir el evangelio en aquella iglesia aún creciente. Entre ellos es posible que hubiera algunos otros que llegaran desde Jerusalén y desde otros lugares. Pero, sin duda, la mayoría eran personas de la asamblea local. También ellos estaban entrando en la obra del ministerio para la edificación (construcción) del cuerpo de Cristo. Pablo escribiría más tarde que todos los santos (todos los creyentes consagrados) debían recibir ministerio de Cristo para que fuera edificado su cuerpo (Efesios 4:12,15-16).

La separación de Pablo y Bernabé (15:36-41)

36 Después de algunos días, Pablo dijo a Bernabé: Volvamos a visitar a los hermanos en todas las ciudades en que hemos anunciado la palabra del Señor,
para ver cómo están. 37 Y Bernabé quería que llevasen consigo a Juan, el que tenía
por sobrenombre Marcos; 38 pero a Pablo no le parecía bien llevar consigo al que se había apartado de ellos desde Panfilia, y no había ido con ellos a la obra.
39 Y hubo tal desacuerdo entre ellos, que se separaron el uno del otro; Bernabé,
tomando a Marcos, navegó a Chipre, 40 y Pablo, escogiendo a Silas, salió encomendado por los hermanos a la gracia del Señor, 41 y pasó por Siria y Cilicia,
confirmando a las iglesias.

Después de algunos días (lo cual podía significar una cantidad considerable de tiempo), Pablo le sugirió a Bernabé que se fueran a visitar a los hermanos de las iglesias fundadas durante el primer viaje misionero en Chipre y en el sur de la Galicia. A través de todo su ministerio, Pablo siempre mantuvo un amor y una preocupación que lo mantenían orando por las iglesias y los creyentes a los que les había ministrado. Sus epístolas son evidencia de ello.

Cuando Bernabé decidió que quería llevar consigo a Juan Marcos, Pablo no estimó que fuera digno de ello. Marcos los había dejado plantados en un momento importante, cuando ellos lo necesitaban para la obra. Evidentemente, Pablo no creía que fuera bueno llevar a aquellas iglesias jóvenes a una persona que pudiera no ser buen ejemplo en cuanto a fe y diligencia. Sin embargo, Bernabé estaba decidido a darle otra oportunidad a su primo.

Tanto Pablo como Bernabé tenían tan fuertes sentimientos con respecto a esto, que se sintieron irritados por un tiempo, quizá incluso indignados. El griego indica que hubo sentimientos fuertemente heridos entre ellos. No obstante, no permitieron que esto fuera obstáculo para la obra del Señor; terminaron estableciendo un acuerdo pacífico. Decidieron que lo mejor era separarse y dividirse la responsabilidad de visitar y animar a los creyentes. Así fue como Bernabé tomó consigo a su primo Marcos y se fue a Chipre a visitar las iglesias fundadas en la primera parte del primer viaje. Esto era sabido, porque Chipre era territorio familiar para Marcos. Allí había sido fiel. Era mejor llevarlo de nuevo a la región donde había tenido éxito.

Se ve que Bernabé tuvo razón en querer darle a Marcos una segunda oportunidad, en el hecho de que Pablo le pediría más tarde a Timoteo que le llevara consigo a Marcos porque le era útil para el ministerio (2 Timoteo 4:11). Marcos estaba también con Pedro cuando este visitó Babilonia (1 Pedro 5:13)[11]. La tradición primitiva también dice que Marcos escribió la predicación de Pedro en su evangelio. Así que tenemos que agradecerles tanto a Bernabé como a Pedro que Marcos llegara a una situación en la que el Espíritu Santo lo pudiera dirigir y le pudiera inspirar la redacción del Segundo Evangelio.

Pablo escogió a Silas, quien era un creyente maduro, un profeta que ya había sido usado por el Espíritu para exhortar y animar a las iglesias. Silas sería un excelente ayudante para Pablo en su esfuerzo por animar a las iglesias del sur de la Galacia, que se hallaban en un ambiente sumamente difícil.

Puesto que Silas era un miembro distinguido de la iglesia de Jerusalén, esto también ayudaría a demostrar ante las iglesias de la Galacia la unidad entre Pablo y los dirigentes de Jerusalén, y de esta manera terminaría de liquidar las discusiones de los judaizantes. También era una buena ayuda que Silas fuera ciudadano romano, al igual que Pablo. (Vea Hechos 16:37-38).

Entonces, los hermanos de Antioquía los liberaron y los encomendaron otra vez a la gracia de Dios. Así fue como tomaron el camino a través de Siria y Cilicia, confirmando a las iglesias. Estas serían las asambleas que había en ciudades situadas al norte de Antioquía en Siria y en Tarso, la ciudad natal de Pablo, en Cilicia[12].

---

[1] Bruce hace una excelente presentación de las razones concluyentes que hay para pensar que Gálatas fue escrita para las iglesias del sur de la Galacia visitadas por Pablo en su primer viaje misionero. Esto haría de dicha epístola la más

antigua de las paulinas. La actitud que adopta en ella demuestra que la controversia estaba candente, como lo estaba en el momento inmediatamente anterior al concilio de Jerusalén.

[2] Bruce sugiere que estos eran los mismos que habían venido «de parte de Jacobo», según Gálatas 2:12, y tomaron las riendas de los acontecimientos cuando vieron que había tantos creyentes gentiles.

[3] Es obvio que se presentaron como maestros dotados de la iglesia. Esta enseñanza fue continuada más tarde por la herejía ebionita.

[4] En aquellos tiempos, Fenicia se extendía por el sur hasta el monte Carmelo, en la costa del Mediterráneo, de manera que no era necesario ir a través de Galilea. Desde el monte Carmelo tomaron el camino que va por Samaria tierra adentro hasta Jerusalén.

[5] Algunos autores señalan que «dándoles» (versículo 8) y «purificando» (versículo 9) son aoristos griegos que indican acciones simultáneas. Pero se ve claramente que la purificación es anterior al «no hacer ninguna diferencia», y por tanto, no es simultánea con él.

[6] Notemos que se menciona de nuevo a Bernabé en primer lugar, porque era conocido y respetado por los dirigentes y los creyentes de Jerusalén. Esta vez, él fue quien habló.

[7] Esta diferencia solo exige un ligero cambio en las vocales que no eran usadas en hebreo antiguo. En realidad, el hebreo se escribía con consonantes solamente hasta varios centenares de años después de Cristo. Notemos también que en Amós, Edom es paralelo a los paganos (las naciones, los gentiles). Por lo menos, Edom es representativo de los gentiles. Algunos eruditos bíblicos creen que las vocales de la palabra Edom fueron añadidas posteriormente por los judíos para cambiar el significado, porque sabían que el libro de los Hechos usaba este versículo para sostener la aceptación de gentiles incircuncisos.

[8] Algunos manuscritos no ponen «de ahogado» e interpretan la sangre como derramamiento de sangre o asesinato. Sin embargo, las evidencias se hallan a favor del texto ordinario, que es el que aparece aquí.

[9] Hay autores que consideran que «fornicación» significa aquí los grados de matrimonio prohibidos en Levítico 18:6-18. En este sentido, 1 Corintios 5:1 podría ser un ejemplo de esto, pero más bien parece que sea simplemente un ejemplo sobre una clase de fornicación. Pablo vuelve a usar la expresión para hablar de la inmoralidad en un sentido más general en 1 Corintios 5:9-11. También parece estar claro aquí en Hechos, que la palabra se usa en el sentido más amplio, que incluye todas las formas de inmoralidad sexual, tanto antes como después del matrimonio. Ciertamente, el tipo de fornicación mencionado en 1 Corintios 5:1 no era corriente entre los gentiles, como este mismo versículo lo indica.

[10] Algunos escritores consideran que esto contradice al versículo 33. Sin embargo, la iglesia solo los despidió para que volvieran. La Biblia no dice que se fueran. Muchas versiones modernas omiten el versículo 34 y suponen que Silas regresó a Jerusalén y volvió a Antioquía posteriormente.

[11] Hay escritores que piensan que «Babilonia» es en este versículo una referencia a Roma. No obstante, Babilonia tenía en aquellos momentos una de las comunidades judías ortodoxas más grandes que existían fuera de Palestina. (Es probable que la comunidad judía de Alejandría fuera mayor, pero eran judíos helenistas, y no estrictamente ortodoxos). Hubiera sido extraño que Pedro, el apóstol de la circuncisión (Gálatas 2:7), no visitara esta gran comunidad judía. Es probable que la visita de Pedro a Babilonia tuviera lugar antes de la ida de Pablo a Roma.

[12] El Códice Beza (D) y otros manuscritos antiguos añaden que les entregaron a los ancianos los mandatos, es decir, las instrucciones enviadas por la iglesia de Jerusalén en la carta del capítulo 15.

HECHOS

CAPÍTULO 16

Desde la Cilicia, Pablo y Silas se dirigieron a los montes del Tauro, que atravesaron por un famoso paso llamado «las Puertas Cilícicas». Caminando en esa dirección, llegarían primero a Derbe y después a Listra.

La elección de Timoteo (16:1-5)

[1] Después llegó a Derbe y a Listra; y he aquí, había allí cierto discípulo
llamado Timoteo, hijo de una mujer judía creyente, pero de padre griego; [2] y
daban buen testimonio de él los hermanos que estaban en Listra y en Iconio.
[3] Quiso Pablo que éste fuese con él; y tomándole, le circuncidó por causa de
los judíos que había en aquellos lugares; porque todos sabían que su padre era
griego. [4] Y al pasar por las ciudades, les entregaban las ordenanzas que habían
acordado los apóstoles y los ancianos que estaban en Jerusalén, para que las
guardasen. [5] Así que las iglesias eran confirmadas en la fe, y aumentaban en
número cada día.

En Listra, Pablo conoció un joven discípulo llamado Timoteo. Su madre era una judía creyente llamada Eunice. Su abuela Loida también era una gran creyente. (Vea 2 Timoteo 1:5; 3:14-15). Sin embargo, su padre era griego, probablemente miembro de una familia prominente y rica, pero según se ve, inconverso aún.

Por fortuna, la fe y la educación recibidas de su madre y su abuela tuvieron más efecto en el joven Timoteo que la falta de fe de su padre. Ellas lo habían educado en las Escrituras desde su más tierna niñez. Entonces, cuando aceptó a Cristo, hizo grandes progresos en la vida cristiana. El versículo 2 quiere decir que daban testimonio de él los hermanos creyentes de Listra y de Iconio, el pueblo cercano. Esto significa claramente que Dios le había dado ministerio espiritual en ambas ciudades y que tanto su vida como su ministerio eran una bendición para las asambleas de aquellos lugares.

También es probable que se hubiera convertido bajo el ministerio de Pablo durante una de sus visitas anteriores a Listra. No obstante, cuando más tarde Pablo lo llamó «hijo mío», es probable que estuviera usando el término «hijo» para querer decir «discípulo», así como compañero de labores más joven. (Vea 1 Timoteo 1:2,18; 2 Timoteo 1:2).

Pablo quiso llevarse a Timoteo de la iglesia de Listra para prepararlo mejor, y también para que ayudara en el ministerio de sus viajes misioneros. Pero cuando decidió hacerlo, también hizo algo muy poco frecuente. Circuncidó a Timoteo. En Gálatas 2:3-5, Pablo insiste en que los dirigentes de Jerusalén no exigieron que Tito fuera circuncidado. Entonces, ¿por qué circuncidar a Timoteo?

Tito era gentil. Circuncidarlo hubiera sido ceder ante los judaizantes, que decían que los gentiles debían hacerse judíos para guardar su salvación. Sin embargo, Timoteo había sido criado en las tradiciones judías por su madre y su abuela, que eran judías. Todavía en el día de hoy, los judíos aceptan a una persona como judía si su madre lo es, aunque su padre sea gentil. Comprenden, y con toda razón, que la madre es la que tiene mayor influencia en los valores y las actitudes religiosas de un niño. Podemos estar seguros de que los judíos del tiempo de Pablo también considerarían judío a Timoteo.

Pablo todavía iba primero a los judíos en todas las ciudades nuevas que visitaba. Si él hubiera llevado un judío incircunciso a una sinagoga, hubiera sido lo mismo que llevar a un traidor dentro del campamento de un ejército. Hubiera sido algo intolerable para los judíos: ninguno de ellos lo hubiera escuchado. Por tanto, Pablo tomó a Timoteo y lo circuncidó pensando en el bien de su testimonio ante su propio pueblo[1].

Quizá 1 Corintios 9:20-23 nos dé un poco más de comprensión con respecto a la manera de pensar de Pablo. Él no iba contra las normas culturales del pueblo al que le ministraba, a menos que fueran inmorales o idólatras. De esta forma, lo supeditaba todo a la promoción del evangelio y a la salvación de las almas. Todos sabían que el padre de Timoteo era griego, así que Pablo tuvo que confirmar la herencia judía de Timoteo antes de que pudieran seguir adelante. En 1 Timoteo 4:14 indica que los ancianos de la asamblea local aceptaron esto, oraron por Timoteo y lo enviaron con su bendición.

Pablo, Silas y Timoteo, mientras atravesaban el sur de la Galacia, iban entregando copias de las ordenanzas o regulaciones escritas en la carta de Hechos 15 para que los creyentes gentiles las guardaran. Reconocían estas normas como algo decidido por los apóstoles y los ancianos que estaban en Jerusalén. Pero también podemos estar seguros de que le habían prestado atención a lo que dice Hechos 15:28: «Ha parecido bien al Espíritu Santo, y a nosotros».

La consecuencia fue que las inquietantes enseñanzas de los judaizantes fueron contrarrestadas. Lo que había sido un problema crítico, ya no era amenaza ni causa de división; todos aceptaron la decisión del concilio de Jerusalén. Sin duda, la epístola a los Gálatas había ayudado a preparar el camino para esto.

Entonces, las asambleas que había en las diversas ciudades eran todas confirmadas, no solo en fe, sino en la fe; es decir, crecían en la comprensión de la verdad del evangelio y en la obediencia a sus enseñanzas y preceptos. Debido a esto, las asambleas siguieron creciendo, aumentando en número día tras día.

El llamado a Macedonia (16:6-10)

6 Y atravesando Frigia y la provincia de Galacia, les fue prohibido por el
Espíritu Santo hablar la palabra en Asia; 7 y cuando llegaron a Misia, intentaron
ir a Bitinia, pero el Espíritu no se lo permitió. 8 Y pasando junto a Misia, descendieron a Troas. 9 Y se le mostró a Pablo una visión de noche: un varón macedonio
estaba en pie, rogándole y diciendo: Pasa a Macedonia y ayúdanos. 10 Cuando vio
la visión, en seguida procuramos partir para Macedonia, dando por cierto que
Dios nos llamaba para que les anunciásemos el evangelio.

Después que Pablo y sus acompañantes atravesaron la región de Frigia y Galacia, hubiera sido lógico seguir adelante a la provincia romana de Asia. Éfeso, su gran ciudad, era un verdadero reto. Pero aún no era el momento dispuesto por Dios. El Espíritu Santo les había prohibido ya hablar la palabra en Asia. La Biblia no dice cómo lo hizo. Puede que lo haya hecho por medio de una palabra de sabiduría dada a alguien de entre los acompañantes de Pablo, o quizá a algún creyente lleno del Espíritu de alguna de las iglesias[2].

Puesto que se les había prohibido entrar en Asia, se movieron hacia el norte, a lo largo de la frontera oriental de la Misia e hicieron el intento de entrar a Bitinia, situada al nordeste a lo largo del mar Negro[3]. Pablo nunca fue capaz de sentarse con los brazos cruzados cuando no sabía dónde lo quería Dios o qué quería que hiciera después. Siempre estaba consciente del peso misionero que había sido depositado sobre él. Así que cuando el Espíritu le impedía ir en una dirección, tomaba un paso en otra, y confiaba en que el Espíritu confirmaría o impediría aquella dirección también.

De nuevo, el Espíritu[4] no quiso dejarlos entrar en Bitinia. Solo les quedaba una dirección, así que la tomaron, volviéndose hacia el oeste con rumbo a Troas. Para hacer esto, tenían que pasar a través de la Misia. Pero el griego dice literalmente que siguieron de largo. Es decir, no se les dio permiso para ministrar en la Misia tampoco, y pasaron de largo en lo que a la predicación del evangelio respecta.

Es de pensar lo que ha de haber significado esto para el apóstol Pablo, que decía: «¡Ay de mí si no anunciare el evangelio!» (1 Corintios 9:16). Qué carga tan fuerte ha de haber sentido mientras pasaba una ciudad y luego otra, y la prohibición de predicar la Palabra seguía en pie. Sin embargo, por haber sido obediente, Dios lo llevó a Troas cuando lo quería en aquel lugar.

En Troas, ciudad portuaria de la Misia, situada en el mar Egeo frente a Macedonia, tuvo lugar otro suceso trascendental para el ministerio y los viajes misioneros de Pablo. Si hubiera ido a Bitinia, es posible que hubiera continuado hacia el este y nunca hubiera ido a Grecia o a Roma. Pero Dios quería establecer nuevos centros en Europa. Serían otros apóstoles y creyentes los encargados de tomar rumbo este[5].

El llamado hacia el oeste fue muy claro en una visión nocturna que tuvo Pablo, en la que un macedonio (pagano) estaba en pie, rogándole que cruzara a Macedonia para ayudarlos. De inmediato, Pablo y sus acompañantes (entre los cuales se hallaba ya Lucas)[6] buscaron la forma de partir para Macedonia, dando por cierto que Dios los había llamado a predicarles el evangelio a los habitantes de aquel lugar.

Una puerta abierta en Filipos (16:11-15)

11 Zarpando, pues, de Troas, vinimos con rumbo directo a Samotracia, y
el día siguiente a Neápolis; 12 y de allí a Filipos, que es la primera ciudad de la
provincia de Macedonia, y una colonia; y estuvimos en aquella ciudad algunos
días. 13 Y un día de reposo salimos fuera de la puerta, junto al río, donde solía
hacerse la oración; y sentándonos, hablamos a las mujeres que se habían reunido.
14 Entonces una mujer llamada Lidia, vendedora de púrpura, de la ciudad de Tiatira, que adoraba a Dios, estaba oyendo; y el Señor abrió el corazón de ella para
que estuviese atenta a lo que Pablo decía. 15 Y cuando fue bautizada, y su familia,
nos rogó diciendo: Si habéis juzgado que yo sea fiel al Señor, entrad en mi casa, y posad. Y nos obligó a quedarnos.

Un barco de vela los llevó en una travesía de dos días con un recorrido de unos doscientos veinticinco kilómetros a Neápolis, el pueblo que era puerto de Filipos, con una parada en la montañosa isla de Samotracia. El viento debe haber sido muy favorable. Más tarde, el viaje en sentido contrario les llevaría cinco días (Hechos 20:6).

Filipos, ciudad llamada así el honor del padre de Alejandro Magno, era una gran urbe de la primera división de la provincia romana de Macedonia, al norte de Grecia. La ciudad era también una «colonia» romana. Esto es, los romanos habían establecido en ella una guarnición de soldados romanos que eran ciudadanos de Roma y seguían las leyes y las costumbres romanas. Era una ciudad importante también porque estaba situada en el extremo oriental del famoso camino romano llamado Via Egnatia.

No había sinagoga judía en la ciudad, lo que quiere decir que no tenía los diez hombres judíos necesarios para que hubiera una. Probablemente, después de preguntar, supieron que había un lugar de oración a kilómetro y medio de la puerta de la ciudad, en la ribera del Gangites. Fueron a sentarse allí y se dedicaron a hablarles al grupo de mujeres que se reunían en aquel lugar.

Una de ellas, Lidia, era una rica mujer de negocios, vendedora de ropa teñida con púrpura[7]. Era una gentil temerosa de Dios, procedente de Tiatira, en la provincia romana de Asia, ciudad famosa por sus tinturas. Escuchó atentamente a Pablo. Muy pronto, el Señor le abrió el corazón para que les prestara toda su atención a las cosas que Pablo decía. La consecuencia fue que creyó en el evangelio y fue bautizada en agua, junto con toda su casa, esto es, sus empleados y sirvientes. Gracias a su influencia, ellos también creyeron, y se convirtieron así en el primer cuerpo de creyentes de Europa.

Esto ocurrió durante un cierto período de tiempo. Al ganar a su casa para el Señor, Lidia demostraba su propia fidelidad a él. Fundada en esto, les rogó a Pablo y a todos los que lo acompañaban que hicieran de su gran residencia su casa y su centro de actividad. Así se mantuvo rogándoles, hasta que finalmente lo hicieran.

La expulsión de un demonio (16:16-18)

16 Aconteció que mientras íbamos a la oración, nos salió al encuentro una muchacha que tenía espíritu de adivinación, la cual daba gran ganancia a sus amos, adivinando. 17 Esta, siguiendo a Pablo y a nosotros, daba voces, diciendo: Estos hombres son siervos del Dios Altísimo, quienes os anuncian el camino de salvación. 18 Y esto lo hacía por muchos días; mas desagradando a Pablo, éste se volvió y dijo al espíritu: Te mando en el nombre de Jesucristo, que salgas de ella. Y salió en aquella misma hora.

Un día, cuando Pablo, Silas, Timoteo y Lucas se dirigían al lugar de oración, una esclava poseída por un demonio les salió al encuentro. El texto griego dice que tenía un espíritu de ventrilocuismo. Es decir, que un espíritu demoníaco la usaba sin contar con ella misma, para hablar a través de ella y practicar la adivinación. El griego también la llama «pitonisa». La serpiente pitón era el símbolo del dios griego Apolo. Sus maestros afirmaban que la voz que predecía el futuro a través de ella era la de Apolo. Este tipo de adivinación les producía gran ganancia (mucho dinero) a sus amos. Esto también podría querer decir que la usaban para atraer gente a otros negocios que tenían.

Esta esclava se mantuvo siguiendo a Pablo y a sus compañeros, dando voces, prácticamente chillando con voz muy aguda una y otra vez: «Estos hombres son siervos del Dios Altísimo, quienes os anuncian el camino de salvación»[8]. Siguió haciéndolo durante muchos días. Es decir, no lo hacía continuamente, sino que durante un tiempo, todos los días, los seguía, gritando siempre lo mismo.

Los gritos y los chillidos de la esclava deben haber atraído mucho la atención. Por supuesto que sirvieron para que toda la ciudad se enterara de que Pablo y sus acompañantes se hallaban allí. Pero no era el tipo de testimonio que le da una verdadera gloria a Dios, ni tampoco proclamaba toda la verdad. Pablo sentía un gran desagrado con sus desagradables chillidos. En realidad, aquella se convirtió en una gran molestia para él, y sin duda sintió que estaba obstaculizando la obra del Señor. Finalmente, se volvió y le habló, no a la mujer, sino al espíritu maligno, ordenándole en el nombre (la autoridad) de Jesucristo que saliera de ella. En esto, seguía el ejemplo de Jesús, que también les hablaba directamente a los demonios que poseían a las personas. En aquella misma hora salió de ella, lo cual quiere decir que fue de inmediato[9].

Pablo y Silas en la prisión (16:19-26)

19 Pero viendo sus amos que había salido la esperanza de su ganancia, prendieron a Pablo y a Silas, y los trajeron al foro, ante las autoridades; 20 y presentándolos a los magistrados, dijeron: Estos hombres, siendo judíos, alborotan nuestra ciudad, 21 y enseñan costumbres que no nos es lícito recibir ni hacer, pues somos romanos. 22 Y se agolpó el pueblo contra ellos; y los magistrados, rasgándoles las ropas, ordenaron azotarles con varas. 23 Después de haberles azotado mucho, los echaron en la cárcel, mandando al carcelero que los guardase con seguridad. 24 El cual, recibido este mandato, los metió en el calabozo de más adentro, y les aseguró los pies en el cepo. 25 Pero a medianoche, orando Pablo y Silas, cantaban himnos a Dios; y los presos los oían. 26 Entonces sobrevino de repente un gran terremoto, de tal manera que los cimientos de la cárcel se sacudían; y al instante se abrieron todas las puertas, y las cadenas de todos se soltaron.

Los amos de la esclava se sintieron furiosos cuando vieron que se había ido la esperanza de sus ganancias. Por esto, prendieron a Pablo y Silas y los trajeron (empujaron) hasta el foro (la plaza del mercado, en griego, *ágora*), presentándolos a los magistrados, es decir, a los dos pretores o magistrados principales romanos de la ciudad.

En su acusación no mencionaron la razón real por la que habían llevado a Pablo y Silas allí. En cambio, los llamaron judíos revoltosos, y dijeron que estaban proclamando cosas que no les era lícito a los romanos aceptar ni practicar. Aunque el judaísmo era una religión legal en el Imperio Romano, solo había hacia ella una cierta tolerancia por parte de la gente, y el gobierno no la miraba con agrado alguno.

El pueblo estaba dispuesto para creer que los judíos podían ser revoltosos. Esta acusación agitó a la multitud que se hallaba en el foro, y se fue agolpando hasta casi amotinarse. Entonces los jefes de los magistrados, para satisfacer a las masas, les rasgaron las ropas a Pablo y a Silas y ordenaron que fueran azotados con varas, un castigo muy ordinario de los romanos. (Vea 2 Corintios 11:25).

Después de muchos golpes, los magistrados hicieron que los echaran en la cárcel y le ordenaron al carcelero que los guardase con seguridad. Para asegurarse de que no pudieran escapar, el carcelero los tiró entonces a la prisión más interior y les aseguró los pies en el cepo, con las piernas dolorosamente separadas, para que no pudieran moverlas.

Después de todo este rudo tratamiento, ser colocados en una posición tan incómoda debe haber sido sumamente doloroso. Es muy probable que la prisión de más adentro fuera húmeda, fría e infestada de insectos. Sin embargo, Pablo y Silas no se quejaron. Podemos estar seguros de que tampoco se sentían con ganas de cantar en estas circunstancias. No obstante, se pusieron a orar y a cantar himnos a Dios. Sin duda, mientras lo hacían, Dios los iba llenando con un sentimiento de paz y de victoria.

Alrededor de la medianoche, Pablo y Silas estaban todavía orando y cantando, mientras el resto de los prisioneros los escuchaban. De pronto, un gran terremoto sacudió los cimientos de la cárcel. Mientras se sacudían las paredes, todas las puertas se abrieron y todas las cadenas de los prisioneros se soltaron (es probable que estuvieran atadas a las paredes).

La conversión del carcelero (16:27-34)

27 Despertando el carcelero, y viendo abiertas las puertas de la cárcel, sacó
la espada y se iba a matar, pensando que los presos habían huido. 28 Mas Pablo
clamó a gran voz, diciendo: No te hagas ningún mal, pues todos estamos aquí. 29
Él entonces, pidiendo luz, se precipitó adentro, y temblando, se postró a los pies
de Pablo y de Silas; 30 y sacándolos, les dijo: Señores, ¿qué debo hacer para ser
salvo? 31 Ellos dijeron: Cree en el Señor Jesucristo, y serás salvo, tú y tu casa. 32 Y
le hablaron la palabra del Señor a él y a todos los que estaban en su casa. 33 Y él,

tomándolos en aquella misma hora de la noche, les lavó las heridas; y en seguida se bautizó él con todos los suyos. 34 Y llevándolos a su casa, les puso la mesa; y se regocijó con toda su casa de haber creído a Dios.

El terremoto despertó al carcelero. Parece que de inmediato se apresuró a ir a la cárcel, vio que todas las puertas estaban abiertas y se precipitó a suponer que todos los prisioneros habían escapado. Conocía la pena que recibiría si era así. Antes de enfrentarse al juicio, la vergüenza y la muerte deshonrosa que le esperaba, sacó la espada con la intención de suicidarse.

Desde las profundas tinieblas de la celda, Pablo pudo ver lo que el carcelero estaba haciendo, aunque este a su vez no podía divisar nada dentro de la celda. De inmediato le gritó que no se hiciera daño, porque todos los prisioneros se hallaban allí todavía.

Después de pedir luz, el carcelero se precipitó dentro de la cárcel. Temblando de miedo, se postró ante Pablo y Silas. O sea, se sintió totalmente dominado por el terror y el pavor por lo que había sucedido.

Entonces, recobrando su compostura[10], sacó a Pablo y a Silas de la prisión y les preguntó qué debía hacer para ser salvo. Esta pregunta podría sonar extraña en labios de un romano pagano. Sin embargo, debe haber recordado las palabras del espíritu ventrílocuo que había poseído a la esclava. Aquellos hombres le podían dar a conocer el camino de la salvación.

La respuesta de Pablo fue sencilla: «Cree en el Señor Jesucristo, y serás salvo, tú y tu casa». Con esto, Pablo no quiso decir que toda la casa del carcelero sería salva simplemente porque él lo fuera. Sin embargo, Pablo quería que el carcelero supiera que la oferta no se limitaba a él, sino que el mismo tipo de fe le llevaría salvación a todo el que creyera. Sin duda, pudo ver que el terremoto y sus consecuencias los habían afectado a todos. Quería verlos salvos a todos, y no solo a uno.

Entonces Pablo y Silas les hablaron la Palabra del Señor (el evangelio) a él y a todos los que estaban en su casa. De esta manera les explicaron a todos lo que significaba creer en Jesús y ser salvo.

Después, el carcelero tomó a los apóstoles y les lavó las heridas (producto de los azotes), y de inmediato, se bautizó con todos los suyos. Es probable que se hiciera esto en una piscina en el patio de su casa. A continuación, volvió a entrar a los apóstoles en la casa y dispuso ante ellos una mesa repleta de comida. En aquellos momentos, toda su casa estaba repleta de gozo, porque habían creído en Dios con una fe que era fuerte y perseverante.

Algunos escritores tratan de usar este pasaje como argumento a favor del bautismo de infantes, puesto que toda la casa del carcelero fue bautizada en agua. Sin embargo, cuando examinamos más cuidadosamente el pasaje, es fácil ver que todos los miembros de su casa oyeron la Palabra de Dios, todos creyeron y todos estaban llenos de regocijo. Se ve con claridad que no había infantes en el grupo. Es posible que el carcelero no tuviera hijos pequeños. En realidad, era el «gobernador» de la cárcel y tal vez fuera de bastante edad cuando fue nombrado para el cargo. También es probable que la costumbre romana no considerara a los bebés o a los niños pequeños como parte de la casa hasta que alcanzaran cierta edad.

El gozo era tan grande, que podríamos traducir diciendo que estaban «saltando de gozo». Lucas no lo dice todo siempre. Podemos estar seguros de que parte del motivo de tan grande gozo era el hecho de que también fueron bautizados en el Espíritu Santo y hablaron en otras lenguas, como lo hicieron los primeros creyentes en el día de Pentecostés (Hechos 2:4) y en la casa de Cornelio. Al fin y al cabo, ¿iba Dios a hacer menos a favor de estos creyentes, que a favor de Cornelio?

La liberación de Pablo y Silas (16:35-40)

35 Cuando fue de día, los magistrados enviaron alguaciles a decir: Suelta
a aquellos hombres. 36 Y el carcelero hizo saber estas palabras a Pablo: Los magistrados han mandado a decir que se os suelte; así que ahora salid, y marchaos
en paz. 37 Pero Pablo les dijo: Después de azotarnos públicamente sin sentencia
judicial, siendo ciudadanos romanos, nos echaron en la cárcel, ¿y ahora nos echan
encubiertamente? No, por cierto, sino vengan ellos mismos a sacarnos. 38 Y los alguaciles hicieron saber estas palabras a los magistrados, los cuales tuvieron miedo
al oír que eran romanos. 39 Y viniendo, les rogaron; y sacándolos, les pidieron que
salieran de la ciudad. 40 Entonces, saliendo de la cárcel, entraron en casa de Lidia,
y habiendo visto a los hermanos, los consolaron, y se fueron.

Es probable que el regocijo continuara todo el resto de la noche. Hubiera sido difícil dormir después de experiencias así. Por la mañana, los magistrados enviaron oficiales de los llamados alguaciles o lictores, que eran ayudantes u ordenanzas, con el mensaje para el carcelero de que dejara marchar a Pablo y a Silas. El carcelero se lo comunicó a ellos, y les dijo que salieran de la cárcel y se marcharan en paz.

Sin embargo, Pablo sabía que la multitud seguía teniendo una idea errónea sobre ellos, y también sobre los judíos y los cristianos. Por lo tanto, se negó a escabullirse fuera de la cárcel, como un delincuente apaleado. Los magistrados los habían golpeado en público, sin nada que se pareciera a un juicio, aunque eran ciudadanos romanos, y los habían echado a la cárcel públicamente. ¿Acaso ahora iban a sacarlos en secreto de ella? Que fueran en persona y los sacaran. De esta forma, la ciudad sabría que las acusaciones eran falsas y que Pablo y Silas habían sido restaurados a una buena posición dentro de la comunidad.

Cuando se les informó de esto a los magistrados, supieron que habían hecho mal en ceder ante la insistencia de la muchedumbre sin interrogar a Pablo y a Silas. También sintieron temor, porque los ciudadanos romanos tenían el derecho de ser juzgados antes de recibir castigo, y este derecho no podía ser pasado por alto de manera impune. También sabían lo que les podía suceder si Pablo y Silas presentaban su queja ante el gobierno de Roma. De manera que llegaron muy humildemente y les rogaron (que no presentaran ninguna acusación en contra de ellos). Después, los sacaron del recinto de la cárcel públicamente. (Pablo y Silas habían regresado de la casa del carcelero a la cárcel propiamente dicha).

Después, los magistrados les pidieron que salieran de la ciudad. Esto no se debía a que no estuvieran dispuestos a permitir que se predicara el evangelio en Filipos. Se debe a que tenían miedo de que Pablo y Silas cambiaran de forma de pensar. O quizás tuvieran el temor de que las simpatías del pueblo se volvieran ahora a favor de Pablo y Silas y en contra de ellos. Por esto, les pidieron a los apóstoles que se fueran, por el bien de la paz en la ciudad. También podemos estar seguros de que ya no se persiguió más a los creyentes mientras estos magistrados estuvieron en el poder.

Antes de salir de la ciudad, Pablo y Silas fueron a la casa de Lidia, donde un gran patio (o aposento alto) estaba lleno de creyentes que se habían reunido sin duda para orar por ellos. Después de verlos y de consolarlos, los apóstoles abandonaron la ciudad[11].

Es evidente en este momento que Lucas no se marchó con ellos. El siguiente capítulo (17:14) señala que Timoteo sí lo hizo. Pero Lucas ya no sigue hablando en «nosotros». Es claro que se quedó en Filipos para seguir dándole ánimo y enseñanza a la asamblea del lugar. Todavía se hallaba en Filipos en Hechos 20:6.

---

[1] Notemos también que Pablo en Gálatas 5:6; 6:15 y en 1 Corintios 7:19 señala que tanto la circuncisión como la incircuncisión no significan nada en sí mismas.

[2] Bruce sugiere que esto puede haber sido recibido a través de un profeta en Listra.

[3] Bitinia tenía importantes establecimientos judíos, en especial en las ciudades griegas de Nicea y Nicomedia. En 1 Pedro 1:1 se señala que Bitinia sería evangelizada más tarde por otros.

[4] Algunos manuscritos antiguos dicen aquí «el Espíritu de Jesús». Por supuesto que este es otro de los títulos del Espíritu Santo, el Espíritu de Dios. Podría significar simplemente que Jesús lo detuvo por medio del Espíritu Santo.

[5] En el sur de la India existe una fuerte tradición sobre la ida del apóstol Tomás a aquel lugar. Algunos creen que se trata de otro Tomás, pero no es imposible que fuera el mismo apóstol en persona.

[6] Este es el primero de los pasajes en que Lucas habla en «nosotros» para darnos a conocer que él se hallaba con Pablo y había sido testigo ocular de los acontecimientos.

[7] La antigua púrpura «real» de la que se habla aquí, era una sombra roja oscura llamada posteriormente «rojo turco». Era producida por el caracol múrex y era muy costosa.

[8] El texto griego carece de artículo: «un camino» sería mejor traducción que «el camino». Satanás no tiene reparos en llamar al evangelio «un camino» de salvación, mientras no digamos, que es el único camino.

[9] El Códice Beza (D) añade la frase «de inmediato».

[10] El Códice Beza (D) añade que primero aseguró las cadenas de los demás prisioneros. No hay duda de que esto fue cierto.

[11] Notemos que ya los creyentes no eran unas pocas mujeres solamente. Los hermanos tomaron la dirección de la iglesia. Sin embargo, es cierto que en el idioma hebreo, «hermanos» era una palabra que incluía a las hermanas. (De la misma manera que la expresión «hijos de Israel» es literalmente en hebreo «hijos varones», y sin embargo incluye a hombres y mujeres).

HECHOS

CAPÍTULO 17

Pablo, Silas y Timoteo, después de salir de Filipos, tomaron rumbo oeste, por la Via Egnatia. Los dos poblados siguientes, de un tamaño regular, cada uno de ellos a un día de viaje, al parecer no tenían sinagoga judía. De manera que recorrieron ciento sesenta kilómetros desde Filipos hasta Tesalónica, la ciudad más importante de la Macedonia antigua, y todavía hoy una ciudad notable. Había sido fundada en el año 315 a.C., y su fundador, Casandro, le había puesto este nombre en honor de su esposa, que era medio hermana de Alejandro Magno.

A los judíos primero (17:1-9)

1 Pasando por Anfípolis y Apolonia, llegaron a Tesalónica, donde había
una sinagoga de los judíos. 2 Y Pablo, como acostumbraba, fue a ellos, y por tres
días de reposo discutió con ellos, 3 declarando y exponiendo por medio de las
Escrituras, que era necesario que el Cristo padeciese, y resucitase de los muertos;
y que Jesús, a quien yo os anuncio, decía él, es el Cristo. 4 Y algunos de ellos
creyeron, y se juntaron con Pablo y con Silas; y de los griegos piadosos gran
número, y mujeres nobles no pocas. 5 Entonces los judíos que no creían, teniendo celos, tomaron consigo a algunos ociosos, hombres malos, y juntando una
turba, alborotaron la ciudad; y asaltando la casa de Jasón, procuraban sacarlos al
pueblo. 6 Pero no hallándolos, trajeron a Jasón y a algunos hermanos ante las autoridades de la ciudad, gritando: Estos que trastornan el mundo entero también
han venido acá; 7 a los cuales Jasón ha recibido; y todos éstos contravienen los
decretos de César, diciendo que hay otro rey, Jesús. 8 Y alborotaron al pueblo y a
las autoridades de la ciudad, oyendo estas cosas. 9 Pero obtenida fianza de Jasón
y de los demás, los soltaron.

De nuevo Lucas nos hace fijar la atención en la costumbre que tenía Pablo de ir primero a los judíos para aprovechar su fondo cultural y las oportunidades de enseñar que le daban en la sinagoga. Durante tres sabbaths consecutivos, Pablo les predicó, siguiendo sin duda el mismo esquema que en Antioquía de Pisidia (Hechos 13:16-41). Como siempre, abrió las Escrituras que profetizaban sobre el Mesías, explicándolas en todo detalle. Es decir, las exponía de tal manera que mostraban con claridad que el propósito de Dios con respecto al Mesías era que sufriera y se levantara de nuevo de entre los muertos. Como lo había hecho también en Antioquía, les demostraba que ninguna de estas profecías se podía aplicar a nadie, sino a Jesús. Por tanto, «este Jesús» es en verdad el Mesías, el Cristo, el Profeta, Sacerdote y Rey ungido por Dios.

Algunos de los judíos creyeron (se convencieron de que Jesús es el Mesías y obedecieron al evangelio, de manera que fueron bautizados en agua y en el Espíritu Santo). Estos se unieron a Pablo y a Silas. También lo hizo un gran número de griegos piadosos, entre los cuales había un buen número de esposas de hombres importantes de la ciudad. De esta forma, el número de gentiles convertidos fue mucho mayor que el de judíos creyentes.

En 1 Tesalonicenses 2:1-13 aparece una descripción más detallada del ministerio de Pablo y Silas en estos momentos. Su predicación y su ministerio fueron muy eficaces. Aunque fueron tratados de forma ultrajante en Filipos, esto no los hizo tímidos ni miedosos. En Tesalónica predicaron de una forma abierta, libre y valiente, con la pureza de intención característica de los siervos de Jesucristo. También fueron delicados con los nuevos convertidos, a los que les manifestaron todas las formas de amor y cuidado posibles. Sin embargo, se mantuvieron firmes en sus exigencias de justicia y los animaron a todos a vivir de una manera digna del Dios que los había llamado a su propio reino y su propia gloria.

Los judíos que rechazaron el mensaje de Pablo, se sintieron frustrados muy pronto, por el número cada vez mayor de gentiles que estaban aceptando el evangelio. Estos judíos se rebelaron contra lo que Dios estaba haciendo, y llegaron a prohibirles a Pablo y a su compañía (obstaculizarles, evitar que lo hicieran) hablarles a los gentiles con vistas a su salvación (1 Tesalonicenses 2:14-16).

Cuando vieron que los gentiles seguían respondiendo al evangelio y no les prestaban atención, estos judíos incrédulos se dedicaron a instigar un tumulto. Primeramente, tomaron consigo a un grupo de ociosos de la plaza del mercado que siempre estaban dispuestos a unirse a cualquier agitador que apareciera. Después, con su ayuda, reunieron una multitud y prepararon un alboroto que llevó al pánico a toda la ciudad. Entonces, fueron a casa de Jasón, y tomándolo por sorpresa, trataban de sacar a Pablo y Silas a donde estaba el populacho. Es evidente que la noticia ya les había llegado a los apóstoles, y se habían marchado de allí para dirigirse a otro lugar de la ciudad.

Como Pablo y Silas no se hallaban allí, la muchedumbre arrastró a Jasón y a algunos de los demás creyentes ante los gobernantes (politarcas)[1]. Eran cinco o seis, y eran los magistrados principales de la ciudad.

Como de costumbre, la acusación no reveló la razón real de que quisieran deshacerse de Pablo y Silas. Los judíos que no habían creído y sus compañeros de conspiración los acusaban de trastornar todo el mundo habitado. Esta era una expresión usada para hablar de los agitadores políticos o los revolucionarios que habían causado problemas en todos los demás lugares, y que trastornaban, no solo el estado de cosas, sino todo. También acusaron a Jasón de recibir a estos enredadores en su casa y reunirse con ellos para practicar cosas contrarias a los decretos del César, diciendo que hay otro rey (en realidad, un emperador rival), Jesús.

El pueblo y los politarcas se alborotaron al oír estas cosas. En parte, es posible que su problema estuviera en que conocían a Jasón y a muchos de los demás convertidos y no habían visto evidencia alguna de actividad política. También es probable que las creyentes que eran esposas de los hombres principales tuvieran entre ellas a la esposa de uno o más de estos politarcas.

Es evidente que los politarcas no tomaron muy en serio los cargos, pero para satisfacer a la multitud, obtuvieron fianza de Jasón y de los demás que habían sido traídos ante ellos. Es probable que esto signifique que Jasón y sus amigos dieron esa fianza como garantía de que Pablo y Silas saldrían de la ciudad y no regresarían, para que no hubiera más tumultos. Esto sería usado más tarde por Satanás para obstaculizar el regreso de Pablo. (Vea 1 Tesalonicenses 2:17-18).

Quizá Pablo se refiera a este incidente también cuando dice que los Tesalonicenses recibieron «la palabra en medio de gran tribulación, con gozo del Espíritu Santo» (1 Tesalonicenses 1:6). Con seguridad, los judíos incrédulos habían comenzado a causar problemas algún tiempo antes del incidente de Jasón. De hecho, Pablo señala que desde el principio, él habló el evangelio (las buenas nuevas) de Dios allí «en medio de gran oposición» (1 Tesalonicenses 2:2). Después, cuando Pablo quiso regresar, Satanás se lo impidió, tal vez sacando a relucir la cuestión de la fianza. Así fue como Pablo no pudo regresar cuando quiso hacerlo.

Los nobles hermanos de Berea (17:10-15)

10 Inmediatamente, los hermanos enviaron de noche a Pablo y a Silas hasta
Berea. Y ellos, habiendo llegado, entraron en la sinagoga de los judíos. 11 Y éstos
eran más nobles que los que estaban en Tesalónica, pues recibieron la palabra con
toda solicitud, escudriñando cada día las Escrituras para ver si estas cosas eran así.
12 Así que creyeron muchos de ellos, y mujeres griegas de distinción, y no pocos
hombres. 13 Cuando los judíos de Tesalónica supieron que también en Berea era

anunciada la palabra de Dios por Pablo, fueron allá, y también alborotaron a las multitudes. [14] Pero inmediatamente los hermanos enviaron a Pablo que fuese hacia el mar; y Silas y Timoteo se quedaron allí. [15] Y los que se habían encargado de conducir a Pablo le llevaron a Atenas; y habiendo recibido orden para Silas y Timoteo, de que viniesen a él lo más pronto que pudiesen, salieron.

Los hermanos cristianos vieron lo crueles y decididos que eran los judíos incrédulos. Por eso no quisieron correr riesgos. De noche, enviaron a Pablo y a Silas a Berea, unos ochenta kilómetros en dirección suroeste, sobre el camino de Grecia. Se hallaba fuera de la Vía Egnatia, el camino principal que habían seguido anteriormente, por lo que los creyentes deben haber pensado que estarían más seguros allí.

Los de Berea reaccionaron de manera muy distinta. En lugar de rechazar el mensaje de Pablo, recibieron la Palabra con todo tipo de ansiedad, celo y entusiasmo. Más importante aun: examinaban a diario las Escrituras, escudriñándolas como abogados que investigaran un caso, para ver si aquellas cosas eran así.

Gracias a su actitud y a su asiduidad en escudriñar las Escrituras, dice la Biblia que eran más nobles que los judíos de Tesalónica. En aquel lugar, habían creído algunos de los judíos. Los otros solo dejaron que sus antiguos prejuicios los guiaran y reaccionaron contra el evangelio. En cambio, en Berea creyeron muchos de los judíos, tal vez la mayoría. No se levantó oposición entre ellos.

Por haber escudriñado las Escrituras, estos judíos de Berea no solo sientan un ejemplo para todos nosotros, sino que no tuvieron necesidad de que Pablo les llamara la atención más tarde, como hizo con muchas otras iglesias[2].

Muchos gentiles creyeron también, tanto mujeres de posición honorable en la sociedad, como hombres.

Aunque la sinagoga de Berea no causó problemas, la noticia de lo eficaz que era la proclamación del evangelio por Pablo en aquel lugar alcanzó a los judíos de Tesalónica. Estos se fueron a Berea entonces, e hicieron lo mismo que habían hecho en su ciudad. Sacudieron y alborotaron a las multitudes, tratando de levantar la violencia del populacho contra Pablo.

Antes de que le pudieran hacer daño alguno, los hermanos cristianos de Berea se apresuraron a sacar a Pablo en dirección al mar Egeo, tal vez con la intención de enviarlo lejos en algún barco. Silas y Timoteo se quedaron para seguir enseñándoles a los creyentes y dándoles ánimo.

Los que conducían a Pablo, cambiaron después de dirección, probablemente porque los judíos de Tesalónica estaban tramando algo más, y recibieron alguna noticia de ello. De manera que todos, o parte del grupo, llevaron a Pablo a Atenas. Entonces, él los envió de vuelta con una orden para Silas y Timoteo, que debían ir a él lo más pronto que pudiesen.

La espera en Atenas (17:16-21)

16 Mientras Pablo los esperaba en Atenas, su espíritu se enardecía viendo la
ciudad entregada a la idolatría. 17 Así que discutía en la sinagoga con los judíos
y piadosos, y en la plaza cada día con los que concurrían. 18 Y algunos filósofos
de los epicúreos y de los estoicos disputaban con él; y unos decían: ¿Qué querrá
decir este palabrero? Y otros: Parece que es predicador de nuevos dioses; porque
les predicaba el evangelio de Jesús, y de la resurrección. 19 Y tomándole, le trajeron al Areópago, diciendo: ¿Podremos saber qué es esta nueva enseñanza de que
hablas? 20 Pues traes a nuestros oídos cosas extrañas. Queremos, pues, saber qué
quiere decir esto. 21 (Porque todos los atenienses y los extranjeros residentes allí,
en ninguna otra cosa se interesaban sino en decir o en oír algo nuevo.)

Atenas era una ciudad famosa por su Acrópolis y por todos sus templos. Sin embargo, ya en aquella época había perdido su gloria anterior. Ya carecía de importancia política. Su antigua hegemonía en cultura y educación había pasado a la ciudad de Alejandría, en Egipto. No obstante, Atenas seguía cultivando la memoria de su pasado. Sus templos seguían siendo hermosos ejemplos de lo mejor de la arquitectura griega. Dondequiera que Pablo miraba, la ciudad estaba repleta de ídolos, y esto hizo que su espíritu se enardeciera (casi «se llenara de ira») dentro de él.

Como siempre, Pablo fue primero a la sinagoga en el sabbath y les predicó a los judíos y a los gentiles piadosos que estaban allí. No obstante, también se sentía preocupado por el resto de los gentiles. Todos los días hablaba con los que se encontraba en la plaza del mercado. Allí, algunos filósofos de los epicúreos y de los estoicos se enzarzaron en una discusión con él.

Los epicúreos eran los seguidores de Epicuro (342-270 a.C.). Este decía que la naturaleza es la suprema maestra, y nos proporciona las sensaciones, los sentimientos y las expectaciones para probar la verdad. Al decir sentimientos, se refería al placer y al dolor. Decía que se podían usar estos sentimientos para distinguir entre el bien y el mal que nos rodean. También enseñaba que los dioses eran incapaces de airarse, indiferentes ante la debilidad humana, y no intervenían ni participaban en los asuntos humanos. De esta manera, negaba la posibilidad de los milagros, la profecía y la providencia divina. Al principio, cuando Epicuro hablaba de «placer», quería referirse a la verdadera felicidad. Al inicio sus seguidores se limitaban a buscar una vida tranquila, libre de temores, dolores e ira. Más tarde, algunos de ellos hicieron de los placeres sensuales la meta de la vida.

Los estoicos eran seguidores de Zenón de Citio (335-263 a.C.). Este creía en un poder creador, y hacía del deber, la razón (o acuerdo con la razón divina) y la autosuficiencia la meta de la vida. Exhortaba a sus seguidores a aceptar las leyes de la naturaleza y de la conciencia, y a tratar de ser indiferentes al placer, el dolor, el gozo y el pesar.

Algunos de estos filósofos fueron muy despectivos con el evangelio de Pablo, y lo llamaron «palabrero», literalmente «recogedor de semillas». Este término se usaba también en el lenguaje popular para hablar de los parásitos y los plagiarios ignorantes. Después, como predicaba las buenas nuevas de Jesús y de la resurrección, decían que parecía que estaba proclamando nuevos dioses, o mejor, demonios extranjeros.

Al parecer, sentían que las enseñanzas de Pablo eran peligrosas para sus ideas y filosofías, porque lo tomaron y lo llevaron ante el concilio del Areópago, la corte suprema de Atenas. Esta corte se reunía anteriormente en la colina de Ares (colina de Marte), un cerro rocoso situado frente a la Acrópolis. Hay algunas evidencias de que se reunía en una columnata del mercado público en los tiempos del Nuevo Testamento, pero retenía el mismo nombre.

El concilio preguntó cortésmente cuál era el significado de esta nueva enseñanza que los tenía perplejos. Esta petición no tenía nada de extraña. Todos los atenienses, así como los extranjeros que vivían en la ciudad, se pasaban todo el tiempo libre diciendo y oyendo cosas nuevas.

El mensaje dirigido al concilio de la colina de Marte (17:22-34)

22 Entonces Pablo, puesto en pie en medio del Areópago, dijo: Varones atenienses, en todo observo que sois muy religiosos; 23 porque pasando y mirando
vuestros santuarios, hallé también un altar en el cual estaba esta inscripción: AL
DIOS NO CONOCIDO. Al que vosotros adoráis, pues, sin conocerle, es a
quien yo os anuncio. 24 El Dios que hizo el mundo y todas las cosas que en él
hay, siendo Señor del cielo y de la tierra, no habita en templos hechos por manos
humanas, 25 ni es honrado por manos de hombres, como si necesitase de algo;
pues él es quien da a todos vida y aliento y todas las cosas. 26 Y de una sangre ha
hecho todo el linaje de los hombres, para que habiten sobre toda la faz de la tierra;
y les ha prefijado el orden de los tiempos, y los límites de su habitación; 27 para
que busquen a Dios, si en alguna manera, palpando, puedan hallarle, aunque
ciertamente no está lejos de cada uno de nosotros. 28 Porque en él vivimos, y nos
movemos, y somos; como algunos de vuestros propios poetas también han dicho:
Porque linaje suyo somos. 29 Siendo, pues, linaje de Dios, no debemos pensar que

la Divinidad sea semejante a oro, o plata, o piedra, escultura de arte y de imaginación de hombres. 30 Pero Dios, habiendo pasado por alto los tiempos de esta
ignorancia, ahora manda a todos los hombres en todo lugar, que se arrepientan;
31 por cuanto ha establecido un día en el cual juzgará al mundo con justicia, por
aquel varón a quien designó, dando fe a todos con haberle levantado de los muertos. 32 Pero cuando oyeron lo de la resurrección de los muertos, unos se burlaban,
y otros decían: Ya te oiremos acerca de esto otra vez. 33 Y así Pablo salió de en
medio de ellos. 34 Mas algunos creyeron, juntándose con él; entre los cuales estaba
Dionisio el areopagita, una mujer llamada Dámaris, y otros con ellos.

De pie en medio del concilio, Pablo comenzó sabiamente en forma positiva. Las palabras que dice al principio, podrían ser traducidas como afirmando que los atenienses eran «demasiado supersticiosos». Sin embargo, es mucho mejor la traducción nuestra, que da el sentido de «muy religiosos», o sea, muy respetuosos con sus dioses.

Después, Pablo usa la inscripción que había en un altar de Atenas como oportunidad para hablar sobre el único Dios verdadero, en contraste con sus muchos dioses. El «Dios desconocido» de su altar, al que adoraban sin conocerlo, es el Creador y Señor de cielo y tierra. Por tanto, es demasiado grande para habitar en santuarios hechos por manos de hombres. Esta verdad también la comprendían Salomón (1 Reyes 8:27) y los profetas (Isaías 57:15; 66:1). ¡Qué contraste tan grande con los pequeños dioses de Atenas, cuyos ídolos ellos bañaban y fingían alimentar!

El Dios verdadero no necesita que cuiden de él manos humanas (que lo traten, como un médico atendería a un paciente), como si él necesitara algo. ¿Cómo podría necesitar de algo o de algún cuidado? Él es quien da a todos vida, aliento y todas las cosas. Como señala Santiago 1:17, todo buen don y todo don perfecto viene de lo alto, de él.

Dios también hizo de una sangre (es decir, de Adán, de un solo linaje sanguíneo) todas las naciones de la humanidad, para que habitaran en toda la faz de la tierra. (Algunos manuscritos antiguos omiten la palabra «sangre» del versículo 26). Todos somos parte de la raza de Adán, y nadie tiene motivo para algún orgullo especial de ascendencia o raza. Dios fijó también el orden de los tiempos de la humanidad (ocasiones, oportunidades) y los límites de su habitación; esto es, separando la tierra seca de las aguas (Génesis 1:9-10).

Con esto, Pablo no quiere decir que la humanidad no pueda o no deba moverse de un lugar a otro. Todos los pueblos lo han hecho en mayor o menor escala. Más bien, Pablo quería decir que Dios lleva a la humanidad a los lugares y los momentos en los que tenga oportunidad de buscarle, «si en alguna manera, palpando, puedan hallarle». (Compare con Romanos 1:20-21).

En realidad, no debería ser difícil hallarlo, porque, como Pablo diría a continuación, él no está lejos de cada uno de nosotros. «Porque en él vivimos, y nos movemos, y somos» (existimos, tenemos nuestro ser). Esta declaración es una cita de uno de los poetas antiguos, posiblemente Minos o Epiménedes de Creta. Como uno de sus propios poetas (Aratus de Cilicia) había dicho, «linaje suyo somos».

Puesto que es linaje del Dios verdadero (en el sentido de que ha sido creado a imagen suya), sería totalmente irrazonable para el hombre pensar que la naturaleza divina es oro, plata o piedra, escultura de arte y de imaginación o pensamientos de seres humanos. Este es uno de los puntos fuertes de la enseñanza del Antiguo Testamento. (Vea Salmo 115:4-8; 135:15-18; Isaías 40:18-22; 41:24; 44:9-17).

Toda esta idolatría demostraba ignorancia sobre cómo es Dios en realidad. Los tiempos de aquella ignorancia, Dios en su misericordia y paciencia los había pasado por alto. Pero ahora (por medio del evangelio) anunciaba a todos los seres humanos de todos los lugares que debían arrepentirse, es decir, cambiar de mentalidad y de actitud hacia Dios, y volverse a él a través de Cristo y del evangelio. Este arrepentimiento es urgente, porque Dios ha establecido un día en el cual va a juzgar a la tierra habitada en justicia por medio de un Hombre que él ha nombrado. Es decir, que hay un día de juicio que se aproxima y Dios ha revelado quién será el Juez. (Compare con Daniel 7:13; Juan 5:22,27). La realidad de la venida de este día y de que no habrá escapatoria posible, Dios la garantizaba con el hecho de que había resucitado a aquel Hombre (Jesús) de entre los muertos.

La mención de la resurrección de los muertos provocó de inmediato las burlas de algunos, en especial del grupo de los epicúreos, con toda seguridad. Estos se negaban a creer que dios alguno pudiera mostrar ira, y tampoco creían en milagros. Por eso, muchos se burlaron de Pablo con palabras de escarnio y gestos. Otros, que parecían tener deseo de conocer la verdad, dijeron: «Ya te oiremos acerca de esto otra vez».

Estas sesiones del concilio del Areópago estaban abiertas al público. Algunos hombres sí creyeron y se juntaron con Pablo, aceptando el evangelio. Entre ellos se hallaba Dionisio, miembro del concilio y por tanto un personaje muy importante en Atenas. Una mujer (prominente) llamada Dámaris, y otros más, se unieron con ellos y creyeron.

Este es el segundo sermón registrado por escrito de los sermones de Pablo a los gentiles que no tenían fondo cultural ni conocimiento de las

Escrituras del Antiguo Testamento. En Listra, había usado un enfoque similar, al llamar su atención hacia Dios como Creador (Hechos 14:15-17). Pero en este momento, se dan más detalles sobre su forma de enfocar el asunto.

Con los judíos, que afirmaban creer en las Escrituras, Pablo siempre fundamentaba sus razonamientos en el Antiguo Testamento. Sin embargo, con gentiles como aquellos, el Espíritu Santo lo guiaba a usar un enfoque diferente. Su razonamiento seguía fundándose en las Escrituras, pero comenzaba donde estaban sus oyentes y los conducía hasta el punto en que podía presentarles el evangelio. En los tiempos recientes, los misioneros han tenido que hacer lo mismo. Un misionero que se hallaba en las selvas del Amazonas con los indios, descubrió que no podía comenzar con Juan 3:16. No tenían ninguna palabra para decir «amor». El único mundo que conocían eran el valle y el río tributario donde vivían. Así que comenzó con la creación y los fue conduciendo poco a poco hasta el momento en que pudieran comprender la verdad sobre Jesús.

Algunos escritores suponen que Pablo se desilusionó con los resultados de su manera de enfocar las cosas esta vez. Dicen que fue esa desilusión la que hizo que les dijera a los corintios: «Me propuse no saber entre vosotros cosa alguna sino a Jesucristo, y a éste crucificado» (1 Corintios 2:2). Pero esto no quiere decir que Pablo no dijera nada sobre las demás verdades. Más bien quería decir que deseaba ver, experimentar y vivir al Cristo crucificado.

También parece probable que algunos de los judíos y de los gentiles piadosos de la sinagoga de Atenas creyeran y que estos otros que habían creído se unieran a ellos. Pablo se referiría más tarde a la casa de Estéfanas, llamándola «las primicias de Acaya» (1 Corintios 16:15), pero es posible que esto se deba a que Atenas era considerada una ciudad independiente y libre, y no parte de la Acaya (Grecia).

Lucas no proporciona más detalles, pero se ve con claridad que Pablo dejó al menos un pequeño cuerpo de creyentes, una asamblea, al irse de Atenas. La tradición dice que Dionisio el areopagita fue su primer pastor (anciano, obispo).

---

[1] Los arqueólogos han hallado inscripciones que hacen referencia a estos politarcas.

[2] Escudriñaron las Escrituras, no buscando textos de prueba que sirvieran para apoyar sus ideas preconcebidas, sino tratando de encontrar en ellos el sentido que quería el Espíritu Santo, que era quien había inspirado las Escrituras.

HECHOS

CAPÍTULO 18

¿Por qué se fue Pablo de Atenas, si había pensado esperar a Silas y a Timoteo allí? La Biblia no nos lo dice. Pero sí dejó un grupo de creyentes al irse, y el texto griego muestra que se separó de ellos con pesar.

Es posible que una de las razones por las que se marchó de Atenas fuera que no halló oportunidad de ejercer su oficio de fabricante de tiendas allí. Atenas no era un centro comercial. Pablo incluyó entre sus sufrimientos por el Señor, algunos tiempos en que no tuvo suficiente qué comer, esto es, momentos en que tuvo que ayunar a la fuerza, por motivos económicos (2 Corintios 11:27).

Otra razón para marcharse de Atenas puede haber sido la gran necesidad que había en Corinto. Esta próspera ciudad era un gran centro comercial. Había sido destruida en el año 146 a.C. y no había sido reconstruida hasta que Julio César no se interesó en ella, cien años más tarde. Él la hizo una colonia romana, y de nuevo conoció la prosperidad. No obstante, también era centro de idolatría y de vida licenciosa. Los griegos habían inventado incluso una nueva palabra para expresar la inmoralidad sexual extrema y el desenfreno: «corintizar». Los corintios recibían alientos en su inmoralidad, de la adoración de la llamada «diosa del amor», Afrodita.

Priscila y Aquila (18:1-4)

1 Después de estas cosas, Pablo salió de Atenas y fue a Corinto. 2 Y halló a
un judío llamado Aquila, natural del Ponto, recién venido de Italia con Priscila
su mujer, por cuanto Claudio había mandado que todos los judíos saliesen de
Roma. Fue a ellos, 3 y como era del mismo oficio, se quedó con ellos, y trabajaban
juntos, pues el oficio de ellos era hacer tiendas. 4 Y discutía en la sinagoga todos
los días de reposo, y persuadía a judíos y a griegos.

En Corinto, Pablo conoció a un matrimonio que se convertiría en parte del grupo de sus amigos más fieles y compañeros de trabajo en el evangelio. El esposo, Aquila, era un judío cuya familia era de la provincia romana del Ponto (situada en el norte del Asia Menor, sobre el mar Negro, al este de Bitinia). Puesto que el nombre de Aquila era común entre los esclavos en Roma, hay alguna especulación sobre si cuando los romanos tomaron el Ponto, su familia fue capturada y vendida o entregada en esclavitud en Roma. Más tarde, muchos de los esclavos judíos habían sido liberados. Había una amplia clase de libertos en Roma que habían sido establecidos en negocios por sus antiguos amos, o que practicaban diversos oficios.

El nombre de la esposa de Aquila, Priscila, es un diminutivo o forma familiar de «Prisca» (2 Timoteo 4:19), lo que indica que era una dama romana de una de las clases superiores de la sociedad. Al menos es posible que fuera la hija del antiguo amo de Aquila. Quizá él la ayudara a creer en el único Dios verdadero, el Dios de Israel. Después, cuando fue liberado, se casaron.

Hacía poco que habían llegado a Corinto procedentes de Italia. Claudio[1], el cuarto emperador romano, había ordenado que todos los judíos salieran de Roma. Pablo fue a ellos y encontró en su hogar un lugar donde vivir y ejercer su oficio, porque ellos también eran fabricantes de tiendas y habían podido establecer su negocio en Corinto con éxito[2].

Nada indica que Priscila y Aquila fueran cristianos antes de que Pablo los conociera, aunque es posible que tuvieran algún conocimiento del evangelio. Si ya no eran creyentes, pronto los ganaría Pablo para el Señor. Así se convirtieron en fieles seguidores de Cristo. Podemos tener la seguridad de que lo acompañaban a la sinagoga todos los sábados y lo alentaban mientras él trataba de persuadir tanto a judíos como a gentiles.

Pablo se va a los gentiles (18:5-11)

5 Y cuando Silas y Timoteo vinieron de Macedonia, Pablo estaba entregado por entero a la predicación de la palabra, testificando a los judíos que Jesús
era el Cristo. 6 Pero oponiéndose y blasfemando éstos, les dijo, sacudiéndose los
vestidos: Vuestra sangre sea sobre vuestra propia cabeza; yo, limpio; desde ahora
me iré a los gentiles. 7 Y saliendo de allí, se fue a la casa de uno llamado Justo,
temeroso de Dios, la cual estaba junto a la sinagoga. 8 Y Crispo, el principal de la
sinagoga, creyó en el Señor con toda su casa; y muchos de los corintios, oyendo,
creían y eran bautizados. 9 Entonces el Señor dijo a Pablo en visión de noche: No
temas, sino habla, y no calles; 10 porque yo estoy contigo, y ninguno pondrá sobre
ti la mano para hacerte mal, porque yo tengo mucho pueblo en esta ciudad. 11 Y
se detuvo allí un año y seis meses, enseñándoles la palabra de Dios.

Después de que Silas y Timoteo llegaron a Corinto procedentes de Macedonia, Pablo se sintió urgido por la Palabra. Escribió 1 Tesalonicenses poco después de llegar ellos, porque le traían buenas noticias. En 1 Tesalonicenses 3:6-10 habla de esto. Timoteo le trajo buenas noticias sobre la fe y el amor de los creyentes de Tesalónica. Los enemigos del evangelio no habían tenido manera de apartarlos del Señor ni de Pablo. Durante las penosas circunstancias por las que pasaba y la aplastante presión de la persecución, el maravilloso informe sobre su fe y su constancia en el evangelio le levantó el ánimo y alivió la presión de su apasionada preocupación por ellos, dándole nuevo valor para seguir adelante.

Según parece, hasta este momento, no había una respuesta notable al evangelio en Corinto. Ahora sintió una presión tal por la Palabra, que comenzó a dar testimonio con una intensidad y un celo cada vez mayores. En todas partes declaraba que Jesús es el Mesías, el Profeta, Sacerdote y Rey ungido de Dios.

En la sinagoga, este aumento de intensidad en el mensaje de Pablo hizo que la mayoría de los judíos que no habían creído dejaran de sentir indiferencia y se alinearan contra el evangelio. Hasta llegaron a blasfemar (no de Dios, sino de Pablo), usando un lenguaje abusivo y oponiéndose a Pablo, mientras hablaban toda suerte de cosas malas contra él y contra el evangelio.

Aquello fue demasiado para Pablo, de manera que se sacudió los vestidos (el manto) contra ellos, como señal de que rechazaba sus blasfemias. Después, invocó la sangre de ellos sobre sus propias cabezas. Esto es, declaró que serían responsables por el juicio que Dios enviaría sobre ellos. Pablo les había hecho la advertencia, y estaba limpio. Por supuesto, ellos comprendían que se estaba refiriendo a la responsabilidad que Dios había puesto sobre Ezequiel, de que alertara al pueblo (Ezequiel 3:16-21). Pablo había hecho lo que le correspondía en cuanto a alertar a los judíos. Desde aquel momento (en Corinto) se volvería a los gentiles.

Entonces, se marchó de la sinagoga y fue a la casa contigua, que era de un gentil piadoso llamado Tito (o Titio) Justo[3]. Allí comenzó a predicar el evangelio.

Pablo, Silas y Timoteo no fueron los únicos en abandonar la sinagoga. Crispo, el principal de la sinagoga, tomó la decisión de creer en el Señor, y toda su casa, siguiendo su ejemplo, tomó esa misma decisión. (Vea 1 Corintios 1:16). Muchos de los gentiles de Corinto creyeron también y fueron bautizados.

El Señor le confirmó a Pablo que había actuado correctamente. En visión de noche, (Jesús) le dijo a Pablo que no temiera. La forma del griego usado aquí indica que Pablo estaba comenzando a temer que tendría que marcharse de Corinto, tal como lo había tenido que hacer en muchas otras ciudades al comenzar la persecución. Sin embargo, Jesús le dijo que debía seguir hablando la Palabra en Corinto, y no callar; él estaba junto a Pablo y no permitiría que nadie pusiera su mano sobre él para hacerle mal, porque él tenía mucho pueblo en Corinto. Es decir, que muchos más aceptarían a Jesús y entrarían a formar parte del verdadero pueblo de Dios.

Con estas nuevas fuerzas, Pablo se quedó en Corinto un año y seis meses, enseñando la Palabra de Dios entre ellos. Durante todo aquel tiempo, no hubo violencia y nadie le hizo mal a Pablo, como se lo había prometido el Señor.

Llevado ante Galión (18:12-17)

12 Pero siendo Galión procónsul de Acaya, los judíos se levantaron de común acuerdo contra Pablo, y le llevaron al tribunal,
13 diciendo: Este persuade a los hombres a honrar a Dios contra la ley.
14 Y al comenzar Pablo a hablar, Galión dijo a los judíos: Si fuera algún agravio o algún crimen enorme, oh judíos, conforme a derecho yo os toleraría.
15 Pero si son cuestiones de palabras, y de nombres, y de vuestra ley, vedlo vosotros; porque yo no quiero ser juez de estas cosas.
16 Y los echó del tribunal.
17 Entonces todos los griegos, apoderándose de Sóstenes, principal de la sinagoga, le golpeaban delante del tribunal; pero a Galión nada se le daba de ello.

En la primavera del año 52 d.C., el Senado romano nombró un nuevo procónsul llamado Galión para el gobierno de la provincia de Acaya (Grecia)[4]. Los judíos incrédulos pensaron al parecer que podían aprovecharse de la falta de conocimiento de la situación que tenía el nuevo gobernante. Se levantaron de común acuerdo contra Pablo y lo llevaron ante el tribunal (el trono de juicio del gobernador). Los arqueólogos han descubierto este trono (*bema*) de juicio, hecho de mármol azul y blanco.

Acusaron a Pablo ante Galión de persuadir a los hombres a adorar a Dios de una forma contraria a la ley. Puesto que se hallaban ante un tribunal romano, es probable que quisieran decir que era contrario a la ley romana. Puesto que la ley romana aceptaba el judaísmo como religión legal, estos judíos incrédulos lo que estaban diciendo era que el cristianismo era diferente del judaísmo, y por lo tanto, ilegal.

Pablo estaba a punto de comenzar a hablar cuando Galión les respondió a los judíos. Tenía suficiente sentido común para darse cuenta de que no había crimen ni acto malvado de inmoralidad en todo aquello. Puesto que le pareció que la querella contra Pablo se debía solamente a cuestiones sobre palabras y nombres y su propia ley judía, les dijo que podían arreglar el asunto ellos mismos. Él no quería ser juez de cosas así. Después los echó (o hizo que los echaran) del tribunal, que es probable que estuviera montado en una plaza pública abierta.

Esto complació a la multitud, porque los judíos no eran populares. Entonces, aprovechándose de la actitud de Galión, se apoderaron de Sóstenes, el nuevo principal de la sinagoga, y comenzaron a golpearlo antes de que pudiera salir del tribunal. Galión, como ellos esperaban, no les prestó atención alguna. Consideraba que todo aquel asunto se hallaba fuera de su jurisdicción. De esta manera, los judíos que esperaban volver al gobernador en contra de Pablo, se encontraron todo lo contrario. Al principio había parecido como si la promesa que Jesús le había hecho a Pablo de que no le harían daño en Corinto no podría ser cumplida. Sin embargo, fueron los enemigos de Pablo y no él los que salieron golpeados.

Esto debe haber tenido un profundo efecto en Sóstenes. Pablo continuó en Corinto por un buen tiempo. Al final, Sóstenes debe haber cedido ante la verdad del evangelio. En 1 Corintios 1:1, el hermano Sóstenes se une a Pablo en su saludo a los corintios. Aunque no lo podemos probar como totalmente seguro, debe ser el mismo Sóstenes. Sería improbable que hubiera otro Sóstenes prominente que fuera tan conocido para la iglesia de Corinto. ¡En verdad la gracia de Dios es maravillosa! El jefe de la oposición, un hombre que debe haber blasfemado de Pablo y del evangelio él mismo, se convirtió en un hermano en el Señor. Con esta victoria ante Galión y la conversión de Sóstenes, debe haber habido más libertad que nunca para que los cristianos dieran testimonio de Cristo en Corinto.

De regreso a Antioquía (18:18-22)

18 Mas Pablo, habiéndose detenido aún muchos días allí, después se despidió
de los hermanos y navegó a Siria, y con él Priscila y Aquila, habiéndose rapado
la cabeza en Cencrea, porque tenía hecho voto. 19 Y llegó a Éfeso, y los dejó allí;
y entrando en la sinagoga, discutía con los judíos, 20 los cuales le rogaban que se
quedase con ellos por más tiempo; mas no accedió, 21 sino que se despidió de ellos,
diciendo: Es necesario que en todo caso yo guarde en Jerusalén la fiesta que viene;
pero otra vez volveré a vosotros, si Dios quiere. Y zarpó de Éfeso. 22 Habiendo
arribado a Cesarea, subió para saludar a la iglesia, y luego descendió a Antioquía.

Después de algún tiempo (tal vez algunos meses), Pablo se embarcó rumbo a Siria en la parte final de su segundo viaje misionero.

Se llevó a Priscila y a Aquila consigo. Como suele suceder, se nombra primero a Priscila. Da la impresión de que había sido dotada por el Espíritu para el ministerio, pero siempre hallamos a Aquila trabajando con ella. ¡Deben haber formado una formidable pareja!

En Cencrea, el puerto de Corinto, Pablo se hizo rapar el cabello, porque tenía hecho un voto[5]. No se dan más explicaciones, pero es probable que fuera un voto nazareo modificado, un voto que expresaba una consagración completa a Dios y a su voluntad. El cabello era rapado siempre al terminar el período del voto. (Vea Números 6:1-21).

Cuando llegaron a la gran ciudad de Éfeso, Pablo se apartó de Priscila y Aquila[6]. Esta vez el Espíritu Santo no le impidió predicar allí. Por tanto, se fue a la sinagoga y encontró judíos dispuestos a escuchar su presentación razonada del evangelio. En realidad, querían que se quedara más tiempo, pero él no accedió. Sin embargo, en su despedida les prometió regresar, «si Dios quiere».

Después de desembarcar en Cesarea, subió a Jerusalén y le presentó sus respetos a la iglesia de allí. Es probable que les hiciera saber que había sido fiel en cumplir las instrucciones del concilio relatado en Hechos 15. También le interesaba mantener buenas relaciones con ellos.

Desde Jerusalén, siguió a Antioquía de Siria, terminando de esa forma su segundo viaje misionero.

Comienza el tercer viaje misionero de Pablo (18:23)

23 Y después de estar allí algún tiempo, salió, recorriendo por orden la región de Galacia y de Frigia, confirmando a todos los discípulos.

Pablo pasó algún tiempo en Antioquía animando y enseñando a la iglesia. Entonces se dirigió por tierra al norte en un viaje de dos mil cuatrocientos kilómetros a las regiones de Galacia y Frigia. Visitó una tras otra las iglesias fundadas en su primero y segundo viaje. Pablo nunca fundaba iglesias para después olvidarse de ellas. Siempre buscaba la manera de regresar para dar más enseñanza y confirmar y fortalecer a los discípulos. Es decir, que siempre se sentía tan preocupado o más por fortalecer a los nuevos creyentes, que por ayudarlos a ser salvos.

Apolos de Alejandría (18:24-28)

24 Llegó entonces a Éfeso un judío llamado Apolos, natural de Alejandría,
varón elocuente, poderoso en las Escrituras. 25 Este había sido instruido en el
camino del Señor; y siendo de espíritu fervoroso, hablaba y enseñaba diligente-
mente lo concerniente al Señor, aunque solamente conocía el bautismo de Juan.
26 Y comenzó a hablar con denuedo en la sinagoga; pero cuando le oyeron Priscila
y Aquila, le tomaron aparte y le expusieron más exactamente el camino de Dios.
27 Y queriendo él pasar a Acaya, los hermanos le animaron, y escribieron a los
discípulos que le recibiesen; y llegado él allá, fue de gran provecho a los que por
la gracia habían creído; 28 porque con gran vehemencia refutaba públicamente a
los judíos, demostrando por las Escrituras que Jesús era el Cristo.

Alejandría, situada en la costa norte de Egipto, al oeste de la desembocadura del río Nilo, era la segunda ciudad del Imperio Romano, un importante puerto marítimo y el centro más grande de cultura e instrucción del Imperio. Tenía una población judía numerosa en la parte nordeste de la ciudad. Eran helenistas (hablaban griego) y entre ellos se había producido la famosa Versión griega del Antiguo Testamento llamada «de los Setenta» (o «Septuaginta»).

Desde Alejandría llegó a Éfeso un elocuente judío llamado Apolos (abreviación de Apolonio). No solo era elocuente, sino que era muy instruido, un verdadero erudito, y era poderoso en el uso de las Escrituras. Ya había sido instruido oralmente en el camino del Señor Jesús, tal vez en Alejandría, su ciudad natal. Estaba tan lleno de entusiasmo con respecto a Jesús, que su espíritu se desbordaba literalmente cuando hablaba.

Sus enseñanzas también eran exactas. Tenía todos los datos correctos sobre la vida y el ministerio de Jesús, y también sobre su muerte y resurrección. No obstante, debe haber oído estos datos de boca de uno de los testigos de la resurrección de Cristo que, como muchos de los quinientos (1 Corintios 15:6), no fueron a Jerusalén y no estuvieron presentes cuando el Espíritu se derramó en el día de Pentecostés. Sin embargo, estaba entusiasmado con lo que sabía, y comenzó a hablar valientemente (demostrando que Jesús es el Mesías) en la sinagoga de Éfeso.

Priscila y Aquila estaban presentes y lo oyeron. No le dijeron nada en la sinagoga, sino que lo tomaron aparte para darle más instrucción. El texto griego también señala que lo recibieron, y es probable que se lo llevaran a su casa. Entonces, le explicaron con más precisión el camino del Señor. La Biblia no dice aquí qué fue lo que le dijeron, pero el capítulo siguiente se refiere a doce discípulos que se hallaban en la misma situación, con la misma necesidad de instrucción, y allí sí se dan detalles.

Es interesante notar aquí que Juan Crisóstomo («Juan, el de la boca de oro»), el pastor principal de la iglesia de Constantinopla alrededor del año 400 d.C., reconocía que Priscila había tomado la iniciativa en la instrucción que recibió Apolos. Los mejores eruditos del idioma griego están de acuerdo hoy en día. Apolos era un hombre culto e instruido. Ella debe haber sido también una mujer de buena educación y trato agradable. Las epístolas de Pablo nos muestran también que era, junto con su esposo, compañera de trabajo, de enseñanza y misionera.

Mirando más allá, podemos ver que Apolos debe haber recibido el bautismo en agua con la autoridad de Jesús (como en Mateo 28:18-19).

Después deben haber orado para que recibiera el bautismo en el Espíritu, como en Hechos 2:4.

Podemos ver la reacción positiva de Apolos en las cartas de recomendación que los hermanos cristianos de Éfeso escribieron a favor suyo cuando quiso seguir rumbo a Grecia. En Grecia, su ministerio fue eficaz también. Se convirtió en canal de la gracia de Dios para ayudar a los creyentes. Hablaba con gran poder y refutaba con vehemencia los argumentos de los judíos incrédulos, demostrándoles con las Escrituras que Jesús es el Mesías, el Cristo. Tal como Pablo dice en 1 Corintios 3:6, Apolos regó lo que Pablo había plantado, pero todo el tiempo era Dios quien daba el crecimiento.

---

[1] Tiberio Claudio César Augusto Germánico gobernó del 41 al 54 d.C. Bruce prefiere la fecha del 49-50 d.C. para esta expulsión. Es probable que Pablo llegara a Corinto en el otoño del año 50 d.C.

[2] Algunos escritores creen que también trabajaban cueros y hacían telas afelpadas para tiendas. Cilicia, la provincia natal de Pablo, sin embargo, era famosa por su tela de piel de cabra, la mayor parte de la cual se usaba para las tiendas, y la fabricación de tiendas habría sido para él, futuro rabino, un oficio muy conveniente de aprender. Se esperaba de los rabinos judíos que aprendieran un oficio; la mayoría no creían que debían tomar dinero por sus enseñanzas. Muchos creían también que el trabajo fuerte los ayudaría a mantenerse alejados del pecado.

[3] Su nombre romano indica que era ciudadano de Roma. Sir William Ramsay y otros han sugerido que su nombre completo era Gayo Tito Justo (Gaius Titius Justus), y que era el Gayo mencionado en Romanos 16:23 y en 1 Corintios 1:14.

[4] Lucio Junio Galión (Lucius Junus Gallio) fue nombrado procónsul en la primavera del año 52 d.C., según algunos eruditos. Otros afirman que comenzó algo antes, en junio del 51 d.C. Recibió su nombre por adopción; el nombre que tenía de nacimiento era Lucio Anneo Novato (Lucius Annaeus Novatus) y era hermano del famoso filósofo estoico Séneca. Era hombre de gran atractivo personal y de gran afabilidad, y permaneció en el cargo hasta la primavera del año 53 d.C.

[5] Unos cuantos eruditos piensan que el texto griego significaría que fue Aquila y no Pablo quien hizo el voto.

[6] Permanecieron varios años en Éfeso, la capital de la provincia romana de Asia. Su población se hallaba por encima de los trescientos mil habitantes, y era un centro de comercio y oficios muy próspero.

HECHOS

CAPÍTULO 19

En este capítulo nos encontramos con una pregunta importante. Hoy en día, su interpretación se ha convertido en motivo de controversia. Nuestra versión la expresa así: «¿Recibisteis el Espíritu Santo cuando creísteis?». Sin embargo, veremos que no sería esta la traducción más exacta.

Esta es una pregunta que sigue exigiendo una respuesta. Aquellos discípulos no tuvieron una respuesta positiva hasta que el Espíritu Santo descendió sobre ellos. Entonces hablaron en lenguas y profetizaron; luego supieron por experiencia cuál era la respuesta correcta a la pregunta hecha por Pablo.

Los doce discípulos de Éfeso (19:1-7)

1 Aconteció que entre tanto que Apolos estaba en Corinto, Pablo, después
de recorrer las regiones superiores, vino a Éfeso, y hallando a ciertos discípulos,
2 les dijo: ¿Recibisteis el Espíritu Santo cuando creísteis? Y ellos le dijeron: Ni
siquiera hemos oído si hay Espíritu Santo. 3 Entonces dijo: ¿En qué, pues, fuisteis
bautizados? Ellos dijeron: En el bautismo de Juan. 4 Dijo Pablo: Juan bautizó
con bautismo de arrepentimiento, diciendo al pueblo que creyesen en aquel que
vendría después de él, esto es, en Jesús el Cristo. 5 Cuando oyeron esto, fueron
bautizados en el nombre del Señor Jesús. 6 Y habiéndoles impuesto Pablo las
manos, vino sobre ellos el Espíritu Santo; y hablaban en lenguas, y profetizaban.
7 Eran por todos unos doce hombres.

Después de visitar las iglesias fundadas en el primer viaje en las ciudades del sur de la Galacia, Pablo siguió adelante, atravesando la parte más alta de la meseta central del norte de la Galacia. En el entretiempo, Apolos fue a Corinto, donde «regó» las iglesias plantadas por Pablo (1 Corintios 3:6).

Entonces llegó Pablo a Éfeso para encontrarse con un grupo de doce discípulos. Algunos escritores estiman que eran discípulos de Juan el Bautista. No obstante, en todos los demás lugares del libro de los Hechos donde Lucas menciona discípulos, siempre se refiere a discípulos de Jesús, que seguían a Jesús y habían creído en él. Algunos creen que estos habían sido convertidos por Apolos antes de que Priscila y Aquila lo instruyeran. Sin duda, al igual que Apolos, conocían los detalles de la vida, muerte, resurrección y ascensión de Jesús.

Aunque Pablo sentía que les faltaba algo en su experiencia, no puso en duda que fueran creyentes. En realidad, reconoció que lo eran. La pregunta que les hizo muestra más bien que les faltaba la libertad y la espontaneidad en la adoración que siempre han caracterizado a los creyentes llenos del Espíritu.

Las versiones modernas, así como la Reina-Valera, traducen la expresión «desde que creísteis» como «cuando creísteis». Sin embargo, esta traducción está basada en los presupuestos teológicos de los traductores. El griego dice al pie de la letra: «Después de haber creído, ¿recibisteis?». «Después de haber creído», o «habiendo creído» (*pistéusantes*) es un participio de aoristo (pasado indefinido) griego. «Recibisteis» (*elábete*) es el verbo principal, también en aoristo (pasado indefinido). Pero el hecho de que *ambos* estén en aoristo carece de significado aquí. El hecho de que el participio «habiendo creído» esté en pasado es lo que importa, porque el tiempo del participio es el que muestra normalmente su relación con el verbo principal. Como este participio está en pasado, esto significa de manera habitual que su acción precede a la acción del verbo principal. Por esto se debería traducir, como lo hace la versión *King James* inglesa, «desde que creísteis». Sus traductores querían destacar el hecho de que hay que *creer antes de recibir*. Esto también nos señala que el bautismo en el Espíritu Santo es una experiencia *distinta*, que *sigue a la conversión*.

Es cierto que algunos eruditos señalan que el participio de aoristo podía indicar en griego algunas veces una acción que sucedía al mismo tiempo que la del verbo principal, en especial si está también en aoristo, como en Hechos 19:2[1]. Sin embargo, los ejemplos que dan no son en realidad aplicables a este versículo.

El ejemplo principal, «respondió y dijo», es una expresión idiomática (generalmente un hebraísmo); una fórmula usada para indicar que continúa una disertación. No ayuda en nada a la interpretación de otros pasajes. En los pocos pasajes donde la acción del verbo sí parece ser coincidente, el participio define lo que el verbo principal quiere decir. Por ejemplo: «*Esto lo hizo una vez para siempre, ofreciéndose a sí mismo*» (Hebreos 7:27). «*Yo he pecado entregando sangre inocente*» (Mateo 27:4). «*Tú has hecho bien en venir*» (Hechos 10:33). Pero «cuando creísteis» difícilmente puede ser una definición de lo que quiere decir «recibir el Espíritu». Lucas aclara, como lo hace en otros pasajes, que la recepción del Espíritu comprende un bautismo en el Espíritu claro y definido, un derramamiento concreto sobre aquellos que *ya* eran creyentes.

Hay muchos otros pasajes del Nuevo Testamento que sí muestran que la acción del participio de aoristo precede normalmente a la acción de un verbo principal en aoristo. He aquí uno de ellos: «*Entonces también los que durmieron* [«habiéndose dormido»] *en Cristo perecieron*» (1 Corintios 15:18). Es decir, después que durmieron, perecieron si Jesús no levanta de entre los muertos.

Tenemos otro ejemplo en Mateo 22:25. Al hablar de siete hermanos, los saduceos dijeron del primero: «Se casó y murió» (*habiéndose casado, murió*). Obviamente, aunque nuestra versión diga «se casó y murió», no quiere decir que el matrimonio y la muerte fueron simultáneos, ni que fueran la misma cosa. Eran sucesos diferentes, y el matrimonio precedió claramente a la muerte, tal vez por bastante tiempo.

Podríamos citar ejemplos similares. Hechos 5:10 diría: «*Habiéndola sacado (Safira), la enterraron*»; Hechos 13:51 sería: «*Habiendo sacudido el polvo de sus pies, llegaron a Iconio*». Hechos 16:6: «*Y atravesaron la región de Frigia y Galacia habiendo recibido prohibición del Espíritu de que hablaran la Palabra en Asia*»; Hechos 16:24: «*Habiendo recibido las órdenes, los tiró a la prisión más interior*». En estos casos y en muchos más, la acción del participio precede claramente a la acción del verbo principal.

Así que, aunque hay algunos casos en los cuales el participio de aoristo coincide con el verbo principal en aoristo, no se pueden considerar como la regla. La impresión general de Hechos 19:2 es que, ya que estos discípulos decían ser creyentes, el bautismo en el Espíritu Santo debería haber sido su paso siguiente, un paso definido después de creer, aunque no tuviera que estar separado del primero por un largo tiempo necesariamente.

La respuesta de los discípulos: «Ni siquiera hemos oído si hay Espíritu Santo», se podría traducir: «Pero si no hemos ni oído hablar de que el Espíritu Santo existe». Sin embargo, el significado no parece ser que nunca hubieran oído hablar de la existencia del Espíritu Santo. ¿Qué judío piadoso o gentil interesado por saber habría sido tan ignorante? Es más probable que la expresión se compare con Juan 7:39. Allí, la breve expresión «aún no había venido el Espíritu Santo» significa que la era del Espíritu, con su poderoso derramamiento, tal como había sido prometida, no había llegado aún.

A partir de esto, podemos ver que estos discípulos en realidad estaban diciendo que no habían oído que el bautismo en el Espíritu Santo estaba a su disposición. De hecho, varios antiguos manuscritos y versiones del Nuevo Testamento[2] dicen así: «No hemos ni oído que haya quienes estén recibiendo el Espíritu Santo». Es evidente que no se les enseñó nada sobre esto cuando se convirtieron.

Entonces Pablo les preguntó de nuevo y supo que estos discípulos habían sido bautizados solamente en el bautismo de Juan el Bautista. Les explicó que este era solo una preparación, un bautismo de arrepentimiento. El mismo Juan le había dicho al pueblo que debía creer en aquel que vendría, en Jesús. Por supuesto, esto significa que no solo deberían aceptarlo como Mesías y Salvador, sino obedecerlo y seguir sus orientaciones para poder pedir el Espíritu y recibirlo. (Vea Lucas 11:9,13; 24:29; Hechos 1:4-5; 11:15-16). Gracias a la explicación de Pablo, los doce se bautizaron en el nombre (para la adoración y el servicio) del Señor Jesús. Entonces, después de que fueron bautizados en agua, Pablo les impuso manos y el Espíritu Santo descendió sobre ellos con la misma evidencia del día de Pentecostés. Comenzaron a hablar (y siguieron haciéndolo) en lenguas (idiomas) y a profetizar. Aunque Lucas no dice «otras» lenguas aquí, se ve claro que es el mismo don que fue repartido en el día de Pentecostés y ejercitado en la iglesia de Corinto.

Por tanto, es necesario hacer destacar que su bautismo en el Espíritu tuvo lugar no solo después de que creyeron, sino en este caso, después de que fueron bautizados en agua. Pablo también les impuso manos, pero como en Samaria, la imposición de manos no fue la causa de que recibieran el Espíritu. Más bien fue un estímulo para su fe, y precedió, o al menos fue algo distinto de la venida del Espíritu sobre ellos. Entonces la presencia de las lenguas les dio una nueva seguridad de que la presencia y el poder del Espíritu Santo eran reales.

Dos años en Éfeso (19:8-10)

8 Y entrando Pablo en la sinagoga, habló con denuedo por espacio de tres meses, discutiendo y persuadiendo acerca del reino de Dios. 9 Pero endureciéndose algunos y no creyendo, maldiciendo el Camino delante de la multitud, se apartó Pablo de ellos y separó a los discípulos, discutiendo cada día en la escuela de uno llamado Tiranno. 10 Así continuó por espacio de dos años, de manera que todos los que habitaban en Asia, judíos y griegos, oyeron la palabra del Señor Jesús.

Como siempre, Pablo fue a la sinagoga para comenzar primero con los judíos cuando llegó a Éfeso. También en este caso, estaba cumpliendo su promesa de regresar (Hechos 18:21). Durante tres meses pudo hablar con denuedo y libertad, discutiendo sobre las cosas relativas al reino (gobierno, autoridad) de Dios (revelado en Jesús, ahora ascendido a la derecha del Padre, Hechos 2:30-33).

Tomó un poco más de tiempo que de ordinario aquí, pero al final algunos de los judíos inconversos se endurecieron (se volvieron obstinados, intransigentes) y se rebelaron. Demostraron su espíritu de rebeldía hablando mal públicamente del Camino, es decir, de la fe y la manera de vivir de los cristianos, ante las multitudes que se reunían para oír el evangelio, y que llenaban la sinagoga al máximo.

Como consecuencia, Pablo se apartó de ellos. Encontró un lugar separado para que los discípulos se reunieran en la escuela o sala de conferencias de Tiranno. Allí, en lugar de reunirse el sábado solamente, Pablo predicó y enseñó el evangelio a diario durante dos años.

Como más tarde señala Pablo (Hechos 20:34), continuó su rutina habitual. Trabajaba en su oficio de fabricante de tiendas desde el amanecer hasta cerca de las once de la mañana, para sostener a su grupo evangelístico. Entonces, después que Tiranno terminaba sus conferencias, Pablo enseñaba desde las once de la mañana hasta las cuatro de la tarde (según lo señalan el Códice Beza y otros manuscritos antiguos) a aquellos que le traían sus compañeros en la obra. Estos habían estado dando testimonio, juntándose con la muchedumbre de las calles y los mercados toda la mañana, y traían sus conversos para que recibieran más enseñanza.

Al atardecer (después de las cuatro de la tarde), Pablo iba a diversos hogares para enseñar y reafirmar a los creyentes y para ayudarlos a ganar a sus amigos y vecinos para el Señor. (Vea Hechos 20:20).

El resultado fue que toda la provincia romana de Asia fue evangelizada. Tanto judíos como gentiles oyeron la Palabra. No hay evidencias de que Pablo saliera de la ciudad de Éfeso durante este período. No obstante, es evidente que las siete iglesias de Asia mencionadas en el Apocalipsis fueron fundadas en este momento.

Se establecieron muchas otras iglesias más. Puesto que Éfeso era un gran centro, llegaba a él gente de toda la provincia por negocios o por otros motivos. Muchos fueron convertidos, llenos del Espíritu, y recibieron las enseñanzas de Pablo. Después, regresaron a sus ciudades y pueblos, donde se convirtieron en poderosos testigos de Cristo, y se formaron iglesias en torno suyo.

Milagros extraordinarios (19:11-20)

[11] Y hacía Dios milagros extraordinarios por mano de Pablo, [12] de tal manera que aun se llevaban a los enfermos los paños o delantales de su cuerpo, y las enfermedades se iban de ellos, y los espíritus malos salían. [13] Pero algunos de los judíos, exorcistas ambulantes, intentaron invocar el nombre del Señor Jesús sobre

los que tenían espíritus malos, diciendo: Os conjuro por Jesús, el que predica
Pablo. [14] Había siete hijos de un tal Esceva, judío, jefe de los sacerdotes, que hacían esto. [15] Pero respondiendo el espíritu malo, dijo: A Jesús conozco, y sé quién
es Pablo; pero vosotros, ¿quiénes sois? [16] Y el hombre en quien estaba el espíritu
malo, saltando sobre ellos y dominándolos, pudo más que ellos, de tal manera
que huyeron de aquella casa desnudos y heridos. [17] Y esto fue notorio a todos los
que habitaban en Éfeso, así judíos como griegos; y tuvieron temor todos ellos, y
era magnificado el nombre del Señor Jesús. [18] Y muchos de los que habían creído
venían, confesando y dando cuenta de sus hechos. [19] Asimismo muchos de los
que habían practicado la magia trajeron los libros y los quemaron delante de todos; y hecha la cuenta de su precio, hallaron que era cincuenta mil piezas de plata.
[20] Así crecía y prevalecía poderosamente la palabra del Señor.

Un factor importante en la difusión del evangelio por el Asia romana fue el hecho de que Dios hacía milagros extraordinarios por medio de Pablo. La expresión griega en realidad significa que el Señor había hecho de los milagros algo de todos los días. Obraba con tanto poder por medio de Pablo, que la gente ya no quería esperar a que ministrara en el salón de conferencias de Tiranno. Entraban en su cuarto de trabajo, donde él estaba ocupado haciendo tiendas, y se llevaban pañuelos (en realidad, los pedazos de tela que usaba para limpiarse el sudor mientras trabajaba) y los delantales de trabajo que habían estado en contacto con su cuerpo (su piel). Los colocaban sobre los enfermos, y estos eran librados de sus enfermedades. Hasta los espíritus inmundos salían de los que estaban poseídos por ellos.

Todo esto llamó la atención de un grupo de siete exorcistas ambulantes judíos que iban de lugar en lugar declarando que podían expulsar malos espíritus. Estos siete eran hijos de Esceva, sacerdote principal (uno de los más importantes entre los sacerdotes asociados con Anás y Caifás en Jerusalén). Posiblemente siguiendo el ejemplo de otros exorcistas judíos, decidieron usar el nombre de Jesús en una especie de fórmula: «Os conjuro por Jesús, el que predica Pablo». Pero su intento falló. El espíritu malo respondió: «A Jesús conozco, y sé quién es Pablo; pero vosotros, ¿quiénes sois?». Entonces el hombre poseído por el espíritu malo saltó sobre ellos y los dominó a todos[3]. De hecho, usó su fuerza de tal manera contra ellos, que los siete hermanos salieron huyendo de aquella casa, desnudos y heridos.

La noticia de aquel suceso se esparció muy pronto por todo Éfeso, y un temor (pavor inspirado por lo sobrenatural) cayó sobre judíos y gentiles por igual. Esto hizo que magnificaran el nombre (carácter, persona y autoridad) del Señor Jesús.

Todo esto tuvo un importante efecto sobre los creyentes también. Muchos de ellos venían, confesando y dando cuenta de sus hechos. El griego indica que comenzaron a manifestarse con firmeza por el Señor (con una entrega total). Se dieron cuenta de que tenían necesidad de santidad y justicia, además de salvación.

Otra consecuencia fue que ahora se dieron cuenta de que el verdadero poder sobre el mal se hallaba solamente en Jesús. Éfeso era también un centro de práctica de artes mágicas, en especial la de lanzar conjuros sobre personas o cosas. Un considerable número de creyentes había practicado la magia, incluso con intentos de predecir del futuro, o de influir sobre él. La mayoría tenían aún el libro que habían usado en sus hogares. (Los arqueólogos han descubierto algunos libros de este tipo).

Ahora, los creyentes comprendieron que estos libros, con sus fórmulas, conjuros y predicciones astrológicas, no tenían valor alguno. Más aun: eran puramente paganos, incluso diabólicos en su origen. Por tanto, trajeron todos sus libros y los quemaron públicamente. Los libros eran muy costosos en aquellos días, y cuando hicieron la cuenta de su precio, ascendió a cincuenta mil piezas de plata. Esto equivalía a lo que doscientos jornaleros o soldados ganarían juntos en un año.

Así termina Lucas la narración del éxito del evangelio en Éfeso. Sin embargo, fue la Palabra del Señor (la Palabra referente a Jesús) la que creció poderosamente (con fuerza y poder divinos) y prevaleció (de forma saludable y vigorosa). El hecho de que más tarde (20:17) hubiera un buen número de ancianos en la iglesia de Éfeso, demuestra que había muchas iglesias en las casas y que toda la iglesia local continuó creciendo de forma saludable.

Pablo desea visitar Roma (19:21-22)

21 Pasadas estas cosas, Pablo se propuso en espíritu ir a Jerusalén, después
de recorrer Macedonia y Acaya, diciendo: Después que haya estado allí, me será
necesario ver también a Roma. 22 Y enviando a Macedonia a dos de los que le
ayudaban, Timoteo y Erasto, él se quedó por algún tiempo en Asia.

Pablo mismo sintió que estas cosas no significaban el fin, sino la plenitud de su ministerio en Éfeso. «Pasadas» es en sentido literal «cumplidas», e indica que había llevado a cabo el ministerio que había ido a realizar. El inmenso crecimiento de la iglesia en los dos años y algo anteriores, y la instrucción del pueblo y de sus dirigentes, significaban que ya podía dejarlos con confianza e irse a otro lugar a ministrar.

Las epístolas de Pablo dejan ver que había tenido problemas. Dice que en Éfeso batalló contra «fieras» (1 Corintios 15:32). Es probable que esto signifique que arriesgó su vida oponiéndose a «fieras» con forma humana, hombres que actuaban como fieras. También dice que había sufrido gran tribulación en Asia (esto es, en Éfeso), de tal modo que aun perdió la esperanza de conservar la vida, pero fue librado por Dios (2 Corintios 1:8-10). Lucas no dice nada sobre esto, pues al parecer, afectó personalmente a Pablo, pero no a la iglesia.

Ahora que todo marchaba bien, Pablo se propuso (decidió con firmeza) en espíritu (o en el Espíritu Santo) ver a Roma. Sin embargo, primeramente volvería a visitar Macedonia, Grecia y Jerusalén. (Vea Romanos 1:11,14-15; 15:22-25).

En el texto griego no queda claro si la decisión de Pablo fue tomada en su propio espíritu o en el Espíritu Santo. La expresión «en el espíritu» significa de manera habitual «en el Espíritu Santo». (En los tiempos del Nuevo Testamento, el griego no distinguía entre mayúsculas y minúsculas). También podemos estar seguros de que su propio espíritu estaba en armonía con el Espíritu Santo, y sometido a él. Por tanto, su decisión era santa; y formaba parte de los planes de Dios.

Esto se ve más confirmado aun por su declaración: «Me será necesario ver también a Roma». El griego señala una necesidad de origen divino impuesta sobre él. Es el mismo tipo de expresión que se encuentra en Juan 4:4, cuando Jesús sintió el imperativo divino de pasar por Samaria. Más tarde, Jesús mismo confirmaría que el propósito de Pablo de ir a Roma le era en verdad agradable (Hechos 23:11). Esto también sería confirmado por un ángel (27:23-24).

De esta forma vemos cómo el Espíritu dirigió a Pablo y le dio una visión del siguiente paso en el plan de Dios para su ministerio. Sin embargo, esta visión no fue completa. Aún no sabía cómo Dios iba a hacer que fuera a Roma. No obstante, desde este momento hasta el final del libro de los Hechos, Roma es el objetivo de Pablo.

A pesar de esto, no fue a Roma directamente, porque sintió la responsabilidad de visitar las iglesias de Macedonia y Grecia de nuevo y también tomar su ofrenda para la iglesia de Jerusalén (Hechos 24:17; Romanos 15:26; 1 Corintios 16:1-4).

Más tarde les escribiría a los creyentes de Roma, reconociendo que había una iglesia establecida allí, aunque era obvio que nunca la había visitado ningún apóstol (Romanos 1:10-13). Por el tiempo en que les escribió a los romanos, también tenía la esperanza de seguir de Roma rumbo a España (Romanos 15:28).

Para preparar a las iglesias de Macedonia para su visita, Pablo envió a Timoteo y a Erasto por delante, pero él mismo se quedó por algún tiempo más en Éfeso. Como les diría a los corintios, una puerta grande y eficaz se le había abierto, pero eran muchos los adversarios (1 Corintios 16:8-9).

Los plateros provocan un disturbio (19:23-29)[4]

23 Hubo por aquel tiempo un disturbio no pequeño acerca del Camino. 24
Porque un platero llamado Demetrio, que hacía de plata templecillos de Diana,
daba no poca ganancia a los artífices; 25 a los cuales, reunidos con los obreros del
mismo oficio, dijo: Varones, sabéis que de este oficio obtenemos nuestra riqueza;
26 pero veis y oís que este Pablo, no solamente en Éfeso, sino en casi toda Asia,
ha apartado a muchas gentes con persuasión, diciendo que no son dioses los que
se hacen con las manos. 27 Y no solamente hay peligro de que este nuestro negocio venga a desacreditarse, sino también que el templo de la gran diosa Diana
sea estimado en nada, y comience a ser destruida la majestad de aquella a quien
venera toda Asia, y el mundo entero. 28 Cuando oyeron estas cosas, se llenaron de
ira, y gritaron, diciendo: !!Grande es Diana de los efesios! 29 Y la ciudad se llenó
de confusión, y a una se lanzaron al teatro, arrebatando a Gayo y a Aristarco,
macedonios, compañeros de Pablo.

Pronto se hizo evidente la cantidad de adversarios que había en Éfeso. Lucas habla de estos sucesos llamándolos «un disturbio no pequeño» acerca del Camino (cristiano). Lo comenzó un platero llamado Demetrio. Su producción principal, como era el caso de la mayoría de los plateros de Éfeso, eran templecillos de plata en miniatura de Diana o Artemisa, que contenían una imagen en miniatura de esta diosa de la fertilidad llena de senos que se adoraba en Éfeso.

La diosa efesia en realidad no tenía relación con la otra Artemisa (o Diana), la Artemisa de Grecia, conocida como la doncella cazadora e identificada por los romanos con su diosa Diana. La Artemisa de Éfeso era adorada principalmente en aquella ciudad (a pesar de sus pretensiones) y no se parecía en nada a la diosa romana Diana. Los nombres eran los mismos, pero las diosas eran distintas.

La demanda de aquellos templecillos solía mantener bastante ocupados a los plateros, y les proporcionaba amplias ganancias. Ahora las ventas estaban decayendo. Por esto, Demetrio reunió a todos aquellos artífices e hizo un discurso en el que señalaba que el mensaje de Pablo había penetrado prácticamente por toda la provincia de Asia. Eran multitud los que habían creído la verdad de que no había dioses hechos por manos humanas, o dicho en otras palabras, que los ídolos eran inútiles. Por esto, la venta de los templecillos estaba disminuyendo y el oficio de fabricarlos estaba en peligro de caer en descrédito (rechazo, abandono). No solo esto, sino que según Demetrio, el templo de la diosa Artemisa estaba en peligro de ser destituido de su majestad, de que su magnificencia divina fuera disminuida o eliminada. Después, hizo la exagerada afirmación de que no solo la provincia de Asia toda, sino todo el mundo (habitado), es decir, todo el Imperio Romano, la adoraba.

Sin pretenderlo, Demetrio dio testimonio del gran éxito que estaba teniendo la difusión del evangelio. También triunfó en su propósito de impresionar a sus oyentes con respecto a sus bolsillos y con respecto a su orgullo cívico por el templo de Artemisa. Todo esto, tal como él había esperado, levantó una explosión de ira apasionada entre los artífices, que comenzaron a gritar con gran emoción: «¡Grande es Diana de los efesios!». El texto griego muestra que siguieron diciéndolo, y que su grito llenó toda la ciudad de confusión y de perturbación. El resultado fue que todos se precipitaron dentro del teatro (un anfiteatro o arena al estilo griego, a cielo abierto, con espacio para veinticinco mil personas).

Sin embargo, primero arrebataron a Gayo y a Aristarco, dos macedonios que se hallaban entre los compañeros de viaje de Pablo. Aristarco era oriundo de Tesalónica (Hechos 20:4). Su presencia nos indica que la compañía de Pablo era bastante más grande en este tercer viaje misionero, que en sus viajes anteriores. Estos dos acompañantes suyos fueron arrastrados dentro del anfiteatro, no por ellos mismos, sino porque se había agitado la ira de la muchedumbre contra Pablo.

Una confusión total (19:30-34)

30 Y queriendo Pablo salir al pueblo, los discípulos no le dejaron. 31 También algunas de las autoridades de Asia, que eran sus amigos, le enviaron recado, rogándole que no se presentase en el teatro. 32 Unos, pues, gritaban una cosa, y otros otra; porque la concurrencia estaba confusa, y los más no sabían por qué se habían reunido. 33 Y sacaron de entre la multitud a Alejandro, empujándole los judíos. Entonces Alejandro, pedido silencio con la mano, quería hablar en su defensa ante el pueblo. 34 Pero cuando le conocieron que era judío, todos a una voz gritaron casi por dos horas: !!Grande es Diana de los efesios!

Cuando Pablo quiso entrar a la muchedumbre enardecida, los discípulos no se lo permitieron. Algunos de los asiarcas (funcionarios relacionados con el culto romano en la provincia de Asia) que eran amigos suyos, le enviaron recado, rogándole que no se presentara en el anfiteatro. Sin duda, pensaban que la multitud lo podía hacer pedazos.

En la multitud, unos gritaban una cosa y otros, otra. La asamblea (en griego, *ekklesía*, la misma palabra traducida por lo general como «iglesia») se hallaba en un estado de confusión total; la mayoría no sabían por qué se habían reunido.

En esta situación, los judíos sacaron de entre la multitud a Alejandro, con la intención de que los instruyera. Es decir, querían que les explicara que los judíos no eran responsables de lo que los cristianos estaban haciendo. Él descendió hasta el frente y agitó la mano para llamar su atención y hacer su defensa ante aquella muchedumbre. Sin embargo, cuando reconocieron que era judío, toda la multitud se volvió histérica. A una sola voz, todos los que estaban allí se mantuvieron gritando lo mismo durante dos horas: «¡Grande es Diana [Artemisa] de los efesios!». La posesión de esta imagen y de su templo era una gran fuente de orgullo ciudadano para los habitantes de la ciudad.

Se apacigua la multitud (19:35-41)

35 Entonces el escribano, cuando había apaciguado a la multitud, dijo: Varones efesios, ¿y quién es el hombre que no sabe que la ciudad de los efesios es guardiana del templo de la gran diosa Diana, y de la imagen venida de Júpiter?
36 Puesto que esto no puede contradecirse, es necesario que os apacigüéis, y que nada hagáis precipitadamente. 37 Porque habéis traído a estos hombres, sin ser sacrílegos ni blasfemadores de vuestra diosa. 38 Que si Demetrio y los artífices que están con él tienen pleito contra alguno, audiencias se conceden, y procónsules hay; acúsense los unos a los otros. 39 Y si demandáis alguna otra cosa, en legítima asamblea se puede decidir. 40 Porque peligro hay de que seamos acusados de sedición por esto de hoy, no habiendo ninguna causa por la cual podamos dar razón de este concurso. 41 Y habiendo dicho esto, despidió la asamblea.

Por fin, el escribano (el secretario de la ciudad)[5] logró apaciguar (controlar) la multitud, y les preguntó a los efesios: «¿Quién es el hombre que no sabe que la ciudad de los efesios es guardiana [literalmente, "barrendera"] del templo de la gran diosa Diana, y de la imagen venida de Júpiter [del cielo, de los dioses del cielo]?». Con esto, el escribano les hacía ver que no había razón para estar tan airados y agitados, puesto que aquellas cosas, en su opinión, eran innegables. Por tanto, su obligación era calmarse. Hubiera sido equivocado hacer algo de forma precipitada (de manera impulsiva, apurándose a hacerlo sin pensar primero).

El escribano también les señaló que los hombres que habían llevado al anfiteatro no eran sacrílegos (ladrones del templo) ni habían blasfemado contra su diosa. Es importante notar aquí, que Pablo ya llevaba cerca de tres años en Éfeso, pero no había evidencias de que él o algún otro cristiano hubiera dicho jamás nada contra el templo de Artemisa. Ellos no eran iconoclastas. Simplemente se mantuvieron predicando las buenas nuevas de Jesucristo de forma positiva, y la venta de imágenes y de templecillos decayó de manera automática.

Después, los llamó a la ley y al orden. Había días de audiencia continuamente de forma regular en la plaza del mercado, y los procónsules estaban a disposición de ellos[6]. Es decir, el gobernador nombrado por el Senado romano estaría allí para juzgar. Si Demetrio y sus compañeros de oficio tenían acusaciones contra alguien, que se acusaran unos a otros (en forma legal). Y si alguien demandaba alguna cosa más, se podía decidir en una asamblea (griego, *ekklesía*, la palabra traducida por lo común como «iglesia») legítima (legal, debidamente constituida), esto es, no en una asamblea (*ekklesía*) tumultuosa como aquella.

El escribano estaba en realidad molesto, porque este motín podía poner a la ciudad en el peligro de ser acusada de sedición (o revolución). No habría razón ni excusa buena a los ojos de los gobernantes romanos para los sucesos de aquel día; no podían rendir cuentas sobre aquella tumultuosa reunión, que los romanos podían tomar como una reunión sediciosa o una conspiración. Después de esto, el escribano hizo que la asamblea (griego, *ekklesía*) se disolviera.

El uso del vocablo griego *ekklesía* para hablar de esta asamblea, es una importante ayuda para comprender el significado de la palabra, tal como era usada en los tiempos del Nuevo Testamento. Nos muestra que la palabra había perdido su antiguo significado de «convocación» y se usaba para designar a cualquier tipo de reunión, incluso una asamblea ilegal, o un tumulto en el que se reunía un grupo de ciudadanos, como aquel del anfiteatro. Así es como la palabra *ekklesía*, traducida de ordinario como «iglesia», puede ser traducida correctamente como «asamblea», con la connotación de que era una asamblea de ciudadanos cualquiera. En este pasaje, se usa para hablar de una asamblea de los ciudadanos de Éfeso. Cuando se usa para referirse a los creyentes, la traducción correcta es también asamblea, con la connotación de que es una asamblea de creyentes que son «conciudadanos de los Santos» (Efesios 2:19)[7].

---

[1] Un escritor, Dunn, afirma que todo el que sugiera que el participio de aoristo (pasado) que aparece en Hechos 19:2 indica una acción previa a la recepción del

Espíritu (*pistéusates*, cuando creísteis), solo demuestra que no ha comprendido bien la gramática griega. Sin embargo, más tarde se contradice y admite que el participio de aoristo suele indicar una acción anterior a la del verbo principal. (Esta es la situación aquí: *pistéusantes*, «cuando creísteis», es el participio de aoristo y el verbo principal es *elábete*, «recibisteis». Nota del traductor).

[2] Entre ellos se incluyen el Códice Beza (D), el p[38] (un papiro del siglo tercero o cuarto d.C.), el p[41] y las versiones siríaca y sahídica, que tuvieron su origen en el segundo y el tercer siglo d.C.

[3] Algunos manuscritos antiguos tienen *amfóteron*, que en el uso previo del idioma griego (antes de la época neotestamentaria) significaba «ambos, los dos, uno y otro». Sin embargo, en los tiempos del Nuevo Testamento se usaba con frecuencia en el habla diaria para significar «todos». Muchos papiros griegos antiguos lo confirman.

[4] Diversos estudios arqueológicos recientes muestran que estos plateros no eran un gremio comercial. Pertenecían a una cofradía religiosa anexa al templo de Artemisa. Eran plateros del templo, relacionados directamente con la adoración de la diosa.

[5] Un ciudadano de Éfeso que era su contacto oficial o intermediario con los funcionarios del gobierno romano en Éfeso.

[6] El plural es general y no significa que hubiera más de uno al mismo tiempo.

[7] Se debe notar también que la palabra *ekklesía* no se usa nunca en el Nuevo Testamento para referirse a un edificio o a una organización como tal. Siempre se refiere a las personas.

HECHOS

CAPÍTULO 20

Parte de la presión que sentía Pablo en Éfeso era su preocupación y su profundo interés por todas las iglesias. Sus cartas a los Corintios nos muestran que le preocupaban de manera especial los creyentes de Macedonia y de Grecia. (Vea 2 Corintios 11:28; 12:20; 13:6). Ya había enviado a Timoteo y a Erasto a Macedonia. Ahora había llegado el momento de que Pablo fuera también.

El regreso a Macedonia y Grecia (20:1-6)

1 Después que cesó el alboroto, llamó Pablo a los discípulos, y habiéndolos
exhortado y abrazado, se despidió y salió para ir a Macedonia. 2 Y después de
recorrer aquellas regiones, y de exhortarles con abundancia de palabras, llegó a
Grecia. 3 Después de haber estado allí tres meses, y siéndole puestas asechanzas
por los judíos para cuando se embarcase para Siria, tomó la decisión de volver
por Macedonia. 4 Y le acompañaron hasta Asia, Sópater de Berea, Aristarco y
Segundo de Tesalónica, Gayo de Derbe, y Timoteo; y de Asia, Tíquico y Trófimo.
5 Estos, habiéndose adelantado, nos esperaron en Troas. 6 Y nosotros, pasados los
días de los panes sin levadura, navegamos de Filipos, y en cinco días nos reunimos
con ellos en Troas, donde nos quedamos siete días.

Después que cesaron el alboroto y los disturbios, Pablo llamó a los discípulos (los creyentes efesios) y los exhortó (les dio ánimo) a que vivieran una vida Santa y fueran fieles al Señor, como lo muestran las secciones prácticas de sus epístolas. Entonces, después de abrazarlos y despedirse de ellos, se marchó a Macedonia. Tal vez, esta sería la última vez que vería a este cuerpo de creyentes. Cuando pasó más tarde por Éfeso, camino de Jerusalén, solo vio a los ancianos de la iglesia.

Es probable que fuera a Macedonia a través de Troas, con la esperanza de encontrar a Tito allí (2 Corintios 2:13). Y al no encontrarlo, siguió hasta Filipos (2 Corintios 2:12-13). En aquella ciudad se encontró con Tito, que era portador de buenas nuevas (2 Corintios 7:6-7).

Durante el verano y el otoño, Pablo fue pasando por las diversas iglesias de Macedonia, dándoles exhortación con abundancia de palabras. Es probable que también visitara las ciudades situadas al oeste de las que había visitado en el viaje anterior, puesto que en Romanos 15:19 dice que había predicado el evangelio con poder hasta llegar a Ilírico (Dalmacia), en la parte nordeste de Macedonia.

Después bajó a Grecia, donde pasó los tres meses del invierno de fines del año 56 y principios del 57 d.C. Lo más probable es que la mayor parte de este tiempo lo pasara en Corinto. La tradición afirma que escribió la epístola a los romanos en aquel lugar poco antes de marcharse.

Cuando se hallaba a punto de partir con rumbo a Siria, los judíos incrédulos tramaron asechanzas contra él, de manera que cambió sus planes. En lugar de tomar un barco desde Grecia, le aconsejaron que volviera a través de Macedonia.

Los siete hombres que iban a acompañar a Pablo al Asia, al parecer tomaron el barco como habían pensado en un inicio . Fueron delante de Pablo a Troas y lo esperaron allí. Estos siete eran Sópater (llamado también Sosípater) de Berea, Aristarco y Segundo de Tesalónica, Gayo de Derbe, y Timoteo; y de Asia, Tíquico y Trófimo (de Éfeso). Muchos escritores estiman que ellos hicieron este viaje para representar a las iglesias que habían dado dinero como ofrenda para los pobres que había entre los cristianos de Jerusalén. Tenían la responsabilidad de ver qué se hacía con el dinero e informar a sus iglesias locales al regresar. La iglesia primitiva era muy cuidadosa en rendir buenas cuentas con el dinero, e igualmente cuidadosa en dárselas a conocer a los miembros de la congregación.

Después de los siete días de la fiesta del pan sin levadura, en abril, Pablo embarcó en Filipos, acompañado por Lucas. En Troas se encontraron con los demás y permanecieron allí siete días.

Eutico vuelve a la vida (20:7-12)

7 El primer día de la semana, reunidos los discípulos para partir el pan,
Pablo les enseñaba, habiendo de salir al día siguiente; y alargó el discurso hasta
la medianoche. 8 Y había muchas lámparas en el aposento alto donde estaban
reunidos; 9 y un joven llamado Eutico, que estaba sentado en la ventana, rendido
de un sueño profundo, por cuanto Pablo disertaba largamente, vencido del sueño
cayó del tercer piso abajo, y fue levantado muerto. 10 Entonces descendió Pablo
y se echó sobre él, y abrazándole, dijo: No os alarméis, pues está vivo. 11 Después
de haber subido, y partido el pan y comido, habló largamente hasta el alba; y así
salió. 12 Y llevaron al joven vivo, y fueron grandemente consolados.

En Troas, es probable que Pablo fuera a la sinagoga el día sábado, como era su costumbre. Después, al día siguiente, los creyentes se reunieron con él y con sus acompañantes para partir el pan. Esto significa que todos llevaron comida, compartieron un banquete de fraternidad y terminaron con la observancia de la Cena del Señor.

Pablo aprovechó la oportunidad para predicar. Puesto que se marchaba al día siguiente, prolongó su discurso hasta la medianoche. Pudo hacerlo, porque había una gran cantidad de lámparas de aceite de oliva en el aposento alto donde estaban reunidos.

Había un joven llamado Eutico sentado en el borde de la ventana, escuchándolo. Alrededor de la medianoche, lo venció un sueño profundo. Todos tenían su atención fija en Pablo, así que nadie se dio cuenta. Mientras Pablo predicaba, el joven, desplomado por el sueño, se cayó del tercer piso y fue levantado muerto. Esto significa que estaba en realidad muerto. Lucas, que era médico, tenía capacidad para determinarlo.

De inmediato, Pablo bajó (quizá por una escalera exterior), se echó sobre él y lo rodeó fuertemente con sus brazos. Podemos estar seguros de que oraba mientras lo hacía. (Compare con 1 Reyes 17:21; 2 Reyes 4:34, donde Elías y Eliseo tuvieron experiencias similares). Entonces dijo: «No os alarméis, pues está vivo». Literalmente, «porque su alma está en él». Es decir, la vida había regresado a él[1].

Después de aquello, Pablo regresó, partió el pan, comió («probó») con regocijo, y siguió hablando con los creyentes hasta el alba. Entonces se marchó. El joven fue llevado también vivo ante ellos (y totalmente recuperado) y fueron grandemente consolados.

Para Pentecostés, en Jerusalén (20:13-16)

13 Nosotros, adelantándonos a embarcarnos, navegamos a Asón para recoger allí a Pablo, ya que así lo había determinado, queriendo él ir por tierra. 14 Cuando se reunió con nosotros en Asón, tomándole a bordo, vinimos a Mitilene. 15 Navegando de allí, al día siguiente llegamos delante de Quío, y al otro día tomamos puerto en Samos; y habiendo hecho escala en Trogilio, al día siguiente llegamos a Mileto. 16 Porque Pablo se había propuesto pasar de largo a Éfeso, para no detenerse en Asia, pues se apresuraba por estar el día de Pentecostés, si le fuese posible, en Jerusalén.

Lucas y el resto de los compañeros de Pablo no se quedaron hasta el amanecer. Fueron por delante al barco y se embarcaron rumbo a Asón, en Misia, al sur de Troas, donde esperaban recoger a Pablo abordo. Él les había indicado que lo hicieran así. El barco recorrería una distancia mayor al darle la vuelta a la península (cabo Lectum), mientras que Pablo caminaría una distancia menor hasta Asón por tierra.

Lucas no nos dice por qué Pablo hizo esto; había alguna razón para que quisiera estar solo. Un poco mas tarde, les diría a los ancianos efesios que en todas las ciudades, el Espíritu Santo le daba testimonio de que le esperaban en Jerusalén prisiones (cadenas) y tribulaciones (persecución, sufrimiento). Sin duda, Pablo necesitaba estar este tiempo solo, para aclarar las cosas con Dios con respecto a su ida a Jerusalén.

Navegando a lo largo de la costa del Asia Menor, se detuvieron en Mitilene, la capital de la Isla de Lesbos, y después de tocar (pasar junto a) la isla de Samos, llegaron a Mileto, en la costa del Asia cercana a Éfeso.

Pablo había decidido pasar de largo a Éfeso. No quería tomarse mucho tiempo allí. Ciertamente, había puesto las cosas en claro con Dios, y ahora estaba apurado por llegar a Jerusalén para el día de Pentecostés (en mayo), si era posible. Este sería un momento en el cual los creyentes judíos de Palestina estarían reunidos y las ofrendas de Grecia y Macedonia serían de gran ayuda.

El ministerio fiel de Pablo (20:17-21)

17 Enviando, pues, desde Mileto a Éfeso, hizo llamar a los ancianos de la iglesia. 18 Cuando vinieron a él, les dijo: Vosotros sabéis cómo me he comportado entre vosotros todo el tiempo, desde el primer día que entré en Asia, 19 sirviendo al Señor con toda humildad, y con muchas lágrimas, y pruebas que me han venido por las asechanzas de los judíos; 20 y cómo nada que fuese útil he rehuido de anunciaros y enseñaros, públicamente y por las casas, 21 testificando a judíos y a gentiles acerca del arrepentimiento para con Dios, y de la fe en nuestro Señor Jesucristo.

Pablo no pasó de largo a Éfeso porque no le interesara la iglesia de allí. Para mostrarles su preocupación y su cuidado por ellos, llamó a los ancianos de la iglesia para que fueran a reunirse con él a Mileto. Esta ocasión era muy seria para él, porque creía que sería la última oportunidad en que los vería.

Por esto, comenzó por recordarles cómo todo el tiempo que había estado con ellos, había servido al Señor con toda humildad, con lágrimas y con pruebas que le habían venido por las asechanzas de los judíos (incrédulos). Al mismo tiempo, no había dejado que el peligro le impidiera decirles nada que les fuera útil, y les había enseñado en público y por las casas. Tanto a judíos como a gentiles, les había dado testimonio de que necesitaban arrepentimiento para con Dios (cambio de manera de pensar y de actitud) y fe en el Señor Jesús.

Dispuesto a morir (20:22-24)

[22] Ahora, he aquí, ligado yo en espíritu, voy a Jerusalén, sin saber lo que allá
me ha de acontecer; [23] salvo que el Espíritu Santo por todas las ciudades me da
testimonio, diciendo que me esperan prisiones y tribulaciones. [24] Pero de ninguna
cosa hago caso, ni estimo preciosa mi vida para mí mismo, con tal que acabe mi
carrera con gozo, y el ministerio que recibí del Señor Jesús, para dar testimonio
del evangelio de la gracia de Dios.

Entonces, Pablo les dijo a los ancianos que se dirigía a Jerusalén, no por voluntad propia, sino ya atado por el Espíritu para que fuera. Es decir, el Espíritu le había mostrado bien claramente que había una urgencia divina sobre él todavía para que fuera a Jerusalén. No sabía con qué se encontraría allí, excepto que el Espíritu por todas las ciudades le daba solemne testimonio (sin duda, a través del don de profecía) de que lo esperaban prisiones (cadenas) y tribulaciones (persecución, sufrimiento) allí. (Vea también Romanos 15:31).

Este testimonio del Espíritu Santo no tenía la intención de impedir que Pablo fuera, porque aún estaba atado por el Espíritu para ir. En realidad, estaba dispuesto a ir. De ninguna manera consideraba su vida preciosa para sí mismo en comparación con la posibilidad de acabar su carrera (como en una competencia), y terminar el ministerio (el servicio) que había recibido del Señor Jesús, dando firme testimonio de las buenas nuevas de la gracia de Dios.

El reto del ejemplo de Pablo (20:25-35)

[25] Y ahora, he aquí, yo sé que ninguno de todos vosotros, entre quienes
he pasado predicando el reino de Dios, verá más mi rostro. [26] Por tanto, yo os
protesto en el día de hoy, que estoy limpio de la sangre de todos; [27] porque no
he rehuido anunciaros todo el consejo de Dios. [28] Por tanto, mirad por vosotros,
y por todo el rebaño en que el Espíritu Santo os ha puesto por obispos, para
apacentar la iglesia del Señor, la cual él ganó por su propia sangre. [29] Porque yo
sé que después de mi partida entrarán en medio de vosotros lobos rapaces, que
no perdonarán al rebaño. [30] Y de vosotros mismos se levantarán hombres que
hablen cosas perversas para arrastrar tras sí a los discípulos. [31] Por tanto, velad,
acordándoos que por tres años, de noche y de día, no he cesado de amonestar con
lágrimas a cada uno. [32] Y ahora, hermanos, os encomiendo a Dios, y a la palabra
de su gracia, que tiene poder para sobreedificaros y daros herencia con todos los
santificados. [33] Ni plata ni oro ni vestido de nadie he codiciado. [34] Antes vosotros
sabéis que para lo que me ha sido necesario a mí y a los que están conmigo, estas
manos me han servido. [35] En todo os he enseñado que, trabajando así, se debe
ayudar a los necesitados, y recordar las palabras del Señor Jesús, que dijo: Más
bienaventurado es dar que recibir.

A continuación, Pablo les dio a conocer a los ancianos que se trataba de una despedida definitiva. Nunca lo volverían a ver de nuevo. Por esta razón, dio testimonio de que estaba limpio de la sangre de todos ellos. Ezequiel había sido nombrado atalaya, encargado de alertar a los israelitas que estaban exiliados junto al canal de Quebar en Babilonia. Si no se lo advertía al pueblo y este moría en sus pecados, se le pediría cuenta de su sangre (Ezequiel 3:18,20; 33:6,8). Pablo reconocía que tenía la misma pesada responsabilidad para con el pueblo al que el Señor lo había enviado a ministrar.

Nadie podía decir que Pablo no había sabido alertarlos. Más importante aun, nunca había rehuido anunciarles todo el consejo (el sabio consejo, el sabio propósito) de Dios. Tampoco lo rehuiría ahora. Por eso, a continuación (versículo 28) les siguió haciendo advertencias a los mismos ancianos. Debían mirar por ellos mismos (atenderse) y por todo el rebaño en medio del cual el Espíritu Santo los había hecho obispos (supervisores, superintendentes, ancianos gobernantes, presidentes de las congregaciones locales) para apacentar (pastorear) a la asamblea (griego, *ekklesía*, como en el 19:41) de Dios[2], que él (Jesús) hizo suya por su propia sangre, es decir, a través del derramamiento de su sangre cuando murió en agonía en el Calvario (Efesios 1:7; Tito 2:14; Hebreos 9:12,14; 13:12-13).

Aquí vemos que Pablo esperaba que los ancianos tuvieran la función de supervisores y fueran los ejecutivos o cabezas gobernantes de la congregación local. Como nos muestra Hechos 14:23, eran elegidos para este cargo por un pueblo lleno del Espíritu y dirigido por él. De esta forma, en realidad era el Espíritu Santo el que les daba el cargo. Más importante aun era que dependían de él en cuanto a los dones de administración (gobierno) necesarios para cumplir con su oficio (1 Corintios 12:28; Romanos 12:8). Gracias al Espíritu Santo, podían dar consejo sabio, dirigir los asuntos de negocios de la iglesia, ser líderes espirituales, y mostrar por su pueblo el tipo de amor, preocupación y cuidado que Jesús había mostrado por sus discípulos cuando estaba en la tierra.

Además de esto, Pablo esperaba de los ancianos que pastorearan la iglesia como la asamblea de Dios. El deber principal del pastor era llevar a las ovejas hacia donde había alimento y agua. Por esto, los ancianos necesitaban tener el ministerio de pastor y maestro, dado por Cristo y lleno de la unción y de los dones del Espíritu. Esta responsabilidad era grande. No estaban simplemente dirigiendo y enseñando a su iglesia, sino a la asamblea del Señor, una asamblea que él había hecho suya a un inmenso precio, el derramamiento de la preciosa sangre de Jesús. Se les exigía servir, y no dominar a aquellos a quienes dirigían.

Otra parte de la obra de un pastor era proteger a las ovejas de los enemigos. El cayado del pastor dirigía. La vara del pastor rompía los huesos de los lobos que venían a destruir a las ovejas. Por esto, Pablo les advirtió a estos ancianos, que después de su partida entrarían lobos rapaces en medio de ellos, y no perdonarían al rebaño (rebañito)[3], sino que lo herirían seriamente.

Ninguno de aquellos lobos vendría del exterior. (Vea Mateo 7:15). De en medio de los creyentes, incluso de entre los mismos ancianos, se levantarían algunos. Hablando cosas perversas, es decir, usando medias verdades o torciendo la verdad, tratarían de arrastrar tras sí a los discípulos para tener sus propios seguidores (entre los miembros de las asambleas locales). Esto quiere decir que su verdadero propósito sería edificarse ellos mismos, en lugar de edificar a la asamblea. También intentarían arrastrar discípulos que ya eran creyentes; tendrían poco interés en ganar a los perdidos para Cristo, y tampoco desearían desarrollar las iglesias que ya estuvieran establecidas. Los ancianos necesitaban mantenerse vigilantes contra lobos como estos. (Compare con 1 Timoteo 1:19-20; 4:1-10; 2 Timoteo 1:15; 2:17-18; 3:19; Apocalipsis 2:2-4).

Pablo les había dado ejemplo en esto también. Durante el período de cerca de tres años en que había estado con ellos día y noche, nunca había dejado de alertar a cada uno de ellos con lágrimas. Es decir, que insistía a tiempo y a destiempo y siempre lo movía el tierno amor que les tenía. Por lo que leemos en las epístolas de Juan, vemos también que durante aquellos años sufrió la oposición de muchos lobos y falsos hermanos.

Pablo siempre hacía algo más que advertir. Por eso también los encomendó a (puso en manos de) Dios y a la palabra de su gracia, que tenía poder para sobreedificarlos y para darles herencia con todos los santificados (santos, apartados para seguir al Señor Jesús, tratados como pueblo santo, santos de Dios).

También en cuanto a servicio desinteresado, Pablo había sentado ejemplo. No había deseado ni codiciado plata, oro ni vestido. Bien sabían ellos que con sus propias manos había servido (ministrado) a sus propias necesidades y a las de aquellos que estaban con él. Como les diría a los Tesalonicenses, trabajó noche y día para no serle carga a ninguno de ellos (1 Tesalonicenses 2:9).

Ciertamente, le dijo a Timoteo que los ancianos que gobiernan bien deberían recibir doble honorario, porque el obrero es digno de su salario

(1 Timoteo 5:17-18). Sin embargo, esto se aplica a las iglesias firmemente establecidas, crecientes, y en las que hay buena enseñanza. Cuando Pablo llegaba a un lugar nuevo, tenía cuidado de demostrar que no estaba predicando el evangelio para conseguir beneficios materiales. El amor de Cristo lo constreñía (2 Corintios 5:14).

Pablo trabajó con sus manos también, para sentar un ejemplo para todos. El objetivo de todo creyente debería ser el de dar, y no solamente recibir. Deberíamos hacernos maduros y fuertes, y trabajar de manera ardua, para poder dar a fin de que se socorra a los débiles (los físicamente enfermos o débiles, y también los espiritualmente débiles)[4]. Al hacer esto, debían recordar las palabras de Jesús: «Mas bienaventurado es dar que recibir».

Esta máxima de Jesús no está escrita en ninguno de los cuatro evangelios. Pablo dice en Gálatas que él no recibió su evangelio de los hombres, sino directamente de Jesucristo, por revelación (Gálatas 1:11-12). Es decir, hasta las máximas de Jesús, fue él mismo quien se las dio. En una serie de lugares de sus epístolas, indica que tiene una palabra o máxima de Jesús para confirmar lo que dice. Aquí usa uno de aquellos refranes de Jesús para darle más fuerza a su consejo a estos ancianos de Éfeso.

Una triste despedida (20:36-38)

36 Cuando hubo dicho estas cosas, se puso de rodillas, y oró con todos ellos.
37 Entonces hubo gran llanto de todos; y echándose al cuello de Pablo, le besaban,
38 doliéndose en gran manera por la palabra que dijo, de que no verían más su rostro. Y le acompañaron al barco.

Cuando Pablo terminó de hablar, tanto él como los ancianos se arrodillaron para orar juntos. La oración de rodillas era común en la iglesia primitiva (Hechos 9:40; 21:5). No obstante, también oraban de pie y sentados.

Después de la oración, hubo gran llanto, a medida que iban echándose al cuello de Pablo y lo besaban (probablemente en ambas mejillas). Estaban llenos de profundo dolor y sufrimiento, sobre todo porque Pablo había dicho que no volverían a ver su rostro. Entonces, como señal de su afecto y su respeto, lo escoltaron hasta el barco.

---

[1] La palabra utilizada en el texto griego es *psyjé*, que significa alma, persona o incluso vida, como en este texto, en el que toma el significado de vida física.

[2] Varios manuscritos antiguos dicen «la asamblea del Señor (Jesús)». Sin embargo, el texto mejor es «asamblea de Dios». Notemos que Pablo pasa de Dios

Padre a Dios Hijo en esta oración. Veamos también que los términos «anciano» y «obispo» son equivalentes en este texto, y Pablo espera de ellos que ejerzan el ministerio de pastores.

[3] Vea Lucas 12:32, donde se usa la misma palabra para referirse a los discípulos de Jesús.

[4] Compare con Efesios 4:28, donde exhorta a trabajar con las propias manos para poderles dar a los que tienen necesidad. Vea también 2 Tesalonicenses 3:10-12.

HECHOS

CAPÍTULO 21

La despedida de Mileto debe haber sido muy dura para Pablo. Tampoco se hicieron más fáciles las cosas a medida que seguía su viaje hacia Jerusalén. Todo el camino estaba lleno de tristes despedidas.

Una profecía en Tiro (21:1-6)

1 Después de separarnos de ellos, zarpamos y fuimos con rumbo directo
a Cos, y al día siguiente a Rodas, y de allí a Pátara. 2 Y hallando un barco que
pasaba a Fenicia, nos embarcamos, y zarpamos. 3 Al avistar Chipre, dejándola a
mano izquierda, navegamos a Siria, y arribamos a Tiro, porque el barco había
de descargar allí. 4 Y hallados los discípulos, nos quedamos allí siete días; y ellos
decían a Pablo por el Espíritu, que no subiese a Jerusalén. 5 Cumplidos aquellos
días, salimos, acompañándonos todos, con sus mujeres e hijos, hasta fuera de la
ciudad; y puestos de rodillas en la playa, oramos. 6 Y abrazándonos los unos a los
otros, subimos al barco y ellos se volvieron a sus casas.

En el primer día, Pablo y sus acompañantes llegaron a la isla de Cos; en el siguiente, a la de Rodas y desde allí siguieron hasta desembarcar en Pátara, en la costa de la provincia romana de Licia. En aquel lugar hallaron un barco que pasaba a Fenicia, que los llevó a Tiro. En Tiro tenían una espera de siete días mientras el barco descargaba.

Pablo no sabía dónde se hallaban los cristianos de Tiro. Sin embargo, los buscó hasta encontrarlos y pasó el tiempo con ellos. Aquí, como en muchos otros lugares antes, el Espíritu advirtió lo que le iba a suceder en Jerusalén. La Biblia no dice cómo hizo esto, pero al ver lo que sucedería un poco después en Cesarea, podemos tener la seguridad de que la advertencia les llegó en forma de profecía.

Leemos que los creyentes le decían (una y otra vez) a Pablo «por el Espíritu» que no subiera a Jerusalén. No obstante, esto no quiere decir que el Espíritu no quisiera que él fuera a Jerusalén. La expresión «por el» (griego, *diá*) no corresponde a la palabra usada en los pasajes anteriores para hablar de la actuación directa del Espíritu. (Vea Hechos 13:4, donde el término griego es *hypó*, palabra usada para indicar una actuación directa o primaria). Aquí estaría mejor traducida la expresión griega como «en consecuencia del Espíritu», esto es, por lo que el

Espíritu decía. Está muy claro que el Espíritu mismo no le prohibía a Pablo seguir adelante. Al contrario, lo constreñía a ir (Hechos 20:22). Pablo sabía que el Espíritu Santo no se contradice a sí mismo. No era el Espíritu, sino su amor por Pablo el que les hacía decir que no debía ir. En otras palabras, debido a la profecía sobre las cadenas y la prisión, el pueblo expresaba su sentimiento de que él no debía ir. Sin embargo, Pablo se negó a permitir que impusieran sus sentimientos sobre él. Por tanto, siguió obediente a lo que el Espíritu Santo lo dirigía personalmente a hacer, esto es, seguir hacia Jerusalén.

Al cabo de los siete días, todos los creyentes habían llegado a conocer y amar a Pablo. Por esto, cuando terminó la semana, todos ellos, con sus esposas e hijos, lo acompañaron hasta fuera de la ciudad. Allí, en la playa, todos se arrodillaron y oraron antes de abrazarlos para despedirse y volver a sus respectivos hogares.

La profecía de Cesarea (21:7-14)

7 Y nosotros completamos la navegación, saliendo de Tiro y arribando a
Tolemaida; y habiendo saludado a los hermanos, nos quedamos con ellos un
día. 8 Al otro día, saliendo Pablo y los que con él estábamos, fuimos a Cesarea; y
entrando en casa de Felipe el evangelista, que era uno de los siete, posamos con
él. 9 Este tenía cuatro hijas doncellas que profetizaban. 10 Y permaneciendo nosotros allí algunos días, descendió de Judea un profeta llamado Agabo, 11 quien
viniendo a vernos, tomó el cinto de Pablo, y atándose los pies y las manos, dijo:
Esto dice el Espíritu Santo: Así atarán los judíos en Jerusalén al varón de quien
es este cinto, y le entregarán en manos de los gentiles. 12 Al oír esto, le rogamos
nosotros y los de aquel lugar, que no subiese a Jerusalén. 13 Entonces Pablo respondió: ¿Qué hacéis llorando y quebrantándome el corazón? Porque yo estoy
dispuesto no sólo a ser atado, mas aun a morir en Jerusalén por el nombre del
Señor Jesús. 14 Y como no le pudimos persuadir, desistimos, diciendo: Hágase
la voluntad del Señor.

Después de detenerse a mitad del camino en Tolemaida (el Antiguo Testamento la menciona como Aco en Jueces 1:31, y actualmente se llama Acre o Akka), donde pasaron el día con los cristianos, el barco los llevó a Cesarea. Allí se quedaron en el hogar de Felipe el evangelista, uno de los siete (Hechos 6:5). Ahora tenía cuatro hijas doncellas que profetizaban[1].

La mención de estas hijas parece ser significativa. Demuestra que la familia de Felipe servía al Señor y que él animaba a todos sus miembros a buscar y ejercitar los dones del Espíritu. También parece que su ministerio en este don de profecía debe haberle llevado ánimo y bendición a

Pablo. (Compare con 1 Corintios 14:3). En Mileto estaba ansioso por apresurarse a seguir su camino. Pero aquí, la bendición del Señor era tan abundante, que se quedó algunos días. También es probable que Felipe le diera a Lucas una buena cantidad de información sobre los primeros tiempos de la iglesia en Jerusalén.

En aquel momento descendió de Judea el profeta Agabo, el mismo que había profetizado sobre el hambre en Hechos 11:28. Tomando el cinto de Pablo (con seguridad hecho de tela), se ató los pies y las manos, como lección objetiva. Entonces dio de parte del Espíritu Santo la profecía de que los judíos atarían (o serían la causa de que ataran) a Pablo y lo entregarían en manos de los gentiles (es decir, en manos de los gobernantes romanos).

Debido a esta profecía, los que estaban reunidos en el hogar de Felipe junto con los compañeros de Pablo le rogaron todos que no subiera a Jerusalén. Sin duda, esta situación fue similar a la de Tiro. Cuando oyeron el mensaje del Espíritu, expresaron sus propios sentimientos.

Sin embargo, Pablo dijo: «¿Qué hacéis llorando y quebrantándome el corazón?». «Quebrantar (destrozar) el corazón» era una frase usada para significar que se quebrantaba la voluntad de la persona, se debilitaba su firmeza en sus decisiones, o se hacía que la persona quedara «destrozada», incapaz de realizar nada. Para hacer que dejaran de llorar, Pablo declaró que estaba listo no solo a ser atado, sino a morir en Jerusalén por el nombre del Señor Jesús. Sabía que la voluntad de Dios sobre él era que fuera. Entonces, los demás terminaron por decir: «Hágase la voluntad del Señor». (Compare con Lucas 22:42). Al fin reconocían que era en verdad la voluntad de Dios que Pablo fuera a Jerusalén.

En realidad, era muy importante para los cristianos saber que era voluntad de Dios que Pablo fuera atado. Todavía había un buen número de judaizantes que se oponían al evangelio que Pablo predicaba. Aún estaban tratando de exigirles a los gentiles que se hicieran judíos antes de poder convertirse en cristianos. Con respecto a esto, decían que los creyentes gentiles perderían su salvación y nunca heredarían las bendiciones futuras que Dios tenía preparadas para ellos.

Si Pablo hubiera ido a Jerusalén sin todas aquellas advertencias que hicieron que la iglesia supiera lo que iba a suceder, los judaizantes hubieran utilizado muy pronto su arresto como señal del juicio de Dios. Habrían dicho: «¿Ven? Ya lo decíamos. La predicación de Pablo está equivocada por completo». Esto hubiera traído gran confusión al seno de las iglesias. Pero el Espíritu Santo dio testimonio de Pablo y del evangelio que él predicaba con estas profecías. Al mismo tiempo, la iglesia misma quedaba protegida de las fuerzas que podrían haber causado una división. Ciertamente, el Espíritu Santo es el Guía y Protector que necesitamos.

La bienvenida en Jerusalén (21:15-19)

15 Después de esos días, hechos ya los preparativos, subimos a Jerusalén. 16
Y vinieron también con nosotros de Cesarea algunos de los discípulos, trayendo consigo a uno llamado Mnasón, de Chipre, discípulo antiguo, con quien
nos hospedaríamos. 17 Cuando llegamos a Jerusalén, los hermanos nos reci-
bieron con gozo. 18 Y al día siguiente Pablo entró con nosotros a ver a Jacobo,
y se hallaban reunidos todos los ancianos; 19 a los cuales, después de haberles saludado, les contó una por una las cosas que Dios había hecho entre los gentiles por su ministerio.

Nuestra versión dice: «Hechos ya los preparativos». Otras traducciones presentan esta frase como: «Tomamos nuestros carruajes», lo cual probablemente significaría que ensillaron unos caballos. Sin embargo, muchos escritores se inclinan más por la primera traducción, la cual significaría simplemente que habían empacado sus cosas (su equipaje). Es posible que estén incluidos en el original ambos significados. Pablo y sus compañeros, junto con algunos discípulos de Cesarea, subieron a Jerusalén. Estos creyentes de Cesarea conocían a un creyente llamado Mnasón, de Chipre, el cual, como Bernabé, era uno de los discípulos antiguos (originales), es decir, uno de los ciento veinte. (No tenía que ser «antiguo» por tener edad avanzada precisamente). Tenía fama de ser un anfitrión al que le encantaba recibir extranjeros. Como Bernabé, también sentiría simpatía por Pablo, y no tendría objeción en recibir a los creyentes gentiles[2].

En Jerusalén, los hermanos (entre ellos Mnasón) los recibieron con gozo y, como indica el griego, los atendieron con verdadera hospitalidad. Al día siguiente, Pablo tomó consigo a Lucas y al resto de sus acompañantes y fueron a ver a Santiago, el hermano de Jesús. Todos los ancianos de la iglesia de Jerusalén estaban presentes también. Pero es digno de notarse que no se menciona a los apóstoles. Con seguridad, como afirma buena parte de la tradición sobre la iglesia primitiva, ya se habían dispersado para difundir el evangelio en muchas direcciones distintas.

Después de saludar a estos ancianos, Pablo les dio un informe detallado de lo que Dios había hecho en medio de los gentiles por medio de su ministerio. Debe haber sido un recuento de su segundo y tercer viajes misioneros, paso por paso. Específicamente, les relató todo lo sucedido desde la última vez que había estado con ellos en el concilio que aparece en el capítulo 15.

Ánimo para los creyentes judíos (21:20-26)

[20] Cuando ellos lo oyeron, glorificaron a Dios, y le dijeron: Ya ves, hermano, cuántos millares de judíos hay que han creído; y todos son celosos por la ley. [21] Pero se les ha informado en cuanto a ti, que enseñas a todos los judíos que están entre los gentiles a apostatar de Moisés, diciéndoles que no circunciden a sus hijos, ni observen las costumbres. [22] ¿Qué hay, pues? La multitud se reunirá de cierto, porque oirán que has venido. [23] Haz, pues, esto que te decimos: Hay entre nosotros cuatro hombres que tienen obligación de cumplir voto. [24] Tómalos contigo, purifícate con ellos, y paga sus gastos para que se rasuren la cabeza; y todos comprenderán que no hay nada de lo que se les informó acerca de ti, sino que tú también andas ordenadamente, guardando la ley. [25] Pero en cuanto a los gentiles que han creído, nosotros les hemos escrito determinando que no guarden nada de esto; solamente que se abstengan de lo sacrificado a los ídolos, de sangre, de ahogado y de fornicación. [26] Entonces Pablo tomó consigo a aquellos hombres, y al día siguiente, habiéndose purificado con ellos, entró en el templo, para anunciar el cumplimiento de los días de la purificación, cuando había de presentarse la ofrenda por cada uno de ellos.

Santiago y los demás ancianos glorificaron todos a Dios, por todo lo que estaba haciendo en medio de los gentiles. Pero había otro motivo de honda preocupación que estaba afectando a la iglesia de Jerusalén. Miles, literalmente decenas de miles (griego, *myríades*) de judíos de la región de Jerusalén habían creído que Jesús era su Mesías, Señor y Salvador. Todavía eran celosos de la Ley (*zelotes*, firmemente comprometidos con la Ley de Moisés). Habían llegado falsos maestros a ellos, es probable que judaizantes, o si no, judíos no convertidos del Asia Menor, Macedonia o Grecia. Estos les habían dicho (enseñado deliberadamente) a los creyentes de Jerusalén una y otra vez que Pablo les estaba enseñando a todos los judíos que vivían entre los gentiles (las naciones situadas fuera de Palestina) que no circuncidaran a sus hijos. También decían que Pablo les enseñaba que dejaran de observar sus costumbres (judías). Esto no era más que difamación. Pablo había circuncidado a Timoteo; hacía poco tiempo, él mismo había hecho un voto.

Los ancianos reconocían que aquellas acusaciones eran falsas. Pero todos en Jerusalén las habían oído una y otra vez. Ahora, puesto que todos sabrían con seguridad que Pablo había llegado, ¿qué se debía hacer? Santiago y los ancianos tenían una sugerencia. Veían una forma de detener los rumores y demostrar que eran falsos. Cuatro de los creyentes judíos habían hecho un voto, obviamente, un voto temporal de nazareos. De acuerdo con este voto, cualquier israelita, hombre o mujer, al hacerlo, podía declarar que se consagraba por completo a Dios y a su voluntad. Por lo general, se hacía por un período limitado de tiempo. Al terminar el período que habían escogido, ofrecían sacrificios costosos, entre los cuales había un cordero macho y una hembra, un carnero y otras ofrendas. Después, se hacían rapar la cabeza, como señal de que había terminado el voto (Números 6:14-20).

Pablo no hizo el voto él. Pero le pidieron que pasara por las ceremonias de purificación junto con ellos y pagara por los sacrificios, para que pudieran terminar de cumplir el voto y raparse la cabeza[3]. Esto les mostraría a los creyentes y a todo el mundo en Jerusalén que Pablo no les enseñaba a los creyentes judíos que fueran contra las costumbres de sus padres. También sería una respuesta a todas las cosas falsas dichas sobre Pablo, y demostraría que él personalmente era recto y observaba la Ley.

Entonces Jacobo (Santiago) y los ancianos confirmaron la decisión del concilio en Hechos 15, una decisión que Pablo ya les había llevado a los gentiles creyentes. Es decir, aunque querían que Pablo, como judío creyente, mostrara que no les pedía a los judíos que vivieran como gentiles, aun así estaban dispuestos a aceptar a los creyentes gentiles sin pedirles que se hicieran judíos.

Al día siguiente, Pablo tomó consigo a los cuatro hombres e hizo lo que le habían pedido, anunciando el cumplimiento de los días de la purificación hasta que el sacrificio fue ofrecido por todos ellos. Como les diría a los corintios, se hizo judío con los judíos, y a los que están sujetos a la Ley, como sujeto a la Ley (1 corintios 9:20)[4].

Los judíos de Asia provocan un tumulto (21:27-30)

27 Pero cuando estaban para cumplirse los siete días, unos judíos de Asia, al verle en el templo, alborotaron a toda la multitud y le echaron mano, 28 dando voces: !!Varones israelitas, ayudad! Este es el hombre que por todas partes enseña a todos contra el pueblo, la ley y este lugar; y además de esto, ha metido a griegos en el templo, y ha profanado este santo lugar. 29 Porque antes habían visto con él en la ciudad a Trófimo, de Éfeso, a quien pensaban que Pablo había metido en el templo. 30 Así que toda la ciudad se conmovió, y se agolpó el pueblo; y apoderándose de Pablo, le arrastraron fuera del templo, e inmediatamente cerraron las puertas.

El plan de los ancianos de Jerusalén falló. En lugar de satisfacer a los judíos, sucedió lo contrario cuando los siete días de purificación casi habían terminado. Había judíos procedentes de la provincia romana de Asia en Jerusalén; habían llegado para la fiesta de Pentecostés. Estos lo vieron en el templo y lanzaron a toda la multitud a la confusión. Entonces, apresaron con violencia a Pablo.

Lo habían visto en la Ciudad con Trófimo, un creyente gentil de Éfeso. Así llegaron a la falsa conclusión de que Pablo lo había hecho entrar al templo[5]. Entonces gritaron que Pablo era el que por todas partes enseñaba a todos contra el pueblo (los judíos) y contra la Ley, y ahora había profanado el templo al hacer entrar en él a griegos (gentiles).

Al oír esto, toda la ciudad de Jerusalén se estremeció. (Es probable que muchos de ellos estuvieran ya en el templo en este momento). Los judíos se reunieron corriendo desde todas las direcciones, apresaron a Pablo y lo arrastraron fuera del templo, golpeándolo mientras se lo llevaban. De inmediato, se cerraron las grandes puertas que daban al patio de las mujeres, para que la muchedumbre no lo pudiera profanar. Sin embargo, nadie pareció darse cuenta de que Pablo no tenía gentiles consigo.

Los romanos rescatan a Pablo (21:31-40)

31 Y procurando ellos matarle, se le avisó al tribuno de la compañía, que toda
la ciudad de Jerusalén estaba alborotada. 32 Este, tomando luego soldados y centuriones, corrió a ellos. Y cuando ellos vieron al tribuno y a los soldados, dejaron
de golpear a Pablo. 33 Entonces, llegando el tribuno, le prendió y le mandó atar
con dos cadenas, y preguntó quién era y qué había hecho. 34 Pero entre la multitud, unos gritaban una cosa, y otros otra; y como no podía entender nada de
cierto a causa del alboroto, le mandó llevar a la fortaleza. 35 Al llegar a las gradas,
aconteció que era llevado en peso por los soldados a causa de la violencia de la
multitud; 36 porque la muchedumbre del pueblo venía detrás, gritando: !!Muera!
37 Cuando comenzaron a meter a Pablo en la fortaleza, dijo al tribuno: ¿Se me
permite decirte algo? Y él dijo: ¿Sabes griego? 38 ¿No eres tú aquel egipcio que
levantó una sedición antes de estos días, y sacó al desierto los cuatro mil sicarios?
39 Entonces dijo Pablo: Yo de cierto soy hombre judío de Tarso, ciudadano de una
ciudad no insignificante de Cilicia; pero te ruego que me permitas hablar al pueblo. 40 Y cuando él se lo permitió, Pablo, estando en pie en las gradas, hizo señal
con la mano al pueblo. Y hecho gran silencio, habló en lengua hebrea, diciendo.

La muchedumbre ya trataba de matar a Pablo cuando le llegó información al tribuno (el oficial que mandaba sobre una cohorte de seiscientos a mil hombres estacionados en la torre —castillo, fortaleza— Antonia, al noroeste, dominando la zona del templo). Le dijeron que todo Jerusalén se hallaba en estado de confusión. De inmediato el tribuno tomó consigo soldados y centuriones (oficiales que mandaban sobre un centenar de soldados de infantería) y con gran demostración de fuerza fue corriendo hacia ellos.

La presencia del tribuno y de todos los soldados hizo que la multitud dejara de golpear a Pablo. Atándolo con dos cadenas, el tribuno les preguntó a los judíos quién era y qué había hecho. Todos comenzaron a gritar cosas distintas al mismo tiempo. El tribuno no tenía manera de estar seguro de lo que se estaba diciendo en medio de todo aquel alboroto. De manera que les ordenó a los soldados que llevaran a Pablo al interior de la fortaleza (la torre Antonia).

Los soldados tuvieron que cargar a Pablo en peso por las gradas que llevaban de la zona del templo a la torre Antonia, debido a la violencia de la multitud. Esta los seguía, tratando de quitarles a Pablo y gritando (chillando en voz muy alta una y otra vez): «¡Muera!». Estaban expresando que solo les satisfaría su muerte. De hecho, lo hubieran destrozado si los soldados no lo hubieran levantado y rodeado.

Cuando los soldados llegaron a la parte superior de las escaleras y estaban a punto de entrar en la fortaleza, la muchedumbre fue quedando atrás. Entonces Pablo le habló en griego al tribuno. Este pareció sorprenderse de que Pablo supiera griego, y le preguntó si no era él el egipcio que había levantado una sedición (como revolucionario político) y había sacado al desierto a cuatro mil judíos fanáticos (*sicarii*, sicarios, «los hombres de las dagas»), renombrados porque asesinaban a quienes se les opusieran.

Pablo le respondió identificándose como judío y ciudadano de la importante ciudad de Tarso. Entonces le pidió permiso para hablarle al pueblo. Cuando le fue concedido, se le permitió ponerse de pie en las gradas. Pablo hizo señal con la mano de que quería hablar, logró la atención de la multitud y de pronto se hizo un gran silencio. Luego, Pablo comenzó a hablarles en lengua hebrea.

Por lo general se considera que el texto habla del arameo, la lengua que los judíos trajeron al regresar de Babilonia después de su exilio en aquel lugar en el siglo sexto a.C. Sin embargo, hay algunas evidencias de que los judíos de Jerusalén tenían a timbre de orgullo ser capaces de usar el hebreo antiguo (*bíblico*). También leían la Biblia primero en hebreo en las sinagogas todas las semanas antes de parafrasearla en arameo, de manera que todos estarían familiarizados con el hebreo bíblico. Sin embargo, puesto que podrían entender ambos idiomas, no está claro a cuál se hace referencia aquí. En algunos pasajes del Nuevo Testamento, la palabra «hebreo» es usada para referirse al arameo, lengua estrechamente relacionada con él, que era usada en la mayoría de los hogares de Palestina.

---

[1] El historiador eclesiástico Eusebio (260-340 d.C.) cita a Papías, quien habría dicho que estas hijas se mudaron al Asia, vivieron largos años y siguieron ministrando y dando testimonio ante la iglesia primitiva.

[2] Algunas traducciones señalan que Mnasón estaba de visita en Cesarea en el momento en que Pablo estaba allí, y subió con ellos a Jerusalén. Sin embargo, es más probable que los creyentes de Cesarea simplemente llevaran a Pablo y a sus acompañantes a la casa de Mnasón en Jerusalén.

[3] Es posible que estos cuatro se hubieran contaminado de alguna forma y ahora estuvieran pasando por siete días de purificación (Números 6:9).

[4] Pablo sabía que aquellas ceremonias judías carecían de valor en cuanto a la salvación. Sin embargo, también reconocía que tenían un valor simbólico o pedagógico para los creyentes judíos. Ellos cumplían con aquellas cosas, no para conseguir su salvación ni para establecer una relación correcta con Dios, sino para expresar una entrega a Dios que ya estaba firmemente establecida en su corazón por medio de Cristo y porque habían aceptado su obra en la cruz.

[5] Los arqueólogos han encontrado dos de las inscripciones que les advertían a los gentiles que no debían ir más allá del patio de los gentiles. Decían (en griego): «Ningún extranjero puede entrar más allá de estos muros que rodean el templo y sus dependencias (sus patios interiores). Todo el que sea atrapado haciéndolo, será el culpable de la muerte que recibirá de inmediato».

HECHOS

CAPÍTULO 22

Esta defensa hecha en las gradas fue la primera de las cinco que se le permitieron a Pablo. En ella, hace resaltar su herencia judía y su encuentro con Cristo.

Testigo de Cristo (22:1-21)

1 Varones hermanos y padres, oíd ahora mi defensa ante vosotros. 2
Y al oír que les hablaba en lengua hebrea, guardaron más silencio. Y él les
dijo: 3 Yo de cierto soy judío, nacido en Tarso de Cilicia, pero criado en
esta ciudad, instruido a los pies de Gamaliel, estrictamente conforme a la
ley de nuestros padres, celoso de Dios, como hoy lo sois todos vosotros.
4 Perseguía yo este Camino hasta la muerte, prendiendo y entregando en
cárceles a hombres y mujeres; 5 como el sumo sacerdote también me es
testigo, y todos los ancianos, de quienes también recibí cartas para los
hermanos, y fui a Damasco para traer presos a Jerusalén también a los que
estuviesen allí, para que fuesen castigados.6 Pero aconteció que yendo yo,
al llegar cerca de Damasco, como a mediodía, de repente me rodeó mucha luz del cielo; 7 y caí al suelo, y oí una voz que me decía: Saulo, Saulo,
¿por qué me persigues? 8 Yo entonces respondí: ¿Quién eres, Señor? Y me
dijo: Yo soy Jesús de Nazaret, a quien tú persigues. 9 Y los que estaban
conmigo vieron a la verdad la luz, y se espantaron; pero no entendieron la
voz del que hablaba conmigo. 10 Y dije: ¿Qué haré, Señor? Y el Señor me
dijo: Levántate, y ve a Damasco, y allí se te dirá todo lo que está ordenado
que hagas. 11 Y como yo no veía a causa de la gloria de la luz, llevado de
la mano por los que estaban conmigo, llegué a Damasco. 12 Entonces uno
llamado Ananías, varón piadoso según la ley, que tenía buen testimonio
de todos los judíos que allí moraban, 13 vino a mí, y acercándose, me
dijo: Hermano Saulo, recibe la vista. Y yo en aquella misma hora recobré
la vista y lo miré. 14 Y él dijo: El Dios de nuestros padres te ha escogido
para que conozcas su voluntad, y veas al Justo, y oigas la voz de su boca. 15
Porque serás testigo suyo a todos los hombres, de lo que has visto y oído.
16 Ahora, pues, ¿por qué te detienes? Levántate y bautízate, y lava tus pecados, invocando su nombre. 17 Y me aconteció, vuelto a Jerusalén, que
orando en el templo me sobrevino un éxtasis. 18 Y le vi que me decía: Date

prisa, y sal prontamente de Jerusalén; porque no recibirán tu testimonio acerca de mí. [19] Yo dije: Señor, ellos saben que yo encarcelaba y azotaba en todas las sinagogas a los que creían en ti; [20] y cuando se derramaba la sangre de Esteban tu testigo, yo mismo también estaba presente, y consentía en su muerte, y guardaba las ropas de los que le mataban. [21] Pero me dijo: Ve, porque yo te enviaré lejos a los gentiles.

Cuando la multitud reconoció que Pablo estaba hablando en hebreo, se quedó más callada aun (no porque el hebreo fuera un lenguaje sagrado, sino porque les hizo darse cuenta de que era judío, y no gentil, ya que los gentiles trataban sus negocios con los judíos en idioma griego). Entonces Pablo se identificó como judío nacido en Tarso, pero criado en Jerusalén, a los pies de Gamaliel[1]. Es decir, su instrucción secular estuvo a cargo de aquel famoso rabino. Gamaliel lo había enseñado a prestar estricta atención a todos los detalles de la Ley de los padres (la Ley de Moisés con las adiciones de todas las tradiciones de los escribas y fariseos). Él también había sido un zelote, devotamente consagrado a Dios, tal como eran los que lo escuchaban. Se ve con claridad que Pablo no los culpaba por haberlo golpeado. Había habido un tiempo en el cual, movido por su celo por Dios, él hubiera hecho lo mismo.

En realidad, Pablo había perseguido este Camino (cristiano) hasta el punto de causar la muerte de los creyentes, apresando a muchos hombres y mujeres, y haciendo que los echaran en la cárcel. El sumo sacerdote era testigo de todo aquello, como lo eran también todos los ancianos (del Sanedrín). Ellos le habían dado cartas para los judíos de Damasco, y él se había ido allí para llevar a los creyentes atados a Jerusalén a fin de que fueran castigados.

A continuación, Pablo les narró el relato de la luz venida del cielo y la voz de Jesús que sus compañeros no oyeron (en el sentido de que no habían comprendido lo que decía). También les llamó la atención al hecho de que Ananías de Damasco era un hombre piadoso (devoto, temeroso de Dios) según la Ley, es decir, en la forma cuidadosa en que guardaba la Ley. Todos los judíos que vivían en Damasco daban testimonio favorable de él.

Entonces, les dio más detalles sobre lo que Ananías le había dicho después de devolverle la vista. Ananías le había dicho que el Dios de sus padres (el Dios de Abraham, Isaac y Jacob) lo había escogido (elegido, seleccionado) a él para que conociera su voluntad (se diera cuenta de cuál era), y oyera su voz, no a distancia, sino de su misma boca, cara a cara.

Dios hacía esto para que él pudiera ser testigo suyo ante todos los hombres (toda la humanidad) de lo que había visto y oído.

Entonces Ananías le había dicho: «Ahora, pues, ¿por qué te detienes? Levántate y bautízate, y lava tus pecados, invocando su nombre». Aquellas palabras eran un llamado a expresar su fe. Los pecados serían lavados cuando invocara el nombre del Señor, sin embargo; no por el agua del bautismo. Como lo señala Pedro, las aguas del bautismo no pueden lavar ninguna de las inmundicias de la carne (es decir, de la vieja naturaleza). Más bien son una respuesta (llamamiento, compromiso) de una buena conciencia que ya ha sido limpiada por la fe en la muerte y la resurrección de Cristo (1 Pedro 3:20-21; Romanos 10:9-10). Pedro también compara esto a Noé. Esto es: el hecho de que Noé saliera del diluvio era testimonio de la fe que había hecho que construyera el arca antes de él (1 Pedro 3:20; vea Hebreos 11:7). Por tanto, el paso por las aguas del bautismo da testimonio de la fe que ha creído en Cristo y recibido la purificación por su sangre y su Palabra antes del bautismo.

Después de esto, Pablo había pasado por alto sus experiencias en Damasco y les contaba cómo había vuelto a Jerusalén. Allí, orando en aquel mismo templo, le sobrevino un éxtasis. No se trataba de un «trance», en el sentido moderno o pagano, sino un estado en el cual su mente fue perturbada por las circunstancias. Entonces vio a Jesús, quien le dijo que se apresurara a salir de Jerusalén, porque el pueblo de Jerusalén no recibiría su testimonio sobre él. Pablo trató de discutir, diciéndole que ellos sabían todo lo que él había hecho con respecto a la muerte de Esteban. Al parecer, sentía que lo atenderían con toda seguridad cuando vieran el cambio que había tenido lugar en su persona. No obstante, Jesús le ordenó de nuevo que se fuese. Su propósito era enviarlo (como apóstol) lejos, a los gentiles (las naciones).

Esta aparición de Jesús, y su mandato, no habían sido explicados en el capítulo 9. En aquella ocasión, los dirigentes de Jerusalén, al conocer que se había hecho un complot para asesinar a Pablo, lo enviaron a Tarso. Pero ahora queda aclarado que fue necesaria esta aparición de Jesús para que él estuviera dispuesto a irse.

Romano por nacimiento (22:22-30)

22 Y le oyeron hasta esta palabra; entonces alzaron la voz, diciendo: Quita de
la tierra a tal hombre, porque no conviene que viva. 23 Y como ellos gritaban y
arrojaban sus ropas y lanzaban polvo al aire, 24 mandó el tribuno que le metiesen
en la fortaleza, y ordenó que fuese examinado con azotes, para saber por qué

causa clamaban así contra él. [25] Pero cuando le ataron con correas, Pablo dijo al centurión que estaba presente: ¿Os es lícito azotar a un ciudadano romano sin haber sido condenado? [26] Cuando el centurión oyó esto, fue y dio aviso al tribuno, diciendo: ¿Qué vas a hacer? Porque este hombre es ciudadano romano. [27] Vino el tribuno y le dijo: Dime, ¿eres tú ciudadano romano? Él dijo: Sí. [28] Respondió el tribuno: Yo con una gran suma adquirí esta ciudadanía. Entonces Pablo dijo: Pero yo lo soy de nacimiento. [29] Así que, luego se apartaron de él los que le iban a dar tormento; y aun el tribuno, al saber que era ciudadano romano, también tuvo temor por haberle atado.

Los judíos oyeron en el patio a Pablo, hasta que habló del mandato de ir a los gentiles. La verdad de que a Dios le interesan los gentiles está clara en el Antiguo Testamento (Génesis 12:3). Sin embargo, la opresión romana había enceguecido su mente. Ante sus ojos, los gentiles eran perros, saqueadores. Así, en su prejuicio, comenzaron a gritar de nuevo, pidiendo la muerte de Pablo. Les parecía que no merecía vivir.

Mientras gritaban esto, también arrojaban sus túnicas, como expresión de una ira incontrolable. Al mismo tiempo, tiraban polvo al aire, como símbolo de que rechazaban a Pablo y a su mensaje. No hay duda de que hubieran tirado fango si lo hubieran tenido a mano.

Esto hizo que el tribuno ordenara que entraran a Pablo a la fortaleza. Para averiguar por qué los judíos gritaban así contra él, también les dijo a los soldados que lo examinaran con azotes. Es decir, debían hacerle preguntas mientras lo torturaban con un látigo hecho de lenguas de cuero con pedazos de hueso y metal cosidos.

Pablo ya había sido azotado por los judíos cinco veces y golpeado con varas por los romanos tres veces (2 Corintios 11:24-25). Pero este castigo con un azote romano era peor, y con frecuencia dejaba a su víctima inutilizada o muerta.

Para preparar a Pablo para los azotes, los soldados hicieron que este se inclinara y se estirara hacia delante. Lo ataron en esa posición con correas, para flagelarlo. (Algunos escritores creen que el significado de este pasaje es que fue colgado de las correas con los pies a unos cuantos centímetros del suelo.)

En ese momento, Pablo le preguntó al centurión que estaba supervisando la operación si era legal azotar a un hombre que era romano sin que hubiera sido condenado (su caso no había sido juzgado siquiera). El centurión informó de esto al tribuno, el cual llegó de inmediato y le preguntó a Pablo si era romano. Entonces hizo el comentario de que él había comprado su ciudadanía romana con una gran suma de dinero[2]. Pero Pablo le contestó que él había nacido romano. Su padre o su abuelo debe haber prestado algún gran servicio a los romanos en Tarso, y habría sido recompensado con la ciudadanía romana para sí y para su familia[3].

Los soldados que habían estado a punto de interrogar y torturar a Pablo se apresuraron a marcharse. El tribuno también sintió temor. Sabía que Pablo, como ciudadano romano, tenía derecho a acusarlo por haberlo encadenado.

Sin embargo, el tribuno mantuvo a Pablo bajo custodia. Al día siguiente, como deseaba conocer con seguridad por qué los judíos acusaban a Pablo, lo sacó, ordenó que los principales sacerdotes y el Sanedrín se reunieran, y lo presentó ante ellos.

---

[1] Esto indica que Pablo había llegado a Jerusalén en los primeros años de su juventud, tal vez cuando comenzaba su adolescencia.

[2] Durante el gobierno del emperador Claudio, se vendió la ciudadanía romana con frecuencia. Se dedicaban especialmente a ello su esposa y otros favoritos de la corte. Es evidente que aquello se había convertido en una forma de llenarles los bolsillos. El tribuno había usado su ciudadanía comprada como vía para conseguir un cargo de mayor importancia dentro del ejército romano.

[3] Algunos comentarios antiguos dicen que toda la ciudad de Tarso había recibido la ciudadanía romana, pero las evidencias históricas no lo confirman.

HECHOS

CAPÍTULO 23

Pablo, que una vez había sido miembro del Sanedrín y había votado que se apedreara a Esteban, ahora tenía que enfrentarse al más alto tribunal de los judíos. Su sala de reunión se hallaba al oeste de la zona del templo; el tribuno romano lo llevó allí.

La esperanza y la resurrección (23:1-10)

1 Entonces Pablo, mirando fijamente al concilio, dijo: Varones hermanos,
yo con toda buena conciencia he vivido delante de Dios hasta el día de hoy. 2
El sumo sacerdote Ananías ordenó entonces a los que estaban junto a él, que
le golpeasen en la boca. 3 Entonces Pablo le dijo: !!Dios te golpeará a ti, pared
blanqueada! ¿Estás tú sentado para juzgarme conforme a la ley, y quebrantan-
do la ley me mandas golpear? 4 Los que estaban presentes dijeron: ¿Al sumo
sacerdote de Dios injurias? 5 Pablo dijo: No sabía, hermanos, que era el sumo
sacerdote; pues escrito está: No maldecirás a un príncipe de tu pueblo. 6 Entonces Pablo, notando que una parte era de saduceos y otra de fariseos, alzó la voz
en el concilio: Varones hermanos, yo soy fariseo, hijo de fariseo; acerca de la
esperanza y de la resurrección de los muertos se me juzga. 7 Cuando dijo esto,
se produjo disensión entre los fariseos y los saduceos, y la asamblea se dividió.
8 Porque los saduceos dicen que no hay resurrección, ni ángel, ni espíritu; pero
los fariseos afirman estas cosas. 9 Y hubo un gran vocerío; y levantándose los
escribas de la parte de los fariseos, contendían, diciendo: Ningún mal hallamos
en este hombre; que si un espíritu le ha hablado, o un ángel, no resistamos a
Dios. 10 Y habiendo grande disensión, el tribuno, teniendo temor de que Pablo
fuese despedazado por ellos, mandó que bajasen soldados y le arrebatasen de en
medio de ellos, y le llevasen a la fortaleza.

Pablo no manifestó miedo ni duda. Sabía que estaba cumpliendo con la voluntad del Señor, y había aprendido a depender del Espíritu Santo. Mirando fijamente al concilio, declaró que había vivido (y cumplido sus deberes) delante de Dios con una buena conciencia hasta ese mismo día. (Vea 1 Corintios 4:4; Filipenses 3:6,9).

En aquel instante, Ananías, el sumo sacerdote, les ordenó a los que se hallaban cerca de Pablo que le golpeasen en la boca. Pablo reaccionó a esto, porque excitaron su sentido de la justicia: «¡Dios te golpeará a ti, pared blanqueada!»[1]. Lo tomó por uno de los miembros del concilio que estaba sentado allí para juzgarlo según la Ley. Sin embargo, lo había mandado a golpear, lo cual era contrario a la Ley. Esta trataba a un hombre como inocente hasta que fuera probada su culpa.

Los que habían golpeado a Pablo lo reprendieron por injuriar (insultar) al sumo sacerdote de Dios. Pablo se disculpó rápidamente. No sabía que el que había dado la orden fuera el sumo sacerdote. Ananías fue hecho sumo sacerdote en el año 47 d.C. por Herodes de Calcis[2]. Pablo había estado en Jerusalén desde entonces solo unas pocas veces y por breves períodos, por lo que no es extraño que no hubiera visto antes al sumo sacerdote. También es probable que, puesto que era el tribuno el que había convocado al Sanedrín en aquella ocasión, el sumo sacerdote estuviera sentado en medio de los demás miembros del tribunal, en lugar de presidirlo.

Sin embargo, aunque Pablo no sabía quién era el sumo sacerdote, sí conocía las Escrituras. La forma en que cita Éxodo 22:28 nos muestra la humildad genuina de su espíritu y su disposición a someterse a la Ley que sus acusadores afirmaban que había desafiado.

Entonces, Pablo se dio cuenta de que había una cuestión en la que podía hacer una declaración. Como ya sabía, pero ahora notó de nuevo, parte del Sanedrín estaba integrada por saduceos, y parte por fariseos. Los saduceos rechazaban la idea de la resurrección. Los fariseos creían que la esperanza de la resurrección era algo fundamental en la esperanza de Israel y necesario para que se cumplieran a plenitud las promesas de Dios.

Por esto, Pablo se aprovechó de la situación con valentía. Era una oportunidad para dar testimonio de la verdad de la resurrección y del hecho real de la resurrección de Jesús; no estaba fuera de orden en esto. Incluso antes de su conversión, cuando era fariseo, ya se daba cuenta de lo profunda e importante que es la doctrina de la resurrección futura. Al alzar la voz y decir que era fariseo e hijo de fariseos[3], estaba declarando que se le estaba juzgando acerca de la esperanza y de la resurrección[4].

Esto dividió el concilio en dos campos. Mientras hablaban entre ellos, crecía la discordia. Hasta fueron más allá de la idea de la resurrección y comenzaron a discutir acerca de la existencia de los ángeles y los espíritus, que también era negada por los saduceos.

El resultado fue un gran vocerío, al ponerse a contender unos con otros. Algunos de los escribas (expertos en la interpretación de la Ley) que se hallaban del lado de los fariseos, se pusieron de pie y discutían fuertemente a favor de Pablo. No encontraban ningún mal (nada malo) en él. Entonces sugirieron que quizá un ángel o un espíritu le había hablado.

La mención de ángeles y espíritus debe haber sacudido a los saduceos. Hubo tanto vocerío y tanta discordia, que el tribuno temió que despedazaran a Pablo. Por tanto, les ordenó a los soldados que bajasen y lo arrebatasen de en medio de ellos, para llevarlo de vuelta a la torre Antonia.

El Señor la da ánimo a Pablo (23:11)

[11] A la noche siguiente se le presentó el Señor y le dijo: Ten ánimo, Pablo, pues como has testificado de mí en Jerusalén, así es necesario que testifiques también en Roma.

Había sido un día difícil para Pablo. Pero durante la noche siguiente, el Señor Jesús se le apareció de repente y le dijo: «Ten ánimo» (ten valor, anímate y no temas). Así como Pablo había testificado (dado un claro testimonio) por Cristo en Jerusalén, también debía testificar en Roma. El anhelo de Pablo de ir a Roma había parecido imposible cuando fue arrestado. Sin embargo, ahora Jesús le había dicho claramente que la voluntad de Dios seguía siendo que diera testimonio de él en Roma. Este gesto de aliento del Señor fue el que sostuvo a Pablo en medio de los sufrimientos, las pruebas y las dificultades que aún le habrían de sobrevenir.

Se descubre un complot judío (23:12-22)

[12] Venido el día, algunos de los judíos tramaron un complot y se juramentaron bajo maldición, diciendo que no comerían ni beberían hasta que hubiesen dado muerte a Pablo. [13] Eran más de cuarenta los que habían hecho esta conjuración, [14] los cuales fueron a los principales sacerdotes y a los ancianos y dijeron: Nosotros nos hemos juramentado bajo maldición, a no gustar nada hasta que hayamos dado muerte a Pablo. [15] Ahora pues, vosotros, con el concilio, requerid al tribuno que le traiga mañana ante vosotros, como que queréis indagar alguna cosa más cierta acerca de él; y nosotros estaremos listos para matarle antes que llegue. [16] Mas el hijo de la hermana de Pablo, oyendo hablar de la celada, fue y entró en la fortaleza, y dio aviso a Pablo. [17] Pablo, llamando a uno de los centuriones, dijo: Lleva a este joven ante el tribuno, porque tiene cierto aviso que darle. [18] Él entonces tomándole, le llevó al tribuno, y dijo: El preso Pablo me llamó y me rogó que trajese ante ti a este joven, que tiene algo que hablarte. [19] El tribuno, tomándole de la mano y retirándose aparte, le preguntó: ¿Qué es lo que tienes que decirme? [20] Él le dijo: Los judíos han convenido en rogarte que mañana lleves a Pablo ante el concilio, como que van a inquirir alguna cosa más cierta acerca de él. [21] Pero tú no les creas; porque más de cuarenta hombres de ellos le acechan, los cuales se han juramentado bajo maldición, a no comer ni beber hasta que le hayan dado muerte; y ahora están listos esperando tu promesa. [22] Entonces el tribuno despidió al joven, mandándole que a nadie dijese que le había dado aviso de esto.

A la mañana siguiente, más de cuarenta judíos se reunieron para tramar la muerte de Pablo. Al hacerlo, invocaron una maldición sobre sus propias personas, diciendo que no comerían ni beberían hasta haber matado a Pablo. Después, fueron a los principales de los sacerdotes y los ancianos y les explicaron su plan. Sin duda, estos ancianos eran saduceos a los que no les había gustado lo que Pablo había dicho sobre la resurrección.

Los conspiradores les pidieron a estos jefes que hicieran que el Sanedrín le formulara una solicitud oficial al tribuno para que les llevara a Pablo, como si tuvieran la intención de averiguar con mayor precisión todo lo relativo a él. Antes de que pudiera acercarse, ellos estarían esperando, preparados para matarlo. Es decir, le harían una emboscada en el camino, para que no se pudiera considerar al Sanedrín como responsable de su muerte.

Aconteció que el hijo de la hermana de Pablo llegó a la escena en aquel momento y oyó lo que tramaban[5]. Entonces, se fue de inmediato a la torre Antonia y se lo dijo a Pablo. Este llamó a un centurión y le pidió que llevara al joven con el tribuno. El tribuno lo recibió cortésmente, lo tomó por la mano, y se retiró con él a un lugar donde pudieran hablar en privado. Entonces le preguntó qué le quería decir.

El muchacho le habló del complot y le advirtió que no se dejara persuadir por su solicitud de que les llevara a Pablo. Había más de cuarenta hombres que se habían puesto a sí mismos bajo una maldición, y estaban preparados, esperando la promesa del tribuno. Entonces el tribuno lo dejó ir después de prometerle que no le diría a nadie que le había informado todo aquello.

Pablo es enviado a Cesarea (23:23-35)

23 Y llamando a dos centuriones, mandó que preparasen para la hora tercera de la noche doscientos soldados, setenta jinetes y doscientos lanceros, para
que fuesen hasta Cesarea; 24 y que preparasen cabalgaduras en que poniendo
a Pablo, le llevasen en salvo a Félix el gobernador. 25 Y escribió una carta en
estos términos: 26 Claudio Lisias al excelentísimo gobernador Félix: Salud. 27
A este hombre, aprehendido por los judíos, y que iban ellos a matar, lo libré
yo acudiendo con la tropa, habiendo sabido que era ciudadano romano. 28 Y
queriendo saber la causa por qué le acusaban, le llevé al concilio de ellos; 29 y
hallé que le acusaban por cuestiones de la ley de ellos, pero que ningún delito
tenía digno de muerte o de prisión. 30 Pero al ser avisado de asechanzas que los
judíos habían tendido contra este hombre, al punto le he enviado a ti, intiman-
do también a los acusadores que traten delante de ti lo que tengan contra él.
Pásalo bien. 31 Y los soldados, tomando a Pablo como se les ordenó, le llevaron
de noche a Antípatris. 32 Y al día siguiente, dejando a los jinetes que fuesen con
él, volvieron a la fortaleza. 33 Cuando aquéllos llegaron a Cesarea, y dieron la

carta al gobernador, presentaron también a Pablo delante de él. [34] Y el gobernador, leída la carta, preguntó de qué provincia era; y habiendo entendido que era de Cilicia, [35] le dijo: Te oiré cuando vengan tus acusadores. Y mandó que le custodiasen en el pretorio de Herodes.

El tribuno sabía que le podían pedir cuentas por Pablo, si era asesinado estando bajo su custodia, puesto que era ciudadano romano. Por tanto, hizo que dos centuriones prepararan doscientos soldados de infantería para ir a Cesarea, junto con setenta de caballería y doscientos de otra clase. (Todavía hoy se debate qué clase de soldados podría ser esta. La versión Reina-Valera los llama «lanceros»). Debían salir a la hora tercera de la noche (a eso de las 9 p.m.). También se consiguieron caballos para que Pablo cabalgara, de forma que fuera llevado con seguridad hasta Félix, el gobernador romano de la provincia[6].

El tribuno también le explicó en una carta al gobernador por qué le enviaba a Pablo. El libro de los Hechos dice que iba «en estos términos» (según este modelo, como copia). Probablemente esto signifique que se trata de una verdadera copia de la carta.

En la carta, el tribuno se llama a sí mismo Claudio Lisias. (Lisias era un nombre griego que indicaba su procedencia). Después explicaba la forma en que había rescatado a Pablo de los judíos, que estaban a punto de matarlo. Sin embargo, se ponía en un plano mejor que el real. Insinuaba que la razón por la que había rescatado a Pablo era porque había sabido que era romano. Sin embargo, podemos darle algún crédito, por tratar de hacer una buena presentación de Pablo también. Explicaba que las acusaciones se fundamentaban en cuestiones de las leyes judías, y que no había hallado nada que mereciera la pena de muerte o la cárcel. A causa del complot, lo había enviado al gobernador, y les había ordenado a sus acusadores que fueran con sus acusaciones contra Pablo ante él también.

Nos preguntamos si los cuarenta y tantos conspiradores tuvieron noticia de esto antes de que Pablo fuera sacado de la ciudad. No obstante, el tribuno quiso asegurarse de que no tendrían oportunidad alguna de hacerle nada. Imaginémonos a Pablo, rodeado por cuatrocientos soldados y setenta de a caballo, saliendo de Jerusalén a las nueve en punto de la noche. Un movimiento de tropas así, aun por la noche tiene que haber llamado la atención. Aunque no se hubiera sabido que Pablo se hallaba en medio de ellos, es seguro que alguien ha de haber investigado.

La Biblia no nos dice qué hicieron los conspiradores con su voto. Como es obvio, no mucho después tendrían que comer y beber. Es probable que encontraran alguna forma de ofrecer un sacrificio o alguna ofrenda de expiación por no haber podido cumplir con su voto. (La *Mishna* judía señala que esto estaba previsto).

Aquella noche los soldados llevaron a Pablo hasta Antípatris (donde había una colonia romana), a mitad de camino entre Jerusalén y Cesarea. Por la mañana, los soldados de infantería regresaron a la torre Antonia. Entonces los setenta de a caballo llevaron a Pablo durante el resto del camino hasta Cesarea, entregaron la carta y llevaron a Pablo ante el gobernador.

Después de leer la carta, Félix le preguntó a Pablo de qué provincia era oriundo, tal vez porque solo si Pablo procedía de una provincia romana, él podía, como romano, hacerse cargo de él bajo su propia autoridad. Luego ordenó que custodiasen a Pablo en el pretorio de Herodes, el palacio construido por Herodes el Grande, donde el procurador residía en aquel momento.

---

[1] Esto es, una pared blanqueada para esconder la realidad de que se estaba deteriorando o desmoronando. Algunos ven aquí también una referencia a lo que Jesús había dicho sobre los sepulcros blanqueados (Mateo 23:27).

[2] Ananías era un personaje demasiado codicioso y oprobioso para ser sumo sacerdote. En el año 66 d.C., los mismos judíos lo mataron. Algunos creen que Pablo sabía que él era el sumo sacerdote, pero se comportó de manera sarcástica en esta situación. Es decir, según ellos, lo que Pablo habría dicho es que ningún verdadero sumo sacerdote haría lo que Ananías hizo. Sin embargo, parece más probable que no supiera en realidad que Ananías era el sumo sacerdote.

[3] Aunque no era tan estricto como otros, aún se podía considerar fariseo.

[4] La *Mishna* judía (las tradiciones de los fariseos, escritas alrededor del año 200 d.C. y convertidas en parte fundamental del *Talmud*) declara que aquellos que nieguen la resurrección de los muertos no tendrán parte en la era venidera. Esta idea se convirtió en la creencia ortodoxa del judaísmo, y las doctrinas de los saduceos fueron rechazadas.

[5] Algunos escritores creen que había ido a Jerusalén procedente de Tarso para recibir instrucción, tal como había hecho Pablo.

[6] Marco Antonio Félix (Marcus Antornius Felix) fue procurador de Judea desde antes del 52 d.C. hasta el 59.

HECHOS

CAPÍTULO 24

Los judíos presentaron su acusación de manera formal una sola vez contra Pablo. En esta ocasión contrataron a un orador, un profesional al servicio del público, para que actuara como consejero en la causa.

Tértulo acusa a Pablo (24:1-9)

1 Cinco días después, descendió el sumo sacerdote Ananías con algunos de
los ancianos y un cierto orador llamado Tértulo, y comparecieron ante el gobernador contra Pablo. 2 Y cuando éste fue llamado, Tértulo comenzó a acusarle,
diciendo: Como debido a ti gozamos de gran paz, y muchas cosas son bien go-
bernadas en el pueblo por tu prudencia, 3 oh excelentísimo Félix, lo recibimos
en todo tiempo y en todo lugar con toda gratitud. 4 Pero por no molestarte más
largamente, te ruego que nos oigas brevemente conforme a tu equidad. 5 Porque
hemos hallado que este hombre es una plaga, y promotor de sediciones entre
todos los judíos por todo el mundo, y cabecilla de la secta de los nazarenos. 6
Intentó también profanar el templo; y prendiéndole, quisimos juzgarle conforme
a nuestra ley. 7 Pero interviniendo el tribuno Lisias, con gran violencia le quitó de
nuestras manos, 8 mandando a sus acusadores que viniesen a ti. Tú mismo, pues,
al juzgarle, podrás informarte de todas estas cosas de que le acusamos. 9 Los judíos
también confirmaban, diciendo ser así todo.

Después de cinco días, el sumo sacerdote Ananías, con algunos de los miembros del Sanedrín (sin duda, sus amigos del bando de los saduceos), llegaron a donde estaba el gobernador acompañados por el orador Tértulo, para acusar a Pablo. Entonces se llamó a Pablo y se le dio una oportunidad a Tértulo para que presentara su acusación contra él. Comenzó por adular al gobernador: debido a él gozaban de gran paz; gracias a su prudencia, el pueblo judío había gozado de muchas reformas. Todas estas cosas eran conocidas y aceptadas por los judíos por completo en todas partes con gratitud. Ahora bien, para no demorar más al gobernador, Tértulo le rogaba que los oyera brevemente conforme a su equidad (consideración, justicia)[1].

A continuación, Tértulo acusó falsamente a Pablo de ser una verdadera plaga, promotor de sediciones (discordias, revolución, motines) entre todos los judíos que están en todo el mundo habitado (esto es, en el Imperio Romano). Después incluyó en su acusación a todos los cristianos al llamar a Pablo cabecilla de la secta de los nazarenos (en griego, *nazoraion*, los seguidores del hombre de Nazaret).

Por último, después de esta acusación general, Tértulo le presentó la acusación específica. Dijo que Pablo había intentado profanar el templo, pero ellos lo habían prendido. Es decir, lo habían atrapado en el acto mismo y lo habían detenido antes de que pudiera profanarlo. Por supuesto, esto era falso. Además, Tértulo no le dijo cómo habían atrapado a Pablo y sin juicio alguno habían comenzado a golpearlo mortalmente en un acto de violencia de masas. En cambio, como lo indican la mayoría de los manuscritos antiguos del Nuevo Testamento, le dio a entender que estaban juzgando a Pablo correctamente según su Ley, cuando el tribuno intervino con gran alarde de fuerza y les ordenó a sus acusadores que se presentaran ante el gobernador.

Muy seguro de lo que decía, Tértulo declaró también que al examinar a Pablo por sí mismo, el gobernador podría informarse de todas aquellas cosas (las acusaciones contra Pablo) y comprobar que eran ciertas[2]. Entonces, los judíos se unieron a él para atacar a Pablo (lo confirmaban, apoyaban las acusaciones hechas contra él), diciendo una y otra vez que aquellas cosas eran tal como él las decía.

La respuesta de Pablo (24:10-21)

10 Habiéndole hecho señal el gobernador a Pablo para que hablase, éste respondió: Porque sé que desde hace muchos años eres juez de esta nación, con buen
ánimo haré mi defensa. 11 Como tú puedes cerciorarte, no hace más de doce días
que subí a adorar a Jerusalén; 12 y no me hallaron disputando con ninguno, ni
amotinando a la multitud; ni en el templo, ni en las sinagogas ni en la ciudad;
13 ni te pueden probar las cosas de que ahora me acusan. 14 Pero esto te confieso,
que según el Camino que ellos llaman herejía, así sirvo al Dios de mis padres,
creyendo todas las cosas que en la ley y en los profetas están escritas; 15 teniendo
esperanza en Dios, la cual ellos también abrigan, de que ha de haber resurrección
de los muertos, así de justos como de injustos. 16 Y por esto procuro tener siempre
una conciencia sin ofensa ante Dios y ante los hombres. 17 Pero pasados algunos
años, vine a hacer limosnas a mi nación y presentar ofrendas. 18 Estaba en ello,
cuando unos judíos de Asia me hallaron purificado en el templo, no con multitud
ni con alboroto. 19 Ellos debieran comparecer ante ti y acusarme, si contra mí tienen algo. 20 O digan éstos mismos si hallaron en mí alguna cosa mal hecha, cuando comparecí ante el concilio, 21 a no ser que estando entre ellos prorrumpí en
alta voz: Acerca de la resurrección de los muertos soy juzgado hoy por vosotros.

Cuando el gobernador le hizo una señal a Pablo para indicarle que debía hablar, Pablo se dirigió a él con cortesía, pero sin la adulación que había usado Tértulo. Puesto que Félix había sido juez por muchos años entre los judíos, Pablo creía que podía hacer su defensa con buen ánimo (en buen espíritu).

Entonces, le presentó datos que el gobernador podía averiguar con facilidad por sí mismo. En aquellos momentos no habían transcurrido aun más de doce días desde que Pablo subiera a Jerusalén a adorar[3]. Es decir, que se hallaba en la ciudad desde solo siete días antes de que la multitud lo apresara. Durante aquellos siete días, no lo hallaron disputando con nadie (o predicando). Tampoco amotinó a la multitud en el templo, en las sinagogas, ni en la ciudad. No tenían forma alguna de probar sus acusaciones.

Después de esto, Pablo hizo una declaración pública o confesión de su fe. Según el Camino que ellos llamaban herejía (era opinión personal de ellos), seguía sirviendo al Dios de sus padres (sus ancestros: Abraham, Isaac y Jacob). Por la forma en que servía a Dios, demostraba también que seguía siendo creyente en todo lo que estuviera de acuerdo con la Ley y en todo lo escrito en los profetas.

Por la Ley y los profetas, también tenía esperanza en Dios, una esperanza que aquellos judíos compartían. Era la de la resurrección de los muertos, así de justos como de injustos (Daniel 12:2; Juan 5:29). Por esta razón, Pablo se ejercitaba continuamente para tener una conciencia sin ofensa ante Dios y ante los hombres.

Después de este discurso sobre la resurrección, Pablo regresó a los hechos de su causa. Pasados algunos años, había venido a traer limosnas a su pueblo y ofrendas para Dios. Fue mientras presentaba estas ofrendas cuando lo encontraron en el templo, purificado, sin multitud y sin perturbación alguna. Pero algunos judíos de Asia lo acusaron falsamente. Ellos eran los verdaderos acusadores y en realidad era deber de ellos ser quienes se llegaran ante Félix para hacer su acusación si tenían algo contra Pablo.

Aquí Pablo se estaba aprovechando de que la Ley exigía testigos para hacer una acusación. Entonces hizo ver claramente que ninguno de aquellos sacerdotes y ancianos que estaban presentes había sido testigo de lo que había sucedido en el templo. En realidad, solo había una cosa de la que eran testigos. Estaban presentes cuando Pablo se puso en pie ante el Sanedrín y gritó que había sido sometido al interrogatorio por su fe en la resurrección de los muertos. Estaba dispuesto a que lo acusaran de haber dicho aquello.

Félix pospone su decisión (24:22-27)

22 Entonces Félix, oídas estas cosas, estando bien informado de este Camino, les aplazó, diciendo: Cuando descendiere el tribuno Lisias, acabaré de

conocer de vuestro asunto. [23] Y mandó al centurión que se custodiase a Pablo, pero que se le concediese alguna libertad, y que no impidiese a ninguno de los suyos servirle o venir a él. [24] Algunos días después, viniendo Félix con Drusila su mujer, que era judía, llamó a Pablo, y le oyó acerca de la fe en Jesucristo. [25] Pero al disertar Pablo acerca de la justicia, del dominio propio y del juicio venidero, Félix se espantó, y dijo: Ahora vete; pero cuando tenga oportunidad te llamaré. [26] Esperaba también con esto, que Pablo le diera dinero para que le soltase; por lo cual muchas veces lo hacía venir y hablaba con él. [27] Pero al cabo de dos años recibió Félix por sucesor a Porcio Festo; y queriendo Félix congraciarse con los judíos, dejó preso a Pablo.

En aquel momento, Félix pospuso su decisión. Llevaba suficiente tiempo de gobernador para tener un conocimiento más exacto de las enseñanzas y el estilo de vida de las decenas de miles de cristianos que vivían en la Judea, del que Tértulo y los judíos suponían que tenía. Por esto, los aplazó diciéndoles que cuando descendiera el tribuno Lisias acabaría de conocer de su asunto. Sin embargo, no hay evidencias de que enviara a buscar a Lisias.

Entonces le ordenó al centurión que se custodiase (y protegiese) a Pablo. También debía concederle alguna libertad y no les debía prohibir a los suyos que le sirvieran. Es decir, que se les permitiría a los cristianos visitarlo, llevarle comida y darle cualquier otra cosa que necesitara.

Después de algunos días, Félix llegó con su esposa Drusila, que era judía[4], llamó a Pablo y lo oyó hablar acerca de la fe en Jesucristo (la fe que está en Jesucristo, es decir, el evangelio).

Pablo no le presentó solo los hechos y la teología, sino que, como hacía en todas sus epístolas, fue más allá y comenzó a hablar de asuntos prácticos de justicia, dominio propio y del juicio venidero. Al llegar a esto, Félix se sintió aterrorizado y le dijo a Pablo que se retirara por el momento. Más tarde lo volvería a llamar.

Al mismo tiempo, Félix esperaba que Pablo le diera una buena cantidad de dinero[5]. Por este motivo lo mandaba a buscar con mucha frecuencia y hablaba (conversaba) con él.

Esta situación se alargó por un período de dos años. Entonces, Félix fue reemplazado por Porcio Festo, quien llegó en el año 59 d.C. y permaneció en el cargo hasta su muerte, ocurrida en el 61 d.C. Por tanto, la fecha del arresto de Pablo fue el año 57 d.C.

Como Félix aún quería congraciarse con los judíos, dejó a Pablo preso.

---

[1] La historia secular señala que Félix era en realidad un hombre violento e injusto.

[2] Algunos manuscritos antiguos del Antiguo Testamento indican que Tértulo sostenía que era Lisias el tribuno el que debía ser sometido a examen, más que el mismo Pablo.

[3] La adoración era parte importante de los motivos que tenía Pablo para subir a Jerusalén. Vea Hechos 24:14.

[4] Drusila era la hija más joven de Herodes Agripa I (Hechos 12:1), hermana de Herodes Agripa II y de Berenice. Félix la había seducido y se la había quitado a su esposo anterior, el rey Aziz de Emesa.

[5] Algunos escritores piensan que Pablo debe haber recibido alguna herencia alrededor de este tiempo, pero esto no puede ser probado. Es posible que Félix tuviera la esperanza de que los numerosos amigos que tenía Pablo le dieran dinero en soborno para lograr su liberación.

HECHOS

CAPÍTULO 25

Los judíos de Jerusalén no se habían dado por vencidos. Todavía consideraban a Pablo su archienemigo y querían su muerte. Por esto, se aprovecharon de Festo, el nuevo gobernador, con el propósito de buscar una nueva oportunidad de llevar su complot a término.

El juicio ante Festo (25:1-8)

1 Llegado, pues, Festo a la provincia, subió de Cesarea a Jerusalén tres días
después. 2 Y los principales sacerdotes y los más influyentes de los judíos se presentaron ante él contra Pablo, y le rogaron, 3 pidiendo contra él, como gracia,
que le hiciese traer a Jerusalén; preparando ellos una celada para matarle en el
camino. 4 Pero Festo respondió que Pablo estaba custodiado en Cesarea, adonde
él mismo partiría en breve. 5 Los que de vosotros puedan, dijo, desciendan conmigo, y si hay algún crimen en este hombre, acúsenle. 6 Y deteniéndose entre
ellos no más de ocho o diez días, venido a Cesarea, al siguiente día se sentó en
el tribunal, y mandó que fuese traído Pablo. 7 Cuando éste llegó, lo rodearon los
judíos que habían venido de Jerusalén, presentando contra él muchas y graves
acusaciones, las cuales no podían probar; 8 alegando Pablo en su defensa: Ni contra la ley de los judíos, ni contra el templo, ni contra César he pecado en nada.

Después de que Festo tomara posesión de su cargo en Cesarea, descansó un día y subió a Jerusalén[1]. De inmediato los principales sacerdotes y los más influyentes de los judíos le informaron de sus acusaciones contra Pablo. A continuación, le rogaron con toda urgencia que mandara a buscar a Pablo e hiciera que lo llevaran a Jerusalén. De nuevo se había tramado una emboscada para matarlo en el camino.

Festo debe haber tenido información de su complot anterior, por lo que les contestó que Pablo estaba custodiado en Cesarea (cuidado), donde pronto iría él. Entonces les sugirió que aquellos que pudieran fueran con él. Si había algo delictivo (fuera de lugar, incorrecto) en Pablo, entonces ellos lo acusarían.

Después de ocho o diez días, Festo bajó a Cesarea. Al día siguiente se sentó en el tribunal (el trono del juez, el asiento del juicio). Es decir, inició un nuevo juicio oficial e hizo que trajeran a Pablo.

Los judíos de Jerusalén lo rodearon e hicieron numerosas acusaciones muy graves contra él. Pero no podían probar ninguna. Lucas no nos da detalles aquí, pero sin duda las acusaciones eran similares a las que Tértulo había hecho ante Félix. También hace un simple resumen de la defensa de Pablo en este momento. Pablo alegó que no había pecado en forma alguna contra la Ley judía, contra el templo, ni contra el César, es decir, contra el gobierno romano. Más tarde, Festo indicará que Pablo dio testimonio de la muerte y resurrección de Cristo también (versículo 19).

Pablo apela al César (25:9-12)

9 Pero Festo, queriendo congraciarse con los judíos, respondiendo a Pablo
dijo: ¿Quieres subir a Jerusalén, y allá ser juzgado de estas cosas delante de mí? 10
Pablo dijo: Ante el tribunal de César estoy, donde debo ser juzgado. A los judíos
no les he hecho ningún agravio, como tú sabes muy bien. 11 Porque si algún
agravio, o cosa alguna digna de muerte he hecho, no rehúso morir; pero si nada
hay de las cosas de que éstos me acusan, nadie puede entregarme a ellos. A César
apelo. 12 Entonces Festo, habiendo hablado con el consejo, respondió: A César
has apelado; a César irás.

Entonces Festo, deseoso de congraciarse con los judíos, le preguntó a Pablo si estaría dispuesto a subir a Jerusalén para otro juicio ante él. Por supuesto, Pablo sabía lo que esto significaría. Es probable que sus amigos le hubieran informado del nuevo complot para asesinarlo en el camino. Al menos Lucas tenía conocimiento de él, y algunos más han de haberlo tenido.

Pablo sabía que tenía un recurso para librarse de las garras de los dirigentes judíos. Todos los ciudadanos romanos tenían el derecho de apelar al César. Reconocía que la autoridad que respaldaba al tribunal o sede del juicio donde se sentaba Festo, era la del César. En su condición de ciudadano romano, se hallaba donde tenía derecho a ser juzgado. A los judíos no les había hecho daño ni agravio alguno, como Festo sabía muy bien.

Entonces Pablo expresó los motivos por los que apelaba al César[2]. Si él era culpable y había hecho algo digno de la pena de muerte, no se negaría a morir (es decir, no objetaría la pena de muerte). No obstante, como no existía nada de todo aquello de lo que era acusado, nadie podía (tenía poder para) entregarlo a los judíos como un favor hacia ellos.

Festo habló esto con su consejo provincial. Sin embargo, no le quedaba nada que hacer. Pablo había apelado al César; al César debía ir. Es probable que Festo se alegrara de que el caso se hallara ahora fuera de sus manos.

Festo le presenta el caso de Pablo a Agripa (25:13-22)

[13] Pasados algunos días, el rey Agripa y Berenice vinieron a Cesarea para saludar
a Festo. [14] Y como estuvieron allí muchos días, Festo expuso al rey la causa de Pablo,
diciendo: Un hombre ha sido dejado preso por Félix, [15] respecto al cual, cuando fui
a Jerusalén, se me presentaron los principales sacerdotes y los ancianos de los judíos,
pidiendo condenación contra él. [16] A éstos respondí que no es costumbre de los
romanos entregar alguno a la muerte antes que el acusado tenga delante a sus acusadores, y pueda defenderse de la acusación. [17] Así que, habiendo venido ellos juntos
acá, sin ninguna dilación, al día siguiente, sentado en el tribunal, mandé traer al
hombre. [18] Y estando presentes los acusadores, ningún cargo presentaron de los que
yo sospechaba, [19] sino que tenían contra él ciertas cuestiones acerca de su religión,
y de un cierto Jesús, ya muerto, el que Pablo afirmaba estar vivo. [20] Yo, dudando
en cuestión semejante, le pregunté si quería ir a Jerusalén y allá ser juzgado de estas
cosas. [21] Mas como Pablo apeló para que se le reservase para el conocimiento de Augusto, mandé que le custodiasen hasta que le enviara yo a César. [22] Entonces Agripa
dijo a Festo: Yo también quisiera oír a ese hombre. Y él le dijo: Mañana le oirás.

Algunos días más tarde, el rey Agripa (Herodes Agripa II, conocido también como M. Julio Agripa II, hijo del Herodes de Hechos 12), y Berenice, su hermana viuda, llegaron a Cesarea a presentarle sus respetos al nuevo gobernador de Judea. Agripa II había sido nombrado rey de Calcis, territorio situado entre las montañas del Líbano y el Antilíbano, en el año 48 d.C. Más tarde (53 d.C.) se convirtió en rey de la tetrarquía de Filipo, al este del mar de Galilea, y de Lisanio, al oeste y noroeste de Damasco. En el año 56 d.C., Nerón añadió a su reinado varias ciudades situadas alrededor del mar de Galilea.

Puesto que pasaron allí muchos días, Festo le presentó el caso de Pablo a Agripa, con el deseo de consultarlo con él. Después de relatarle cómo los judíos de Jerusalén se le presentaron (presentaron cargos) contra Pablo y le pidieron una sentencia condenatoria, le dijo que se había negado a entregarles a Pablo como un favor y cómo los había reunido y puesto a Pablo en juicio. Entonces, como romano, se sorprendió de que no acusaran a Pablo de ninguna de las cosas malas de las que él suponía que lo acusarían. En cambio, tenían contra él ciertas cuestiones. Festo, pagano romano, las llamó «su superstición» (en el texto griego, *deisidaimonías*, «superstición», que la versión Reina-Valera traduce por «religión»). También hablaban de un cierto Jesús que había sido ajusticiado, y Pablo afirmaba que estaba vivo.

A pesar de lo que dijo, Festo no admitió que el motivo por el que quería que Pablo fuese a Jerusalén era para congraciarse con los judíos. Al contrario, le dijo a Agripa que lo que sucedía era que él había dudado en cuestión semejante. Entonces, puesto que Pablo se había negado a ir a

Jerusalén, y había apelado al emperador para que él fuera quien decidiera (el Augusto, un título que significaba «digno de ser reverenciado», usado aquí para referirse al emperador Nerón), Festo había ordenado que se le custodiase hasta que él lo pudiese enviar al César.

Agripa le respondió diciendo que quería oír él mismo a Pablo. Esto complació a Festo, quien fijó el momento para el día siguiente.

Festo presenta su caso (25:23-27)

23 Al otro día, viniendo Agripa y Berenice con mucha pompa, y entrando en la audiencia con los tribunos y principales hombres de la ciudad, por mandato de Festo fue traído Pablo. 24 Entonces Festo dijo: Rey Agripa, y todos los varones que estáis aquí juntos con nosotros, aquí tenéis a este hombre, respecto del cual toda la multitud de los judíos me ha demandado en Jerusalén y aquí, dando voces que no debe vivir más. 25 Pero yo, hallando que ninguna cosa digna de muerte ha hecho, y como él mismo apeló a Augusto, he determinado enviarle a él. 26 Como no tengo cosa cierta que escribir a mi señor, le he traído ante vosotros, y mayormente ante ti, oh rey Agripa, para que después de examinarle, tenga yo qué escribir. 27 Porque me parece fuera de razón enviar un preso, y no informar de los cargos que haya en su contra.

Al día siguiente llegaron Agripa y Berenice con gran pompa y ostentación. Es decir, vinieron vestidos con sus ropajes reales y acompañados de todos sus asistentes. Los tribunos y los hombres prominentes de Cesarea llegaron también.

Después de que trajeran a Pablo, Festo se dirigió al rey Agripa y a los demás que se hallaban presentes, rogándoles que examinaran a este hombre respecto del cual toda la multitud de los judíos (de Jerusalén) le había demandado dando voces que no debía vivir más. De nuevo, declaró que no hallaba que Pablo hubiera hecho nada digno de muerte. No obstante, puesto que había apelado al César, había decidido enviarlo a él. Su problema era que no tenía nada cierto (digno de fiar) que escribirle a su señor (al César). Tenía la esperanza de que después de aquel interrogatorio ante Agripa, tendría algo que escribir. Le parecía nada razonable enviar un prisionero sin señalar en una carta cuáles eran las acusaciones que había contra él.

---

[1] Según la manera judía de contar, «tres días después» significa en realidad que Festo llegó a Jerusalén al tercer día.

[2] En ese momento, el César era Nerón. Hasta entonces, se había rodeado de buenos consejeros. Por esto Pablo tenía motivos de sobra para sentirse seguro de que sería juzgado con justicia en Roma.

HECHOS

CAPÍTULO 26

En la audiencia final ante Agripa, el libro de los Hechos presenta por tercera vez la narración de la conversión de Pablo, y da algunos detalles que no habían sido escritos anteriormente.

Pablo, el fariseo (26:1-11)

1 Entonces Agripa dijo a Pablo: Se te permite hablar por ti mismo. Pablo
entonces, extendiendo la mano, comenzó así su defensa: 2 Me tengo por dichoso,
oh rey Agripa, de que haya de defenderme hoy delante de ti de todas las cosas de
que soy acusado por los judíos. 3 Mayormente porque tú conoces todas las costumbres y cuestiones que hay entre los judíos; por lo cual te ruego que me oigas
con paciencia. 4 Mi vida, pues, desde mi juventud, la cual desde el principio pasé
en mi nación, en Jerusalén, la conocen todos los judíos; 5 los cuales también saben
que yo desde el principio, si quieren testificarlo, conforme a la más rigurosa secta
de nuestra religión, viví fariseo. 6 Y ahora, por la esperanza de la promesa que hizo
Dios a nuestros padres soy llamado a juicio; 7 promesa cuyo cumplimiento esperan que han de alcanzar nuestras doce tribus, sirviendo constantemente a Dios
de día y de noche. Por esta esperanza, oh rey Agripa, soy acusado por los judíos.
8 !!Qué! ¿Se juzga entre vosotros cosa increíble que Dios resucite a los muertos?
9 Yo ciertamente había creído mi deber hacer muchas cosas contra el nombre de
Jesús de Nazaret; 10 lo cual también hice en Jerusalén. Yo encerré en cárceles a
muchos de los santos, habiendo recibido poderes de los principales sacerdotes;
y cuando los mataron, yo di mi voto. 11 Y muchas veces, castigándolos en todas
las sinagogas, los forcé a blasfemar; y enfurecido sobremanera contra ellos, los
perseguí hasta en las ciudades extranjeras.

Al recibir permiso de Agripa para hablar por sí mismo, Pablo extendió su mano y comenzó su defensa. Se declaró dichoso de poder defenderse ante Agripa, porque este rey era experto en todas las cosas relacionadas con las costumbres y los asuntos de los judíos. Por esto, le rogó que lo escuchara con paciencia. En realidad, Agripa era judío de religión, y se podía esperar de él que le preocuparan estas cosas.

Primeramente, Pablo señaló que todos los judíos conocían su estilo de vida, tanto en Tarso como en Jerusalén. Sabían que había vivido como fariseo, siguiendo la enseñanza de esta secta judía, la más estricta de todas. (Vea 2 Corintios 11:22; Gálatas 1:13; Filipenses 3:5).

Ahora, Pablo había sido llamado a juicio por causa de la esperanza de la promesa que Dios les había hecho a los patriarcas (Abraham, Isaac y Jacob, y posiblemente otros ancestros de Israel). Esta promesa, dijo Pablo, «nuestras doce tribus»[1] la esperaban alcanzar (como el destino que Dios les había dado) sirviendo (adorando) constantemente a Dios día y noche. La acusación de los judíos contra él tenía que ver con esta esperanza. ¿Por qué lo consideraría increíble el rey si Dios resucitaba a los muertos? Esto es, en especial ahora, que Dios había levantado a Jesús de entre los muertos.

Pablo mismo había pensado que era necesario hacer muchas cosas contra el nombre (persona, naturaleza y autoridad) de Jesús de Nazaret; había puesto a muchos de los santos (los creyentes consagrados a Dios) en prisiones. Cuando los habían matado, él había votado contra ellos[2]. Había ido de sinagoga en sinagoga, castigando con frecuencia a los creyentes, tratando de obligarlos a blasfemar (esto es, a blasfemar el nombre de Jesús). En el texto griego se insinúa, sin embargo, que no logró hacer que blasfemaran.

Se había enfurecido de tal manera contra ellos, que los había perseguido hasta ciudades del extranjero. Más tarde, en 1 Timoteo 1:13, Pablo señalaría que había actuado ignorante de la verdad.

La conversión y la misión de Pablo (26:12-18)

12 Ocupado en esto, iba yo a Damasco con poderes y en comisión de los
principales sacerdotes, 13 cuando a mediodía, oh rey, yendo por el camino, vi
una luz del cielo que sobrepasaba el resplandor del sol, la cual me rodeó a mí y
a los que iban conmigo. 14 Y habiendo caído todos nosotros en tierra, oí una voz
que me hablaba, y decía en lengua hebrea: Saulo, Saulo, ¿por qué me persigues?
Dura cosa te es dar coces contra el aguijón. 15 Yo entonces dije: ¿Quién eres,
Señor? Y el Señor dijo: Yo soy Jesús, a quien tú persigues. 16 Pero levántate, y
ponte sobre tus pies; porque para esto he aparecido a ti, para ponerte por ministro y testigo de las cosas que has visto, y de aquellas en que me apareceré a ti, 17
librándote de tu pueblo, y de los gentiles, a quienes ahora te envío, 18 para que
abras sus ojos, para que se conviertan de las tinieblas a la luz, y de la potestad
de Satanás a Dios; para que reciban, por la fe que es en mí, perdón de pecados
y herencia entre los santificados.

Entonces, Pablo volvió a relatar su conversión en el camino de Damasco. La expresión «Dura cosa te es dar coces contra el aguijón» era una frase usada corrientemente para expresar la oposición a Dios[3].

A partir del versículo 16, Pablo presenta la misión que recibiera de Cristo con mayor detalle. Jesús le señaló que se le había aparecido para ponerlo en la importante tarea de ser ministro (sirviente) y testigo «de las cosas que has visto, y de aquellas en que me apareceré a ti», rescatándote de tu pueblo (los judíos) y de los gentiles (las naciones), a los cuales te envío para que les abras los ojos y los vuelvas de las tinieblas a la luz y de la potestad de Satanás a Dios (el Dios verdadero), para que puedan recibir el perdón de los pecados.

Con el perdón, los gentiles recibirían una herencia entre aquellos que son santificados (tratados como santos, apartados para Dios como pueblo suyo dedicado a hacer su voluntad) por la fe en Cristo. («Fe [...] en mí» es una definición del tipo de fe que permanece firme en Cristo).

De esta manera, Pablo mostró que el mismo Jesús le había encomendado la misión de llevar adelante su obra a los gentiles, como estaba profetizado por Isaías 42:6-7 y 61:1-2. Es decir, el compartiría la obra de Cristo.

El testimonio fiel de Pablo (26:19-23)

19 Por lo cual, oh rey Agripa, no fui rebelde a la visión celestial, 20 sino que
anuncié primeramente a los que están en Damasco, y Jerusalén, y por toda la
tierra de Judea, y a los gentiles, que se arrepintiesen y se convirtiesen a Dios,
haciendo obras dignas de arrepentimiento. 21 Por causa de esto los judíos, pren-
diéndome en el templo, intentaron matarme. 22 Pero habiendo obtenido auxilio
de Dios, persevero hasta el día de hoy, dando testimonio a pequeños y a grandes,
no diciendo nada fuera de las cosas que los profetas y Moisés dijeron que habían
de suceder: 23 Que el Cristo había de padecer, y ser el primero de la resurrección
de los muertos, para anunciar luz al pueblo y a los gentiles.

A continuación, Pablo declaró que no había sido desobediente a la visión (aparición) celestial. Aquí la palabra «visión» no significa una visión al estilo de los sueños, sino una aparición real en la que Jesús le habló en persona.

Su obediencia quedó demostrada en la forma en que les había declarado a los judíos en Damasco, Jerusalén y toda Judea, y también a los gentiles, que debían arrepentirse (cambiar su mentalidad y sus actitudes fundamentales), volverse a Dios y hacer obras dignas de arrepentimiento. Por causa de este mensaje (en el que se incluían bendiciones para los gentiles) era por lo que los judíos lo habían apresado en el templo y tratado de matarlo.

Entonces Pablo comenzó de nuevo a dar testimonio de Cristo. Por el auxilio de Dios había perseverado hasta aquel día, testificándoles tanto a grandes como a pequeños. Por supuesto que entre los grandes estaba incluido el rey Agripa.

Sin embargo, el testimonio de Pablo no se limitaba a su propia experiencia. Todo lo que estaba diciendo era solamente lo que los profetas y

Moisés ya habían dicho que sucedería. En otras palabras, todo su mensaje estaba fundamentado en las Escrituras: Ellos eran los que habían declarado que el Cristo (el Mesías) debería sufrir; ellos habían mostrado cómo él, primicias de la resurrección entre los muertos, les anunciaría la luz al pueblo (los judíos) y a los gentiles (las naciones).

Festo y Agripa rechazan el evangelio (26:24-29)

24 Diciendo él estas cosas en su defensa, Festo a gran voz dijo: Estás loco, Pablo; las muchas letras te vuelven loco. 25 Mas él dijo: No estoy loco, excelentísimo Festo, sino que hablo palabras de verdad y de cordura. 26 Pues el rey sabe estas cosas, delante de quien también hablo con toda confianza. Porque no pienso que ignora nada de esto; pues no se ha hecho esto en algún rincón. 27 ¿Crees, oh rey Agripa, a los profetas? Yo sé que crees. 28 Entonces Agripa dijo a Pablo: Por poco me persuades a ser cristiano. 29 Y Pablo dijo: !!Quisiera Dios que por poco o por mucho, no solamente tú, sino también todos los que hoy me oyen, fueseis hechos tales cual yo soy, excepto estas cadenas!

Pablo predicó con poder. Festo sintió la convicción de su prédica y reaccionó contra ella interrumpiendo a Pablo. Gritando en voz alta, le dijo: «Estás loco, Pablo; las muchas letras te vuelven loco». Al hablar de «muchas letras» o «mucho conocimiento» se refería a las Escrituras de las que Pablo había estado hablando.

Con delicadeza y cortesía, Pablo replicó: «No estoy loco, excelentísimo Festo, sino que hablo [ungido por el Espíritu] palabras [griego, *rhémata*] de verdad y de cordura». El rey tenía conocimiento de aquellas cosas. Es decir, el rey podría verificarlas si quería hacerlo.

Después de esto, Pablo volvió su atención de nuevo al rey. Podía hablarle con toda confianza (libremente), porque estaba convencido de que no ignoraba nada de esto (ninguna de aquellas cosas había escapado a su conocimiento), ya que todo aquello (las realidades de la muerte y resurrección de Cristo y los acontecimientos del evangelio) no se había hecho en algún rincón; eran cosas que se habían hecho en público y eran públicamente conocidas. Entonces, dirigiéndose a Agripa, Pablo le preguntó si creía en los profetas. Sin esperar respuesta, añadió que él sabía que creía.

De pronto, y con sorpresa, Agripa se dio cuenta de que Pablo estaba tratando de convertirlo. Al decir que Agripa creía en los profetas, Pablo estaba diciendo implícitamente que como consecuencia, tendría que creer lo que estos decían sobre el Mesías, y esto haría que creyera lo que Pablo decía sobre Jesús. Sin embargo, parece que Agripa no estaba dispuesto a decir que creía en los profetas; tampoco lo estaba a decir que creía a Pablo.

La respuesta de Agripa ha sido traducida e interpretada de diversas maneras. Algunos manuscritos antiguos dicen literalmente: «Por poco me logras persuadir a que me convierta en cristiano». La versión inglesa *King James* y la castellana Reina-Valera toman esto como una admisión de que había sentido la fuerza de los argumentos de Pablo, y había faltado poco para que Pablo lo convenciera de que se hiciera cristiano.

Otros manuscritos antiguos dicen: «Por poco me persuades a actuar como cristiano», es decir, a hacer el papel de cristiano. Muchos escritores toman esto como un rechazo. Agripa no quería que Pablo lo usara para corroborar lo que afirmaba el evangelio.

«Por poco» podría significar «casi» o «en pocas palabras». También podría significar «en poco tiempo». Por esto, algunos dicen que Agripa quería decir: «En resumen, que estás tratando de persuadirme a que me haga cristiano», y se limitan a interpretar su respuesta como una ironía: «¿Crees de verdad que en tan poco tiempo puedes persuadirme a que me haga cristiano (o actúe, o viva como cristiano)?». Aun hay otros que lo toman como un fuerte rechazo: «En resumen, tratas de persuadirme a que actúe (haga el papel de) como cristiano». Sea cual sea la traducción, lo que está claro es que Agripa estaba rechazando los esfuerzos de Pablo para convertirlo.

Sin embargo, Pablo se negó a sentirse desalentado. Por eso le contestó: «¡Quisiera Dios que por poco o por mucho [en poco o en mucho tiempo], no solamente tú, sino también todos los que hoy me oyen, fueseis hechos tales cual yo soy [esto es, cristianos como yo], excepto estas cadenas!». Es posible que en este momento Pablo levantara las manos para enseñar las cadenas que ataban sus muñecas.

Agripa reconoce la inocencia de Pablo (26:30-32)

30 Cuando había dicho estas cosas, se levantó el rey, y el gobernador, y Berenice, y los que se habían sentado con ellos; 31 y cuando se retiraron aparte, hablaban entre sí, diciendo: Ninguna cosa digna ni de muerte ni de prisión ha hecho este hombre. 32 Y Agripa dijo a Festo: Podía este hombre ser puesto en libertad, si no hubiera apelado a César.

Agripa ya había oído bastante. Al levantarse, indicó que la audiencia había terminado. Entonces, todos ellos salieron y comentaron lo oído. Todos estuvieron de acuerdo en que Pablo no había hecho nada que fuera digno de muerte ni de prisión; no había nada en la ley romana que pudiera tenerlo por culpable. En aquel momento, Agripa le dijo a Festo que Pablo podría haber sido liberado si no hubiera apelado al César.

Con esto se estaba diciendo implícitamente que el emperador vería la inocencia de Pablo y haría que se le pusiera en libertad. Aunque en el año 59 d.C. era Nerón el emperador, este todavía no se había embarcado en ninguna campaña contra los cristianos. Bajo las leyes romanas de aquellos momentos, no era delito ser cristiano. Hasta la segunda prisión de Pablo, que está reflejada en 2 Timoteo, no se convertiría en un peligro bajo el dominio romano el ser cristiano.

---

[1] Notemos que Pablo reconocía que entre los judíos de aquellos tiempos había personas de las doce tribus. Él era de la tribu de Benjamín. Ana (Lucas 2:36) era de la tribu de Aser, una de las diez tribus del norte. En aquella época, todos los judíos sabían a qué tribu pertenecían. Por tanto, es obvio que las diez tribus del norte nunca estuvieron perdidas.

[2] Este es el fundamento que tenemos para creer que Pablo era miembro del Sanedrín. Había hecho más que sostener las ropas de los que habían testificado contra Esteban. Había dado su voto contra él y contra muchos otros cristianos, y este voto era a favor de que se les aplicara la pena de muerte.

[3] Esto servía para identificar la voz procedente del cielo como la voz divina.

HECHOS

CAPÍTULO 27

Este relato del viaje de Pablo a Roma nos da una de las narraciones más interesantes y realistas sobre un viaje marítimo y un naufragio que se puedan encontrar en cualquier lugar de la literatura antigua. Lucas usa la primera persona del plural a través de todo el pasaje, por lo que se ve claramente que fue testigo ocular de todo.

Vientos contrarios (27:1-8)

1 Cuando se decidió que habíamos de navegar para Italia, entregaron a Pablo
y a algunos otros presos a un centurión llamado Julio, de la compañía Augusta.
2 Y embarcándonos en una nave adramitena que iba a tocar los puertos de Asia,
zarpamos, estando con nosotros Aristarco, macedonio de Tesalónica. 3 Al otro
día llegamos a Sidón; y Julio, tratando humanamente a Pablo, le permitió que
fuese a los amigos, para ser atendido por ellos. 4 Y haciéndonos a la vela desde allí,
navegamos a sotavento de Chipre, porque los vientos eran contrarios. 5 Habiendo
atravesado el mar frente a Cilicia y Panfilia, arribamos a Mira, ciudad de Licia.
6 Y hallando allí el centurión una nave alejandrina que zarpaba para Italia, nos
embarcó en ella. 7 Navegando muchos días despacio, y llegando a duras penas
frente a Gnido, porque nos impedía el viento, navegamos a sotavento de Creta,
frente a Salmón. 8 Y costeándola con dificultad, llegamos a un lugar que llaman
Buenos Puertos, cerca del cual estaba la ciudad de Lasea.

Para hacer el viaje desde Cesarea hasta Italia, Pablo y otros prisioneros fueron puestos en manos de un centurión llamado Julio, que pertenecía a la cohorte de Augusto[1]. Primeramente tomaron un barco de Adramitio, puerto de Misia al sureste de Troas, que iba rumbo a la costa del Asia Menor.

Lucas subió a este barco también para estar con Pablo. Así hizo Aristarco, un creyente macedonio de Tesalónica. Lo acompañaron para ayudarlo y servirlo en todas las formas que pudieran. Es decir, que Pablo no viajaba como un prisionero ordinario. Tenía amigos[2].

Al día siguiente en Sidón, Julio, tratando a Pablo con bondad humanitaria, le permitió que fuera a sus amigos del lugar para que lo atendieran. Después, batallando contra los vientos del oeste, zarparon con rumbo al este y al norte de Chipre, a Mira, en Licia, la parte más al sur de la provincia de Asia.

En Mira, el centurión hizo pasar a Pablo y a sus amigos a un barco de Alejandría que iba a salir con rumbo a Italia con un cargamento de trigo. (Vea el versículo 38). Egipto era la principal fuente de trigo de la ciudad de Roma, y estos barcos, que transportaban trigo, eran considerados muy importantes.

Los vientos siguieron contrarios, y navegaron muy lentamente tratando de llegar a Gnido, en la costa de Coria, al suroeste del Asia Menor. Sin embargo, los vientos del noroeste no los dejaron llegar allí. Fueron arrastrados a sotavento de Creta, es decir, a lo largo de su costa oriental. Después, tuvieron que luchar a todo lo largo de la costa sur hasta llegar a un lugar llamado «Buenos Puertos».

Atrapados en una tormenta (27:9-20)

9 Y habiendo pasado mucho tiempo, y siendo ya peligrosa la navegación,
por haber pasado ya el ayuno, Pablo les amonestaba, 10 diciéndoles: Varones,
veo que la navegación va a ser con perjuicio y mucha pérdida, no sólo del cargamento y de la nave, sino también de nuestras personas. 11 Pero el centurión
daba más crédito al piloto y al patrón de la nave, que a lo que Pablo decía. 12
Y siendo incómodo el puerto para invernar, la mayoría acordó zarpar también
de allí, por si pudiesen arribar a Fenice, puerto de Creta que mira al nordeste
y sudeste, e invernar allí. 13 Y soplando una brisa del sur, pareciéndoles que ya
tenían lo que deseaban, levaron anclas e iban costeando Creta. 14 Pero no mucho
después dio contra la nave un viento huracanado llamado Euroclidón. 15 Y siendo arrebatada la nave, y no pudiendo poner proa al viento, nos abandonamos a
él y nos dejamos llevar. 16 Y habiendo corrido a sotavento de una pequeña isla
llamada Clauda, con dificultad pudimos recoger el esquife. 17 Y una vez subido
a bordo, usaron de refuerzos para ceñir la nave; y teniendo temor de dar en la
Sirte, arriaron las velas y quedaron a la deriva. 18 Pero siendo combatidos por
una furiosa tempestad, al siguiente día empezaron a alijar, 19 y al tercer día con
nuestras propias manos arrojamos los aparejos de la nave. 20 Y no apareciendo ni
sol ni estrellas por muchos días, y acosados por una tempestad no pequeña, ya
habíamos perdido toda esperanza de salvarnos.

Debido a que había pasado mucho tiempo y el ayuno (el día de Expiación, que en el año 59 d.C. fue el 5 de octubre) también había pasado, Pablo reconoció que sería peligroso continuar su viaje. Ya había estado en tres naufragios (2 Corintios 11:25), y sabía lo peligrosas que podían ser las tormentas de invierno. Por esto, fue a los que estaban al mando del barco y les aconsejó sobre la certeza de las pérdidas, no solo del cargamento y la nave, sino también de vidas.

Sin embargo, el centurión se dejó persuadir por el piloto y el capitán (dueño) de la nave, que querían seguir adelante. Aquel puerto no era bueno para pasar el invierno en él, de manera que la mayoría aconsejó tratar de alcanzar Fenice (en la actualidad *Fínika*), un puerto situado más al este que estaba mejor ubicado, ya vinieran los vientos del noroeste o del suroeste.

Un suave viento del sur persuadió al centurión y a los demás de que podrían llegar hasta Fenice, de manera que zarparon con rumbo oeste, manteniéndose cerca de la costa sur de Creta. Los marineros trataron de poner proa al viento, pero era demasiado fuerte. Por esto, tuvieron que abandonarse a él y dejarse llevar a donde el viento quisiera.

El sotavento (lado sur) de una pequeña isla llamada Clauda, les dio un pequeño alivio temporal. Aun así, les era difícil volver a tomar el control del esquife, el pequeño bote que arrastraba el barco. Después de subir el bote abordo, usaron refuerzos para ceñir la nave. Es decir, ataron cables verticalmente alrededor del barco para tratar de impedir que los maderos hicieran demasiada fuerza o se soltaran.

Entonces, temerosos de ser desviados de su curso rumbo a la Sirte, banco de arenas movedizas situado a las afueras de la costa del norte de África, al oeste de Cirene, arriaron las velas (o probablemente la gavia) y quedaron así a la deriva.

Al día siguiente, puesto que aún se hallaban dentro de la tormenta, comenzaron a tirar cosas por la borda para aligerar el barco. Por lo general esto significaría lanzar al agua parte del cargamento. Sin embargo, el cargamento de trigo de este barco era tan importante para Roma, que era la última cosa de la que se podían liberar. Es probable que comenzaran con el equipaje personal y los muebles de la cabina.

Al tercer día (seguían su forma de contar; el día siguiente a aquel en que habían comenzado a tirar las cosas por la borda), con sus propias manos arrojaron los aparejos de la nave (entre los cables iría probablemente el palo mayor del barco).

La tormenta siguió muchos días (tal vez once: vea el versículo 20). Sin poder ver el sol, la luna ni las estrellas, no tenían forma alguna de saber dónde se hallaban. Finalmente, mientras esta gran tormenta invernal seguía azotándolos, perdieron toda esperanza de salvar la vida.

La visión de Pablo les da ánimo (27:21-37)

[21] Entonces Pablo, como hacía ya mucho que no comíamos, puesto en pie
en medio de ellos, dijo: Habría sido por cierto conveniente, oh varones, haber-
me oído, y no zarpar de Creta tan sólo para recibir este perjuicio y pérdida. [22]
Pero ahora os exhorto a tener buen ánimo, pues no habrá ninguna pérdida de

vida entre vosotros, sino solamente de la nave. 23 Porque esta noche ha estado conmigo el ángel del Dios de quien soy y a quien sirvo, 24 diciendo: Pablo, no temas; es necesario que comparezcas ante César; y he aquí, Dios te ha concedido todos los que navegan contigo. 25 Por tanto, oh varones, tened buen ánimo; porque yo confío en Dios que será así como se me ha dicho. 26 Con todo, es necesario que demos en alguna isla. 27 Venida la decimacuarta noche, y siendo llevados a través del mar Adriático, a la medianoche los marineros sospecharon que estaban cerca de tierra; 28 y echando la sonda, hallaron veinte brazas; y pasando un poco más adelante, volviendo a echar la sonda, hallaron quince brazas. 29 Y temiendo dar en escollos, echaron cuatro anclas por la popa, y ansiaban que se hiciese de día. 30 Entonces los marineros procuraron huir de la nave, y echando el esquife al mar, aparentaban como que querían largar las anclas de proa. 31 Pero Pablo dijo al centurión y a los soldados: Si éstos no permanecen en la nave, vosotros no podéis salvaros. 32 Entonces los soldados cortaron las amarras del esquife y lo dejaron perderse. 33 Cuando comenzó a amanecer, Pablo exhortaba a todos que comiesen, diciendo: Este es el decimocuarto día que veláis y permanecéis en ayunas, sin comer nada. 34 Por tanto, os ruego que comáis por vuestra salud; pues ni aun un cabello de la cabeza de ninguno de vosotros perecerá. 35 Y habiendo dicho esto, tomó el pan y dio gracias a Dios en presencia de todos, y partiéndolo, comenzó a comer. 36 Entonces todos, teniendo ya mejor ánimo, comieron también. 37 Y éramos todas las personas en la nave doscientas setenta y seis.

Durante largo tiempo, las doscientas setenta y seis personas que iban en el barco (vea el versículo 37) no habían comido. La palabra griega podría significar que les había faltado la comida, pero en los versículos 34-36 se ve que todavía tenían comida a bordo. La palabra también puede significar abstinencia de comida por falta de apetito o por mareo. Debido a la tormenta, muchos de ellos deben haber estado mareados. Aun cuando una persona no esté mareada, el mareo de otros basta para causarle a cualquiera la perdida del apetito[3].

Entonces, una noche, un ángel se le apareció a Pablo y le dio alientos diciéndole que dejara de temer. Era necesario (formaba parte del plan divino) que él compareciera ante el César, y Dios también le había concedido misericordiosamente a todos los que navegaban con él. No se perdería una sola vida; solo se perdería el barco.

Pablo, antes de hablarles a los demás de esta seguridad recibida de Dios, les recordó las advertencias que él les había hecho antes de salir de Creta. No les estaba diciendo simplemente: «¡Se lo dije!». Recordaba que se habían negado a oírlo antes, y quería estar seguro de que lo escucharan ahora. Por esto captó su atención haciendo que admitieran (en su mente) que él estaba en lo cierto.

Entonces le dio la gloria a Dios: «de quien soy y a quien sirvo». Note también que comenzó exhortándolos a tener buen ánimo (tener valor y cobrar ánimos). Y concluyó de la misma forma. Pero el motivo para que tuvieran valor era la fe de Pablo en Dios.

¡Qué espectáculo! Pablo, el prisionero, comunicándoles a los demás su fe: «Señores, yo creo en Dios». Sin embargo, añadió que naufragarían en las costas de una isla.

En la noche decimocuarta, todavía el viento los llevaba a la deriva en la dirección que soplaba, a través del mar Adriático (aquí este nombre se aplica a la parte del mar Mediterráneo situada al sureste de Italia, y no al que conocemos hoy como mar Adriático). Alrededor de la medianoche, los marineros sospecharon que se estaban acercando a tierra[4]. Por esto, tiraron una soga lastrada para sondear la profundidad y vieron que era de veinte brazas (treinta y seis metros). Poco después, posiblemente después de media hora, sondearon de nuevo y vieron que la profundidad era ahora de quince brazas (veintisiete metros).

Como tenían temor de que el barco se encallara entre las rocas y se destrozara antes de que pudieran escapar, echaron cuatro anclas por la popa y ansiaban (en griego, «oraban») que se hiciese de día. Es decir, oraban para que llegara el día antes de que el barco encallara.

Los marineros decidieron que sería peligroso esperar hasta entonces, así que buscaron la forma de huir del barco. Cuando fueron descubiertos, ya habían bajado al agua el esquife bajo el pretexto de lanzar anclas desde la proa del barco. Entonces Pablo le dijo al centurión que a menos que aquellos marineros se quedaran en el barco, no se podrían salvar. Como resultaría al final, hicieron falta para lograr que el barco encallara en el lugar mejor.

Los soldados que se hallaban a las órdenes del centurión cortaron entonces la soga que sostenía el esquife y dejaron que se perdiera en el mar. Pablo, el prisionero, había tornado el control de la situación debido a la necesidad.

Todavía al frente de la situación, Pablo tomó la iniciativa de exhortar a todos a que comiesen por su propia salud corporal y su bienestar. Les aseguró que no se perdería ni un cabello de la cabeza de ninguno de ellos. No solo se salvarían, sino que saldrían ilesos. Después, sentó ejemplo tomando una hogaza de pan, dando gracias a Dios delante de todos ellos y comenzando a comer. Al ver esto, los doscientos setenta y cinco restantes tomaron valor, se sintieron inspirados por la esperanza, y comieron también.

El naufragio (27:38-44)

[38] Y ya satisfechos, aligeraron la nave, echando el trigo al mar. [39] Cuando se hizo de día, no reconocían la tierra, pero veían una ensenada que tenía playa, en la cual acordaron varar, si pudiesen, la nave. [40] Cortando, pues, las anclas, las dejaron en el mar, largando también las amarras del timón; e izada al viento la vela de proa, enfilaron hacia la playa. [41] Pero dando en un lugar de dos aguas, hicieron encallar la nave; y la proa, hincada, quedó inmóvil, y la popa se abría con la violencia del mar. [42] Entonces los soldados acordaron matar a los presos, para que ninguno se fugase nadando. [43] Pero el centurión, queriendo salvar a Pablo, les impidió este intento, y mandó que los que pudiesen nadar se echasen los primeros, y saliesen a tierra; [44] y los demás, parte en tablas, parte en cosas de la nave. Y así aconteció que todos se salvaron saliendo a tierra.

Después que todos quedaron satisfechos con la comida, tiraron el trigo por la borda para que subiera la línea de flotación del barco. Esto los ayudaría a acercarse más a la orilla.

Cuando llegó la luz del día, no reconocieron aquella tierra. Sin embargo, lograron ver una ensenada y decidieron que si podían lograrlo, harían que el barco encallara en la playa que tenía. La bahía de San Pablo, tal como se la llama hoy en día, corresponde exactamente a las cosas relatadas en este capítulo.

Cortaron las anclas y las dejaron en el mar, porque esto también aligeraría el barco. Al mismo tiempo, largaron también las amarras del timón, izaron al viento la vela de proa y enfilaron hacia la playa.

En lugar de alcanzar la playa, llegaron por accidente a un lugar situado entre dos mares, un canal poco profundo y estrecho. La proa de la nave encalló en fango y arcilla, mientras que la popa comenzó a abrirse por la violencia de las olas.

Entonces los soldados hablaron entre sí, y su decisión fue matar a los prisioneros, no fueran a fugarse nadando. No obstante, como el centurión quería salvar a Pablo, evitó que llevaran a cabo sus propósitos. Después mandó que todo aquel que supiera nadar, saltara primero al agua para llegar a tierra. Los demás les siguieron, unos en tablas (tomadas del barco) y otros en cualquier cosa que pudieran hallar que flotara. De esta forma, todos llegaron sanos y salvos a tierra. Sin embargo, tal como lo había advertido Pablo, el barco se perdió por completo.

---

[1] Una cohorte que era directamente responsable ante el emperador. La «Cohorte I Augusta» o «Compañía Augusta» tenía su cuartel central en Bananea,

situada al nordeste de Palestina, al oriente del extremo sur del mar de Galilea, en el territorio de Agripa II.

[2] Sir William Ramsay hace especulaciones sobre la posibilidad de que Lucas y Aristarco subieran a la nave en calidad de esclavos de Pablo, con lo que hicieron que aumentara el prestigio del preso ante los ojos del centurión.

[3] El autor habla por experiencia personal.

[4] Algunos manuscritos antiguos dicen que la tierra resonaba. Dicho en otras palabras, les parecía que podían oír el ruido que hacían las olas al chocar contra la orilla.

HECHOS

CAPÍTULO 28

El Señor le había asegurado a Pablo que debía ir a Roma. También le había prometido que le dada las vidas de los doscientos setenta y cinco que estaban con él a bordo de la nave. Había cumplido lo que le prometiera.

Milagros en Malta (28:1-10)

1 Estando ya a salvo, supimos que la isla se llamaba Malta. 2 Y los naturales
nos trataron con no poca humanidad; porque encendiendo un fuego, nos recibieron a todos, a causa de la lluvia que caía, y del frío. 3 Entonces, habiendo recogido
Pablo algunas ramas secas, las echó al fuego; y una víbora, huyendo del calor, se le
prendió en la mano. 4 Cuando los naturales vieron la víbora colgando de su mano,
se decían unos a otros: Ciertamente este hombre es homicida, a quien, escapado
del mar, la justicia no deja vivir. 5 Pero él, sacudiendo la víbora en el fuego, ningún daño padeció. 6 Ellos estaban esperando que él se hinchase, o cayese muerto
de repente; mas habiendo esperado mucho, y viendo que ningún mal le venía,
cambiaron de parecer y dijeron que era un dios. 7 En aquellos lugares había propiedades del hombre principal de la isla, llamado Publio, quien nos recibió y hospedó solícitamente tres días. 8 Y aconteció que el padre de Publio estaba en cama,
enfermo de fiebre y de disentería; y entró Pablo a verle, y después de haber orado,
le impuso las manos, y le sanó. 9 Hecho esto, también los otros que en la isla
tenían enfermedades, venían, y eran sanados; 10 los cuales también nos honraron
con muchas atenciones; y cuando zarpamos, nos cargaron de las cosas necesarias.

Después de llegar sanos y salvos a tierra, supieron que la isla se llamaba Malta (de la palabra fenicia o cananea *Melita*, «refugio»). Se hallaba al sur de Sicilia y sus habitantes eran descendientes de colonos fenicios que probablemente hablaran un dialecto estrechamente relacionado con el hebreo.

A través de todo este pasaje, Lucas les llama a los naturales, *bárbaroi* (bárbaros). Esto no quiere decir que él pensara que eran personas degradadas o incivilizadas. Para los griegos, todo extranjero que no podía hablar su idioma era un bárbaro. Posteriormente, les dieron un poco de participación a los romanos, al incluir entre los bárbaros a los que no pudieran hablar griego ni latín.

Es fácil ver que los ciudadanos de Malta eran buenas personas, aunque no podían hablar griego. Su humanidad fue más allá de lo común.

Encendieron una fogata y les dieron la bienvenida a todos aquellos doscientos setenta y seis extranjeros que se habían salvado del naufragio. Debido a la lluvia y al frío, aquella fogata fue un acto de gran bondad y debe haber parecido una señal de bienvenida para todos los supervivientes del barco.

Poco después, Pablo recogió una buena brazada de ramas secas y las echó al fuego. El calor hizo huir a una víbora que había sido recogida con la leña, y el animal se prendió de su mano (es decir, lo mordió). Muchos escritores hacen ver que no hay víboras en Malta hoy en día. Sin embargo, como es una isla pequeña, sus habitantes pudieron exterminarlas después de la época en que Pablo estuvo allí.

Cuando los malteses vieron que aquel animal mordía a Pablo, dedujeron de manera precipitada que Pablo debía ser un asesino y que, aunque pudo escapar ileso del mar, la justicia no lo dejaría vivir. Al hablar de la justicia, es posible que tuvieran en mente su diosa pagana de la justicia.

Pablo se limitó a sacudirse la víbora en el fuego y no sufrió daño alguno. (Vea Lucas 10:19; Marcos 16:18). La gente del lugar había visto otras personas mordidas por aquella misma clase de víboras, así que esperaban que Pablo se hinchara o cayera muerto de repente. Durante largo tiempo esperaron y lo observaron, pero no le sucedió nada anormal. Entonces, cambiaron de manera de pensar y dijeron que era un dios.

En las cercanías había unas propiedades (tierras, campos) que pertenecían al hombre principal (el gobernador) de la isla, cuyo nombre era Publio. Este los acogió con bondad y durante tres días les dio hospedaje con amistosa solicitud.

Entonces sucedió que el padre de Publio cayó en coma, enfermo de fiebre (fiebres periódicas) y disentería. Pablo entró a verlo, oró por él, le impuso manos y Dios lo sanó. Después de esto, el resto de los habitantes de la isla que tenían enfermedades, venían y eran sanados.

Podemos tener la seguridad de que Pablo se mantuvo ministrándoles durante los tres meses de invierno que siguieron. Como consecuencia de esto, los isleños honraron abundantemente a Pablo y a sus amigos (tal vez con ayuda monetaria para que pudieran permanecer vivos durante los meses de invierno). Cuando Pablo y sus acompañantes se hicieron a la mar en la primavera, pusieron a bordo las cosas que necesitaban para el viaje. Todo parece indicar que sus provisiones no eran solo para Pablo, sino para los doscientos setenta y seis náufragos.

La llegada a Roma (28:11-16)

11 Pasados tres meses, nos hicimos a la vela en una nave alejandrina que había invernado en la isla, la cual tenía por enseña a Cástor y Pólux. 12 Y llegados a Siracusa, estuvimos allí tres días. 13 De allí, costeando alrededor, llegamos a Regio; y otro día después, soplando el viento sur, llegamos al segundo día a Puteoli, 14 donde habiendo hallado hermanos, nos rogaron que nos quedásemos con ellos siete días; y luego fuimos a Roma, 15 de donde, oyendo de nosotros los hermanos, salieron a recibirnos hasta el Foro de Apio y las Tres Tabernas; y al verlos, Pablo dio gracias a Dios y cobró aliento. 16 Cuando llegamos a Roma, el centurión entregó los presos al prefecto militar, pero a Pablo se le permitió vivir aparte, con un soldado que le custodiase.

El resto del viaje a Italia tuvo lugar en otro barco de Alejandría que había invernado en Malta, es probable que en el excelente puerto de La Valletta. Su enseña eran los llamados Discuri o Gémini (los hijos varones de Zeus, esto es, Cástor y Pólux, quienes en la mitología griega eran los hijos de Zeus y Leda y eran considerados patronos de los marineros).

El barco hizo escala de tres días en Siracusa, en la parte oriental de Sicilia. Desde allí, fue costeando alrededor (de virada contra el viento) hasta Regio, en la punta de la «bota» italiana. Después de un día, el viento cambió y les llevó solo un día más llegar a Puteoli (en la actualidad Pozzuoli) en la bahía de Nápoles. En aquel lugar encontraron hermanos cristianos que les rogaron que se quedaran siete días y lo lograron. Se ve claramente que el centurión que era responsable por Pablo reconocía que Dios estaba con él y no se oponía a ninguno de sus deseos[1].

Desde Puteoli, siguieron hasta Roma por tierra, tomando el famoso camino romano llamado Vía Apia. En el Foro de Apio (el pueblo-mercado de Apio), cuarenta y tres millas romanas (63,6 kilómetros) al sur de Roma, y de nuevo en el poblado de Tres Tabernas (Tres Tiendas), a unas treinta y tres millas romanas (48,8 kilómetros) de Roma, salieron a recibir a Pablo delegaciones de creyentes romanos y los acompañaron a él y a sus amigos de vuelta a Roma en una procesión cuyo número de integrantes le habría dado esplendor a la visita de un monarca. En realidad, la costumbre cuando un emperador visitaba una ciudad, era que sus habitantes salieran a su encuentro y lo escoltaran hasta la ciudad.

Cada vez que las delegaciones se encontraban con Pablo, deben haber tenido un momento de aclamación y regocijo. Todo esto era una sorpresa inesperada. Cuando los vio, le dio gracias a Dios y cobró aliento. Con toda seguridad, Dios le daría un ministerio en Roma, como él deseaba (Romanos 1:11-12). Aunque Lucas no lo mencione, también podemos estar seguros de que la iglesia había recibido la epístola a los Romanos, la había estudiado con gran aprecio y ya sentía como si conociera a Pablo.

En Roma, Pablo fue entregado al prefecto militar de la guardia pretoriana de Nerón. Sin embargo, se le permitió vivir solo, ligeramente, encadenado por la muñeca a un soldado que lo custodiase. Como lo indica el versículo 30, pudo alquilar un apartamento y permanecer en él durante los dos años que estuvo en Roma. Lucas y Aristarco se quedaron también en Roma para ayudarlo durante este período (Colosenses 4:10,14; Filemón 24). Por fortuna, el apartamento era lo suficiente grande para que se reuniera un gran número de personas en él, como lo señalan los versículos 23-25.

Pablo se reúne con los líderes judíos (28:17-22)

17 Aconteció que tres días después, Pablo convocó a los principales de los judíos, a los cuales, luego que estuvieron reunidos, les dijo: Yo, varones hermanos, no habiendo hecho nada contra el pueblo, ni contra las costumbres de nuestros padres, he sido entregado preso desde Jerusalén en manos de los romanos; 18 los cuales, habiéndome examinado, me querían soltar, por no haber en mí ninguna causa de muerte. 19 Pero oponiéndose los judíos, me vi obligado a apelar a César; no porque tenga de qué acusar a mi nación. 20 Así que por esta causa os he llamado para veros y hablaros; porque por la esperanza de Israel estoy sujeto con esta cadena. 21 Entonces ellos le dijeron: Nosotros ni hemos recibido de Judea cartas acerca de ti, ni ha venido alguno de los hermanos que haya denunciado o hablado algún mal de ti. 22 Pero querríamos oír de ti lo que piensas; porque de esta secta nos es notorio que en todas partes se habla contra ella.

Después de tres días, Pablo convocó (invitó a venir) a los dirigentes judíos a su apartamento. Varían inscripciones romanas antiguas nos muestran que había varias sinagogas judías en Roma en aquel momento. Después, Pablo les dijo cómo había llegado prisionero hasta Roma. Hizo resaltar su inocencia y les explicó por qué había apelado al César, teniendo cuidado de no lanzar culpa alguna sobre la nación judía (su pueblo) en general.

Sin embargo, el propósito de Pablo era hacer algo más que explicarles por qué se hallaba allí. Quería dar testimonio del hecho de que estaba sujeto con aquella cadena por la esperanza de Israel.

Los dirigentes judíos le contestaron que no les habían llegado cartas de Judea, ni nadie había traído reporte alguno sobre el juicio de Pablo, o hablado nada malo con respecto a él. Después, expresaron el deseo de oír lo que Pablo tenía en su mente.

No obstante, no les hicieron cumplido alguno a los cristianos, porque hablaron del cristianismo como de una secta contra la cual se hablaba por todas partes. La epístola de Pablo a los Romanos muestra que la iglesia de Roma ya estaba sólidamente establecida alrededor del año 57 d.C., y tal vez mucho antes. Es evidente que aquellos dirigentes judíos habían escuchado a sus críticos y nunca se habían molestado en investigar por su propia cuenta.

Pablo les predica a los judíos de Roma (28:23-28)

[23] Y habiéndole señalado un día, vinieron a él muchos a la posada, a los cuales les declaraba y les testificaba el reino de Dios desde la mañana hasta la tarde, persuadiéndoles acerca de Jesús, tanto por la ley de Moisés como por los profetas. [24] Y algunos asentían a lo que se decía, pero otros no creían. [25] Y como no estuviesen de acuerdo entre sí, al retirarse, les dijo Pablo esta palabra: Bien habló el Espíritu Santo por medio del profeta Isaías a nuestros padres, diciendo: [26] Ve a este pueblo, y diles: De oído oiréis, y no entenderéis; y viendo veréis, y no percibiréis; [27] porque el corazón de este pueblo se ha engrosado, y con los oídos oyeron pesadamente, y sus ojos han cerrado, para que no vean con los ojos, y oigan con los oídos, y entiendan de corazón, y se conviertan, y yo los sane. [28] Sabed, pues, que a los gentiles es enviada esta salvación de Dios; y ellos oirán.

Los judíos fijaron una fecha entre ellos, y llegaron al apartamento de Pablo en número considerable. A los que llegaban, él les daba una explicación de lo que pensaba, dando solemne testimonio del reino (gobierno) de Dios. Como siempre hacía en las sinagogas, usaba los libros de Moisés y de los profetas para enseñar el evangelio y tratar de persuadirlos de que Jesús es en verdad el Mesías.

Continuó su enseñanza desde temprano en la mañana, hasta el anochecer. Algunos se convencieron. Es decir, creyeron y obedecieron al mensaje y la exhortación de Pablo. Otros no creyeron.

Como no se lograban poner de acuerdo con él, se marcharon, pero no sin que antes Pablo tuviera unas palabras finales. Les citó lo que el Espíritu Santo les había dicho a sus antepasados en Isaías 6:9-10. Después añadió que la salvación de Dios había sido enviada también a los gentiles (una referencia a su propio llamado). Ellos (enfático) oirían (y obedecerían).

Dos años de oportunidades (28:29-31)

[29] Y cuando hubo dicho esto, los judíos se fueron, teniendo gran discusión entre sí. [30] Y Pablo permaneció dos años enteros en una casa alquilada, y recibía a todos los que a él venían, [31] predicando el reino de Dios y enseñando acerca del Señor Jesucristo, abiertamente y sin impedimento.

Esta no fue la última oportunidad de Pablo. Durante dos años enteros pudo predicar y enseñar abierta y libremente, y recibir a todos los que se llegaran a su casa. Aquello era una respuesta a su solicitud de oración, que había sido enviada a algunas de las iglesias que había fundado (Efesios 6:19-20; Colosenses 4:3-4). Hasta algunos de la casa del César se convirtieron (Filipenses 4:22). Es probable que esto sucediera a través del testimonio que los soldados convertidos le darían a toda la guardia pretoriana («el palacio») (Filipenses 1:13)[2].

Lucas deja de escribir de manera abrupta. Este libro carece de conclusión formal.

El libro de los Hechos se sigue escribiendo hoy[3].

---

[1] Algunos escritores especulan diciendo que el centurión tuvo que atender algunos negocios en Puteoli y se demoró allí una semana.

[2] La guardia pretoriana era la guardia del emperador, y sus oficiales serían los que estaban en contacto con Pablo a nombre del emperador cuando se presentara su apelación.

[3] Algunos creen que Pablo fue liberado después de dos años cuando fue llamado a la presencia del emperador, porque los judíos no habían enviado acusaciones. Otros creen que el caso fue disuelto automáticamente al final de los dos años, porque no se presentaron acusaciones. En Filemón 22 se nota que Pablo esperaba que se le pusiera en libertad.

En 1 Timoteo se ve que fue liberado ciertamente y fue a la provincia romana de Asia. Una tradición antigua afirma que estuvo en España también. Después de esto, vino la segunda prisión de Pablo, que terminó con su muerte. En 2 Timoteo 4-13 se indica que había dejado su manto en Troas, es posible que a causa de un arresto repentino. También en esta carta se nota que la situación había empeorado en Roma durante la segunda prisión de Pablo. Nerón culpaba a los cristianos por el incendio de Roma, y se había convertido en un crimen ser cristiano.

ÍNDICE TEMÁTICO

(n.)= nota
Abraham, 13, 18, 89
Acaya, 205, 210, 212
Acéldama, 24, 25
Adivinación, 189
Administración, dones de, 83, 234
Adoración, 47, 117, 157
Afrodita, 207
Agabo, 4, 139, 240
Agripa, 141, 265, 270
Alejandría, 189, 213
Alejandro, 224
Ananías (de Damasco), 114, 115
Ananías (de Jerusalén), 68, 69
Ananías (sumo sacerdote), 255
Anás, 220
Ancianos, 234, 243, 263
Ángeles, 19, 57, 75, 94, 109
Antioquía (de Pisidia), 170, 197
Antioquía (de Siria), 171, 173
Apia, Vía, 287
Apolo, 189
Apolos, 212-215
Aposento alto, 22, 47, 120
Apóstoles
  dispersados, 123
  encarcelados, 291, 297
  no se dan todos los detalles, 10
  no se limita el título a los Doce, 16
  su enseñanza, 45
  su predicación, 46
Aquila, 207, 211
Arameo, 33, 246
Aratus de Cilicia, 204
Aristarco, 223, 283
Arqueología, 11
Arrepentimiento, 44, 53, 204
Artemisa de Éfeso, 223
Artemisa de Grecia, 223
Asón, 231
Atalia, 169-171
Atenas, 201-207
Audición, milagro de, 32
Ayuda, don de, 119
Ayuno, 152
Babilonia, 33, 41, 91, 149, 184
Bárbaros, 285
Barjesús, 153, 154
Bautismo de infantes, 192
Bautismo en agua, 44, 102, 130, 132, 213
Bautismo en el Espíritu, 31, 41, 101, 127, 131, 216
  condiciones para recibirlo, 44
  da poder, 20, 36
  distinto de los dones, 44
  nombres, 31
  para todos, 31
  posterior a la conversión, 217
  promesa del Padre, 41
  señal del, 31
Berea, 199, 200
Berenice, 269, 270
Bernabé
  actitud hacia Pedro, 173
  busca a Pablo, 137
  desacuerdo con Pablo, 181, 182
  donación de dinero, 67
  en el concilio de Jerusalén, 177, 178, 183

enviado a Antioquía, 137, 138
enviado desde Antioquía, 151, 152
hace amistad con Saulo, 117, 118
reconoce a Pablo como líder, 156
regresa a Antioquía, 148
visita Jerusalén, 147
Bitinia, 187, 194
Blasfemia, 85, 209
Blasto, 147
Caifás, 58, 59
Candace, 105, 106
Capadocia, 32
Carcelero de Filipos, 191-193
Centuriones, 123
Ceremonias judías, 247
César, 270
Vea también Nerón
Cesarea, 176, 211, 269, 277
Circuncisión, 87, 96, 124, 130, 133
Cirene, 32, 84, 136, 151
Ciudadanía romana, 252, 253
Compartir, 45, 46, 147
Concilio de Jerusalén, 173, 180, 183, 187
Concilio del Areópago, 202, 204
Corinto, 207, 208, 211
Cornelio, 31, 121, 124-127
Corrupción, 45
Crispo, 208-209
Cristianos, 137
Cuerpo de Cristo, 113, 181
Cuerpos glorificados, 174
Chipre, 136, 153, 163
Dámaris, 203
Damasco, 111, 114, 116, 117
Dar, 233
David, 39, 40, 158
Delantales, 219
Demetrio, 223, 225
Derbe, 165, 166, 169, 185
Derramamiento del Espíritu 18, 31, 41, 130, 131
Vea Bautismo en el Espíritu
Diáconos, 82
Día de Pentecostés, 18, 29, 53, 231
Día del Señor, 35, 38
Diana, 223
Dinero, 70
Dionisio, 203, 204
Dios
imparcialidad, 129
rechazo de, 91
Trinidad, 41
Dirección del Espíritu, 106
Dispersión, 32, 84, 115
Doce tribus, 24, 48, 271
Dorcas (Tabita), 119, 120
Drusila, 264, 265
Duda, 126
Éfeso, 187, 211-215
Ekklesía, 226, 227
Elam, 32
Elimas 153-155
Vea Barjesús
Eneas, 118, 119
Epicúreos, 201
Epiménedes, 204
Época del Espíritu Santo, 38
Vea también Época de la iglesia
Época de la iglesia, 21, 36, 38
Erasto, 221
Esceva, 220
Esclavos, 37, 65, 84, 208
Espíritu, don del, 18, 37, 44, 45
Vea Bautismo en el Espíritu
Vea Dones del Espíritu
Espíritu, dones del Espíritu Santo
como persona, 70

como unificador de la iglesia, 13
convicción del, 37, 38
dado a los que obedecen, 77
mentir al, 78,79
rechazar al, 93, 94
veces que es mencionado, 9
Esteban
acusado, 84, 85
debate con los judíos helenistas, 117, 118
escogido, 83
insistencia en el fracaso de Israel, 158
lleno del Espíritu, 84
martirio, 255
prodigios, 85
sermón de, 87-96
Estéfanas, 205
Estoicos, 201
Eunuco etíope, 106, 107
Eutico, 230
Exorcistas, 219, 220
Éxtasis, 126, 251
Fabricación de tiendas, 214
Fariseos, 77, 78, 138, 173, 256
Fariseos convertidos, 175
Fe, 52, 102
Febe, 82
Felipe, 81, 98, 101, 105, 107, 240
Félix, 258-260.
Festo, 267-269, 270, 274, 275
Fiesta del pan sin levadura, 142, 230
Filipos, 188, 194
Filón, 33
Fornicación, 177
Fraternidad, 173, 179, 231
Frescor, 54
Frigia, 32, 33, 163, 187, 212
Fuego, 26, 29, 30, 71, 135
Gálatas, 175, 179, 180
Galión, 210, 211
Gamaliel, 77, 78
Gayo, 214
Gayo de Derbe, 229, 230
Gaza, 105, 106
Gentiles, 115, 161, 166, 173, 179, 204
Glosolalia
Vea Lenguas
Gran Comisión, 61
Grecia, 214, 223
Herodes Agripa I, 141, 265
Herodes Agripa II
Vea Agripa
Hijos de Esceva, 220
Humo, 38
Hambre, 139
Hambre espiritual, 46
Hebreo, 246, 250
Hechos
afirmación y ejemplo, 43
autor, 11, 12
carácter único, 9, 13, 14
conclusión, 13, 14, 289
división del libro, 10, 20
enseñanza, 12, 13
fecha de su composición, 12
relatos condensados, 10, 136, 192, 193
título, 9
Herejía ebionita, 183
Iconio, 162, 164, 168
Idolatría, 99, 124, 157
Iglesia
comienzo, 16, 30
como nuevo templo, 31
crecimiento, 12, 72
historia, 10
nueva dirección, 141

palabras griegas, 79
unidad, 12, 118, 119
Ignorancia, 52
Ilírico, 230
Imposición de manos, 83, 102, 103
Inmoralidad, 124, 157, 178, 183
Jacobo
Vea Santiago
Jasón, 197, 198
Jerusalén, 32, 39, 44, 46, 116, 137
Jesucristo
apariciones después de la resurrección, 16
ascensión, 20, 21
como centro, 13
comparado con Moisés, 54
el Bautizador, 41, 50, 102-103
el nombre de, 39, 52
el regreso de, 21
en el sermón de Pentecostés, 38-42
exaltación de, 41
instrucciones de, 17, 18
Juez, 130
la Palabra viva, 52
muerte y resurrección de, 9, 38, 39
obreros de, 9, 16
sufrimientos y muerte, 52
Jonatán (hijo de Anás), 59
Jope, 119, 120, 125, 127
José, 91
José el Justo (Barsabás), 24
Juan
arresto, 58
en Samaria, 100-104
sufrimiento, 149 (nota)
Juan el Bautista, 151, 158, 215
Juan Marcos, 144, 148, 155
Judaísmo, 33, 161, 191, 210
Judaizantes, 174, 175, 180, 186, 241
Judas Barsabás, 179
Judas el galileo, 77, 78
Judas (hermano de Jesús), 121, 146, 149, 242
Judas Iscariote, 27
Juicio, 36,71, 78, 264
Julio, 277
Justificación, 164 (n.)
Lenguas
comparadas con profecía, 36
continúan, 31
el día de Pentecostés, 31-34
en casa de Cornelio, 131
en Samaria, 103
evidencia del bautismo en el Espíritu, 31, 135, 218
manifestación «extática», 48 (n.)
repartidas, 29
Leyes dietéticas, 123, 131 (n.)
Ley romana, 147, 210
Lida, 18, 119
Lidia, 188, 189, 193, 194
Listra, 166-169
Lucas
acompañante de Pablo, 189, 195 (n.)
autor de los Hechos, 11, 12
con Pablo a Troas, 230
en Roma, 289
historiador, 11, 241
médico, 11, 12, 231
se embarca rumbo a Asón, 231
se queda en Filipos, 194
viaja a Roma, 277, 283 (n.)
visita a Jacobo, 242
Lucio, 151
Luz, 30, 112
Llanto, 236, 241
Macedonia, 187, 188, 221, 222, 229, 230

Maestros, 151
Magia, 220
Malta
Vea Melita
Marción, 14 (n.)
Marcos
Vea Juan Marcos
María (madre de Jesús), 22, 23
María (madre de Juan Marcos), 144
Matías, 23, 24, 27
Media, 33
Melita, 285
Menaén, 151
Mesopotamia, 33
Milagros, 38, 39, 53, 55, 62, 72, 98, 219
Mileto, 231, 232, 241
Minos, 204
Mira, 278
Mishna, 260 (n.)
Misia, 187
Mnasón, 242, 247 (n.)
Moisés, 54, 55, 89-91, 92
Moloc, 92
Mujeres, 23, 58, 62, 162, 200
Nerón, 269, 270, 288, 290
Nicanor, 81
Nicolás, 81
Noé, 251
Nuevo pacto, 16, 30, 38, 133
Obediencia, 75, 240
Oración, 22, 23, 29, 46, 64, 236
Pablo
aparición de Jesús en el templo, 251
apóstol de los gentiles, 29, 138, 155
bautismo, 115
debate con judíos helenistas, 117
desacuerdo con Bernabé, 181, 182
ejemplo para los ancianos, 236
fabricante de tiendas, 207
importancia en Hechos, 9
jefe del primer viaje misionero, 155
miembro del Sanedrín, 67 (n.), 96 (n.), 276 (n.)
obstáculos de Satanás, 199
predicación de, 10
reprende a Pedro, 173
revelación recibida de Jesucristo, 236
rumbo a Jerusalén, 231, 232, 233, 239, 242
sanado de mordida de víbora, 286
Vea también Viajes misioneros
Pacto abrahámico, 55, 133
Pacto davídico, 40
Pafos, 153, 154
Palabra de sabiduría, 177, 178, 179
Panfilia, 32
Pañuelos, 220
Parmenas, 81, 83
Partia, 33
Participio de aoristo, 216, 217
Pascua, 142, 143
Pastores, 170
Patio de las mujeres, 56 (n.), 245
Patio de los gentiles, 56 (n.), 247 (n.)
Pedro
actuación aprobada por la iglesia de Jerusalén, 173
conoce a Pablo, 121 (n.)
discurso ante el concilio de Jerusalén, 176
en Cesarea, 123-132
en Jope, 119
en Lida, 118
en Samaria, 100-104
fe de, 73
hipocresía sobre sus relaciones con los gentiles, 173

liberado de la prisión, 144, 145
líder entre los discípulos, 25
lleva el evangelio a los gentiles 119
muerte, 145, 146
negación, 17
oración por, 143
prejuicios de, 123, 126, 127
prendido por Herodes, 142, 143
prominencia en Hechos, 9
salida de Jerusalén, 146, 149 (n.)
sanidad del cojo, 49, 50
se lleva a Marcos a Babilonia, 182
sermón en casa de Cornelio, 128-131
visión de, 125, 126
Pena de muerte, 95, 98
Pentecostés, día de
Vea Día de Pentecostés
Perdón, 43, 104
Perge, 153, 155, 157
Pilato, 51, 63, 141
Pitón, 189
Ponto, 32, 207
Posesión demoníaca, 189
Vea también Exorcistas
Predestinación, 47, 161
Prejuicio, 123, 126, 136, 200
Priscila, 207, 208, 211, 212
Prócoro, 81
Profecía directiva, 152
Profecía, don de, 139, 140, 180, 233, 240
Profetas, 151
Promesa del Padre
Vea Bautismo en el Espíritu
Propiedades, 46
Prosélitos, 33, 48 (n.)
Publio, 285, 286
Puertas Cilícicas, 185
Puerta Hermosa, 49, 50
Purificación, 30, 183, 243, 247 (n.)
Puteoli, 287, 290
Quema de libros, 221
Rabinos, 214 (n.)
Reino, 18, 19, 54
Renfán, 92
Restauración, 53, 54
Resurrección, 57, 62, 85, 159, 164 (n.)
Resurrección de Eutico, 230, 231
Revelación, dones de, 70
Rode, 145
Roma, 207, 208, 221, 222, 257
Saduceos, 47 (n.), 57, 74, 142, 260
Safira, 68, 69, 70, 79 (n.), 217
Salamina, 153, 154
Samaria, 98-104, 108 (n.)
Samuel, 54
Sanedrín, 58, 67, 74, 75, 258
Sangre, 35, 38, 179
Sanidad, 52, 166, 171
Vea también Don de sanidad
Sanidad, don de, 50
Santa Cena, 46, 230
Santiago (o Jacobo, el hermano de Jesús), 23, 121 (n.), 145, 146, 149 (n.)
Santiago (o Jacobo, el hermano de Juan), 26, 141, 142
Santos, 121 (n.)
Sarón, 119
Saulo
Vea Pablo
Segundo, 230
Señales,37, 38, 46, 49, 98, 176
Vea también Fuego, humo, milagros, sangre, viento
Sergio Paulo, 153
Setenta (o Septuaginta), 213
Sidón, 136, 147, 277

Siete iglesias de Asia, 219
Silas (Silvano)
acompaña a Pablo, 182, 189
encarcelado en Filipos, 190-194
enviado a Antioquía, 180
se queda en Berea, 200
Silvano
Vea Silas
Simón el Cireneo, 151
Simón el curtidor, 125
Simón el mago, 101, 154
Simón (Niger), 151
Sinagoga, 61, 67 (n.), 153, 167, 178, 207
Sópater (Sosípater), 229
Sóstenes, 210, 211
Sueños, 36
Tabita
Vea Dorcas
Tarso, 117
Temor, 72
Templo, 23, 29, 30, 39, 47, 49, 247
Teófilo, 11, 15
Terremoto, 190-192
Tértulo, 261, 262
Tesalónica, 197-199
Testigos, 20, 129, 213
Testimonio, 20
Teudas, 77, 78
Tiempos peligrosos, 53
Timón, 83
Timoteo
circuncidado, 186
cultura, 185, 186
enviado a Macedonia, 223
lleva consigo a Marcos, 182
se embarca para Troas, 230
se queda en Berea, 200
Tíquico, 230
Tiranno, 219, 220
Tiro, 136, 147, 239
Titio Justo (Tito), 173, 186, 209, 214 (n.), 229
Tito
Vea Titio Justo
Tolemaida, 240
Tomás, 195 (n.)
Torre Antonia, 246
Torre de Babel, 48 (n.)
Trabajo, 237 (n.)
Troas, 207, 229, 230
Trófimo, 230, 244
Tumultos, 198, 226, 244
Últimos días, 36, 48
Unanimidad, 23
Ventrilocuismo, demonio de, 189
Vía Egnatia, 189, 197, 200
Viaje misionero, primer, 151-164
Viaje misionero, segundo, 181-212
Viaje misionero, tercer, 212-242
Viento, 29, 30, 135, 278
Visiones, 35, 125, 144, 279
Vitelo, 95
Voto de nazareo, 212, 243

Bibliografía en idioma inglés

Alexander; Joseph A., *Commentary on the Acts of the Apostles*, Zondervan, Grand Rapids, 1956 (reimpresión de 1875).

Bruce, F. F., *Commentary on the Book of the Acts*, Eerdmans, Grand Rapids, 1954.

Carter, Charles W. and Ralph Earle, *The Acts of the Apostles*, Zondervan, Grand Rapids, 1959.

Conzelmann, Jans, *An Outline of the Theology of the New Testament*, Harper and Row, New York, 1969.

DeWitt, Norman W., *Saint Paul and Epicurus*, University of Minnesota Press, Minnesota, 1954.

Dun, James D. G., *Baptism in the Holy Spirit*, SCM Press, Londres, 1970.

Earle, Ralph, *The Acts of the Apostles*, Beacon Hill Press, Kansas City, 1965.

Gabelein, A. C., *The Holy Spirit in the New Testament*, Our Hope, New York, s. f.

Guthrie, Donald, *The Apostles*, Zondervan, Grand Rapids, 1975.

Harrison, E. F., *Acts: The Expanding Church*, Moody Press, Chicago, 1975.

Harrison, E. F., *Introduction to the New Testament*, Eerdmans, Grand Rapids, 1964.

Heard, Richard, *An Introduction to the New Testament*, Harper and Row, New York, 1950.

Horton, S. M., *What the Bible Says About the Holy Spirit*, Gospel Publishing House, Springfield, Missouri, 1976.

Hull, J. H. E., *The Holy Spirit in the Acts of the Apostles*, Lutterworth Press, Londres, 1967.

Lake, Kirsopp and H. J. Cadbury, *The Beginnings of Christianity.*

Lake, Kirsopp and S. Lake, *An Introduction to the New Testament*, Harper, New Cork, 1937.

Lenski, P. C. H., *The Interpretation of the Act of the Apostles*, The Wartburg Press, Columbus, Ohio, 1940.

Longenecker, R. N., *Paul, Apostle of Liberty*, Baker Book House, Grand Rapids, 1976 (reimpresión de 1964).

Packer, J. W., *Acts of the Apostles*, Cambridge University Press, Cambridge, 1975.

Pache, Rene, *The Person and Work of the Holy Spirit*, ed. rev., Moody Press, Chicago, 1966.

Pink, A. W., *The Holy Spirit*, Baker Book House, Grand Rapids, 1970.

Proffitt, T. D., Mycenaen Tablets and Demetrius the Silversmith, Acts 19:23-28, *Near East Archaeological Bulletin*, N° 14, 1979.

Rackham, Richard B., *The Acts of the Apostles*, Baker Book House, Grand Rapids, 1964 (reimpresión de 1901).

Ramsay, Sir William M., *A Historical Commentary on Saint Paul's Epistles to the Galatians.*

Ramsay, Sir William M., *Pauline and Other Studies*, Londres, 1906.

Ramsay, Sir William M., *The Cities of Saint Paul*, Baker Book House, Grand Rapids, 1979 (reimpresión de 1907).

Stonehouse, N. B., *The Areopagus Address*, Londres, 1949.

Thomas, David, *Acts of the Apostles*, Baker Book House, Grand Rapids, 1956 (reimpresión de 1870).

Obra general:

The International Standard Bible Encyclopaedia, Eerdmans, Grand Rapids, 1943.

Bibliografía en castellano

Barclay, William, *El Nuevo Testamento comentado*, Editorial y librería La Aurora, Buenos Aires, 1973.

Bonnet y Schroeder, *Comentario del Nuevo Testamento*, tomo 2: Hechos y Juan, Casa Bautista de Publicaciones, El Paso,

Texas.

Boyd, Frank M., *La Biblia a su alcance* (2) Editorial Vida, Miami.

Casa Nazarena de Publicaciones, *Experto en los Hechos.*

Dahlberg, E. T., *El libro de avivamiento.*

Erdman, *Hechos de los apóstoles*, The Evangelical Literature League, Grand Rapids, Michigan.

Frost, Robert C., *Vida desbordante*, Editorial Vida, Miami, 1976.

Horton, Stanley M., *El Espíritu Santo revelado en la Biblia*, Editorial Vida, Miami, 1980.

Meyer, F. B., *Pablo, Siervo de Jesucristo*, Casa Bautista de Publicaciones.

Pierson, A. T., *Los Hechos del Espíritu Santo*, Casa Bautista de Publicaciones.

Robertson, A. T., *Épocas en la vida de Pablo*, Casa Bautista de Publicaciones.

Robertson, A. T., *Pablo, intérprete de Cristo*, Casa Bautista de Publicaciones.

Simpson, A. B., *Los Hechos*, Alianza.

Stalker, James, *Vida de San Pablo*, Editorial Caribe, Miami.

Turner, D. D., *Exposición de los Hechos de los Apóstoles*, HCJB, Academia Cristiana del Aire, Quito 1964.

Turner, D. D., *Introducción al Nuevo Testamento*, HCJB, Academia Cristiana del Aire, Quito, 1964.

Lecturas «vida» adicionales que sugerimos:

El bautismo pentecostal, por William Caldwell.

El Espíritu mismo, por Ralph Riggs.

El Espíritu Santo y el evangelismo universal, por Melvin Hodges.

El Espíritu Santo y tú, por Dennis Bennett,

El Maestro, en especial los volúmenes 2, 3, 6, 10, 11.

Lo que nos dice el Nuevo Testamento, por Henrietta C. Mears.

Los dones del Espíritu Santo, por Stanley Horton.

Para que llevéis fruto, por Donald Gee.

Pentecostés, por Donald Gee.

Todos los libros y capítulos de la Biblia, por Herbert Lockyer, Sr.

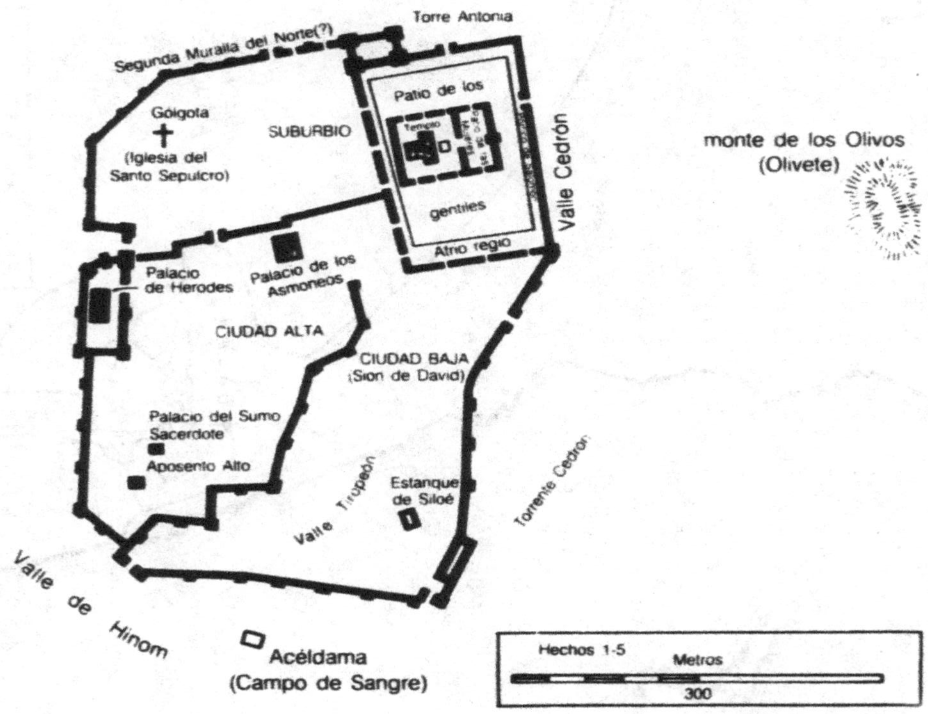
Torre Antonia
Segunda Muralla del Norte(?)
Gólgota
(Iglesia del
Santo Sepulcro)
SUBURBIO
Patio de los
gentiles
Templo
Atrio regio
Valle Cedrón
monte de los Olivos
(Olivete)
Palacio
de Herodes
Palacio de los
Asmoneos
CIUDAD ALTA
CIUDAD BAJA
(Sion de David)
Palacio del Sumo
Sacerdote
Aposento Alto
Valle Tiropeón
Estanque
de Siloé
Torrente Cedrón
Valle de Hinom
Acéldama
(Campo de Sangre)
Hechos 1-5
Metros
300

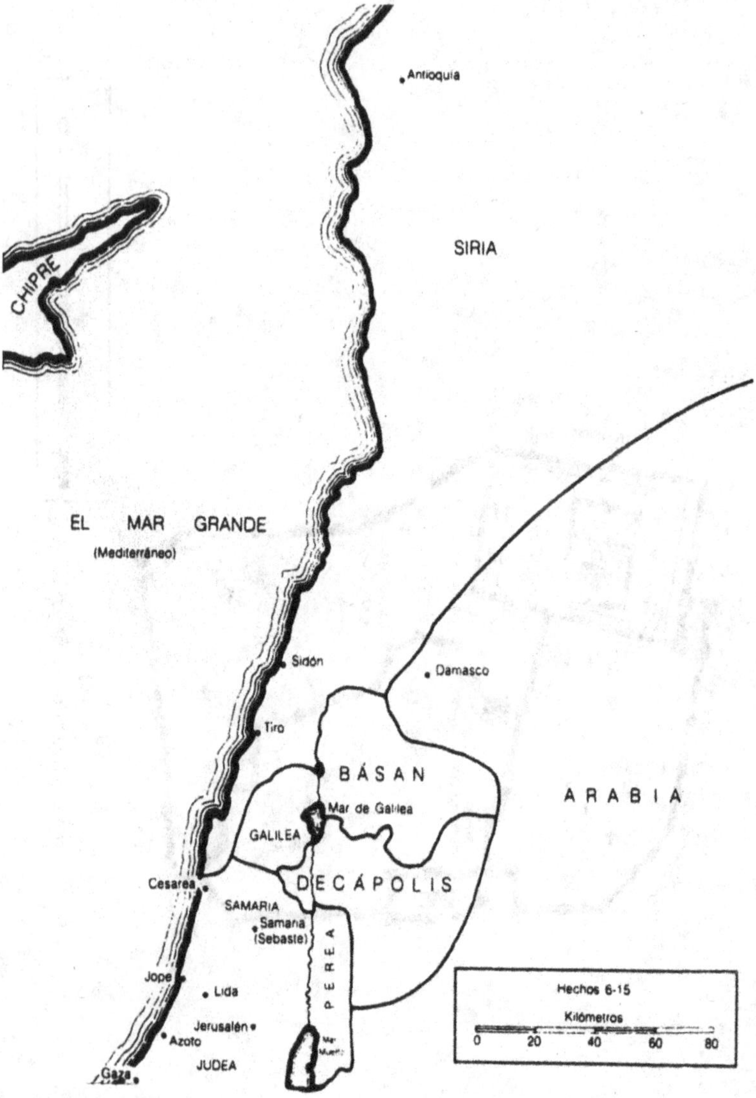
Antioquía
SIRIA
CHIPRE
EL MAR GRANDE
(Mediterráneo)
Sidón
Damasco
Tiro
BÁSAN
ARABIA
Mar de Galilea
GALILEA
DECÁPOLIS
Cesarea
SAMARIA
Samaria
(Sebaste)
PEREA
Jope
Lida
Jerusalén
Azoto
JUDEA
Gaza
Hechos 6-15
Kilómetros
0 20 40 60 80

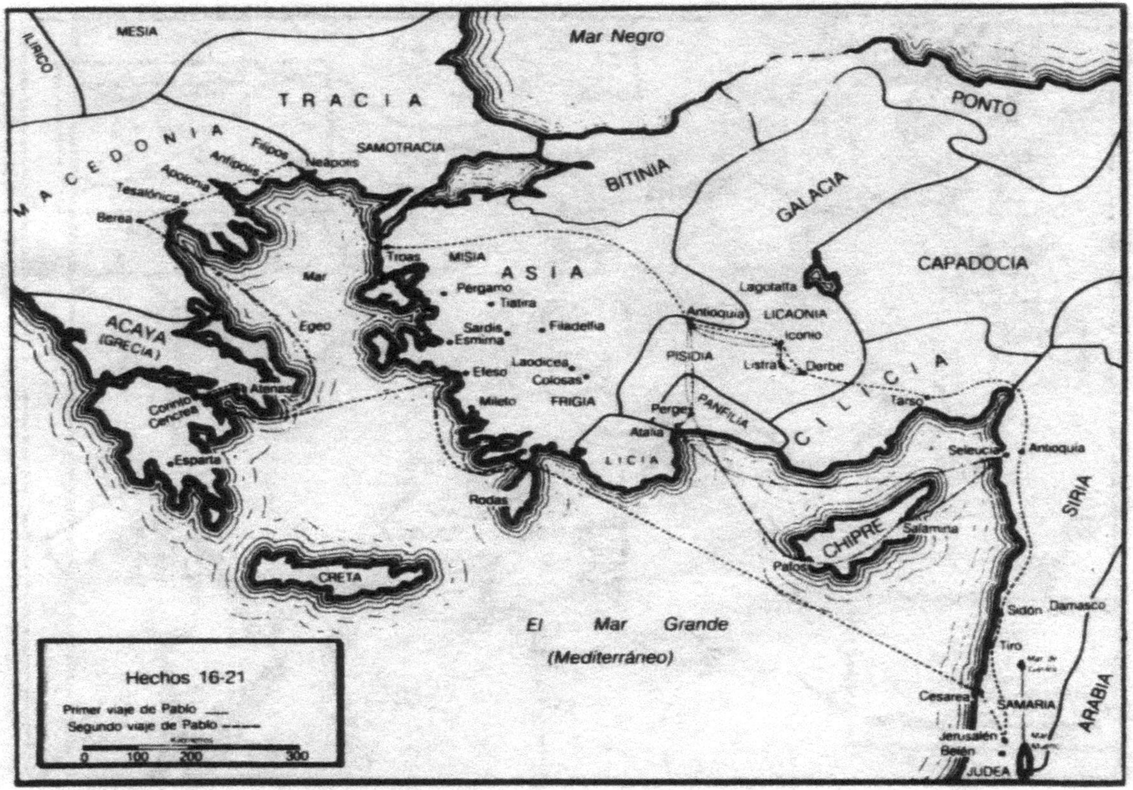
Mar Negro
MESIA
ILIRICO
TRACIA
MACEDONIA
SAMOTRACIA
Filipos
Neápolis
Anfípolis
Apolonia
Tesalónica
Berea
BITINIA
PONTO
GALACIA
CAPADOCIA
Troas
MISIA
ASIA
Mar
Egeo
Pérgamo
Tiatira
Sardis
Esmirna
Filadelfia
Éfeso
Laodicea
Colosas
Mileto
FRIGIA
Lagotatta
LICAONIA
Antioquía
Iconio
PISIDIA
Listra
Derbe
CILICIA
Tarso
PANFILIA
Perge
Atalia
LICIA
ACAYA
(GRECIA)
Corinto
Cencrea
Atenas
Esparta
Rodas
CRETA
Seleucia
Antioquía
SIRIA
CHIPRE
Salamina
Pafos
El Mar Grande
(Mediterráneo)
Sidón
Damasco
Tiro
Cesarea
SAMARIA
ARABIA
Jerusalén
Belén
JUDEA
Hechos 16-21
Primer viaje de Pablo
Segundo viaje de Pablo
0
100
200
300

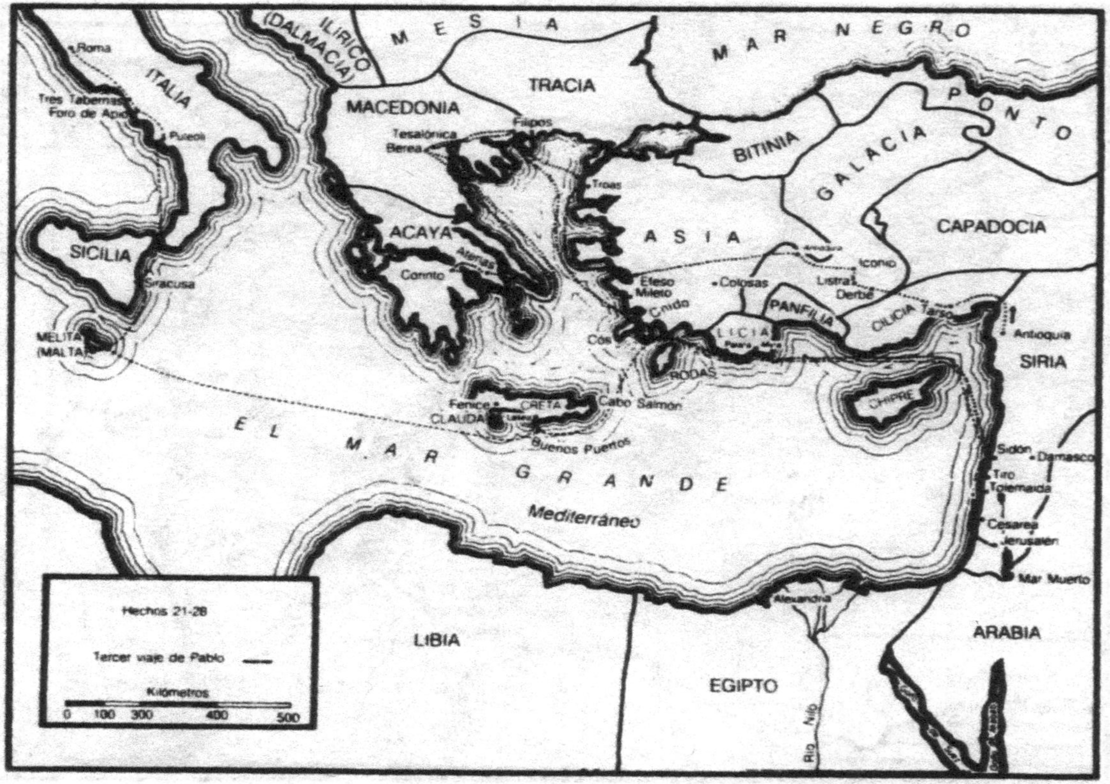
MESIA
MAR NEGRO
ILIRICO (DALMACIA)
TRACIA
MACEDONIA
PONTO
BITINIA
GALACIA
CAPADOCIA
ASIA
ITALIA
Roma
Tres Tabernas
Foro de Apio
Puteoli
Filipos
Tesalónica
Berea
Troas
ACAYA
Atenas
Corinto
SICILIA
Siracusa
MELITA (MALTA)
Efeso
Mileto
Colosas
Cnido
Cos
Iconio
Listra
Derbe
PANFILIA
CILICIA
Tarso
LICIA
Antioquía
SIRIA
RODAS
CHIPRE
Fenice
CRETA
Cabo Salmón
CLAUDA
Buenos Puertos
EL MAR GRANDE
Mediterráneo
Sidón
Damasco
Tiro
Tolemaida
Cesarea
Jerusalén
Mar Muerto
Alejandría
ARABIA
LIBIA
EGIPTO
Río Nilo
Hechos 21-28
Tercer viaje de Pablo
Kilómetros
0 100 300 400 500